Psicose e sofrimento

Dados Internacionais de Catalogação na Publicação (CIP)
(Câmara Brasileira do Livro, SP, Brasil)

Müller-Granzotto, Marcos José
  Psicose e sofrimento / Marcos José Müller-Granzotto, Rosane Lorena Müller-Granzotto. – São Paulo : Summus, 2012.

  Bibliografia
  ISBN 978-85-323-0806-1

  1. Gestalt-terapia 2. Psicologia fenomenológica 3. Psicose – Estudos de casos 4. Psiquiatria 5. Saúde mental 6. Sofrimento (Aspectos psicológicos) I. Müller-Granzotto, Rosane Lorena. II. Título.

12-03130   CDD-616.89143

Índice para catálogo sistemático:
1. Psicose e sofrimento : Psiquiatria fenomenológica 616.89143

www.summus.com.br

Compre em lugar de fotocopiar.
Cada real que você dá por um livro recompensa seus autores
e os convida a produzir mais sobre o tema;
incentiva seus editores a encomendar, traduzir e publicar
outras obras sobre o assunto;
e paga aos livreiros por estocar e levar até você livros
para a sua informação e o seu entretenimento.
Cada real que você dá pela fotocópia não autorizada de um livro
financia o crime
e ajuda a matar a produção intelectual de seu país.

Psicose e sofrimento

MARCOS JOSÉ MÜLLER-GRANZOTTO
ROSANE LORENA MÜLLER-GRANZOTTO

summus editorial

PSICOSE E SOFRIMENTO
Copyright © 2012 by Marcos José Müller-Granzotto
e Rosane Lorena Müller-Granzotto
Direitos desta edição reservados por Summus Editorial

Editora executiva: **Soraia Bini Cury**
Editora assistente: **Salete Del Guerra**
Capa: **Denise Granzotto**
Projeto gráfico e diagramação: **Crayon Editorial**
Impressão: **Sumago Gráfica Editorial**

Summus Editorial
Departamento editorial
Rua Itapicuru, 613 – 7º andar
05006-000 – São Paulo – SP
Fone: (11) 3872-3322
Fax: (11) 3872-7476
http://www.summus.com.br
e-mail: summus@summus.com.br

Atendimento ao consumidor
Summus Editorial
Fone: (11) 3865-9890

Vendas por atacado
Fone: (11) 3873-8638
Fax: (11) 3873-7085
e-mail: vendas@summus.com.br

Impresso no Brasil

Sumário

INTRODUÇÃO

Psicose e sofrimento 11

PARTE I ▪ CLÍNICA DAS PSICOSES: OS AJUSTAMENTOS DE BUSCA

INTRODUÇÃO 37

Nossos motivos em torno das psicoses 37

Da precariedade das formações psicóticas ao sofrimento no surto 39

Lugar ético da clínica das psicoses pensada segundo a teoria do self 43

1 A PSICOSE NO DISCURSO DA FENOMENOLOGIA: ENTRE A COMPREENSÃO
E A NORMATIVIDADE TRANSCENDENTAL 47

Introdução: mais além de Jaspers 47

Fenomenologia filosófica: na encruzilhada entre o naturalismo e a psicose 50

Psiquiatria fenomenológica: do empírico ao transcendental 58

Breves considerações sobre a história da fenomenologia psiquiátrica 61

Mais além do sintoma: redução ao fenômeno psicótico 65

Da biografia ao vivido 68

O eu empírico e o eu transcendental: diferença fenomenológica entre
a neurose e a psicose 72

Leitura fenomenológica sobre a gênese e os tipos de formações psicóticas 75

Fenomenologia da patologia ou patologia fenomenológica? 80

2 A PSICOSE NO DISCURSO DA PSICANÁLISE: ESTRUTURA DEFENSIVA
OU INVENÇÃO? 85

Introdução 85

Da fenomenologia empírica ao reconhecimento do papel da lei 87

A psicose na primeira clínica lacaniana 90

Estrutura psíquica como sujeito a partir do outro 91

Diferença entre a estrutura neurótica e A psicótica 95

A clínica como secretariado às "metáforas delirantes" do Nome-do-Pai 97

A psicose na segunda clínica lacaniana 102

Do nome-do-pai ao pai do nome: do sujeito do desejo ao sujeito do gozo . . . 104

O não lugar do analista e o laço social com o psicótico 108

É o gozo um? Uma interpelação gestáltica 111

Retorno à teoria do self e as clínicas gestálticas da psicose 113

3 A PSICOSE NO DISCURSO DA GESTALT-TERAPIA: EXPERIÊNCIA COMO MODO DE AJUSTAMENTO 117

A proposta ética da Gestalt-terapia para pensar a intervenção na psicose:

    o caso "Avatar" 117

Hipótese reitora em nossa pesquisa: psicose como suplência a outrem 122

Indícios de nossa hipótese na "literatura de base" da Gestalt-terapia 127

Formulação da hipótese sobre a gênese dos comportamentos psicóticos

    segundo a teoria do self: comprometimento da função *id* 129

Breve comentário sobre a questão das "causas" 137

Hipótese sobre o estilo dos comportamentos psicóticos: ajustamentos de busca . . 140

Psicose como ajustamento e surto 142

Ações da função de ato nos ajustamentos de busca 145

4 AJUSTAMENTOS DE ISOLAMENTO SOCIAL 147

Isolamento como defesa 147

Diferença entre o autismo como síndrome e os ajustamentos de isolamento 150

Hipótese sobre a gênese dos ajustamentos de isolamento 154

Distinção entre sentimentos e afetos 156

Mais além dos ajustamentos de isolamento: a diversidade

    das personalidades autistas 157

Intervenção nos ajustamentos de isolamento 159

5 AJUSTAMENTOS DE PREENCHIMENTO DE FUNDO 163

Mais além do isolamento: as alucinações 163

Diferença entre demandas por excitamento motor e demandas por excitamento

    linguageiro: o senhor "puro-sangue" 165

Hábitos motores: ímpetos corporais 166

Hábitos linguageiros: suposições de intenção. 167

Alucinação como resposta às demandas linguageiras: o senhor puro-sangue . . 168

Breves considerações clínicas sobre as demandas por excitamento linguageiro:

o "caso Kafka" 171

As estratégias da função de ato diante da ausência de excitamento linguageiro. . 175

Alucinação simbólica (ou paranoide) 177

Alucinação residual (ou catatônica) 178

Intervenção 179

Intervenção no ajustamento propriamente dito 180

Intervenção nos familiares e no meio social em que vive o consulente 182

Desafios na intervenção em ajustamentos de preenchimento 184

6 AJUSTAMENTO DE ARTICULAÇÃO DE FUNDO 191

Discurso articulatório 191

Gênese dos ajustamentos de articulação: os excitamentos a maior

e a suplência ao horizonte de desejos 193

Diferença entre alucinação e delírio 195

A dupla estratégia da função de ato em face do excesso de excitamentos 198

Delírio dissociativo 201

Características gerais 201

Um caso clínico: "A mulher das andorinhas" 202

Intervenção 204

Delírio associativo 205

Características gerais 205

Um caso clínico: "O senhor da luz" 207

Intervenção 210

Identificação negativa 213

Um caso clínico: "O cão e a devota" 214

Intervenção 221

Identificação positiva 223

Um caso clínico: "Grude" 226

Intervenção 232

7 ÉTICA, POLÍTICA E ANTROPOLOGIA DA ATENÇÃO GESTÁLTICA ÀS PSICOSES: O CLÍNICO, O ACOMPANHANTE TERAPÊUTICO E O CUIDADOR... 235

Atenção gestáltica às psicoses: em torno e mais além da *awareness* 235

Dimensão ética da atenção às psicoses: clínica dos ajustamentos de busca 242

Dimensão política da atenção gestáltica às psicoses:
o acompanhamento terapêutico.................................... 249

Dimensão antropológica da atenção gestáltica às psicoses:
o cuidar como um investimento humano............................ 264

PARTE II ■ SOFRIMENTO ÉTICO-POLÍTICO E ANTROPOLÓGICO E A CLÍNICA DA INCLUSÃO

INTRODUÇÃO.. 281

Clínica do sofrimento e inclusão.................................... 281

8 SOFRIMENTO COMO FALÊNCIA DA FUNÇÃO PERSONALIDADE.......... 285

Outro social como função de campo: a função personalidade................ 285

O malogro social da função personalidade segundo a literatura de base
da Gestalt-terapia.. 289

Hipóteses sobre a "causa" de eventuais falências da função personalidade 290

A falência antropológica do outro social 295

A falência política do outro social 299

A. Mais além dos dispositivos de sujeição.......................... 301

B. O esteticismo como estratégia de resistência e inovação política 304

c. Os riscos do esteticismo foucaultiano 312

A falência ética do outro social 316

A. Mais além de Foucault 317

B. Poder totalitário e vida nua.................................. 321

9 SUJEITO DO SOFRIMENTO: OUTREM 327

Acolhimento ético e gratuidade 327

Cinismo como forma de sobrevivência perante a exceção soberana 331

Vida nua como outrem: uma leitura merleau-pontyana.................... 336

A. Cisão do eu na experiência com outrem 337
B. A experiência de outrem como descentramento 345
C. Passividade ao estranho 347
Outrem como pedido de inclusão social 350

10 AJUSTAMENTOS DE INCLUSÃO 353
Pedido de inclusão como ajustamento 353
Modos clínicos dos ajustamentos de inclusão 355
Ajustamentos de inclusão nas situações de sofrimento antropológico 357
   A. Sofrimento e inclusão em situações de emergência e desastre 359
   B. Sofrimento e inclusão em situações de luto e doença somática 365
Ajustamentos de inclusão nas situações de sofrimento político 371
   A. O sofrimento e o ajustamento de inclusão nas situações de crise reativa . . 375
   B. O sofrimento e o ajustamento de inclusão nos conflitos sociais
   (político-econômicos) 380
Ajustamentos de inclusão nas situações de sofrimento ético 387
   A. O sofrimento e o ajustamento de inclusão nas situações de violência
   racial e de gênero 391
   B. Sofrimento e ajustamento de inclusão nas situações de surto psicótico . . . 397
   C. O sofrimento e o ajustamento de inclusão nas situações de cárcere 404

NOTAS 417
REFERÊNCIAS BIBLIOGRÁFICAS 441

Introdução

PSICOSE E SOFRIMENTO

O COORDENADOR DO CENTRO de Atenção Psicossocial (Caps)[1] chamou a todos nós, profissionais, para que juntos deliberássemos sobre uma urgência. Havíamos recebido o telefonema da mãe de um usuário do serviço solicitando ajuda. Conforme o relato da mulher, havia alguns dias seu filho voltara a falar coisas estranhas. Com um tubo de tinta *spray*, pintara diferentes nomes nas paredes internas da casa. Ora se dizia João, ora se dizia José. As roupas que não couberam dentro da máquina de lavar, ele as reunira no centro da sala de estar para queimá-las. Ninguém o conseguia demover dessa intenção. Por isso a mãe pensara em acionar o Serviço de Atendimento Móvel de Urgência (Samu) ou a Polícia Militar, mas lembrara das reuniões que fizera no Caps e das recomendações que recebera para não internar o filho, pois deveria poder tratá-lo em liberdade, usando os recursos sociais de que dispunha. "Que venham vocês até aqui, pois estamos apavorados." E antes que nós, profissionais, brigássemos por divergências no plano conceitual sobre nossa responsabilidade em manter a ordem sociofamiliar de nossos assistidos disponibilizei-me a ir até a casa do usuário. Eu era novo na instituição. Nunca o havia visto. Ainda assim o coordenador consentiu em que eu fosse: "Mas leva contigo o prontuário e leia-o antes de intervir". No caminho, esperava do motorista alguma pergunta que me fizesse sentir importante, por exemplo: "É um caso complicado, doutor?" Mas ele permaneceu tão calado que tive a certeza, por um instante, de que tudo aquilo seria em vão.

A letra desregrada de algum colega que não faço conta de quem fosse ensaiava uma biografia no prontuário. Fiquei interessado em saber o que teria feito tal colega anotar, laconicamente, "filho de mãe solteira, renegado pelo pai". E, ainda que o histórico de medicações ministradas me fizesse perder o fio, consegui entender que nosso usuário submetera-se a duas internações anteriores, uma de 20 dias, aos 13 anos, outra de 60 dias em regime domiciliar, em sua própria casa, quando tinha 16. Tinha agora 19. Fora encaminhado ao Caps dois anos antes. Ajudava a tia e as primas em uma loja de eletrônicos, administrada pelo avô, na casa de quem todos eles viviam. "Contou que não pôde doar seu rim à mãe; preocupa-se porque ela passa muito mal nas sessões de hemodiálise..."

Minha ida havia sido anunciada e eu era aguardado à entrada do pátio da casa por um homem de rosto riscado, não sei se pelo sofrimento ou pelos anos. "Quando ele era mais moço, eu dava conta dele. Agora não me atrevo. Ele não é tão forte, mas tem esta coisa de ele fazer artes marciais", disse-me o ancião, que supus ser o avô. E, não bastasse o ar taciturno do homem, a indignação das três moças que o acompanhavam – seriam elas as primas, a tia (?) – quitou-me o controle sobre a situação. "A mãe dele não merece isso", insistia uma delas. Não sabia a quem me dirigir e fui praticamente arrastado para dentro do recinto por uma porta lateral, que me levou ao que pareceu ser a cozinha. A cor de cuia na pele daquela mulher cabisbaixa sentada à mesa não me deixou dúvidas: tratava-se da mãe. Ela me olhou com generosidade, como se confiasse a mim algo de muito valor. "Ele está na sala. Nem ele nem nós dormimos mais. Já se passaram três noites assim. Trancamos as portas dos quartos para ele não pegar mais nenhuma peça de roupa. Antes ele queria lavar tudo. Agora ele quer pôr fogo, doutor!" E eu já não sabia se queria estar ali. "Tu achas que vais conseguir levar ele pra internação sozinho, doutor, não trouxeste ninguém para te ajudar?", disse-me a mais exaltada das outras três mulheres. "Tudo começou com a história da escola de artes marciais", acrescentou a mais jovem. "Ele apareceu com uma sacola cheia de roupas e outros objetos que disse haver ganhado. Mas não tardou para o dono da escola ligar dizendo que havia feito um boletim de ocorrência denunciando nosso primo por roubo. O que deu na cabeça desse menino?" A terceira então lembrou que já havia recebido outros telefonemas da mesma instituição. "Os caras estão muito chateados porque nosso primo disse por aí que trabalha na escola como instrutor de luta, quando na verdade ele é só um aluno nas fases iniciais." Para o avô o roubo das roupas tinha que ver com vingança, uma vez que o neto fora impedido de frequentar as aulas enquanto não trouxesse os exames médicos exigidos: "E vocês sabem, ele foge de médico como o diabo da cruz!" A mais exaltada então retrucou: "Diabo é aquele pai dele, que, aliás, é médico. Por que ele não leva consigo o filho e cria, já que nossa tia não tem saúde nem condições financeiras? Fazer o filho ele soube!" A mãe então lembrou que a primeira vez que seu filho surtara ocorrera quando juntos foram a um advogado dar início ao processo para reconhecimento da paternidade. "Depois daquele dia ele nunca mais se aprumou. Eu me arrependo de ter começado isto. Não há dinheiro que pague o sossego, doutor." A mais exaltada voltou à carga admoestando aos demais: "Quero ver qual dinheiro vai pagar um *laptop* novo para o cliente caso ele estrague aquele aparelho. Ele está há dias com a máquina de um cliente assistindo àquele filme ridículo – como é mesmo o nome? *Avatar*[2]!" Levando uma das mãos às minhas costas, como se me conduzisse a outro recinto, o avô me interrogou: "Tu vais fazer medicação oral ou injetável?"

Atravessar a porta da cozinha e ver aquele magricelo caminhando em volta de uma pilha de roupas no centro da sala foi, de certo ponto de vista, um alívio. Do portão do pátio até conseguir sair da cozinha não se passaram mais do que cinco minutos; o suficiente para que me sentisse contaminado por exigências e maledicências, as quais me fizeram lembrar a passagem em que Hércules veste a túnica envenenada por Néssus[3]. Às minhas costas os outros me observavam e eu não tinha a mínima ideia do que dizer ou fazer naquele momento. E por incrível que pareça foi o usuário quem me salvou do embaraço. Levou-me pelo braço até outra parte da casa, em cujas paredes estavam os muitos nomes que ele queria me apresentar. "Este sou eu no medievo. Um nobre. Mas se tu me vires vermelho me chames por este nome. Este é o nome dos que nasceram sob o sol dos bravos...". Continuei sem saber o que lhe dizer, um pouco mais confortável por não estar sendo observado. Limitei-me a ouvir e só abri a boca quando ele solicitou que eu lhe desse meu casaco para o ritual de purificação "a fogo" que faria na próxima lua cheia. Para safar-me fixei-me nas cores e no traçado dos nomes pintados na parede, chamando-lhe a atenção sobre a regularidade de certos desenhos. Por um instante ele titubeou, e foi aí que pude prestar atenção que levava consigo um *laptop*, no qual rodava um filme. "A que tu estás assistindo?", perguntei-lhe. E antes que ele se enfurecesse comigo, pois seu olhar começava a denunciar sua decepção, apressei-me em dizer qualquer coisa tão logo vinculei a fala de uma das primas à cena que, no *laptop*, identifiquei tratar-se do filme *Avatar*. "Tu és um avatar!", falei. E a surpresa do usuário foi tal que, naquele instante, eu próprio percebi que havíamos trocado de lugar: o surtado (de medo) agora era eu. E eu não tinha alternativa senão continuar: "Pois agora entendo", disse-lhe, "estes nomes todos na parede são os teus avatares". E recordando-me em um instante do roteiro, tendo eu presente que o protagonista do filme era um paraplégico que, por conta de um experimento científico, pôde temporariamente transportar seu sistema nervoso central para um corpo diferente, híbrido, muito mais poderoso e perfeitamente saudável, perguntei-lhe: "Que doença ou limitação tu tens te deu direito a viveres em um corpo avatar?" O brilho no olhar do usuário atestou-me que algo funcionava. Ele embarcou na minha história – talvez fosse mais correto dizer no meu delírio. Posando o dorso de sua mão esquerda às costas, na região lombar, e a palma da direita sobre o próprio peito, disse-me: "Meus rins e meu coração são incompatíveis. Os primeiros são de esponja, frágeis. O segundo tem muita força". E eu entendi, como se ouvisse meu próprio cardiologista, que a pressão (alta) dos batimentos cardíacos ameaçava as finas e delicadas estruturas dos rins. "Por isso tenho de separá-los e viver em corpos diferentes", concluiu o jovem. Pensei comigo: "De quais rins ele agora está falando? O que ele quer dizer com 'deixar separados'?"

Não houve tempo para que eu terminasse minhas próprias questões e já estava ante os parentes, novamente. "Meu colega avatar vai explicar-lhes algumas coisas aqui, para ver se vocês entendem o que está acontecendo. Prossiga", disse-me ele. E foi nesse momento que percebi que estava em um dilema ético-político muito importante. Por um lado, fui chamado por familiares que esperavam de mim que lhes esclarecesse como lidar com um sujeito surtado, ou que ao menos eu lhes ajudasse a interná-lo. Por outro, havia construído com o usuário uma sorte de cumplicidade, como se eu pudesse servir a ele como porta-voz de uma súplica, de um pedido de trégua, de compreensão, que ele não havia merecido até ali. E não se tratava, naquele momento, de atuar mediante uma divisão de papéis, como se falasse para os familiares a partir de um registro e com o usuário a partir de outro. Eu era a própria encarnação da dificuldade de comunicação – se é que posso dizê-lo – vivida pelos familiares e pelo usuário. Nunca imaginei estar assim tão enfiado no olho do furacão, no olho desta falência que atende pelo nome de surto.

O mais estranho naquele momento para mim era acreditar que o usuário estivesse produzindo um tipo de mensagem, uma forma possível de comunicação que devêssemos aceitar. Imaginei, por um instante, que minha fala pudesse ser ouvida como metáfora. Mas ao primeiro sinal de que eu formulava, com os parentes, uma metacomunicação o usuário esboçou rechaçar-me. E em vez de me associar à conveniência da razão esclarecida que os parentes supunham como característica deles e minha, associei--me à tentativa desmedida de esclarecer o que eu próprio havia inaugurado para o usuário. Percebi que deveria tornar os avatares funcionais para os familiares. E foi então que comecei a dizer--lhes, na presença do usuário, que ele estava em perigo. Algo nele não estava funcionando bem e ainda era cedo para descobrir exatamente do que se tratava. De toda sorte, eu havia reconhecido nele uma forma eficiente de se autoproteger. Assumindo uma identidade provisória, qual avatar, ele manteria defendidas as partes ou situações ameaçadas. E deveríamos ter a habilidade de perceber que, enquanto ele se mantivesse defendido nas múltiplas identidades provisórias, isso significava que as ameaças ainda não haviam se extinguido. Logo, nós todos, profissionais e familiares, não deveríamos antecipar nenhuma mudança. Deveríamos, sim, permanecer atentos a quais elementos aumentavam a tensão. E, quando eu já quase não tinha fôlego para prosseguir nas explicações que nem eu mesmo compreendia, a mãe me perguntou se a ausência de sono não era algo que pudesse estar interferindo como uma ameaça. Aliviado, pois parecia que meu discurso nos havia conduzido a um lugar de entendimento, respondi que sim e perguntei ao usuário se ele não gostaria de dormir. "Claro, mas não quero acordar naquele corpo de antes, sacas?" A utilização do enredo do filme já ganhava vida própria no discurso do usuário. Foi então que tive a ideia – inspirando-me noutra passagem do filme, a qual menciona uma seiva vivificante que circula entre todos os seres vivos de Pandora e pode ser evocada por uma sacerdotisa para fins curativos – de propor que chamássemos tal sacerdotisa, no caso, minha colega psiquiatra, para que ela administrasse a seiva/medicamento. O usuário aceitou prontamente. Liguei para minha colega, que veio ao nosso encontro. Expliquei-lhe minha estratégia, que a fez decidir não administrar nenhum antipsicótico, apenas indutores de sono e reguladores de humor. Se os avatares estavam funcionando, não havia por que retirá-los.

Muito antes pela adesão da psiquiatra do que por reconhecer em meu método algo profissional, os familiares "compraram" minha estratégia. Por algumas semanas, deveríamos todos nós nos comunicarmos com os avatares. Em troca, o usuário declinaria da fogueira, visto que ela constituía ameaça aos próprios avatares, de acordo com outra passagem do filme evocada por uma das primas. E começamos um processo, com muitos altos e baixos, que ao menos nos ajudou a reconhecer quando o usuário perdia o controle da situação, pondo-se mais agressivo. Esses momentos – pelo menos os mais intensos – pareciam estar associados às tentativas das pessoas de explicar os comportamentos estranhos que percebiam nele. Quando ouvia os parentes especulando sobre a relação entre o surto e a recusa do cardiologista em reconhecê-lo como filho, ou sobre a relação entre os rituais de purificação que antes promovia e a doença da mãe, nosso usuário literalmente se punha louco. E todas as vezes em que nós mesmos tentamos ligar seu "coração forte" ao pai cardiologista, ou seus "rins fracos" à mãe doente, cuja culpa resignada fez dela uma mulher sem vida própria; todas as vezes em que buscamos associar sua expulsão da escola de artes marciais à recusa do pai em recebê-lo, ou os seus rituais de purificação à pecha de ser ele o filho de uma amante suja, alguma coisa nele desandava, como se nossas tentativas para entendê-lo o afrontassem e o machucassem ainda mais. E parecia que quanto mais tentávamos compreendê-lo menos sabíamos, com o agravante de que o molestávamos.

Depois de alguns meses, o usuário estava bem mais calmo. Coincidência ou não, a tia e as primas alugaram um apartamento e saíram da casa do avô. E mesmo os avatares não se faziam mais tão presentes em seu discurso. Já atendia pelo nome próprio, mas tinha muita dificuldade para voltar à rotina de antes do surto (trabalho, cursinho preparatório ao vestibular, partidas de futebol com os amigos etc.). Foi quando o convencemos a frequentar uma oficina que oferecíamos no Caps e em que ministrávamos aulas de computação. Por se tratar de uma matéria na qual era um iniciado, ele tinha uma oportunidade de ajudar os demais usuários, o que pareceu motivá-lo. Seu empenho nos encorajou a oferecer-lhe uma função de assessoria na associação de usuários. Na nossa fantasia, essa atividade política poderia representar para ele um destino protegido para seus avatares mais belicosos, que insistiam em não ir embora. Talvez fosse um modo de ele matizar suas formulações recorrentes a respeito de uma eventual reintegração à escola de artes marciais. Se ele era capaz de nos acompanhar em reuniões públicas para defender interesses da associação, ele certamente poderia enfrentar aquilo que o aborrecia na temática da reintegração à escola de artes marciais. Mas nossa expectativa não se realizou. Pior do que isso. O usuário nos abandonou.

Alguns meses depois, a família voltou a nos chamar, pois nosso usuário estava "estranhíssimo". Dessa vez, buscava sistematicamente o isolamento. Permanecia o dia inteiro em seu quarto, de onde só saía quando percebia que ninguém mais circulava pela casa. Já não queria saber da medicação, da televisão, dos computadores. Não reagia aos convites, aos chamados. E os familiares já não sabiam o que incomodava mais: se era a agitação de antes, ou o embotamento de agora. Não sem surpresa fomos por ele muito bem recebidos. Agora, porém, queríamos pautar nossas intervenções em estratégias clínicas mais rigorosas, inspiradas nos grandes autores acerca das psicoses. Também a psiquiatra queria ser mais rigorosa no estudo dos efeitos das medicações. Mas quais orientações adotar?

Inspirados em determinada tradição de intervenção no campo das psicoses – e para a qual a psicose consiste em uma incapacidade do sujeito para representar sua própria unidade –, começamos especulando sobre a possibilidade de ajudá-lo a elaborar um discurso sobre si. Com a ajuda de antidepressivos, tratava-se de fornecer-lhe condições para que ele próprio alinhavasse os acontecimentos de sua vida segundo uma orientação que

PSICOSE E SOFRIMENTO

livremente pudesse eleger, por mais bizarra que ela pudesse nos parecer. Mas, como já havíamos percebido, toda tentativa de emprego dos avatares visando à da construção de uma compreensão sobre sua unidade histórica o angustiava profundamente. A alternativa seguinte – baseada em outra tradição de intervenção no campo das psicoses – tinha em conta a dificuldade de nosso consulente[4] para enfrentar ao outro. Para essa tradição, a psicose é a incapacidade de alguém para fazer-se reconhecer pelo outro. Por isso imaginamos que poderíamos ajudá-lo representando-o. Nossa ideia era participar efetivamente de seus conflitos políticos, oferecendo a ele uma blindagem (discursiva e medicamentosa, dessa vez à base de antipsicóticos) que lhe permitisse enfrentar, por exemplo, aos professores na escola de artes marciais. Mas essa manobra não foi bem-sucedida. Quando, enfim, conseguimos autorização da escola para que ele retornasse às práticas – uma vez que nós nos comprometemos a acompanhá-lo –, essa alternativa lhe pareceu inalcançável, de onde inferimos que talvez não interessasse a ele um lugar de reconhecimento social. Noutras palavras, não lhe interessava adaptar-se a quem o pudesse reconhecer. Talvez mais importante para ele fosse impor-se ao outro. Enveredamos para uma segunda versão daquela forma de conceber a psicose – que advoga que o psicótico não sabe se posicionar diante do outro –, o que nos levou a trabalhar no sentido de mapear os lugares em que nosso usuário podia exercer o poder. Mas sua passagem pela associação de usuários já nos havia advertido de que o poder não lhe interessava. Nem submeter-se nem dominar. Nosso usuário não sabia qual lugar ocupar. Tampouco nós em relação a ele.

Em alguma medida, sentia-me o próprio Simão Bacamarte, personagem antológica de Machado de Assis no conto *O alienista* (1881-2). Depois de se haver incumbido da nobre missão de salvar a comunidade de Itaguaí do risco de uma epidemia que atende pelo nome de loucura, o jovem médico, orgulhoso de haver declinado de importantes cargos na Corte portuguesa em favor da devoção ao progresso da ciência, apresenta sua primeira tese psiquiátrica: se a normalidade é um continente, a loucura é uma ilha, que precisa ser isolada. Eis então que decide recolher a uma casa de Orates – conhecida como Casa Verde – aquelas pessoas que, pelas esquisitices que desempenhavam, enquadravam-se na categoria da diferença. Mas, porquanto o número de denúncias sobre pessoas que se enquadravam nessa categoria não parava de crescer, o diligente cientista suspeitou de um possível erro. O erro, contudo, não residia na avaliação que ele fazia acerca das pessoas; antes, na tese. Não era a normalidade que equivalia a um continente; e, sim, a loucura. O que explicaria por que – depois de algum tempo – quase toda a cidade convalescesse em Casa Verde, qual "torrente de loucos". E na medida em que o desconforto dos cidadãos punha à prova o bom-senso de Simão, já que as autoridades não se conformaram à ideia de que elas próprias poderiam ser loucas, o jovem médico não teve outra alternativa que não fosse declinar dessa nova tese. Por fim, decidiu internar a si próprio, pois, se houvesse loucura, ele a deveria experimentar primeiro, por ele mesmo.

Nem as trocas na medicação, tampouco as mudanças nas orientações éticas das intervenções clínicas pareciam produzir um efeito pacificador para esse sujeito e seus familiares. Estávamos mais perdidos do que nunca, feito Simão Bacamarte. Inspirados na personagem de Machado de Assis, decidimos desistir; não do usuário, mas de entendê-lo. Voltei à minha postura inicial, por ocasião de meu primeiro contato com o usuário, em que não me ocupava do que ele pudesse querer para si, desejar ou intencionar. Ocupava-me antes das exigências a mim dirigidas e, por extensão, a ele. Queria saber o que os familiares exigiam, o que as políticas em saúde mental esperavam do usuário, quais ambições eu mesmo tinha. E foi quando pude olhar para as formações do usuário como respostas genuínas, cuja característica fundamental era a fixação na realidade dada, tal como aquela fixação que eu mesmo elegi quando não sabia como lidar com ele.

Lembrei-me da angústia que senti; não sabia o que fazer. Por conta disso, havia escolhido concentrar-me nos nomes escritos pelo usuário na parede, nas possibilidades fornecidas pelo filme a que ele assistia, em vez de tentar entender o que, de fato, eu não conseguia entender, a saber: por que ele queria queimar meu casaco, ou qual relação poderia haver entre o ritual de purificação e todas as coisas que eu ouvira a respeito dele da parte dos familiares? Em alguma medida, no contato com ele, eu repetira por mim mesmo seus comportamentos; eu próprio me comportara de modo bizarro, tendo em vista que não encontrara uma fórmula que satisfizesse todas as exigências que sobre mim naquele instante pairavam. E, se havia algo que eu devesse entender sobre o usuário, tal entendimento eu deveria poder construir a partir de mim, do modo como me senti compelido a fixar-me na realidade – dada a minha incapacidade para responder a todas as demandas. O que é o mesmo que dizer que eu não exageraria se afirmasse que a suposta psicose do usuário eu antes a vivi por mim mesmo, eu a vivi por meio das fixações que elegi como única alternativa em face das exigências de sentido que não podia responder.

Ora, não se desenharia aqui uma forma de ler a psicose que eu pudesse desenvolver como estratégia clínica? Não poderia eu considerar minha reação como um efeito da psicose do usuário a quem acolhi? Não seriam tais efeitos parâmetros mais confiáveis do que as especulações que eu pudesse fazer *a priori* ou a partir de um lugar exógeno às formações psicóticas? Por mais polêmica que essa estratégia machadiana possa parecer, ao menos tenho como dizer que, enquanto tratei as respostas do sujeito como matrizes para as minhas, fui capaz de sensibilizar o meio familiar em favor da inclusão de um modo peculiar de reagir à expectativa e à ambição, desenvolvido pelo próprio usuário, que é a fixação na realidade. Ademais, por conta de haver posto em evidência as fixações do usuário, involuntariamente construí uma hipótese simples, que estava ao alcance dos familiares e, pouco a pouco, foi se mostrando extremamente relevante para entendermos as mudanças nas reações de nosso sujeito. Trata-se da compreensão de que, se alguém precisa fixar-se, tal se deve a que esse alguém possa estar sujeito a oscilações, as quais são para ele ameaçadoras. E as oscilações, no caso do nosso usuário, tinham que ver com a ambiguidade das expectativas que as pessoas produziam à sua volta. Por exemplo, as primas o queriam trabalhando na loja de que também eram funcionárias, mas também o queriam a distância; o avô tinha orgulho da insolência do neto, embora o tratasse com medo; a mãe via no filho um inválido, ao mesmo tempo que tinha muita esperança de que ele pudesse passar no vestibular, formar-se em engenharia e melhorar a condição econômica da família; eu próprio quis protegê-lo das exigências, mas não desisti de cobrar-lhe a presença na oficina do Caps, na associação de usuários... Enfim, as fixações que nosso usuário produzia, e até possibilitaram que nos aproximássemos dele, revelaram-nos que ele não suportava a ambiguidade implícita às exigências formuladas pelas pessoas.

E eis que se delineia para nós, aqui, um duplo horizonte, de intervenção e de reflexão, que mais do que uma solução consiste em uma possibilidade de investigação. Por um lado, intervir pode significar proteger, ante fixações seguras, os usuários submetidos a exigências que eles não podem suportar, provavelmente por conta da ambiguidade que comportam. Por outro, nós clínicos deveríamos poder desenvolver essa hipótese, contrapondo-a a outras formulações e, sobretudo, ao histórico de intervenções, de sorte a esclarecer temas como: por que a ambiguidade parece ao sujeito das formações psicóticas algo ameaçador, ao passo que para boa parte das pessoas ela é interessante? O que propriamente torna uma exigência algo ambíguo? Em que medida a fixidez suspende, responde, rechaça a ambiguidade?

Vamos suspender, por um instante, nossos relatos acerca de nossa experiência com o sujeito avatar para privilegiar algumas elaborações teóricas. Esse caso clínico[5], bem como muitos outros, retornará em vários momentos da presente obra, especialmente para denunciar nossos equívocos; afinal, na esteira de Michel Foucault (1963), acreditamos que a clínica, antes de ser o lócus de uma disciplina científica, é o espaço ético de crítica aos saberes. O que não significa que a própria prática clínica não mereça ser criticada. E talvez seja essa a principal função das reflexões teóricas. Mais do que "validar" ou "fundar" práticas, somos partidários da posição de Perls, Hefferline e Goodman (PHG, 1951)[6], iniciadores da Gestalt-terapia, para quem, no contexto das práticas clínicas, a teoria não deve cumprir uma função epistêmica, mas crítica, funcionando como "marco diferencial" entre o já conhecido e o inédito. Somente assim ela poderá advertir o profissional sobre os limites entre a dogmática e a inovação, sobretudo a inovação que emerge da parte dos consulentes, dos usuários, enfim, dos beneficiários das intervenções clínicas. E é daí que nasce nossa simpatia por esta teoria – que se propõe estabelecer "marcos diferenciais" entre os saberes dos profissionais e as inovações dos consulentes – que atende pelo nome de self (PHG, 1951).

Ainda não é o caso de apresentar no pormenor a teoria do self. Ensaiaremos isso no decurso desta obra[7]. Cumpre agora resgatar, dela, em que medida dá guarida nossa intuição sobre a possível relação entre as fixações e a ambiguidade das demandas. E não é sem surpresa que encontramos, pela pena de Paul Goodman, a afirmação de que, nas psicoses, testemunhamos uma espécie de "rigidez (fixação)" (PHG, 1951, p. 34) em situações nas quais se pode observar a "aniquilação de parte da concretude da situação" (PHG, 1951, p. 235). Mas de qual situação os autores estão falando?

Tal como nós a lemos na obra de PHG (1951, p. 49), a expressão "self" designa o "sistema de contatos em qualquer momento". Considerando que cada vivência de contato se define pelo "achar e fazer a solução vindoura" (PHG, 1951, p. 48), o self não é outra coisa que o escoamento temporal de uma situação pragmática noutra, sempre em torno de exigências atuais, para as quais cada corpo busca uma solução a partir do que dispõe como recurso social presente, por um lado, ou fortuna de hábitos herdados, por outro. Inspirados na tradição fenomenológica – a qual, entretanto, procuram matizar a partir do pragmatismo norte-americano e da leitura merleau-pontyana de Husserl –, PHG empregam o termo "self" como sinônimo de "campo de presença" (*Presenzfeld*).

E assim como devemos poder distinguir, em um campo de presença, os dados presentes dos codados[8] passados e futuros; em um sistema self discernimos as exigências e possibilidades atuais, por um ângulo, dos hábitos (passados) e das soluções (vindouras), por outro. Um sistema self, nesse sentido, está investido de ao menos três orientações, o que faz dele uma experiência eminentemente ambígua. E eis então que encontramos a primeira formulação gestáltica para a noção de ambiguidade.

Ambiguidade, portanto, diz respeito ao fato de que, na experiência de contato, as exigências comportam, implicitamente, uma expectativa relativa às soluções vindouras e à repetição dos hábitos. Cada demanda, na atualidade da situação, mais além da própria situação, articula uma expectativa sobre a copresença do passado e do futuro em torno dos dados sociais presentes. Cada exigência, mais além do conteúdo social que fixa, descortina um horizonte ambíguo, ao mesmo tempo destinado ao futuro e ao passado. E talvez seja essa ambiguidade o que torne as diferentes relações sociais experiências interessantes, surpreendentes – ao menos para aqueles que tentam explicar o que se passa com nosso usuário avatar. As relações sociais nunca encerram um só ponto de vista, pois elas abrem uma diversidade de perspectivas, o que de forma alguma é garantia de que possam ser satisfeitas, realizadas, enfim, concretizadas. Talvez pudéssemos inclusive especular que a impossibilidade de reuni-las é o que exige a transcendência, a passagem para outra experiência de contato, de sorte a podermos nos referir à vida como um sistema de contatos, ou sistema self. Isso, ademais, significa que cada experiência, por sua diversidade, é um todo aberto, qual *Gestalt*: quando uma dimensão é "figura", as demais comparecem como "fundo", alternando-se mutuamente, sem que possa haver entre elas síntese acabada ou posição absoluta. O que nos permite, enfim, formular em que sentido as demandas dirigidas ao nosso usuário podiam ser consideradas ambíguas. Dependendo do ponto de vista a partir do qual fossem consideradas, elas podiam articular uma intenção passada, uma expectativa futura, ou uma constatação presente.

Mas o que se passa com nosso usuário avatar? Aparentemente, é como se ele não conseguisse transitar pela ambiguidade característica dos contatos sociais a que está submetido. A diversidade de perspectivas não lhe parece interessante. Por que isso sucederia? Pergunta difícil de responder, pois ela exige que especulemos sobre "causas" psicossociais ou anatomofisiológicas que determinassem aquela aparente incapacidade, como por exemplo a existência ou não de outros casos de psicose na família, a ocorrência ou não de acidentes pré-natais ou puerperais envolvendo nosso usuário, a presença ou não de anomalias bioquímicas como a galactosemia ou fenilcetonúria, a caracterização ou não de distúrbios endócrinos, como o hipertireoidismo congênito, a possibilidade de anomalias cromossômicas, como a trissomia do 21 ou a trissomia do 18, a ingestão sistemática ou não de determinadas substâncias, a presença ou não de um vírus que tivesse ultrapassado a barreira hematoencefálica e assim por diante. E porquanto uma resposta conclusiva sobre as causas não necessariamente enseja uma terapêutica preferimos pensar que nosso usuário, nas situações em que está sujeito à ambiguidade das relações sociais, vive uma vulnerabilidade[9] que o faz se ajustar de modo singular, qual seja, a fixação na realidade social de que dispõe.

Mas qual seria a vulnerabilidade? São os próprios autores que nos fornecem uma importante hipótese sobre a vulnerabilidade específica das relações de campo em que se produzem respostas psicóticas. Segundo PHG (1951, p. 235), pode acontecer de uma experiência de contato não dispor de uma das orientações temporais que a caracterizam, como se o passado, por exemplo, não se apresentasse como fundo de orientação para as demandas ambíguas formuladas na atualidade da situação. Por consequência, diante de uma demanda que veiculasse, simultaneamente aos valores semânticos atuais, uma expectativa de futuro e a exigência de repetição de um hábito, o interlocutor poderia não compreender qual postura assumir ou repetir, uma vez que nenhuma orientação espontânea a ele se apresentasse. Ou, então, poderia ocorrer de nosso usuário não vislumbrar as expectativas formuladas pelo interlocutor, tendo em vista que o excesso de orientações espontâneas (ou formas habituais) vindas do passado o confundiria. Nessas duas situações, não seria estranho que o consulente se resguardasse de interagir, ou propusesse como resposta uma utilização bizarra da realidade, como se tal utilização pudesse fazer as vezes da dimensão ausente, ou da resposta esperada pelos interlocutores.

E eis que se configura aqui uma matriz para pensarmos a gênese psicossocial da psicose. Esta não seria diferente de uma experiência de campo em que as demandas formuladas na interlocução social (presente) não encontrariam o fundo (passado) de orientações habituais, ou, na via oposta, a psicose teria sua gênese na presença ostensiva de demandas que desencadeariam um excesso de orientações; de modo que, nos dois casos, tornar-se-ia impossível para o sujeito interpelado a transcendência na direção de um desejo (futuro). Reencontramos aqui a fórmula apresentada por PHG (1951, p. 235), segundo quem, nas psicoses, "parte da concretude" da experiência está "aniquilada". Essa "parte" corresponde ao domínio de passado reclamado pelas demandas na atualidade da situação. PHG denominam de função *id* esse domínio de passado, o que é o mesmo que dizer que, em tese, nas psicoses a função *id* está comprometida ou vulnerável (seja por conta da falta, seja por conta do excesso). Essa formulação, entretanto, não pode se sobrepor ao que aprendemos com nosso usuário. Pois, se não é de todo estranho pensar que ao nosso usuário faltasse (ou sobrasse) um fundo de orientação espontânea, conforme a hipótese de PHG, a falta (ou excesso) somente é denunciada pela presença (ostensiva, no caso do nosso usuário) de demandas sociais ambíguas. Ao mesmo tempo destinadas ao passado familiar e às possibilidades de emancipação de nosso usuário, as demandas exigem dele um repertório do qual ele parece não dispor, o que por fim nos faz crer que a hipótese genética de PHG precisa ser completada com uma hipótese pragmático-social que diz respeito à práxis da comunicação intersubjetiva.

Ademais – e talvez esta seja a questão mais importante –, a fixação em certos aspectos da realidade (discursiva) é para nosso usuário um ajustamento criador, a forma possível de enfrentamento às demandas que se lhe impõem. É preciso reconhecer, portanto, que nosso usuário produz algo apoiado em sua vulnerabilidade. Ele procura se ajustar criativamente diante de seu meio social. O que, por fim, nos remete à segunda formulação de PHG (1951, p. 34) sobre as psicoses, por meio da qual defendem tratar-se de comportamentos rígidos cuja característica é a fixação na realidade. Conforme o que aprendemos com nosso usuário, a fixação em personagens, repertórios, frases prontas, espaços e rituais defende-o do que ele não consegue compreender, assegurando um mínimo de comunicação social com aqueles por quem nutre sentimentos e com quem divide seu cotidiano. E eis então a base para uma clínica que, em princípio, trabalha em favor da salvaguarda e integração pacífica das tentativas de socialização dos sujeitos das formações psicóticas, bem como com vistas à identificação das demandas com as quais eles não podem lidar, o que só pode ser feito em parceria com os familiares e comunidade onde vivem aqueles sujeitos.

Na primeira parte de nosso livro, a partir de uma discussão com diferentes tradições de intervenção no campo da psicose, vamos ampliar as formulações de PHG, visando ensaiar uma compreensão gestáltica sobre a gênese, os diferentes modos de ajustamento e as diversas formas de intervenção nesse campo.

Usando casos remontados ficcionalmente, proporemos uma discussão sobre o sentido ético, político e antropológico de nossas intervenções e o papel da família e das instituições de saúde no acolhimento aos sujeitos das formações psicóticas.

Depois dos primeiros meses, o acompanhamento ao nosso usuário avatar, fosse nos atendimentos individuais fosse nos grupos e oficinas laborais, estava relativamente estabilizado. O acolhimento às construções delirantes, assim como as tentativas – nem sempre bem-sucedidas – de deslocamento das formulações menos sociáveis àquelas com maior poder de troca social, foi paulatinamente dando lugar a uma grande amizade. A família, agora mais consciente sobre o seu papel no desencadeamento das formações psicóticas do usuário, chamava-nos ao telefone com frequência, dessa vez para comunicar o que aos seus olhos parecia se tratar de um êxito. Entretanto, o quadro clínico da mãe piorou muito. Os rins – que já não funcionavam – começaram a necrosar; a fila de transplantes estava parada. E já não era possível ao avô poupar o neto da ambiguidade presente nas exigências laborais que dirigia ao rapaz, as quais dissimulavam o histórico de perdas daquela família. As esperanças de vida da mãe de nosso usuário diminuíam e o avô não percebia o quanto esperava do neto que se incumbisse do sofrimento familiar. Se ao menos o avô soubesse por quem sofria; pois a perda da esposa, morta há alguns anos, ainda o perseguia qual sombra. O que o jovem neto poderia fazer pelo avô, dividido entre duas perdas? O que poderia fazer pela mãe, dividida entre a esperança (no filho) e a desesperança (de si)? E outra vez nosso usuário se pôs louco, como se nem mesmo os avatares o pudessem estabilizar. Ao contrário, por conta da irritação que geravam nos familiares, os delírios intensificaram as pequenas violências compartilhadas e a ambiguidade das relações afetivas, o que sinalizou para nós uma diferença que já havíamos reparado, mas não havíamos compreendido, entre as formações psicóticas (ou ajustamentos psicóticos funcionais) e a falência social dessas formações.

Noutras palavras, os não infrequentes episódios de descontrole provocados pela intensificação da ambiguidade nas demandas familiares, assim como pela flagrante decomposição emocional da família, mostraram haver uma diferença entre o ajustamento psicótico e o surto. Enquanto o ajustamento é uma utilização criativa da realidade para responder e fazer frente à ambiguidade das demandas, o surto é a ausência de realidade social que pudesse servir de base para os ajustamentos psicóticos. Mas em que termos a realidade social pode estar ausente? Que efeitos tal ausência desencadeia no sujeito? Não é nosso objetivo, neste momento de abertura do trabalho, aprofundar uma discussão conceitual sobre a diferença entre o ajustamento psicótico e o surto, ou sobre a gênese de um e de outro, inclusive sobre as diferentes formas de intervenção nos dois casos. Faremos isso mais à frente, em diferentes capítulos, de diversos pontos de vista, em especial nos capítulos terceiro, sétimo e décimo. Importa agora tão somente reconhecer, no surto, um exemplo de outro campo de interesse para a clínica gestáltica, o qual está associado ao significante *misery*. Vertido ao português como "aflição", o termo *misery* designa na obra de PHG as situações de "sofrimento" causadas pela aniquilação dos dados sociais que integram determinado sistema self, o que nos levou a traduzir *misery* por "sofrimento": estado de aflição por conta da inexistência de dados sociais nos quais as pessoas possam se apoiar. Exemplos de sofrimento: assim como a convalescença da mãe e a melancolia do avô pouco a pouco destruíam as referências familiares nas quais nosso usuário avatar se equilibrava, provocando um quadro de extrema instabilidade em que sequer os ajustamentos psicóticos tinham lugar, desastres e emergências provocam a aniquilação de referências humanas e geográficas, aniquilação essa vivida pelos sobreviventes desabrigados e desalojados como profundo estado de sofrimento antropológico. Do mesmo modo, o endividamento progressivo dos trabalhadores assalariados leva a um quadro crônico de desesperança econômica que responde pelo nome de depressão, expressão radical de um sofrimento político, tal como as formas de poder desempenhadas pelas facções criminosas nos presídios reduzem os corpos dos presidiários à condição de vida nua, carne desprovida de prerrogativas e identidades sociais: sofrimento ético...

Os quadros de sofrimento podem ter diferentes motivos ou causas, como veremos na terceira parte de nossa obra. As emergências e desastres, o luto e o adoecimento somático podem provocar a destruição das representações antropológicas às quais alguém possa estar identificado. Eis o sofrimento antropológico. Já os conflitos socioeconômicos e a sujeição dos nossos corpos aos dispositivos de controle biopolítico exercido pelo capitalismo transacional podem levar a um quadro de sofrimento político: impossibilidade de ocupar um lugar nas relações de poder. Se, entretanto, formos vítimas da violência étnica ou de gênero, se ficarmos sujeitos ao poder soberano exercido em estado de exceção, como é o caso das vivências dos presidiários e dos pacientes em hospitais de custódia, seremos acometidos de um sofrimento ético. E as três versões do sofrimento – antropológico, político e ético – não fazem mais do que descrever a destruição dos valores, pensamentos e instituições compartilhados que constituem nossa identidade social, nossa identificação ao outro como função personalidade, segundo a linguagem da teoria do self.

De onde não se segue que pessoas acometidas de sofrimento ético, político e antropológico simplesmente sucumbam aos acidentes naturais, às formas de dominação biopolítica ou ao totalitarismo dos regimes que governam em estado de exceção. Mesmo nessas situações elas lutam para merecer, dos semelhantes, algum tipo de ajuda que possa lhes valer um mínimo de realidade. A essa luta denominamos de ajustamentos de inclusão psicossocial. Trata-se de genuínos pedidos de ajuda solidária por meio dos quais cada um poderá resgatar gratuitamente a humanidade que perdeu e sem a qual não pode estabelecer trocas sociais, menos ainda repetições e criações da ordem do desejo.

Esses pedidos, todavia, não têm em princípio objetos claramente formulados. Por mais que visem a coisas concretas na realidade, como comida, água, roupas, passagens para poder mudar de cidade ou visitar parentes, os pedidos demonstram uma perdição, como se não tivessem meta ou finalidade social definida. Os sujeitos desses pedidos, normalmente, não sabem sequer do que precisam: desconhecem direitos, protocolos de encaminhamento social, bem como se mostram incapazes de identificar suas reais necessidades. Muitas vezes, o pedido de inclusão está matizado por um luto em andamento, pela dor da convalescença, pela humilhação da exclusão social, pelo pavor da violência. De onde se conclui que o acolhimento a tais pedidos de inclusão implica uma atitude diferente da parte dos profissionais. Não se trata simplesmente de prover os sofredores dos recursos materiais de que necessitam, segundo nossas suposições, ideologias ou políticas públicas às quais estamos identificados. Menos ainda investigar o êxito ou a funcionalidade social das "formas" (*Gestalten*) com as quais procuram responder às diferentes demandas afetivas a que estão submetidos, sejam essas formas ajustamentos psicóticos, neuróticos, antissociais, banais etc. Dessa vez, a figura no campo que se estabelece entre nós, profissionais, e os sujeitos dos pedidos de inclusão aponta na direção da oferta gratuita de uma posição de horizontalidade, com a qual os sujeitos em sofrimento possam ao menos reencontrar uma identificação antropológica, um mínimo de humanidade que lhes faculte organizar seus pensamentos, seus sentimentos, para que possam voltar a agir em defesa própria. Não que não devamos ou não possamos ajudá-los em tarefas concretas, mas não sem antes haver-lhes assegurado tempo e espaço para que formulem (com gestos e palavras) o que necessitam.

Ora, a intervenção que destinamos ao usuário avatar em sua casa, no momento em que o conhecemos, em que ele estava surtado, constitui um exemplo do que entendemos por acolhimento ao sofrimento, no caso dele, ético, uma vez que ele estava excluído do campo do sentido, como se o que ele dissesse não tivesse nenhum valor social ou humano. Não podíamos compreender do que ele necessitava, tampouco reconhecíamos no seu meio social algo que o pudesse ajudar sem que isso implicasse uma violência. Ainda assim, criamos uma estratégia – delirante, por certo – que lhe valeu o tempo e o espaço para que pudesse, paulatinamente, recobrar o controle sobre suas respostas diante das demandas ostensivas a que estava submetido. Disso decorre que, se antes pudemos distinguir o surto do ajustamento psicótico, agora podemos distinguir uma clínica do sofrimento (por exemplo, por conta do surto) de uma clínica dos ajustamentos ou formas (*Gestalten*) de interação social, como é o caso dos ajustamentos psicóticos. E neste livro nosso objetivo maior é justamente apresentar nossa compreensão sobre estes dois empreendimentos clínicos que constituem a faceta mais psicossocial das clínicas gestálticas: a clínica do sofrimento e a clínica das psicoses.

Conforme acreditamos, os ajustamentos psicóticos são desvios a partir de um contexto de vulnerabilidade ética. Tomando como base a ausência ou o excesso de hábitos, nos ajustamentos psicóticos, os sujeitos (de atos) desviam-se na direção da realidade antropológica, na qual se fixam em suplência ao fundo habitual ausente ou presente, concomitantemente, em excesso. Já os ajustamentos de inclusão são sempre desvios a partir de um contexto de vulnerabilidade antropológica. Com base na ausência de representações sociais (que constituem a identidade antropológica de cada um), os sujeitos (de atos) desviam-se na direção de ações políticas, que não passam de pedidos de inclusão. A função do clínico – se é que podemos falar de uma – consiste em acompanhar os diferentes deslocamentos, de sorte a poder apoiar e acolher a singularidade das criações surgidas. Nesta obra, queremos dissertar sobre estas duas modalidades de desvio clínico, que denominamos de psicose e sofrimento, respectivamente.

A presente obra está intimamente ligada ao nosso histórico de participação em políticas públicas de inclusão social. Mas, em

PSICOSE E SOFRIMENTO

contrapartida, está também ligada à nossa desconfiança com relação à militância, porquanto esta é sempre tributária das promessas ideológicas do estado de direito, as quais são responsáveis pela grande parte das práticas de exclusão social. Nossa escrita nasce de uma prática – exercida em consultórios particulares, na Atenção Básica[10] e nos Caps – de escuta e acolhimento às psicoses e às diferentes modalidades de sofrimento, mas se articula com base em uma pesquisa acadêmica rigorosa estabelecida dentro de uma universidade e de uma escola de especialização em Psicologia Clínica. Essas e outras ambiguidades exigiram de nós a interlocução constante com nossos pares, alunos e usuários, a quem, portanto, queremos manifestar nossa profunda gratidão.

Vale aqui destacar o apoio recebido da parte do Departamento de Filosofia da Universidade Federal de Santa Catarina (UFSC), no qual desenvolvemos várias pesquisas que hoje constituem o *corpus* do presente livro. Também queremos agradecer aos colegas e alunos do Instituto Müller-Granzotto de Psicologia Clínica Gestáltica. Com eles, as ideias e práticas aqui apresentadas ganharam vida. E ainda queremos mencionar os parceiros de diversas partes do Brasil, da América Latina e da Europa, que impediram que nossas melhores intuições virassem certezas.

PARTE I

CLÍNICA DAS PSICOSES: OS AJUSTAMENTOS DE BUSCA

Introdução

NOSSOS MOTIVOS EM TORNO DAS PSICOSES

EM NOSSO PAÍS, o estudo e o tratamento das psicoses integram uma área de conhecimento e atuação profissional denominada saúde mental. Para essa área, as psicoses estão geralmente relacionadas à loucura. Amparada nas críticas de Foucault e no movimento antimanicomial mundial, o campo da saúde mental brasileira produziu uma grande transformação nas representações sociais sobre a loucura. Em vez de objeto de dispositivos disciplinares que visariam à gestão da normalidade como padrão, a loucura passou a ser vista como forma singular de socialização, cuja cidadania, entretanto, ainda não era reconhecida. Tratar a loucura, doravante, equivaleria a ampliar a capacidade dos sujeitos psicóticos para estabelecer contratos sociais. As internações em instituições psiquiátricas dariam lugar aos trabalhos de reinserção social desenvolvidos nos Caps. Mas podemos limitar as psicoses à loucura? A reinserção social constitui por si só uma clínica?

Familiares e profissionais, todos nós sabemos que o manejo das produções consideradas psicóticas e, sobretudo, o enfrentamento das representações sociais contra a loucura não são vivências fáceis. Mesmo em contextos esclarecidos, como nos Caps, temos dificuldade em saber até que ponto uma oficina terapêutica é uma oportunidade de ampliação da autonomia dos sujeitos ou uma prática disciplinadora. Por conta disso, frequentemente nos perguntamos sobre qual é, de fato, a "clínica" da psicose a que nos propomos.

Ademais, nem sempre os sujeitos da psicose adaptam-se às redes sociais construídas nos Caps. A alternativa do acompanhamento terapêutico domiciliar parece muito eficiente nesses casos. Mas, às vezes restrita ao paciente identificado (como louco), tal alternativa não logra orientar os familiares acerca de quais estratégias de convivência adotar, razão pela qual não é incomum que a internação psiquiátrica ainda pareça aos familiares um expediente "seguro", não obstante os danos que possa acarretar.

Preocupados com as dificuldades enfrentadas pelos profissionais que atuam no campo da saúde mental, interessados no êxito das intervenções "de escuta analítica", "de acompanhamento terapêutico" e de "cuidado" desempenhadas por aqueles que se ocupam de sujeitos vinculados às psicoses, propomos uma ampliação na forma de discutir as psicoses, resgatando uma distinção corrente na tradição psiquiátrica fenomenológica e no ensino lacaniano – a distinção entre a psicose como modo de funcionamento e a loucura como falência social da psicose. Afinal, acreditamos que as manifestações comportamentais associadas à loucura (entendida como falência social das psicoses) não são as mesmas associadas às psicoses como modos de ajustamento social. Elas têm gêneses e finalidades distintas. E, possivelmente, o fracasso nas intervenções clínicas, sejam elas estabelecidas nos consultórios particulares, na rede de saúde ou nos domicílios, tem relação com a falha no diagnóstico da diferença entre a loucura e a psicose. Acreditamos, nesse sentido, que a atenção às formas da loucura e às diferentes formações psicóticas mereça estratégias distintas.

Para esclarecer melhor essa distinção entre as psicoses e a loucura, procuraremos integrar, às reflexões da fenomenologia e da psicanálise das psicoses, as importantes pistas legadas pelo casal Perls e por Paul Goodman (1951) em suas formulações sobre uma possível leitura dos ajustamentos psicóticos à luz da teoria do self (entendida como uma teoria do campo psicossocial) e de suas funções fenomenológicas. Conforme nossa leitura desses autores e dessas tradições, a psicose é um tipo de ajustamento em que os sujeitos se fixam criativamente à realidade disponível (seja essa realidade nossa atitude natural, nossas ficções científicas, filosóficas, literárias e assim por diante), como se tal realidade pudesse suprir o fundo afetivo-pulsional (função *id*) que é demandado no laço social e, por motivos diversos, não está disponível ou apresenta-se de modo avassalador. Quando essas respostas não são suficientes e as demandas não cessam, os sujeitos daqueles ajustamentos veem-se obrigados a estabelecer estratégias radicais de defesa, que são os surtos (estigma maior da loucura). O trabalho de intervenção gestáltica, por sua vez, deveria assegurar, às pessoas assistidas, suporte para a constituição dos laços sociais necessários às elaborações alucinatórias, delirantes e identificatórias, na forma das quais essas mesmas pessoas tentam preencher e articular a realidade como modo de suplência ao fundo afetivo-pulsional inacessível (seja por sua ausência ou presença ostensiva). Nas situações de surto, a intervenção consistiria na identificação e suspensão das demandas responsáveis pela falência das respostas psicóticas.

DA PRECARIEDADE DAS FORMAÇÕES PSICÓTICAS
AO SOFRIMENTO NO SURTO

Tal como nós o mostramos na Introdução geral a esta obra, nossas especulações teóricas em torno da psicose estão integralmente submetidas à condição de uma práxis cuja característica é a impossibilidade de sustentarmos uma normativa que nos servisse de critério de êxito ou malogro. Isso porque os sujeitos dessa práxis, precisamente os criadores de respostas mutistas, alucinatórias, delirantes e identificatórias, não mostram interesse nem oferecem fiança às especulações filogenéticas, menos ainda às conjecturas que fazemos sobre as formas de socialização que para eles poderiam ser adequadas. Aparentemente, a dureza das formações psicóticas propriamente ditas e alguns poucos sentimentos a elas relacionados (como o orgulho ou a desconfiança) delimitam o campo possível de nossa comunicação, como se não tivéssemos sido autorizados a desejar nada além dessas produções. Essa limitação ao caráter estritamente antropológico das produções psicóticas, ao mesmo tempo que frustra nosso desejo em torno das "verdades epistêmicas" e das "soluções pragmáticas" aos problemas de socialização que nós próprios enfrentamos em nosso contato com esses sujeitos, por outro lado fornece a direção ética de nosso trabalho: acolhimento à diferença tal como ela é produzida por seus próprios sujeitos, no caso, os sujeitos das formações psicóticas. Doravante, não se trata de descobrir ou solucionar algo relativo às psicoses, mas de participar das criações por meio das quais os sujeitos envolvidos lidam com o fato de não entender certos pedidos que nós lhes fazemos.

Mas quais pedidos os sujeitos das formações psicóticas parecem não entender? Por certo não são os pedidos por inteligência social, como aqueles em que compartilhamos pensamentos, valores e sentimentos. O êxito nos processos de aprendizagem, de expressão artística e de inserção laboral é prova da capacidade desses sujeitos para participar da inteligência social. Desse modo, quando nos referimos a pedidos que os sujeitos psicóticos parecem não compreender, temos em conta aqueles em que nos voltamos para o que não está dado na realidade: é o caso dos pedidos por afeto (os quais sempre estão voltados para um fundo de vivências que não são para nós mais que rastros) e os por novidade (voltados para um horizonte de criações virtuais ou desejos). Logo, pedidos extremamente ambíguos, uma vez que sempre estão formulados apoiados na realidade (dos pensamentos, valores e sentimentos compartilhados intersubjetivamente), mas endereçados ao que a ela não se restringe, por exemplo, as pulsões e os desejos. E nossa suspeita é a de que as formações psicóticas são utilizações da realidade com o propósito de responder aos pedidos por pulsão e desejo, o que faz dessas formações respostas precárias. É como se as alucinações, os delírios e as identificações fossem uma maneira de produzir uma ambiguidade na própria realidade, com a finalidade de habilitá-la a responder às demandas cuja ambiguidade os sujeitos das formações psicóticas parecem não entender. Mas, porquanto a ambiguidade diz respeito à relação entre a realidade e o que está fora dela, a fixação psicótica na realidade fracassa em seu intento de satisfazer as demandas empíricas (da ordem da realidade) por algo virtual (ou fora da realidade).

Ora, essa forma de descrever as formações psicóticas por certo discorda das teorias clássicas, como é o caso das psiquiatrias fenomenológicas e das clínicas lacanianas das psicoses. Isso porque, para essas teorias, as formações psicóticas não se referem à realidade e sim seriam, contrariamente, o avesso da realidade, aquilo que não opera na realidade. Os psiquiatras fenomenólogos, por exemplo, dizem que as respostas psicóticas são a expressão de um outro transcendental, o qual mais não é senão o fracasso dos sujeitos psicóticos em experimentar a própria unidade como eu transcendental. Já os psicanalistas lacanianos dizem que as formações psicóticas são a expressão de um real pulsional incapaz de inscrever-se na realidade simbólico-imaginária (denominada por esses psicanalistas de grande outro); ou, ainda, que essas formações são pulsões que não sabem tomar lugar no grande outro, seja para dele participar, seja para dominá-lo.

Na contramão dessas duas perspectivas, preferimos dizer que as formações psicóticas não têm relação com a ocorrência de sínteses temporais incompletas nem com a presença caótica de pulsões desvinculadas da realidade simbólico-imaginária. Ao contrário, nessas formações, tudo que nós "não" encontramos são pulsões ou sínteses transcendentais (sejam elas completas ou incompletas). Os sujeitos psicóticos não se mostram investidos de um afeto (que denunciaria a presença de uma pulsão) nem de uma curiosidade (desejante ou transcendental) desregrada ou impotente diante da realidade. E, talvez, seja essa a razão pela qual, a esses sujeitos, nossas demandas (por pulsão e desejo) semelhem ser tão estranhas, carregadas de uma ambiguidade que eles parecem não compreender. Não apenas isso, mas essa talvez seja a razão pela qual os sujeitos psicóticos precisam articular a realidade de modo estranho, como se ela pudesse entregar, de maneira alucinatória, delirante ou identificatória, esse outro que não é nem o outro transcendental (entendido como o fracasso na vivência do tempo) nem o grande outro (entendido como estrutura simbólico-imaginária), mas outrem[1], fundo indeterminado de rastros daquilo que já não existe, porém continua produzindo efeitos, qual pulsão. A partir da terminologia da teoria do self, preferimos chamar esse outrem de função *id*. A psicose, por conseguinte, seria uma precariedade da função *id* nas relações de campo em que essa função fosse requerida (demandada).

E eis em que sentido – portanto diferentemente dos discursos psiquiátrico-fenomenológicos e psicanalíticos, para os quais as formações psicóticas são a expressão do sofrimento psíquico (e ainda que a gênese desse sofrimento difira nas duas escolas) – nós defendemos a ideia de que a precariedade das relações que se caracterizam como psicóticas não necessariamente tem relação com o sofrimento. Enquanto não são demandados a operar com pulsões e desejos, ou enquanto as suplências psicóticas às pulsões e desejos têm funcionalidade social, os sujeitos não estão em sofrimento. Eles estão, sim, empenhados em promover uma integração, por mais difícil que ela seja. De sorte que, contra as representações sociais e as formulações teóricas que procuram fazer das respostas psicóticas (como o mutismo, a alucinação, o delírio e as identificações) sintomas da condição de desamparo em que se encontram os sujeitos psicóticos, preferimos pensá--las como respostas possíveis às demandas por pulsão, desejo e unidade transcendental, quando tais pulsões, desejos e unidade não comparecem. Tudo se passa como se, fixando-se aos objetos, às palavras e às imagens de que dispõe, o sujeito psicótico encontrasse aquilo que não surge como solução aos "enigmas" que nós, demandadores, propomos de "modo ambíguo", qual esfinge: "Decifra-me ou te devoro!"

Isso não quer dizer que descartemos a associação entre as formações psicóticas e o sofrimento. No entanto, tal associação se estabelece em contextos em que as formações psicóticas estão impedidas de acontecer. Esse é o caso das experiências de surto. O surto corresponde, segundo acreditamos, ao fracasso das formações psicóticas para atender aos nossos pedidos empíricos por algo que está mais além da realidade, tal como o afeto e o desejo. Por conta da esquisitice do uso que fazem da realidade, descartamos os sujeitos da psicose, como se suas produções não pudessem circular entre nós. E eis então que, privados dos meios para interagir com nossas demandas, as quais não cessam nunca, esses sujeitos entram em sofrimento.

LUGAR ÉTICO DA CLÍNICA DAS PSICOSES PENSADA SEGUNDO A TEORIA DO SELF

DEPOIS DE MAIS DE UM SÉCULO de discussões sobre a gênese e o tratamento das psicoses por inúmeras tradições clínicas, o que a teoria do self vem agregar que ainda não tenha sido dito ou refutado? Pergunta difícil de responder, não tanto pelo que se poderia afirmar sobre a psicose a partir da teoria do self (entendida como teoria do campo psicossocial), mas antes pela avaliação que teríamos de fazer dos discursos clínicos devotados às psicoses desenvolvidos até aqui. E não são poucos. Contudo, tomamos a liberdade de nos referir apenas àqueles nos quais reconhecemos um motivo comum que permita a interlocução com a teoria do self, qual seja, a consideração sobre o lugar do outro (ou talvez fosse melhor dizer dos "outros"[2]) na gênese das formações psicóticas. Eis, conforme vimos acima, nossa escolha pela fenomenologia psiquiátrica e pela psicanálise lacaniana. E, evidentemente, não se trata de quaisquer interlocutores. Como

MARCOS JOSÉ MÜLLER-GRANZOTTO E ROSANE LORENA MÜLLER-GRANZOTTO

bem mostrou Michel Foucault (1979a, p. 90-2) em sua conferência sobre o nascimento da Medicina Social, ainda que o interesse epistêmico pelas psicoses fosse uma invenção do século XVIII, e ainda que, no século XIX, a psicose tenha se tornado, para esse mesmo interesse epistêmico e em proveito de políticas normativas, objeto de práticas disciplinadoras, foi apenas com a fenomenologia e, depois, com a psicanálise que ela ganhou o status de fenômeno clínico – no sentido mesmo em que Foucault (1963) emprega o termo "clínica", a saber, como produção capaz de exercer a crítica, no caso que nos interessa, das práticas e políticas vigentes sobre a loucura[3]. Para nosso modesto interesse, enfim, a questão é saber em que sentido a teoria do self aproxima-se ou se afasta daquelas duas tradições notórias. No que nossas hipóteses são diferentes daquelas formuladas por elas?

Para responder a essas questões, talvez devêssemos voltar rapidamente à teoria do self, pois é nela que encontramos "marcos teóricos" que nos auxiliam a distinguir entre o já conhecido (inclusive a partir da fenomenologia psiquiátrica e da psicanálise lacaniana) e o inédito revelado no discurso dos nossos consulentes sujeitos de formações psicóticas. A teoria do self, como demonstramos noutro lugar (Müller-Granzotto e Müller-Granzotto, 2007), diz respeito às diferentes dimensões copresentes ao campo psicossocial formado pelo clínico e seus parceiros. Além da dimensão imaginária (ou função personalidade, correspondente ao outro social) e da dimensão simbólica (que corresponde à capacidade de individuação introduzida pelos atos diversos, os quais incluem desde nossa motricidade aos significantes que empregamos na comunicação intersubjetiva), a teoria do self procura dar cidadania a essa "condição intersubjetiva inexorável" a que os autores chamam de função *id* e que corresponde à nossa participação na ambiguidade dos hábitos, os quais se impõem a nós como "outrem", sem que possamos delimitar sua gênese ou titularidade, ou até que ponto tais hábitos são nossos ou da comunidade em que estamos insertos.

44

Ora, conforme acreditam PHG, nas formações psicóticas observamos que a função *id* apresenta-se de modo precário. O que significa dizer que, nas situações de campo em que figuram mutismos comportamentais, alucinações, delírios e identificações com a morte e com a ressurreição, nossas criações simbólicas (função de ato) diante do outro social (função personalidade) não podem contar com a orientação vinda de "outrem" (função *id).*

De onde se segue que, ao mesmo tempo que concorda com a fenomenologia e com a psicanálise quando elas afirmam – cada qual a seu modo e uma contra outra – que a psicose é uma produção em face da impossibilidade de viver o outro[4], a teoria do self permite-nos repensar a relação entre as diferentes formas de apresentação do outro e as produções psicóticas, sem que nos detenhamos em uma dimensão transcendental, como faz a fenomenologia (para quem, como mencionamos, o outro é um eu transcendental fracassado e, portanto, impossível de se suportar), nem em uma dimensão estrutural, como faz a psicanálise (para quem, como também vimos, o outro é a demanda alheia, o grande outro a quem não podemos satisfazer). Para a teoria do self, a psicose é a precariedade da função *id.* Ou, ainda, é a precariedade da presença de outrem ante nossos atos, quando estes tentam responder às demandas por outrem formuladas no meio social.

Para justificar nossa proposta, vamos iniciar por dois breves estudos sobre a consideração das psicoses nas tradições com as quais queremos estabelecer uma interlocução. E, pautados nesses estudos, ensaiaremos, a partir do que já temos estabelecido na literatura de base da Gestalt-terapia, sobretudo em sua teoria do self, a construção de uma nova ferramenta de leitura que possa nos oferecer, no campo da clínica, um marco com base no qual seja possível reconhecer, mais além do que já temos conquistado como elaboração teórica sobre a psicose, a singularidade – reclamada por Lacan – das produções psicóticas em suas relações com aquilo que, para elas, se apresenta como demanda pública impossível de ser satisfeita: participar (nos termos de uma produção que pudesse ser empiricamente compartilhada) da ambiguidade que se estabelece entre a consistência empírica das demandas e respectivos demandantes e a virtualidade transcendental das dimensões demandadas (ambiguidade esta a que chamamos de "outrem" ou, simplesmente, função *id*). Trata-se de algo que, embora envolva duas instâncias empíricas (como o eu e o semelhante), não se deixa explicar por nada que seja empírico, motivo por que a consideramos um "transcendental". Nossa expectativa, em primeiro lugar, é mostrar que toda produção psicótica consiste em uma "busca" de uma suplência a esse "outrem" transcendental que parece representar grandes dificuldades para os sujeitos dessas formações. Em segundo lugar, queremos mostrar que a busca por esse "outrem" transcendental (entendido como função *id*) é uma resposta à exigência do outro social (entendendo-se como outro social o sistema de valores e identidades que, em Gestalt-terapia, denominamos função personalidade), o que acarreta afirmar que, na experiência psicótica, temos uma peculiar forma de lidar com esse "outrem" (transcendental) exigido pelo outro social. A clínica que temos praticado seria tão somente uma tentativa de fazer parte dessas "buscas", desses "ajustamentos de busca" de respostas transcendentais às demandas empíricas.

1. A psicose no discurso da fenomenologia: entre a compreensão e a normatividade transcendental

INTRODUÇÃO: MAIS ALÉM DE JASPERS

DE ACORDO COM ARTHUR TATOSSIAN (1979, p. 30), a data que marca o início histórico da fenomenologia psiquiátrica é 25 de novembro de 1922, durante a 63ª Sessão da Sociedade Suíça de Psiquiatria de Zurique, ocasião em que Ludwig Binswanger (1922) defendeu a proposta de que a loucura, mais além dos "sintomas" típicos com os quais a psiquiatria a caracteriza, compõe-se de um conjunto de fenômenos que podem ser compreendidos à luz de conceitos fenomenológicos. No mesmo encontro e na mesma direção de Binswanger, Eugène Minkowski (1927) apresentou um estudo de caso sobre uma esquizofrenia melancólica, relacionando a sintomatologia àquilo que, apoiado na fenomenologia husserliana, denominou de distúrbio do tempo vivido. Todavia, isso não quer dizer que, de fato, a fenomenologia psiquiátrica tenha começado em 1922. Doze anos antes, a palavra "fenomenologia" já circulava entre os psiquiatras alemães designando uma nova forma de compreender a experiência clínica. Inspirados no tratado *Psicopatologia geral* (1913) de Karl Jaspers, esses psiquiatras entendiam por fenomenologia a habilidade do profissional para fazer que seu paciente "compreendesse", segundo sua própria história, de que maneira surgiram e que função cumpririam os sintomas que estivesse sofrendo[1]. Nos termos de Jaspers (1913, p. 72): "Temos que deixar de lado todas as teorias, as construções psicológicas, tudo o que é simples interpretação e julgamento. Devemo-nos voltar para o que puramente podemos compreender, distinguir e descrever em sua existência real".

Sem dúvida, essa forma de articular a fenomenologia e a psiquiatria ainda não tinha, com Jaspers, a elaboração teórica que permitiria, anos mais tarde, a transposição de conceitos do campo da fenomenologia filosófica para a psiquiatria e vice-versa, como podemos ler em Minkowski e Binswanger, por exemplo. Tratava-se lá mais de um programa empírico cujo propósito era liberar o objeto psiquiátrico do olhar organicista, por um lado, e psicologista, por outro, com o objetivo de favorecer uma abordagem mais próxima da vida singular de cada paciente. De toda feita, esse movimento – nascido a partir do modo como Jaspers ouvia as críticas husserlianas à racionalidade europeia (Husserl, 1922, p. 39) – ganhou corpo mais além das fronteiras da Alemanha e ensejou, depois de 1922, uma vasta pesquisa que conheceu seu auge na década de 1950 e ainda hoje subsiste em alguns programas de formação de psiquiatras no mundo inteiro. É nela, ademais, que muitos gestalt-terapeutas buscam subsídios para pensar suas práticas clínicas devotadas à escuta da psicose, uma vez que os recursos advindos da literatura de base, em especial da teoria do self, são exíguos. Entre os esforços dessa elaboração vale destacar o trabalho do psiquiatra e gestalt-terapeuta brasileiro Sérgio Buarque, do qual temos uma amostra exemplar no verbete "Psicose" do livro *Gestaltês* (2007, p. 177-80). Entretanto – e esta é a questão que gostaríamos de encaminhar –, o que legitima que psiquiatras reconheçam, na fenomenologia, um discurso capaz de elaborar a loucura? E em que medida uma elaboração fenomenológica da loucura pode ser considerada uma terapêutica?

No presente capítulo, tentaremos mostrar em que sentido, para a tradição psiquiátrica fenomenológica, não obstante a presença de eu(s) empírico(s) muito "forte(s)", nos vividos psicóticos há "fraqueza" na dimensão transcendental (conforme Tatossian, 1979, p. 93). Segundo os psiquiatras fenomenólogos, e em uma terminologia inspirada na filosofia tardia de Husserl, dir-se-ia que, para os sujeitos psicóticos, apesar de uma relativa capacidade de localização no tempo objetivo, o advento espontâneo de um horizonte habitual bem como a configuração de um horizonte protensional estão comprometidos (Tatossian, 1979, p. 154). Ou, conforme psiquiatras mais afeitos aos termos de Martin Heidegger, mesmo que o *Dasein* opere instrumentalmente, ele não tem um "sentimento de situação", tampouco se mostra capaz de "compreender" o que se passa em sua mundaneidade. Ou, enfim, como Binswanger (1922) tentou sintetizar, nas psicoses, ainda que o eu reaja aos estímulos comportamentais, ele responde como se sua capacidade de "derrelição" a partir do passado e de "projeto" na direção do futuro estivessem em conflito entre si. Mais do que em conflito com o semelhante no cotidiano, é como se o sujeito dos vividos psicóticos estivesse impossibilitado de operar com o eu transcendental – que, assim, apresenta-se como o outro transcendental. E a questão que dirigimos aos psiquiatras fenomenólogos tem relação com a proposta clínica que engendram, por meio da qual caberia ao psiquiatra, mais além das manifestações empíricas que constituem a etiologia das psicoses, agir em favor do restabelecimento possível de uma normalidade transcendental, o que não significa de forma alguma trabalhar em favor de uma norma majoritária de conduta social. Trata-se, sim, de trabalhar em favor de um restabelecimento daquilo que o fenomenólogo de inspiração husserliana julga ser o operar dentro dos limites ou de acordo com as condições de possibilidade transcendentais do viver intencional. Ou, para os psiquiatras heideggerianos, trabalhar em favor do restabelecimento de um modo autêntico de operar com a maneira hermenêutica de nosso ser-no-mundo. Mas em que medida a expectativa do psiquiatra fenomenólogo não é ela mesma exterior às produções intencionais de seus pacientes? O que o autoriza a pensar que a normalidade pleiteada seja realmente transcendental, embora se trate de um transcendental nos termos de Heidegger?

FENOMENOLOGIA FILOSÓFICA: NA ENCRUZILHADA ENTRE O NATURALISMO E A PSICOSE

ESTÁ NO ESCOPO MESMO da fenomenologia a razão por que psiquiatras se interessaram pelas ideias de Husserl. Afinal, ao reconhecer na ficção – na ficção transcendental sobre a atividade intencional das consciências – o cenário ideal para discutir nossos vínculos intencionais com o mundo, a fenomenologia deu direito de cidadania àquilo que, até então, caso não fosse arte, não seria mais que loucura. Pela escrita de Husserl, a ficção ultrapassou a condição de recurso estilístico para se tornar a forma apropriada de apresentação de nossa ligação com o mundo e com o semelhante. Mas qual é a ficção fenomenológica sobre nossa ligação com o mundo e com o semelhante? Em que sentido ela abre um campo de discussão com a psiquiatria?

Em alguma medida, o interesse da psiquiatria pela fenomenologia está relacionado a algo que, para os cientistas de modo geral, representa uma grande dificuldade, precisamente, a suspensão fenomenológica das teses naturalistas. Conforme Tatossian (1979, p. 24), a "verdadeira dificuldade da fenomenologia, que lhe é imanente, é a de que 'as pesquisas fenomenológicas devem ser empreendidas contra a corrente da forma como a ciência compreende a si mesma' e compreendeu a ciência psiquiátrica". Isso porque, continua Tatossian (1979, p. 25),

> [a] fenomenologia se define, com efeito, por uma mudança de atitude que é o abandono da atitude natural e "ingênua", quer dizer, uma certa atitude onde, psiquiatras ou não, apreendemos isto que encontramos como realidades objetivas, subsistindo independentemente de nós, quer sejam realidades psíquicas ou materiais.

As palavras de Tatossian parecem apropriadas para definir o programa fenomenológico husserliano, bem como a dificuldade para sustentá-lo ante uma cultura já habituada à forma naturalista

PSICOSE E SOFRIMENTO

de compreender a vida cotidiana. Todavia, o recorte que fizemos na passagem acima poderia dar a entender – e certamente essa não é a posição de Tatossian – que o alvo das objeções da fenomenologia seria a "atitude natural", e isso, a nosso ver, seria um equívoco. Em nossa leitura, o que verdadeiramente incomoda Husserl são as teses implícita ou explicitamente assumidas por essa atitude natural, como admite Tatossian no seguimento da citação. Por outras palavras: a objeção fenomenológica à atitude natural é uma objeção à "tese" segundo a qual nossa vida natural é formada por realidades objetivas, sejam elas psíquicas ou materiais. Contudo – e é isso o que gostaríamos de acrescentar à leitura de Tatossian –, a atitude natural em si mesma não necessariamente implica adesão à tese naturalista. O que é a mesma coisa que dizer que a atitude natural não necessariamente é ingênua. A ingenuidade apontada por Husserl diz respeito à adesão precipitada à tese de que a natureza é formada por instâncias objetivas. Por isso, se é verdade – como bem afirma Tatossian (1979, p. 25) – que a "fenomenologia não se interessa pelas realidades como tais, mas pelas suas condições de possibilidade e, portanto, não começa senão depois de ter, sob uma ou outra forma, praticado a redução fenomenológica", se é verdade que, nos termos de um procedimento redutivo, o fenomenólogo "suspende a atitude natural e suas afirmações, ou melhor, suas teses implícitas ou explícitas de realidade", também é verdade que em momento algum Husserl abandona a atitude natural. Ao contrário: o motivo fundamental da fenomenologia husserliana – ao menos em seu momento tardio – é recuperar, no campo das ficções transcendentais que o expediente redutivo possibilita, a unidade da experiência tal como esta é vivida na atitude natural antes mesmo de qualquer tese. E, conforme nossa interpretação, é apenas sob esse prisma que podemos mensurar o que faz da fenomenologia algo atraente à psiquiatria. Ocupemo-nos brevemente do tratamento que Husserl deu à noção de atitude natural, sobretudo em suas últimas obras.

51

Depois de 1920, tal como podemos ler na introdução de *Lógica formal e lógica transcendental* (1924), a noção de atitude natural passou a merecer um sobrenome, uma forma de designá--la mais além das teses naturalistas, a saber, "mundo-da-vida" (*Lebenswelt*). E o que essa noção deveria ajudar a compreender é que, como partícipes do mundo-da-vida, não existimos como sujeitos "para-si" apartados das "coisas-em-si". A apercepção que temos de nós mesmos é indissociável de nossas possibilidades de ação no mundo. Somos, cada qual – antes de nos representarmos como um "eu sou" separado das coisas objetivas –, um "eu posso", uma unidade de ação presente a cada ato desempenhado no mundo. Ou, ainda, somos uma consciência de atos, entendendo-se por isso um conjunto de ações exercidas em um campo formado por outras consciências de atos, todas elas mediadas pela disponibilidade do mundo. Este, por sua vez, antes de se apresentar como coisa objetiva, é para nossos atos um horizonte de possibilidades sempre disponível, embora jamais completamente atualizável, sendo essa a razão pela qual Husserl vai chamá-lo de domínio das inatualidades. Como possibilidades de ação, as inatualidades são ocorrências públicas, já que se doam não apenas a mim, mas a todos os atos que a elas se dirigirem. Daí decorre uma ideia de comunidade de atos assegurada por um mundo comum, por um horizonte de possibilidades, que são inatualidades. Em outras palavras: somos uma unidade de atos intersubjetivos (também chamada de consciência transcendental) que busca inatualidades (ou possibilidades temporais), as quais se doam aos nossos atos dando a eles forma (*Eidos*), motivo por que Husserl também vai denominar as possibilidades mundanas ou inatualidades de essência[2]. Ou ainda: as inatualidades são essências porquanto emprestam aos atos que a elas visam um formato, tal qual a pequena amora silvestre, uma vez visada, doa aos dedos da mão a forma do pinçar.

Ora, essa maneira de descrever a relação da consciência de atos com o mundo inatual reafirma a leitura que Husserl, já à época das *Investigações lógicas* (1900-1901), fazia do mote brentaniano de que: "toda consciência é consciência de alguma coisa". Conforme Husserl, toda consciência é, em verdade, uma comunidade de atos que visa a essências que se doam àqueles atos, de maneira a não haver consciência que não seja consciência de um todo inatual que a esta mesma consciência doa uma forma (essência). A consciência, por conseguinte, é para a fenomenologia husserliana uma instância simultaneamente individual e pública, um domínio ao mesmo tempo subjetivo e intersubjetivo ou, conforme a formulação de Husserl, uma "subjetividade intersubjetiva". Por seus atos individuais, ela se deixa preencher e moldar por algo que a ultrapassa, que é público, os "modos de doação", por cujo meio o mundo (como domínio inatual de possibilidades) se oferece a ela como essência. Para ilustrar essa compreensão, podemos mencionar o exemplo da experiência de percepção dos perfis, dos aspectos, dos lados e da síntese provisória desses vividos no aparecimento de um objeto. Todos esses substantivos são exemplos de essências impessoais que se doam elas mesmas a quaisquer atos que a elas visem, desde que sejam perceptivos. O que implica, ademais, considerar que as consciências de ato não sejam mais para Husserl ocorrências "psíquicas". Elas são "consciências transcendentais" – entendendo-se por transcendental o "modo intencional" como tais consciências desdobram-se pelos vários modos de doação (ou, o que é a mesma coisa, pelas várias essências) de que se ocupam, ou para os quais se transcendem.

E aqui reencontramos, então, o tema da intencionalidade, cabendo-nos perguntar o que é aqui entendido como intencionalidade. Trata-se do nome que, a partir de Franz Brentano (1874), Husserl dá a esse duplo movimento de ligação entre os atos e as essências. O ato visa a uma essência que a ele se doa. A essência se doa ao ato que lhe visa. E a "visão" e a "doação" são os dois pontos de vista a partir dos quais compreendemos uma só vivência intencional. Mediante esses dois pontos de vista podemos descrever múltiplos "modos intencionais" que povoam nossa atitude natural, não obstante não nos apercebamos deles (em função das teses naturalistas). Ora, a tarefa da redução fenomenológica seria esclarecer – em um plano ideal – a vida intencional da atitude natural (que as teses naturalistas solaparam). E quais modos intencionais são esses?

Há inúmeros modos intencionais, os quais definem as diferentes experiências da consciência intersubjetiva. Além da percepção, podemos mencionar a rememoração involuntária, a imaginação, a motricidade, a comunicação linguística, o conhecimento objetivo, entre outros. Não é nosso propósito dissertar sobre essas formas de intencionalidade. Interessa-nos, entretanto, pontuar uma distinção que, do ponto de vista das essências que se doam, podemos estabelecer entre:

- Essências ou modos de doação intuitivos – que são os objetos da percepção, da memória, da imaginação e da motricidade e se apresentam como totalidades espontâneas (*Gestalten*) sem que tenhamos de formular um juízo que conecte uma parte a outra, dado que, em cada totalidade, as partes são virtualidades unirradiais, o que significa dizer que são vinculadas entre si de um só golpe, tal como o são os perfis de um cubo entre si, ou os seus aspectos, ou os seus lados, ou, por fim, o cubo como um todo de possibilidades mundanas reunidas espontaneamente.

- Mas há também as essências ou modos de doação significativos. Apesar de se apoiar na intuição – o que faz deles modos de doação fundados e da intuição um modo fundante –, os modos de doação significativos introduzem uma forma de doação especialmente nova. Eles surgem para a consciência como possibilidades plurirradiais, tal como acontece no caso dos objetos da linguagem, das ciências, da filosofia e da lógica e, em certa medida, da experiência clínica. Mais do que a totalidade intuitiva que cada um desses objetos é, o que se

PSICOSE E SOFRIMENTO

doa à consciência é a própria ligação que as partes (de cada um desses todos) estabelecem entre si. Nesse sentido, mais do que a totalidade "cubo amarelo", doa-se a "ligação entre o cubo e o amarelo", a saber, o verbo "ser" na frase "O cubo 'é' amarelo". Percebamos que Husserl (1900-1901 a, § 62, p. 231-3), aqui, não considera a atividade de ligação – entre as partes de um todo (seja isso uma frase ou um objeto em uma linha de montagem de uma fábrica) – uma atribuição da consciência, mas uma característica das próprias essências, de onde se depreendeu o elogio de Heidegger (1927, § 7, p. 69), segundo quem: Husserl liberou o "ser" da prisão do "mentalismo". Os pensamentos, assim como todas as sínteses que pudermos (por meio de nossos atos) localizar, não serão mais compreendidos como produtos dos nossos atos. Menos ainda serão considerados produtos de uma faculdade mental, como a "vontade" dos psicólogos, para quem as sínteses existem dentro da nossa "cabeça". As sínteses passam a valer como fenômenos mundanos – eminentemente intersubjetivos. Elas são modos de doação categoriais aos atos da consciência, o que não acarreta, como vimos, considerar que os atos não sejam importantes. Afinal, é por meio deles que essas doações são identificadas, apontadas, discriminadas, enfim, intencionadas como horizonte inatual.

Essa distinção nos permite então falar – agora do ponto de vista dos atos – de uma diferença entre:

■ A intencionalidade operativa, eminentemente exercida na forma de atos intuitivos, e por cujo meio a consciência participa dos modos de doação do mundo ele mesmo, apresente-se ele como perfil, lado, aspecto ou, ainda, como unidade de um objeto (objeto intencional). A consciência, aqui, está em uma posição passiva, mas, nem por isso, inoperante. Ao contrário, do ponto de vista dos atos, a participação nos modos de doação

55

do mundo requer um constante movimento de transcendência. Ela requer atos perceptivos, rememorativos, imaginativos, antecipatórios, motores, enfim, exige um deixar-se arrebatar pelas possibilidades do mundo ele mesmo.

■ A intencionalidade categorial[3], exercida por intermédio de atos categoriais (do grego *katégoríai*), os quais, à diferença dos atos intuitivos (que são passivos aos modos de doação intuitivos), apontam (*katégoroun*) na direção daquilo que eles próprios escolhem, rigorosamente, as possibilidades plurirradiais presentes nos objetos intuitivos. Trata-se, aqui, dos atos que compartilhamos na forma de cerimoniais, valorações, avaliações, legislações, intervenções clínicas, enfim, toda sorte de invenção cultural que tenta buscar, com os objetos intuídos, o que eles podem oferecer como ligação plurirradial. Husserl (1913, § 19) denomina esses atos de "estados--de-coisa (*Sachverhalt*) submetido ao juízo". Trata-se de estratégias analíticas constituídas da própria consciência – que em regime de redução Husserl denomina de "*noemas*". É por conta do trabalho expressivo dos "estados-de-coisa" que os "modos de doação significativos" podem se mostrar à comunidade de consciências de ato.

Ora, a consequência imediata dos estudos estabelecidos pela fenomenologia sobre a forma intencional como visamos a (intuitivamente) ou constituímos (categorialmente) objetos é o deslocamento operado no modo como podemos compreender o que seja o conhecimento. Para o fenomenólogo, conhecer é lidar com a virtualidade daquilo que "pode surgir" (intuitivamente) ou "pode se doar às nossas criações" (categoriais), e não simplesmente determinar uma realidade dada, supostamente independente de nossos motivos ou ações. Isso significa dizer que, por levar em conta o caráter intencional – ou seja, virtual – das ações que empreendemos de modo público, a fenomenologia recuperou a cidadania da "inatualidade" em se tratando do conhecimento. Daí que a ficção, para o fenomenólogo, muito antes de ser um tipo de objeto, é a natureza mesma dos objetos a que visamos ou constituímos de maneira original em nossa inserção primordial no mundo-da-vida. Mais do que objetos abstratos ou meramente formais, os números, assim como os livros que queremos ler ou as viagens que são para nós memórias, todos esses objetos são inatualidades que produzem efeitos em nossa atualidade, a ponto de orientar nossos atos, sejam eles intuitivos ou categoriais. Claro está – ao menos para a fenomenologia husserliana – que em momento algum o fenomenólogo preocupa-se em determinar a "existência factual" dos objetos intencionados. Esse é o tema das ciências empíricas ou, então, de uma filosofia naturalista. Ao fenomenólogo interessa apenas compreender o modo como nossos atos funcionam, isto é, impulsionados por inatualidades de quem eles recebem uma forma ou, o que é a mesma coisa, uma essência.

Essa devoção da fenomenologia pela inatualidade das essências lhe valeu – por certo – o estigma de uma filosofia, senão delirante, ao menos extremamente difícil. O que ensejou, para alguns, a ocasião da sátira e, para outros, o perverso trabalho de simplificação a despeito do rigor próprio ao discurso fenomenológico. A consequência que se seguiu a essas formas de leitura foi a banalização da fenomenologia, que, em diversas disciplinas, acabou transformando-se em uma metodologia empírica, para escândalo dos leitores mais atentos. Por outro lado, ao lado dos melhores – o que inclui a psiquiatria alemã da década de 1920, a psicologia da Gestalt e a filosofia da psicologia desenvolvida por Georges Politzer (1912) e por seus seguidores na França e na Rússia –, a fenomenologia liberou e aquilo que até então somente podia ser tratado no campo da "loucura" dando-lhe direito de cidadania: a inatualidade ou virtualidade inerente às nossas ações. Para os melhores leitores de Husserl, se a ficção é constitutiva de toda a ação humana, então mesmo a loucura – agora entendida como um estilo ou modo específico de uso dos atos – deve estar de alguma maneira devotada a uma inatualidade (a qual, como veremos logo adiante, não se apresenta de modo pleno aos loucos, segundo a versão da psiquiatria fenomenológica). E foi assim que a psiquiatria alemã – e seu desdobramento em território francês na primeira metade do século passado – recebeu a fenomenologia. A partir das ideias de Husserl, muitos psiquiatras perceberam na fenomenologia uma oportunidade para avançar na investigação dos sintomas psiquiátricos mais além dos modelos nosológicos fortemente fundados em uma ótica naturalista (que sempre se serve do expediente causalista). Nas palavras de Tatossian (1979, p. 23), se "este quadro se limita às psicoses, é porque elas são por excelência o objeto da fenomenologia".

PSIQUIATRIA FENOMENOLÓGICA: DO EMPÍRICO AO TRANSCENDENTAL

De Jaspers a Binswanger a psiquiatria autodenominada fenomenológica compreendeu que poderia tirar dessa filiação muito mais do que simplesmente descrever-se como forma de intervenção que, ajudando o paciente a identificar suas dificuldades perante a realidade, favoreceria a autocompreensão da loucura. Isso porque as dificuldades de relacionamento – relatadas pelos pacientes – diante da realidade quase sempre estavam vinculadas a uma incapacidade para exprimir, no campo das relações empíricas, uma angústia advinda de "outro lugar". E a devoção da fenomenologia à inatualidade poderia ajudar os psiquiatras a desenvolver manobras de escuta e acolhimento a esse "outro lugar". De alguma maneira, o discurso fenomenológico dava direito de cidadania ao ficcional, a fim de permitir ao psiquiatra uma escuta que ultrapassasse as normas impessoais de patologia e saúde aplicadas aos corpos empíricos. Diferentemente, é como se a fenomenologia desse direito ao psiquiatra de esperar, das alucinações, catatonias, hebefrenias, delírios e comportamentos maníacos e depressivos, uma tentativa de suplência à vida intencional fracassada dos pacientes. E eis então que os psiquiatras passaram a se aproximar dos conceitos fenomenológicos. Alguns, como Minkowski, por reconhecer em tais conceitos ilustrações do que seria um psiquismo livre, não regido por causas, que os doentes – por meio de seus sintomas – tentariam alcançar. Outros, como Binswanger, por ler, naqueles conceitos, a apresentação universal da vida intencional e, por consequência, dos possíveis conflitos e falhas que acometiam os doentes – e os médicos, presos a um ponto de vista empírico, não teriam condições de entender.

Desta exposição não se deve pressupor que os psiquiatras fenomenólogos – fizessem um uso mais caricatural ou mais sistemático dos conceitos fenomenológicos – acreditassem que a fenomenologia seria condição suficiente para o exercício de uma psiquiatria verdadeiramente comprometida com os fenômenos associados aos sintomas psicóticos. Ainda que reconhecessem, na letra da fenomenologia, o elogio à ficção e, por extensão, à loucura como um ensaio de ficção, nenhum psiquiatra acreditava que os termos fenomenológicos (como as noções de intencionalidade intuitiva, intencionalidade categorial, consciência transcendental, para citar alguns já comentados) contivessem neles próprios um protocolo de intervenção empírica nas intercorrências psicóticas. Em outros termos, estudar fenomenologia não necessariamente faria de alguém um psiquiatra. Tampouco escutar a loucura e acompanhar o desdobramento dos sintomas implicaria formar um fenomenólogo. Ainda assim, quase todos eram unânimes em reconhecer que, nas mãos dos psiquiatras, a fenomenologia teria vida longa. Conforme Tatossian (1979, p. 27):

> Não há, pois, "permissão fenomenológica" e nada prova que só os filósofos treinados possam praticar a fenomenologia. O psiquiatra pode, neste caso, ser tentado a se emancipar totalmente do filósofo. Kisher assim estima que "uma fundação fenomenológica da psiquiatria [...] Como tarefa filosófica [...] está para se realizar pela psiquiatria mesma" e contesta precisamente o

filósofo profissional, desprovido de experiência psiquiátrica, sempre um pouco descolado do mundo concreto e, de bom grado, simplificando, o direito a esta tarefa fundacional.

Mas é o próprio Tatossian (1979, p. 27) quem alerta para os riscos desse otimismo psiquiátrico em relação ao potencial das noções fenomenológicas: "O perigo, para o psiquiatra que deve então considerar por sua vez, como médico, os aspectos particulares do mundo cotidiano do louco e, como filósofo, os fundamentos essenciais deste mundo, é o de substituir involuntariamente nestes [nos fundamentos] as representações teóricas desenvolvidas no contato com aqueles [com os loucos]".

Do ponto de vista da filosofia, o psiquiatra poderia abrir mão do fenômeno (como ocorrência intencional) em favor do fenomenal (que é uma representação do fenômeno com base em uma tese naturalista). Esse expediente o levaria a uma fenomenologia ingênua, tal qual aquela "fenomenologia de livro de gravuras" denunciada por Husserl (*apud* Tatossian, 1979, p. 27). Mas, da perspectiva da psiquiatria, não se trata de abrir mão de uma prática em favor de uma conjectura filosófica. Ainda para Tatossian (1979, p. 29):

[Mas] não se trata, de forma alguma, de aplicar "com uma exatidão filosófica" [Blankenburg citado Tatossian] a fenomenologia de Husserl ou a analítica existencial de Heidegger, o que conduziria insidiosamente o psiquiatra a recolocar isto que é dado pelas construções teóricas e reencontrar sob uma terminologia nova a abordagem psicológica habitual. [...] Se ele deseja atingir a experiência propriamente fenomenológica da doença mental, não pode se isolar com o filósofo transcendental em sua torre de marfim: [...] deve preferir o comércio direto com o que está em questão: a loucura e o louco.

Desse modo, para o psiquiatra fenomenólogo impõe-se o dilema que consiste em: por um lado, e em nome da fenomenologia, ultrapassar as teses naturalistas às quais ele próprio, mas

PSICOSE E SOFRIMENTO

também os pacientes e suas redes sociais estão vinculados; por outro, e em nome da prática clínica, compreender como as estruturas intencionais têm efeito na realidade empírica. A psiquiatria fenomenológica, por sua atenção ao formato intencional da loucura como ocorrência clínica, instalou-se no cruzamento do empírico com o transcendental. O que não a impediu de eleger o segundo como lugar mais adequado ao tratamento do que o primeiro, embora o entendimento sobre o que fosse o transcendental divergisse entre as diferentes escolas de psiquiatria.

BREVES CONSIDERAÇÕES SOBRE A HISTÓRIA DA FENOMENOLOGIA PSIQUIÁTRICA

EM LINHAS GERAIS, PODEMOS DIZER que a história da fenomenologia psiquiátrica tem relação com a história da leitura que os psiquiatras fizeram da filosofia fenomenológica, em especial da filosofia husserliana. Nesse sentido, podemos distinguir os leitores mais afeitos ao momento em que Husserl – por volta de 1900 – compreendia a fenomenologia como uma investigação calcada na descrição das essências daqueles a quem a investigação genética dos processos intencionais, como sucedeu a Husserl fazer depois de 1913, fornecia um parâmetro universal para compreender os fenômenos psicóticos como suplências ao malogro da intencionalidade.

Entre os primeiros podemos localizar a psiquiatria fenomenológica antropológica ou descritiva. Os nomes associados a essa forma de ler e praticar a fenomenologia no campo da psiquiatria são os de Minkowski (1927), Straus (1960) e Von Gebsattel (1968). Podemos dizer que eles têm em comum o fato de declinar de qualquer etiologia por defender a incompreensibilidade genética daquilo que chamavam de "interrupção da continuidade psicológica do sujeito". Não fazem mais que acessoriamente apelo aos filósofos e não insistem ao extremo sobre a especificidade

61

fenomenológica das análises e noções técnicas utilizadas na clínica. O que significa dizer que eles se limitam a construir, a partir da clínica, noções que tenham equivalência com as teses fenomenológicas principais e os dispensem de recorrer ao causalismo psicológico (que deixavam aos encargos das abordagens psicológicas, entre elas a psicanálise, pela qual tinham desprezo). A partir das *Lições para uma fenomenologia da consciência interna do tempo* (1893), fazem uma distinção entre o tempo cronológico, que é a mensuração do movimento tal como compreendido pela física clássica; e o tempo vivido, que é a forma como o paciente, na atualidade da situação, serve-se do passado e do futuro, ou – como seria mais apropriado dizer no caso das psicoses – sofre por conta deles. Eis o que permite aos psiquiatras fenomenólogos descritivos não se importar com a historicidade biográfica, restringindo-se à observação das formas concretas de interação no presente. A intervenção psiquiátrica consiste, segundo eles, em um auxílio para que o paciente possa compreender o sentido específico da formação psicótica que estivesse a empreender na atualidade da situação (sem que isso, no entanto, implicasse uma forma de resolver problemas do cotidiano empírico). Por fim, vale destacar a ausência, nos arrazoados dos psiquiatras fenomenólogos descritivos, de uma especulação sobre quais seriam os vínculos estreitos entre os processos intencionais (tais como descritos nas *Lições para uma fenomenologia da consciência interna do tempo*, por exemplo) e os distúrbios atuais vividos pelos pacientes.

Já entre os leitores dos textos husserlianos posteriores a 1913 encontram-se aqueles ligados à *Daseinsanalyse* ou, conforme preferirão alguns, à antropologia psiquiátrica. São eles Ludwig Binswanger (1922), Von Baeyer (1955), Kisher (1960), Häfner (1961), Glatzel (1973), Tellenbach (1960) e Blankenburg (1978). O mais conhecido deles, Binswanger, consagra grande parte de sua obra às noções de *eidos* e intencionalidade de Husserl, utilizando-as fielmente em seus exemplos psiquiátricos. Mas isso não denota que fizesse da prática psiquiátrica uma ilustração da fenomenologia. Binswanger tinha uma leitura crítica das noções fenomenológicas e considerava que a análise dos processos intencionais da consciência estabelecida por Husserl entre 1913 e 1924 estava muito limitada à psicologia do conhecimento. Na obra *Ideias* (Husserl, 1913), por exemplo, os conceitos que integram a analítica da consciência parecem subordinados a uma noção recalcitrante de verdade (formulada nos termos de uma teoria do preenchimento dos atos pelas essências). Por conta disso, deveriam ser reescritos com o objetivo de abarcar a amplitude das modificações psiquiátricas do ser humano.

Eis por que, nos anos 1930, Binswanger consideraria a analítica existencial – apresentada por Heidegger em *Ser e tempo* (1927) – uma referência melhor para a psiquiatria fenomenológica, doravante denominada de *Daseinsanalyse*. Segundo aquela analítica, não apenas a intencionalidade intuitiva, mas também a intencionalidade categorial, pertenceria ao domínio de nossa inserção irreflexiva no mundo. Dessa maneira, em vez de atos de reflexão, as ações intencionais seriam existenciais, de conotação antes antropológica que epistêmica. O que explicaria a inclusão de vivências intencionais como o medo, a angústia, a curiosidade, o cuidado, aparentemente ausentes em Husserl. É como se Heidegger, ao deslocar para o campo da hermenêutica da facticidade o fórum específico para discutir a temporalidade vivida (compreendida como o sentido a partir do qual o *Dasein* se pergunta por seu ser), tivesse dado direito de cidadania à investigação intencional dos sintomas (os quais não necessariamente têm uma conotação epistêmica).

Nos anos 1950, todavia, Binswanger decidiu não mais se servir da analítica existencial de *Ser e tempo* (Heidegger, 1927). Em primeiro lugar, porque compreendeu que a Heidegger jamais interessou escrever uma antropologia, apenas uma ontologia fundamental que repensasse a maneira como a metafísica clássica se ocupava da questão do ser. Em segundo lugar, porque tampouco a interpretação antropológica de *Ser e tempo* ajudaria a pensar aquilo que, segundo o próprio Binswanger, era o núcleo da psicose, ou seja, a dissolução do tempo vivido. Afinal, Heidegger considerava que, tanto nas formações autênticas quanto inautênticas do *Dasein* (Ser-aí), o tempo vivido (como orientação *ek--stática* do *Dasein*) era indissolúvel. Por conseguinte, não haveria como incluir, tampouco inferir da analítica existencial as formações psicóticas. Binswanger não poderia afirmar, por exemplo, a respeito de sua paciente, a jovem americana Lola Voss, que seus sintomas (em especial o delírio relativo à presença de um oráculo nos jogos de palavras, o qual lhe demandava deixar-se em repouso perpétuo) fossem consequência do "rompimento da unidade transcendental da Angústia e da Confiança em benefício da predominância ou superioridade de uma ou de outra" (Binswanger, 1957, p. 289-358). Eis por que Binswanger retornaria a Husserl e à temática da consciência transcendental, sobretudo à temática das sínteses operativas que são da ordem da vivência temporal e subjazem às sínteses ativas. Já não se trata mais da fenomenologia descritiva, e sim da fenomenologia genética. Em sua obra tardia, Husserl se ocupa de estabelecer, com base nas sínteses operativas, uma fenomenologia genética capaz de apresentar a origem vivida dos diferentes objetos estudados pelas ontologias regionais (o que poderia incluir, então, a psiquiatria). A aposta de Binswanger era a de que, a partir dessa fenomenologia, fosse possível pensar os impasses temporais que estariam na gênese daquilo que os psiquiatras denominavam de formações psicóticas. Nas palavras de Tatossian (1979, p. 33-4), a:

> *Daseinsanalyse* de Binswanger, centrando seu interesse na trajetória própria do indivíduo concreto mais que sobre os traços supraindividuais das síndromes psicopatológicas, e se orientando para as psicoses mais "históricas" que são as esquizofrenias, em que a imbricação da biografia com a psicose é evidente, se esforça em restabelecer uma compreensibilidade desta, não psicológica certamente, mas fenomenológica.

PSICOSE E SOFRIMENTO

Independentemente da filiação teórica, nos diversos momentos de sua clínica Binswanger mantinha uma mesma orientação ética, que consistia em traduzir os sintomas tais como descritos pela ótica do tempo constituído (físico) por uma ótica do tempo constituinte (vivido). E, conforme veremos um pouco adiante, à diferença de Minkowski, Binswanger levava em conta as análises husserlianas acerca das diversas sínteses espontâneas que constituem a intencionalidade operativa, identificando nelas uma poderosa ferramenta para estabelecer a gênese das formações psicóticas. Assim, a exemplo de Minkowski, Binswanger entendia que a validade da fenomenologia para a psiquiatria baseava-se no elemento de que aquela permitia a esta buscar, no campo da virtualidade transcendental, o que nem psiquiatras tampouco pacientes podiam encontrar nas descrições empíricas das sintomatologias, a saber, a orientação intencional que os sintomas psicóticos estariam tentando substituir.

MAIS ALÉM DO SINTOMA: REDUÇÃO AO FENÔMENO PSICÓTICO

Em comum, psiquiatras fenomenólogos descritivos e genéticos compartilham o entendimento de que, como fenômeno, a psicose está mais além das ocorrências empíricas com as quais a psiquiatria tradicional descreve e classifica os ditos sintomas psicóticos. Descrever um fenômeno psicótico (segundo Minkowski) ou compreendê-lo a partir de sua origem (segundo Binswanger) é localizá-lo no campo das relações intencionais que, entrementes, o sujeito psicótico não pode realizar, apenas de uma forma metafórica no campo das relações empíricas (como um sintoma). Ora, mas em que exatamente os fenômenos psicóticos são diferentes dos sintomas descritos pela psiquiatria tradicional?

Em suas práticas clínicas, os psiquiatras fenomenólogos por certo não ignoram as ocorrências empíricas que caracterizam, não apenas para o saber médico, mas para a comunidade em que vivem os sujeitos daquelas ocorrências, a psicose como um desvio em relação à conduta dominante. Porém, os psiquiatras fenomenólogos acreditam que a analítica desse desvio não pode ser estabelecida tomando-se como referência a noção de normalidade compartilhada pelos saberes hegemônicos. Uma analítica dessa natureza correria o risco de mascarar o fenômeno da loucura, como se este não fosse mais que a representação social que a conduta majoritária faria da conduta minoritária. Ou, ainda, como se o fenômeno da loucura não fosse mais que a representação que determinada teoria do funcionamento anatomofisiológico faria daqueles que não se enquadrassem nesta. E a pior das consequências que os discursos fundados em alguma noção de normalidade poderiam provocar, acreditam os psiquiatras fenomenólogos, seria a elisão do trabalho específico que as criações psicóticas estariam a empreender, como, por exemplo, recriar algo que não estivesse funcionando bem (conforme Lanteri-Laura, 1957). Mas em que sentido os fenomenólogos superam a noção de normalidade se eles próprios precisam conjecturar algo que não funciona bem?

E é para responder a essa questão que os psiquiatras recorrem precisamente à fenomenologia, pois encontram nesta, mais do que uma ideologia ou teoria sobre a normalidade comportamental e anatomofisiológica, uma investigação sobre as diferentes e infinitas formas de constituição de relações entre a atualidade (ou realidade) e a inatualidade (ou essencialidade). As produções psicóticas, desse ponto de vista, deixariam de ser consideradas como desvios da normalidade para caracterizar, na mediação das categorias fenomenológicas, produções originais, cujo traço distintivo teria relação com a ausência de uma dimensão inatual. E, ainda que possamos nos perguntar até que ponto a noção de "ausência" não nos remete a um tipo de normalidade, temos de admitir a ampliação que ela trouxe para o modo como podemos ler as formações psicóticas. Conforme os psiquiatras fenomenólogos, não deveríamos nos importar com o que os pacientes deixam de fazer,

PSICOSE E SOFRIMENTO

e sim com o que fazem com aquela ausência. E o que fazem, segundo esses psiquiatras, é produzir suplências comportamentais às inatualidades ausentes.

Para que essas produções sejam vistas, contudo, é necessário da parte dos psiquiatras um grande esforço; eles precisam suspender as expectativas sociais e profissionais ligadas à cultura naturalista. E é nesse ponto, precisamente, que a noção de "redução fenomenológica" faz sua entrada no campo da prática clínica, ajudando os psiquiatras a suspender suas expectativas sobre o que poderia parecer normal ou patológico para que se detenham exclusivamente à analítica dos sintomas entendidos como verdadeiros fenômenos de criação de suplências à vida intencional. Ainda que não ignorem eventuais enfermidades orgânicas ou desajustes sociais vividos pelos pacientes, para os psiquiatras fenomenólogos a questão mais importante é que os pacientes criam algo, criam uma suplência à vida intencional que fracassou. E o trabalho do psiquiatra, quando não simplesmente descrever tais criações (conforme pensava Minkowski), deve ser ajudar o paciente a compreender (como pensava Binswanger) qual função essas criações desempenham no campo intencional, no campo transcendental.

À diferença daquilo que poderia ser apresentado por um discurso sobre a normalidade das condutas ou dos processos anatomofisiológicos, a analítica das criações no campo intencional ou transcendental não implica – segundo os psiquiatras fenomenólogos – uma posição que o paciente deva ocupar em face do grande outro (ou demandas sociais). As produções psicóticas são relativas ao campo intencional ou transcendental, campo que não é, para os psiquiatras fenomenólogos, relativo aos laços sociais que os pacientes ocupam na realidade. Reside justamente aqui o ponto de discórdia mais significativo entre fenomenólogos e psicanalistas e a razão pela qual a clínica fenomenológica será acusada de não se ocupar da existência concreta dos pacientes, caracterizando antes uma intervenção incapaz de ultrapassar dos sintomas produzidos por estes. E, de fato, para os psiquiatras fenomenólogos, sobretudo para aqueles mais alinhados ao estilo de Binswanger, há de se fazer uma diferença entre a biografia dos pacientes e os vividos intencionais, aos quais Glatzel (1973) também denomina de estruturas globais da pessoa, uma forma de apresentação dos fenômenos sem as máscaras ônticas com que eles são habitualmente alienados em favor das expectativas sociais, conforme Tellenbach (1960). Segundo Tatossian (1979, p. 41):

> A especificidade psicopatológica não é fornecida pelas modificações de comportamento, mas pelas modificações do vivido que compreendem as diversas formas de delírio, o distúrbio do humor melancólico ou maníaco e uma grande parte dos distúrbios de percepção e do pensamento da psicopatologia clássica. Mas essas modificações do vivido que se apresentam na pessoa global e não são redutíveis aos distúrbios das funções parciais do psiquismo estão escondidas sob o que se mostra imediatamente ao psiquiatra e não podem ser apreendidas senão indiretamente pela observação do psiquiatra.

Mas que diferença os psiquiatras fenomenólogos fazem entre uma biografia e um vivido? Em que sentido a apreensão do vivido é um procedimento indireto?

DA BIOGRAFIA AO VIVIDO

EMBORA COMPARTILHEM O ENTENDIMENTO de que as elaborações imaginárias (na forma das quais os pacientes descrevem suas próprias vidas) não necessariamente manifestam os conflitos que exigem respostas psicóticas (como as alucinações e os delírios, entre outros), e de que os conflitos que verdadeiramente justificam as produções psicóticas pertencem ao campo do tempo vivido, os psiquiatras fenomenólogos não são unânimes no modo de entender a noção de tempo vivido. E entre as posições mais difundidas podemos mencionar aquelas relacionadas à fenomenologia descritiva de Minkowski e aquelas relacionadas à fenomenologia genética de Binswanger. A divergência nesses entendimentos acaba por envolver diferenças no modo de observação dos fenômenos psicóticos.

Minkowski – menos interessado em seguir à risca os desdobramentos conceituais da filosofia fenomenológica, como vimos – lê, na noção de tempo vivido, uma apresentação das vivências, em geral afetivas, que não podem ser integralmente representadas pela memória ou por qualquer juízo objetivo. À diferença dos juízos com que registramos no tempo, como medida do movimento, as experiências que julgamos pertencer ao nosso passado, ou à diferença dos juízos com que antecipamos as experiências que presumimos coincidir com nosso futuro, a experiência do tempo vivido não tem localização ou data precisa, parecendo-se antes uma memória involuntária ou desejo autônomo, cujo aparecimento não deve nada ao consórcio de nossas faculdades de representação. Ainda assim, segundo Minkowski (1933), o tempo vivido pertence à subjetividade de cada qual. Para cada sujeito o tempo vivido é uma espécie de fisiologia, com a diferença apenas de ser secundária, o que significa dizer que é da ordem de nossos comportamentos em parte indestrutíveis (como os hábitos pessoais), em parte inalcançáveis (como os desejos individuais). Cada um de nós estaria, em rigor, investido de um fundo de vivências não representadas, bem como de um horizonte de projetos vagos, ambos copresentes como dupla orientação intencional de nossas ações presentes. É nesse duplo horizonte que haveríamos de encontrar os motivos pelos quais alguém se veria obrigado a alucinar um fundo ou delirar um horizonte que porventura não tivesse se apresentado. De onde se segue uma compreensão da psicose como uma impossibilidade de o paciente dispor de uma orientação temporal. Ajudá-lo a reconhecer, em suas produções psicóticas, o fluxo de vividos que ele espontaneamente não experimenta: eis a tarefa do psiquiatra fenomenólogo.

Para Binswanger, por sua vez, o tempo vivido é muito mais complexo que a apropriação psicológica de Husserl estabelecida por Minkowski. Em primeiro lugar, não se trata de uma ocorrência que pudesse ser atribuída a uma subjetividade, como atributo seu. Apesar de admitir que o tempo vivido sempre se mostre nas ações concretas desempenhadas pelos sujeitos empíricos, Binswanger não acredita que se trate de algo que pertença a cada um deles. Trata-se, antes, de um conjunto de sínteses estabelecidas em torno das subjetividades, no campo amplo de suas existências, ou seja, em uma dimensão transcendental ultrapessoal. Quando muito, poderíamos dizer tratar-se da atividade sintética de um eu transcendental, o qual, a seu turno, não é alguém, apenas o conjunto de operações intencionais na forma das quais cada eu empírico pode transcender sua condição material, sua atualidade empírica (tal como descrita nos termos do tempo físico, por exemplo). Binswanger recorre às análises propostas por Husserl nas *Lições sobre a fenomenologia da consciência interna do tempo* (1893), bem como às transformações que essas noções sofreram depois de 1913, para definir tais operações intencionais, precisamente, as sínteses operativas e as categorias. As primeiras incluem a síntese retencional (por cujo meio a "forma" de um ato anterior permanece como fundo para os novos atos), a síntese passiva (por cujo meio as formas retidas se oferecem aos novos atos como uma sorte de orientação habitual), a síntese protensional (que é a abertura de um horizonte de futuro a partir da síntese passiva das formas retidas) e a síntese de transição (entre um dado de realidade e outro). As outras dizem respeito à atividade de constituição de unidades presuntivas, que são os *noemas*. E ainda que, à época das *Investigações lógicas* (1900-1901), considerasse a constituição dos *noemas* uma atividade eminentemente reflexiva, o que significa dizer estabelecida de tal forma que a consciência de atos tivesse a si mesma em conta quando posicionasse os objetos intencionais no campo virtual, depois de 1913, por ocasião da obra *Ideias I,* Husserl firmara sua compreensão de que tanto as sínteses operativas (retencional, passiva, protensional e de transição) quanto a categorial ou constitutiva (referente à produção de um objeto noemático) são atividades irreflexivas. O que permitirá a Binswanger reconhecer, nas tentativas reflexivas de proposição de um fundo de hábitos (alucinações), assim como nas tentativas reflexivas de constituição de *noemas* (delírios), o esforço dos sujeitos empíricos para superar um fracasso da espontaneidade intencional da qual deveriam poder se servir. Ou, o que é a mesma coisa: a presença de produções reflexivas (tanto para suprir um fundo habitual quanto para suprir a atividade categorial) indica a ausência ou desorientação do eu transcendental mais além dos sujeitos empíricos. Não se trata, para Binswanger, de uma incapacidade dos sujeitos empíricos para sentir ou operar com dimensões temporais privadas (mesmo que se tratasse de uma temporalidade não cronológica, como pensava Minkowski). Trata-se, ao contrário, da incapacidade desses sujeitos empíricos para desempenhar funções de campo que lhes valessem a possibilidade da repetição e da transcendência. Se uma analogia aqui puder ajudar: não obstante contar com "braços e pernas", falta aos sujeitos empíricos a "compreensão de como e para que empregá-los no mundo". Diferentemente de Minkowski, que pensa o psicótico como alguém cuja temporalidade foi mutilada, Binswanger pensa os sujeitos psicóticos como pessoas excluídas do meio transcendental onde poderiam atuar. O tempo vivido, nesse sentido, é o campo transcendental (o eu transcendental). Os sujeitos psicóticos não fazem parte, como se esse campo fosse para eles algo outro, razão pela qual se ocupam de produzir impressões (alucinatórias) e ações (delirantes) na forma das quais operam ou pensam como se fizessem parte de um mundo do qual, entretanto, estão em algum sentido apartados. E a tarefa do psiquiatra é reconhecer, mais além do apelo imaginário à realidade que pudesse estar sugerido no discurso do paciente, algo que por intermédio desse apelo se revela, a saber, uma tentativa de produção de suplências ao eu transcendental. Tal significa, por conseguinte, que a produção pela qual o psiquiatra de fato se interessa é aquela que só se mostra indiretamente, como uma quase intencionalidade insinuada na forma como os pacientes tentam se apropriar da realidade. De maneira independente da realidade, para Binswanger, o que realmente interessa aos pacientes é produzir algo que transforme o outro transcendental – que é o estado de exclusão diante do eu transcendental – em eu transcendental – que é a inserção nos processos intencionais que constituem o fundo de impessoalidade e o horizonte de mundaneidade dos eu(s) empírico(s).

De todo modo, tanto para Minkowski quanto para Binswanger, o tempo vivido não tem relação com a sucessão de fatos, ou com as representações judicativas sobre o passado e o futuro cronológicos. Trata-se, antes, da história dos hábitos e dos desejos que não se manifestam (como orientação íntima, no caso de Minkowski, ou orientação fáctica, no caso de Binswanger) para os sujeitos empíricos.

O EU EMPÍRICO E O EU TRANSCENDENTAL: DIFERENÇA FENOMENOLÓGICA ENTRE A NEUROSE E A PSICOSE

A DIFERENÇA QUE OS PSIQUIATRAS fenomenólogos fazem entre o "eu empírico" e o "eu transcendental" presta-se a outra função muito importante, que é a de permitir o diagnóstico diferencial entre a neurose e a psicose. De modo geral, pode-se dizer que, enquanto na neurose verificamos um eu empírico fragilizado e incapaz de fluir pelas possibilidades do eu transcendental (que é o tempo vivido), na psicose, em decorrência da ausência ou fragmentação do eu transcendental, o eu empírico fortalece-se na produção de suplências ao tempo vivido. Nas palavras de Tatossian (1979, p. 93), na "neurose, há fragilidade do Eu empírico, mas o eu transcendental é forte, enquanto no delírio em que o doente afirma violentamente sua autonomia e seu poder e resiste e luta, a força do Eu empírico não impede a fragilidade do eu transcendental".

Os psiquiatras fenomenólogos são unânimes em afirmar que as formações neuróticas surgem tardiamente se comparadas às psicóticas. Enquanto estas dizem respeito às tentativas do eu empírico para suprir a ausência ou desorganização do eu transcendental, aquelas pressupõem a existência de um eu transcendental do qual o eu empírico tenta se separar. Conforme Von Gebsattel (1968), as formações neuróticas são fixações no "tempo experimentado" (*erlebte Zeit*), que é aquele por cujo meio o sujeito empírico originalmente procura se situar perante o fluir do eu transcendental. Em princípio, as representações da ordem do tempo experimentado são muito importantes para o eu empírico, já que lhe asseguram a demarcação de sua própria singularidade. Ademais, asseguram ao eu empírico certo controle sobre si diante do ímpeto ininterrupto do eu transcendental. O tempo cronológico ou biográfico, nesse sentido, poderia ser admitido como uma representação da ordem do tempo experimentado. Todavia, na medida em que as mesmas representações tornam-se frequentes, em que o eu empírico começa a nelas se fixar, de sorte a interditar seu próprio fluir pelo eu transcendental, começa um processo de divisão, um conflito entre o eu empírico e o eu transcendental. É como se o eu transcendental se transformasse em outro adversário, concorrente (mas não ausente ou fragmentado, como no caso das psicoses, conforme veremos logo a seguir). Por conta disso, o eu empírico sente-se ameaçado, como se não pudesse mais repetir a experiência de identificação que construiu ante as representações sociais (que formam o tempo experimentado). As formações neuróticas – enfim – apresentam-se como estratégias de defesa perante a presença ameaçadora do eu transcendental agora compreendido como outro transcendental. Em virtude de sua natureza defensiva, as formações neuróticas petrificam o eu empírico, que pouco a pouco vai perdendo a capacidade de se experimentar em situações novas. O tempo transcendental continua escoando, mas o eu empírico não ousa assumi-lo, resignando-se às poucas identificações conquistadas até aquele momento biográfico (experimentado), até o instante em que elas perdem completamente sua atualidade. Esse é o momento crítico para o eu empírico neurótico. À lassidão e comodidade de outrora se impõe esse estranho transcendental com que o eu empírico não se identifica e contra o qual nada pode fazer.

As formações psicóticas – por seu turno – estão relacionadas, conforme Von Gebsattel (1968), aos problemas do tempo vital ou vivido (*gelebte Zeit*). Elas são respostas às mudanças nas condições transcendentais do ser humano, que se apresentam fragilizadas, uma vez que ou o eu transcendental não existe, ou não fornece uma orientação intencional capaz de sustentar e atrair o eu empírico. O eu transcendental apresenta-se antes como outro transcendental, muito mais radical do que aquele que se configura nas neuroses. Afinal, não se trata – para o eu empírico – de enfrentar alguma diferença quanto às representações (da ordem do tempo experimentado) às quais este eu empírico aderiu. Ou, então, não se trata de uma possibilidade diferente das representações às quais eu mesmo – como eu empírico – me identifiquei. Trata-se, sim, da ausência de possibilidades diferentes, graças a uma privação radical pela qual não decidi, mas que veio do outro, como se o tempo não se oferecesse, aprisionando meu eu empírico na atualidade. Eis por que, nessas condições, o(s) eu(s) empírico(s) não se sente(m) em princípio ameaçado(s). Mais correto seria dizer que, em face da ausência ou desarticulação do eu transcendental, sentem-se perdidos, solitários, desamparados. Mas essa é a provável razão por que, não obstante sua solidão transcendental, o eu empírico procura, em sua própria realidade, o horizonte e o fundo de que está privado, tornando-se, por esse motivo, muito poderoso. O eu empírico, nos contextos em que o eu transcendental não se apresenta ou então se apresenta de modo deficitário, constrói sozinho o que lhe falta. Ou ainda, nos contextos em que o eu transcendental é um outro de ausência ou de desarticulação, o eu empírico procura inventar ou reparar por si mesmo o tempo que a ele não se doa. E a estas ações do eu empírico os psiquiatras fenomenólogos denominam de formações psicóticas. Elas são as tentativas do eu empírico para produzir, artificialmente, as evidências que constituem isto que a fenomenologia chama de "atitude natural", domínio transcendental das remissões espontâneas entre atos (do eu empírico) e inatualidades essenciais (pertencentes ao eu transcendental). E, ainda que seja verdade que, em alguns momentos, as produções psicóticas possam estar relacionadas à defesa contra representações da ordem do tempo experimentado – o que não autoriza de forma alguma pensar que tais representações, geralmente formuladas pelo meio social, sejam motivo ou causa das produções psicóticas –, na sua maior parcela tais produções estão destinadas a encontrar e organizar algo anterior às representações da ordem do tempo experimentado.

LEITURA FENOMENOLÓGICA SOBRE A GÊNESE E OS TIPOS DE FORMAÇÕES PSICÓTICAS

Os psiquiatras fenomenólogos não são partidários da utilização das categorias fenomenológicas como critérios diagnósticos de quadros psicóticos, mas servem-se delas para pensar as características individuais (como preferiam os mais afeitos a Minkowski), ou a gênese intencional das formações psicóticas (segundo a orientação de Binswanger). Para este último, muito especialmente, a produção de hipóteses genéticas ajuda o profissional a transcender a dimensão empírica em proveito do reconhecimento da função intencional que o sintoma simula. E, tal como Binswanger (1971), Henry Maldiney (1976) ocupa-se de organizar os diversos casos clínicos relatados pela tradição psiquiátrica fenomenológica a partir de categorias que, mais do que reescrever a prática do diagnóstico, pretendem localizar as diferentes gêneses e, por extensão, as diferentes funções intencionais que, por conta da ausência ou modificação, justificariam as produções psicóticas apresentadas naqueles casos. Podemos dizer, *grosso modo*, que esses autores distinguem, por um lado, as psicoses relacionadas à ausência do eu transcendental e, por outro, as psicoses relacionadas à divisão do eu transcendental, o qual ora se apresenta sem "fundo" (como se a capacidade de "derrelição", segundo Binswanger, ou de "transpassabilidade", segundo Maldiney, estivesse comprometida) ora sem horizonte de futuro (como se a capacidade de "compreensão", conforme Binswanger, ou de "transpossibilidade", conforme Maldiney, não existisse mais).

No primeiro grupo, os autores têm em vista aquelas formações cuja característica dominante é a flagrante ausência do eu transcendental, como se os pacientes não conseguissem operar no campo das inatualidades. São pessoas que, em diferentes graus, mostram-se incapazes de reagir às demandas por engajamento nos desejos, esperanças, enfim, nas formas de vida por cujo meio nos lançamos no porvir incerto. Ainda que acompanhem a semântica específica das frases, essas pessoas não captam a malícia, a ironia. Elas não participam dos motivos indizíveis nas comemorações, não conseguem compreender o pedido por cumplicidade nem tomam lugar nos chistes (a não ser de forma caricatural, em decorrência de um expediente social aprendido na convivência). Em casos mais ostensivos (aqueles relacionados aos autismos), tais pessoas são incapazes até de desempenhar condutas elementares, que lhes valeriam aceitabilidade social, como a integração entre o olhar e a escuta àqueles que lhes dirigem a palavra. Ao contrário, comportam-se de modo bizarro, respondendo àquelas demandas por meio de comportamentos que a psiquiatria tradicional classifica como alucinatórios, em alguns casos, delirantes noutros, mas, em todos eles, desvinculados da expectativa social (que, aqui, tem relação com o transcender-se em direção à inatualidade). Na avaliação de Binswanger, o que acontece nesses casos não deve sua origem a um episódio empírico, como um trauma ou uma injunção vivida em determinado momento biográfico. Para esse autor, se os pacientes não podem participar dos horizontes virtuais ou, o que é a mesma coisa, se eles não ostentam um "projeto" existencial, tal se deve à ausência (mesmo que provisória) de um fundo de referências transcendentais (hábitos) que lhes assegurasse espontaneidade comportamental. Ou, ainda, se os pacientes não podem desejar ou participar de um projeto existencial, se eles não podem compreender a sutileza das relações fácticas (encobertas pelo caráter empírico da realidade), a razão para tanto é que não têm a seu dispor o chão de hábitos que pudesse orientar sua transcendência no mundo. Eles não têm o "sentimento de situação" (*Befindlichkeit*), o qual nada mais é que o existencial "estar-lançado" na mundaneidade do mundo (conforme a terminologia heideggeriana), ou a capacidade de operar sínteses espontâneas a partir do fundo de formas retidas (segundo a linguagem husserliana). Maldiney (1990) descreve essa indisponibilidade do fundo nos termos de uma falha na capacidade de transpassar por entre as muitas orientações fácticas fornecidas pelo mundo. Os pacientes não lograriam deixar-se conduzir ou passar de uma situação a outra no mundo. A espontaneidade (a transpassabilidade ou sentimento de situação) que falta a esses pacientes é para eles antes um outro totalmente alheio, inacessível. Por conta disso tentariam criar, para si, suplências à orientação intencional ausente, que mais não são que alucinações. Da mesma forma, procurariam justificar suas criações alucinatórias mediante formulações delirantes. Razão pela qual, assim como Binswanger, Maldiney fará uma distinção entre formações esquizofrênicas (que são comportamentos alucinatórios não acompanhados de delírios) e formações paranoicas (em que as alucinações são justificadas de maneira delirante). De toda sorte, em ambos os casos, o eu transcendental é um ilustre desconhecido, um ausente, ao qual o eu empírico tenta instituir na realidade, o que explica por que a realidade do esquizofrênico, por exemplo, parece bizarra (conforme Chamond, 2002).

Já no segundo grupo os autores têm em vista aquelas formações cuja característica dominante está relacionada, por um lado, à fixação naquilo que se apresenta como dimensão habitual e por outro, à sobrestimação do horizonte de possibilidades (transpossibilidade, segundo Maldiney). Diferentemente dos quadros anteriores, nestes não podemos dizer que o eu transcendental esteja ausente. Mais apropriado seria dizer que se apresenta dividido ou, então, fragmentado. Quando ele aparece como orientação intencional vinda do passado ou, simplesmente, como fundo de derrelição, ele se furta como horizonte de compreensão, domínio de possibilidades virtuais na direção das quais o eu empírico poderia se transcender. De outra parte, quando o eu transcendental aparece como horizonte compreensivo acerca das possibilidades de transcendência, ele se furta como fundo de derrelição e, por consequência, o eu empírico não sabe qual parâmetro ou referência passada seguir para lidar com o futuro. Em qualquer um dos casos, o eu empírico fica desorientado, incapaz de assumir uma posição específica no fluir do eu transcendental – que, ademais, aparece ao psicótico antes como um outro do que como um eu transcendental, razão pela qual se põe a produzir suplências para as dimensões ausentes. Essas suplências são basicamente operações de hiperbolização do domínio transcendental presente. Se o eu empírico não dispõe de um horizonte de possibilidades, apenas de um fundo habitual, ele se fixa neste último como se aí estivesse tudo que há para ser esperado: melancolia. Se, ao contrário, o eu empírico não tem à sua disposição um fundo de hábitos, apenas um horizonte de possibilidades, ele procura se ocupar de todas as possibilidades de que dispõe, pois, dessa forma, julga poder suprir a falta de orientação espontânea: identificação positiva.

No primeiro caso, há um afundamento na dimensão da transpassabilidade, que assim deixa de ser um ponto de referência (na busca de um objetivo) para se tornar a própria meta da ação. Não podendo participar dos projetos pragmáticos ou das relações intramundanas que formam o horizonte de possibilidades futuras, os pacientes melancólicos tomam a cada uma das coisas mundanas de maneira absolutamente individual. Ou, então, sem conseguir levar em conta a ligação que eles próprios poderiam estabelecer (no futuro) com os semelhantes e com as coisas mundanas, os melancólicos transformam cada objeto no representante de um absoluto, como se cada objeto comportasse uma mundaneidade específica que desapareceu da realidade empírica e agora o melancólico deve recuperar (frequentemente de maneira delirante). Em razão disso, tratam o mundo de forma compartimentada, como se cada parte fosse para si mesma o horizonte interno e externo, o que, por fim, acaba por inviabilizar a ação, submetendo o paciente ao risco da inércia e da exclusão social.

No segundo caso, não apresentando um horizonte interno (passado) a partir do qual os pacientes poderiam estabelecer uma escolha, há uma sobrestimação das possibilidades existenciais abertas pelo mundo na atualidade da situação, como se tudo fosse importante, nada podendo ser descartado. Afinal, se não podem identificar o que propriamente interessa a cada qual, então os pacientes maníacos escolhem todas as possibilidades. Qualquer descarte poderia implicar o descarte de si mesmo. De onde se seguiria certa inconsequência comportamental, que consiste na tentativa de dar conta de tudo. Os pacientes maníacos encaram o mundo como uma só totalidade que lhes pertenceria a tal ponto que não se sentem autorizados a descartar o que quer que seja.

Os psiquiatras fenomenólogos, todavia, não querem que a analítica da gênese das formações psicóticas enseje uma compreensão estrutural sobre os tipos de psicose. Apesar de admitirem a grande diferença nas características comportamentais e, sobretudo, na gênese das várias formações, esses psiquiatras defendem a compreensão de que entre uma formação e outra há antes uma diferença de grau, precisamente uma diferença no grau de presença do eu transcendental. Nessa direção, não é impossível que alguém, depois de haver alucinado um correlato do eu transcendental ausente, momentos a seguir possa, por conta apenas da apresentação de um fundo de hábitos, comportar-se de maneira melancólica. Ademais, há de se considerar, segundo os psiquiatras fenomenólogos, a proximidade entre: i) certas formações psicóticas, como as formações delirantes características dos melancólicos (e por cujo meio procuram compartimentar a experiência); e ii) as construções delirantes presentes em certas formações neuróticas (como naquelas típicas das neuroses obsessivas), em que o paciente fragmenta sua realidade para assim desviar-se do eu transcendental (percebido como outro transcendental). Contudo, não obstante a polêmica que estabelecem entre si a respeito desse tema, de modo geral, considerando-se a gênese de uma e de outra formação, os psiquiatras fenomenólogos sustentam a diferença entre aqueles dois tipos de delírio. Os delírios psicóticos são suplências a um eu transcendental e não tentativas para evitá-lo. São tentativas de fazer com que o outro transcendental possa ser um eu transcendental.

FENOMENOLOGIA DA PATOLOGIA OU PATOLOGIA FENOMENOLÓGICA?

AO RECONHECER QUE A GÊNESE temporal da atividade intencional estabelecida pela fenomenologia husserliana tardia poderia ajudar a psiquiatria a definir mais claramente o interesse psiquiátrico pelas produções psicóticas, Binswanger provocou muitas polêmicas. Estas não tiveram relação direta com o reconhecimento supra. Afinal, a todos pareceu muito apropriado definir a produção psicótica como uma forma de suplência a algo que não se atualiza para o sujeito psicótico, ou seja, a atividade intencional. O principal motivo das polêmicas estava antes associado ao fato de Binswanger haver se dispensado de explicar

PSICOSE E SOFRIMENTO

sob quais condições ele pôde se servir das faculdades noéticas e dos processos intencionais operativos (relativos à consciência transcendental) para esclarecer o fracasso da vida intencional de sujeitos empíricos (no caso, os psicóticos). Binswanger tomou emprestadas de Husserl as noções pertencentes ao quadro da intencionalidade operativa (eminentemente temporal) como se elas pudessem fornecer a norma cujo desvio definiria o fenômeno psicótico. De sorte que, em vez de fazer uma fenomenologia da patologia, Binswanger acabou por escrever tratados de patologia fenomenológica, cujos sujeitos seriam os psicóticos. A "normalidade" transcendental atribuída à analítica husserliana da intencionalidade operativa asseguraria uma espécie de referência imaginária que o psiquiatra deveria observar. Observância essa que, ademais, dispensaria o psiquiatra de pensar a respeito do papel que ele próprio poderia desempenhar ante as produções de seus pacientes. Em nome de uma fantasia sobre a normalidade transcendental, Binswanger ter-se-ia desincumbido de pensar o lugar e a tarefa ética do psiquiatra na construção do diagnóstico, ou a importância das demandas sociais na gênese e no tratamento das formações psicóticas.

Não é a mesma coisa dizer que as produções psicóticas são tentativas de suplência às atividades intencionais que os sujeitos psicóticos não podem realizar, ou dizer que as produções psicóticas são desvios na forma como os sujeitos vivem a intencionalidade. No primeiro caso estamos descrevendo os motivos pelos quais produções psicóticas podem ser estabelecidas. No segundo, estamos vinculando as produções psicóticas a um tipo de "dever-ser" que elas não cumprem, razão pela qual são consideradas patológicas. E embora se trate de uma diferença bem marcada, muitas vezes, nos discursos da psiquiatria fenomenológica não sabemos exatamente qual é o horizonte de fins perseguido pelo psiquiatra: compreender a singularidade das produções e defendê-las das explicações normativas? Ou compreender aquelas a partir de uma norma transcendental, o que favoreceria a

81

interpretação de qual propósito cumpririam? Não se trata aqui de dar razão a Minkowski contra Binswanger, como se a insistência do primeiro na temática da singularidade das produções dos pacientes o livrasse dos riscos da normatização. A preocupação com a singularidade das produções era também uma preocupação de Binswanger[4]. E o problemático em ambos os autores é que tanto em um quanto em outro a defesa da singularidade parece deslocada das reflexões sobre a gênese das produções psicóticas. Quando dizem que essas produções são tentativas de suplência às atividades intencionais que os sujeitos intencionais não podem realizar, não esclarecem exatamente por que tal suplência é exigida. Por que os sujeitos empíricos são compelidos a produzir suplências ou, quem sabe, por que os sujeitos empíricos motivam-se a fazê-lo?

Talvez pudéssemos conjecturar uma gênese empírica. Se os sujeitos empíricos se ocupam de produzir suplências ao eu transcendental, isso talvez seja em resposta às exigências dos outros sujeitos empíricos. Mas tal resposta não satisfaz as exigências do psiquiatra fenomenólogo. Não é no campo empírico que ele busca a gênese ou motivação fundamental das produções psicóticas de seus pacientes. O expediente redutivo os proíbe. E quando tentam – como é o caso de Binswanger – rapidamente são censurados por seus colegas, como se faltasse à especulação psiquiátrica o rigor próprio da investigação fenomenológica. Para os psiquiatras fenomenólogos, reduzir implica não somente um afastamento em relação às teses naturalistas, mas também abandonar o ponto de vista empírico e, com ele, aquilo que – na atualidade da situação – talvez exigisse uma operação intencional ou a suplência desta. E eis por que os psiquiatras fenomenólogos não dão demasiado valor às situações familiares, à biografia dos sujeitos, às demandas institucionais que recaem sobre os pacientes.

E talvez esteja aqui – arriscamo-nos a dizer – a razão pela qual, não podendo recorrer à vida empírica para justificar o surgimento das produções psicóticas de seus pacientes, esses psiquiatras investem o discurso fenomenológico no lugar de norma, do qual o discurso de seus pacientes seria uma variação, uma variação patológica. Por consequência, a fenomenologia, que na pena dos psiquiatras fenomenólogos deveria assegurar, para a suplência de ficção produzida pelos pacientes, direito de cidadania, transformou-se em uma espécie de norma transcendental. Os processos intencionais exaustivamente explorados por Binswanger, mais do que oferecer parâmetros diferenciais, surgem como modelos a partir das quais as suplências devem ser interpretadas. A intencionalidade operativa tornou-se uma "versão" transcendental daquilo que a própria psiquiatria fenomenológica tanto combatia, a saber, as normas empíricas.

Prova disso é a centralidade que, pouco a pouco, a noção de eu transcendental foi assumindo na obra de Binswanger. Utilizada para designar a totalidade dos processos intencionais que compõem o fundo e o horizonte transcendentais de um sujeito empírico, a noção de eu transcendental representaria uma espécie de regularidade e, nesses termos, uma espécie de sentido que os psiquiatras buscariam ver funcionando nas diferentes relações sociais. No domínio do eu transcendental, as diferenças empíricas que distinguiriam para sempre o eu empírico do outro seriam ultrapassadas pelos atos de transcendência em direção a uma mundaneidade – mais que impessoal – coletiva. E as psicoses, por sua vez, teriam que ver com o fracasso dos sujeitos empíricos para viver o eu transcendental. Para os sujeitos psicóticos, o eu transcendental seria antes um outro transcendental a interditar as possibilidades temporais daquele. Perante esse outro caberia aos sujeitos psicóticos a produção de suplências às possibilidades que esse outro não forneceria. E ainda que considerassem as diferentes formações psicóticas como produções originais, para os psiquiatras fenomenólogos a aceitação dessas produções dependeria do reconhecimento, nelas, de um correlato *delirante* do eu transcendental.

A psiquiatria fenomenológica, assim, ao remeter ao campo do dever-ser aquilo que delimitaria a singularidade das produções dos diferentes sujeitos, transformou-se em ciência normativa. Do ponto de vista clínico, uma das consequências mais problemáticas dessa manobra para explicar a gênese das produções psicóticas consiste na suspensão da analítica da participação do psiquiatra nas produções psicóticas dos pacientes. A singularidade do psiquiatra, suas induções, seu testemunho, enfim, sua presença deixa de ser considerada, não obstante, com muita frequência, os psicóticos a reclamem. O diagnóstico, por conseguinte, não pode levar em conta a atualidade da relação concreta entre o paciente e o psiquiatra. O psiquiatra não é aqui mais que o agente de um saber, o agente de um saber fenomenológico sobre os processos intencionais, com o agravante de que esse saber, à revelia das pretensões filosóficas da fenomenologia, agora precisa desempenhar – pela mão do psiquiatra – a função que originalmente a filosofia fenomenológica queria combater, qual seja, o uso normativo.

2. A psicose no discurso da psicanálise: estrutura defensiva ou invenção?

INTRODUÇÃO

Estabelecemos, no presente capítulo, um pequeno estudo sobre o modo como Jacques Lacan, na década de 1930, partindo da fenomenologia das psicoses ou, pelo menos, daquilo que foi para ela uma espécie de rudimento, deslocou a base para que se compreendessem os comportamentos psicóticos do campo das causas anatomofisiológicas para o campo da gênese social. Em vez de uma disfunção orgânica, a psicose seria consequência de uma falha no processo de socialização dos sujeitos que, por conta disso, não mereceriam do grande outro (entendido como tesouro de significantes) uma identidade social. Ou, conforme elaborará de maneira mais precisa nos anos 1950, os sujeitos psicóticos não mereceriam do grande outro sequer os meios simbólicos para se defender perante as demandas por identidade imaginária, razão pela qual se veriam forçados a produzir uma suplência de defesa, uma metáfora delirante da lei simbólica com a qual poderiam deter as demandas a eles dirigidas. Em outras palavras, por conta da falência da relação simbólica entre o sujeito e o grande outro, especialmente em função da "exclusão" da lei que a regularia, o sujeito deveria providenciar o retorno metafórico ("foraclusão", segundo Freud, 1923a) dessa mesma lei como uma construção delirante, portanto psicótica. E a aposta ética da psicanálise, nesse momento, é que a autorização clínica da metáfora delirante estabilizaria a relação do sujeito psicótico com o grande outro.

Na década de 1970, entretanto, tendo percebido que sequer esse expediente fora capaz de harmonizar a relação entre o sujeito (da psicose) e o grande outro, e também que, talvez, ao psicótico as demandas do grande outro sequer interessassem, Lacan deu uma guinada não apenas no tratamento da psicose, mas na própria orientação ética da psicanálise. Contra o que ele aprendera inspirado na fenomenologia – a saber, que a produção de um sujeito é uma relação de sujeição ao grande outro (e ainda que para ele se tratasse de um grande outro simbólico-imaginário, o que significa dizer estruturante e não transcendental) –, contra sua própria intuição sobre a função da lei e de seu substituto delirante no reparo das sujeições sociais fracassadas, Lacan passa a dizer que, para um sujeito, o que importa é o gozo que ele possa alcançar, sozinho, ao produzir seu *synthome*, sua amarração particular entre o real, o simbólico e o imaginário. Do ponto de vista do sujeito do gozo, as demandas do grande outro perderam sua função. E a psicose, a seu turno, seria tão somente a dificuldade de um sujeito para exercer (diante do grande outro) a condição de sujeito do gozo (no que a psicose não seria diferente da neurose e vice-versa).

Para nossa leitura, todavia, por mais que possamos acompanhar Lacan em sua deposição do lugar constituidor que as demandas do grande outro possam ter em nossa existência, daí não se segue que os sujeitos possam ser assim tão autônomos. No caso do gozo, a produção de um *synthome* sempre implica operar com "isso" sobre o que não temos exclusividade. Se podemos dizer que o gozo que nos acomete não é mais algo estabelecido pelo grande outro, nem por isso podemos dizer que esse gozo seja nosso. Mais do que solitário, o gozo parece aqui irredutível seja ao "um" seja ao "outro". Em certa medida, é como se ele não pertencesse nem ao "um" nem ao "dois". Teríamos aqui de admitir um "estranho contato"? Seria ele um transcendental? Mas, certamente, já não se trataria do eu transcendental dos fenomenólogos. E no caso da psicose, se podemos dizer que há nela alguma dificuldade, esta talvez não esteja relacionada à capacidade de gozo sobre o outro, mas à habi-

DA FENOMENOLOGIA EMPÍRICA AO RECONHECIMENTO DO PAPEL DA LEI

O MODO COMO LACAN pensa a psicose não é de todo estranho à tradição fenomenológica. Conforme François Leguil (*apud* Benetti, 2005, p. 5), nos anos 1930 era em Karl Jaspers (1913) que Lacan buscava inspiração para pensar a psicose antes como fenômeno social do que como fenômeno anatomofisiológico. Em sua tese de doutorado intitulada *Da psicose paranoica em suas relações com a personalidade* (1932), Lacan se ocupa de mostrar – em termos muito próximos àqueles empregados pela fenomenologia das psicoses – que a paranoia é uma tentativa de reparação de uma falha no processo sem o qual um sujeito impessoal não se transforma em uma personalidade, qual seja tal processo, a alienação no mundo social. O acúmulo de vivências malogradas de inclusão social e o consequente fracasso na experiência de compreensão da própria personalidade determinariam, para o sujeito, a necessidade de constituição de uma suplência de personalidade. A paranoia seria apenas uma entre as muitas formas de suplência. Entretanto – e aqui Lacan começava a se distanciar de Karl Jaspers e de toda a tradição de psiquiatras fenomenólogos –, a produção dessa suplência não parece suficiente para apaziguar o sujeito psicótico. Mais além dela, é como se o psicótico precisasse de um rito, de um expediente de integração ao mundo social. De acordo com a leitura de Lacan naquele momento (1932), esse expediente não seria outro que a "passagem ao ato" (*acting out*) da fantasia psicótica produzida como suplência de personalidade.

Sigamos, por um momento, um caso clínico de Lacan – em verdade, o único ao qual dedicou um estudo completo em quase 50 anos de atividade profissional, a saber, o caso Aimée, nome fictício de Marguerite Anzieu[1]. Já em sua juventude no interior da França, vivendo com os pais, Aimée apresentava sintomas psiquiátricos. Foi então internada por conta de um quadro constante de delírios de perseguição, delírios de grandeza e formações erotomaníacas cujo tema dominante era a identificação à figura de um(a) escritor(a). Após a internação, conseguiu trabalho como funcionária pública, sem jamais abandonar a esperança de se tornar um(a) grande escritor(a). Tornou-se mãe, conseguiu transferir-se para Paris, onde enfim pretendia ser reconhecida como mulher das letras e da ciência. Suas tentativas foram infrutíferas. Ninguém se interessou por seus textos. Até que, em 1931, tentou esfaquear Huguette Duflos (1887-1982), uma famosa atriz de teatro da época. Afinal, a atriz "seria" a responsável pela interdição dos textos que Aimée submetia aos diretores e agentes de arte. Ademais, conforme a construção paranoica de Aimée, Duflos teria um "plano" para assassinar-lhe o filho. Quando mais tarde Lacan leu os textos de Aimée, chamou-lhe a atenção o fato de que Duflos correspondia exatamente às personagens que Aimée construía, de onde Lacan então inferiu que a relação paranoica envolvia não exatamente Aimée e os artistas, mas Aimée e os tipos ideais que ela mesma criava (conforme Safatle, 2007). O mais surpreendente, no entanto, foi que, com a prisão, os delírios cessaram subitamente. Seu semblante se pacificara. Segundo a leitura de Lacan naquele momento, seria como se a prisão tivesse representado para Aimée uma primeira experiência de inclusão no mundo do qual antes não fazia parte, o que supostamente explicaria a pacificação que alcançara. Graças à intervenção da lei, Aimée fora finalmente reconhecida. De sorte que, em se tratando de descrever as razões ou motivos que desencadeariam a psicose, bem como as estratégias de intervenção que teriam efeito sobre ela, Lacan menciona algo aparentemente mais importante do que as sucessivas experiências de exclusão social, a saber, a presença ou ausência da lei como mediador entre as suplências de personalidade e as expectativas sociais.

PSICOSE E SOFRIMENTO

Nos anos 1950-1960, a figura da lei como mediador passou a ocupar lugar central na elaboração lacaniana sobre a gênese e a terapêutica da psicose. E não por acaso o estruturalismo forneceu a Lacan uma chave de leitura que lhe permitiu voltar a Freud, especialmente à apropriação psicanalítica do mito do Édipo, a fim de localizar, na figura do pai, o representante da lei que faltaria ao psicótico. Eis aqui o momento da primeira clínica lacaniana das psicoses. Lacan acreditava que, por meio das formações alucinatórias e delirantes, os psicóticos estariam tentando produzir, mais do que suplências de personalidade, uma metáfora da lei que assegurasse a tais suplências um lugar social. Os psicóticos estariam tentando produzir uma metáfora do pai, e caberia aos analistas secretariar a produção dessa metáfora.

Contudo, a terapêutica da psicose reservava surpresas. Metáforas delirantes da função paterna não necessariamente asseguravam, aos psicóticos, um lugar de aceitação social. Muitas vezes elas forneciam os motivos para novas injunções da parte do grande outro, tendo sido por essa razão que, nos anos 1970, Lacan estabeleceu uma releitura da função do analista quanto à produção psicótica. Muito antes de motivar nos pacientes a produção de uma metáfora delirante do pai, o analista deveria poder reconhecer, nas diversas produções de seus pacientes, a capacidade que eles têm para se vincular aos outros sem se submeter. Por outras palavras, as produções psicóticas deixaram de ser vistas, por Lacan, como tentativas de inserção na cadeia significante ordenada pelo grande outro para se tornar modos de individuação ante um alguém outro já não tão poderoso. Lacan se afastava não só da tese fenomenológica de que a psicose é uma falha no processo de alienação perante o outro, como também de sua própria tese sobre a função universal do pai no processo de alienação. A psicose, assim como qualquer outra estrutura clínica, é uma tentativa de individuação. E a questão que aqui temos de discutir é: até que ponto a individuação proposta por Lacan efetivamente salva o sujeito do "outro", ainda que não se trate mais do "grande outro".

A PSICOSE NA PRIMEIRA CLÍNICA LACANIANA

PARA CALLIGARIS (1989, p. 9), a clínica psicanalítica difere da psiquiátrica por não se pautar, como esta última, na constatação da presença ou ausência dos fenômenos elementares da crise psicótica: alucinações, delírios dissociativos, persecutórios etc. A clínica psicanalítica é uma clínica estrutural, o que significa dizer que ela se orienta pelas estruturas que se deixam reconhecer a partir do lugar que o discurso do paciente reserva ao analista. Orientação presente também na Gestalt-terapia, muito embora os gestalt-terapeutas não utilizem o termo "estrutura" para designar o vínculo discursivo entre o consulente e o clínico, preferindo o termo "campo". Também não utilizam o termo "transferência" para se referir ao lugar específico que o discurso do consulente reserva ao clínico. Isso porque a noção de "transferência" faz supor que a estrutura na qual o analisando enreda o analista poderia não ser contaminada pela presença deste. Diferentemente da psicanálise, para a Gestalt-terapia toda repetição é uma criação na atualidade dos acontecimentos de fronteira e, nesse sentido, o clínico contamina sim o campo e as formações que se repetem na sessão. Daí que, para a Gestalt-terapia, o clínico não é "transferido" para outra cena; a outra cena é que se atualiza na medida em que assimila a presença atual do clínico. De toda maneira, é em função dessa forma de compreender a clínica – como uma estrutura discursiva em que o analista é convidado a assumir um lugar – que a psicanálise, assim como a Gestalt--terapia mais tarde, pode falar, por exemplo, de psicoses mesmo na ausência dos fenômenos catalogados como manifestações psicóticas. Isso é possível, de acordo com Calligaris, porque a psicanálise reconhece haver uma estrutura psicótica, uma forma de ligação entre o analista e o analisando, a qual não necessariamente desemboca em uma crise psicótica e, por conseguinte, nas manifestações comportamentais exaustivamente descritas pela psiquiatria. Há, para a psicanálise, uma psicose fora da crise. Há uma estrutura psicótica. Ora, o que devemos entender aqui por estrutura psicótica?

ESTRUTURA PSÍQUICA COMO SUJEITO A PARTIR DO OUTRO

Segundo a leitura que Calligaris (1989, p. 13) faz de Lacan, a estrutura psicótica, como qualquer outra estrutura (a neurótica, por exemplo), é uma forma de defesa. Lacan, assim, não faria mais que replicar a tese freudiana, segundo a qual todas as psiconeuroses são formas de defesa do sistema psíquico (Freud, 1924, p. 229). Mas do que se defende o sistema psíquico? Qual ameaça exigiriam, desse sistema, estruturas como a neurótica e a psicótica? Conforme Melman (2004), além dos termos da metapsicologia freudiana (isto é, a partir desses termos), para a leitura lacaniana da formação do sujeito da psicanálise (Lacan, 1966) – ou, o que é a mesma coisa, para a compreensão lacaniana do sistema psíquico como uma sorte de laço social –, o sistema psíquico defende-se daquilo que, imaginariamente, haveria de ser o seu destino caso não se defendesse, a saber: ter seu ser (o que quer dizer seu corpo) reduzido a "objeto de uma Demanda imaginária" postulada pela cultura, pelo grande outro. Ou, em outras palavras, o sistema psíquico defende-se de ter seu ser reduzido à condição de objeto do gozo desse grande outro. Para escapar desse destino, o sistema psíquico – na forma de suas diferentes estruturas – produziria uma espécie de metáfora, nos termos da qual haveria de substituir, ao corpo gozado pelo grande outro, um significante, por meio do qual poderia então responder à demanda, exercendo sobre esta um poder, um saber. O sistema psíquico – agora constituído como uma significação produzida no âmbito da estrutura – passaria da condição de objeto da demanda à de sujeito de um "saber" sobre a demanda. Mediante esse saber, o sistema psíquico permaneceria defendido.

Lacan (1964), a seu modo, propõe duas operações lógicas para pensar a emergência do sistema psíquico como um "saber de defesa", um "sujeito de saber" ante as demandas do outro. São elas as operações de alienação e separação. Com a noção de alienação, Lacan se propõe descrever o processo de formação desse "sujeito de saber", que coincide com a descrição da entrada da criança no mundo da linguagem. Como mostramos em outro lugar (Müller-Granzotto, M. J., 2008), para um infante, que ainda não "sabe" nada de si, a fome, por exemplo, não tem sentido determinado. Ela não tem correspondência com um tipo específico de alimento ou demanda intersubjetiva. Tal só vai acontecer à medida que o infante for sendo "atravessado" pela linguagem. Em um primeiro "estádio", o infante encontra, junto ao corpo daquele que lhe fala (por exemplo, a mãe), o anteparo imaginário, na mediação do qual ele vai se constituir como um significante de sua própria unidade, de sua própria fome. Eis aqui a alienação do infante no significante materno. Logo a seguir, entrementes, o significante (materno) dessa fome vai ser subsumido por outro falante (por exemplo, o pai), o qual, mais do que como um corpo especular, apresenta-se como um cardápio de significantes (uma solução para a fome). Na mediação desse cardápio, o significante da fome adquirirá o *status* de finalidade, meta, saber, enfim, "sujeito de um saber". De onde se segue, para Lacan, que o sujeito é sempre um efeito da linguagem, a alienação do infante pela linguagem. Nas palavras de Lacan (1964, p. 187), "o sujeito nasce no que, no campo do Outro, surge o significante. Mas, por este fato mesmo, isto – que antes não era nada senão sujeito por vir – se coagula em significante". A linguagem, por sua vez, é para Lacan (1964, p. 193-4) a forma sempre binária (significante materno, significante paterno) de apresentação do que seja o outro: esse lugar em que se situa "a cadeia significante que comanda tudo o que vai poder presentificar-se como sujeito".

Isso não significa que o sujeito assim parido (assim falado ou, seria o caso de dizer, assim falido) corresponda ao ser do infante. Enquanto efeito da captura do infante pelo discurso, o sujeito não coincide com o próprio ser do infante. Este resta separado, perdido, como aquilo que não pode ser significado pelo outro, o que faz que Lacan (1964, p. 178) vá dizer que "a relação do sujeito com seu próprio discurso sustenta-se, portanto, em um efeito singular: o sujeito só está ali presentificado ao preço de mostrar-se ausente em seu ser". Alienado na e pela linguagem, o sujeito experimenta-se como significante do outro, como uma interrogação produzida pelo significante materno e para a qual o significante paterno pode ter uma resposta. Mas, também, experimenta-se como radicalmente inessencial, porquanto as respostas não coincidem com seu ser. No Seminário VII, que versa acerca da ética da psicanálise, em uma passagem em que se ocupa de dissertar sobre algo estranho que fura a consistência imaginária do amor cortês, Lacan (1959-1960, p. 188) emprega o neologismo "extimidade" para designar essa experiência que o sujeito tem de sua própria inessencialidade, afirmando ainda, em outra ocasião (1964, p. 173), que a extimidade "[...] pode ser aquilo que descrevemos como sendo esse lugar central, essa exterioridade íntima, [...] que é a Coisa [*Das Ding* freudiano], [...] que resta ainda como questão, ou até mesmo como mistério [...]". Trata-se, para o sujeito, de algo simultaneamente íntimo e exterior que, não obstante haver ficado de fora da identidade linguageira, continua presente, pelo lado de fora, como um mal-estar. O que pode ser ilustrado nas palavras de Rimbaud, para quem, ainda segundo Lacan, "o eu é um outro", de sorte que, quanto mais o sujeito tenta resgatar a "si-mesmo", buscando a verdade de sua conduta, mais depara com o fato de que o "si-mesmo" é algo outro. De onde se segue que, sob a forma da alienação, urge um sujeito dividido, por um lado marcado por um significante (que vem do Outro materno e, no Outro paterno, sempre pode se renovar), mas também perdido, desprovido de ser, sujeito "falta--a-ser", às voltas com sua "extimidade".

A bem da verdade, "duas faltas aqui se recobrem", diz Lacan no Seminário XI (1964, p. 194-5):

uma é da alçada do defeito central em torno do qual gira a dialética do advento do sujeito a seu próprio ser em relação ao OUTRO – pelo fato de que o sujeito depende do significante e de que o significante está primeiro no campo do Outro. Esta falta vem retomar a outra, que é falta real, anterior, a situar no advento do vivo, quer dizer, na reprodução sexuada.

Essa divisão, entrementes, abre a possibilidade para a segunda operação descrita por Lacan, a saber, a separação. Nela, não se trata mais de mostrar os efeitos da alienação (o sujeito e seu resto). Trata-se de fazer ver como o sujeito, apesar de persistir atrelado aos laços significantes estabelecidos no seio do grande outro, ainda assim pode operar com esse outro desde outro lugar, desde um lugar separado, o lugar da falta, o lugar da "falta-a-ser". Para tal, o sujeito faz da sua falta um objeto (o "objeto a") que, assim, é oferecido ao outro como aquilo que o outro não pode ter, desencadeando, nesse outro, uma falta correlata. Dessa forma o sujeito não só faz de sua própria falta um objeto quanto a reencontra no outro, como aquilo que o outro não pode ter. Eis aqui em que sentido, para Lacan, o "objeto a" pode ser considerado a causa do desejo no outro. Por conta do "objeto a", o outro já não é o cardápio, o tesouro de significantes a partir do qual o sujeito emerge como "falta-a-ser". O outro é também ele um faltante. Tal como o sujeito, também o outro é barrado. Nas palavras de Colette Soler (1977, p. 63), "o Outro implicado na separação não é o Outro implicado na alienação. É um outro aspecto do Outro, não o Outro cheio de significantes, mas ao contrário, um Outro a que falta alguma coisa".

Esse operar com a falta, que define o sujeito na separação, não significa que Lacan aposte em algum tipo de familiaridade negativa, às avessas, entre o sujeito e seu ser, ou entre o sujeito e o ser do outro semelhante. Não se trata de ressuscitar, às avessas, o mito de Aristófanes, como se o sujeito sempre pudesse encontrar sua metade na metade do outro semelhante. Essa fantasia é apenas um efeito da cadeia simbólica em que o sujeito está alienado.

Trata-se da ilusão de que possa haver um significante outro que recupere, represente, signifique aquilo que falta. Todavia, do ponto de vista do sujeito (que surge como efeito de uma dupla falta), o desejo – desencadeado pelo objeto que falta, que é o "objeto a" – é sempre um desejo de falta; e o amor, uma relação impossível.

DIFERENÇA ENTRE A ESTRUTURA NEURÓTICA E A PSICÓTICA

Conforme Calligaris, do fato de tanto a estrutura neurótica quanto a psicótica se constituírem como defesas diante da demanda do grande outro não se conclui que elas sejam iguais, ou que os sujeitos e os saberes nelas produzidos o sejam. Tese com a qual a Gestalt-terapia concorda, embora conteste a compreensão, defendida por Lacan até meados dos anos 1960, de que as diversas estruturas não se comunicam entre si – um neurótico jamais será um psicótico e vice-versa. Para a Gestalt-terapia, as várias formas de ajustamento (ou as diversas estruturas) compõem um sistema único, o que não quer dizer que eles não sejam diferentes entre si. No que diferem, então?

Para dizer de um modo simples (o que em psicanálise é sempre um grande risco): na estrutura neurótica, o sistema psíquico precisa da mediação de uma lei que faça dele um significante, um sujeito investido de um saber relativamente à demanda. Nas palavras de Calligaris (1989, p. 14):

> [...] a aposta neurótica é que haja "ao menos um" que saiba lidar com a demanda do Outro, então o saber vai ter um sujeito suposto, e a problemática de defesa vai se jogar na relação (dívida, geralmente) de cada sujeito com o "ao menos um" que sabe. É nesta relação que o sujeito se constitui e obtém uma significação.

Esse "ao menos um" é o que Freud e, na esteira dele, a psicanálise por inteiro denominaram de função paterna. Trata-se desse significante segundo em nome do qual o sujeito da estrutura neurótica aliena seu poder de defesa por "supor" naquele significante uma consistência, uma potência maior para lidar com a demanda. Cabas (1988, p. 114-5) denomina de "função fálica" a esse pai, a esse "ao menos um" de quem se supõe um saber. No dizer de Calligaris (1989, p. 18), "pai é quem sabe lidar com o desejo materno e por consequência quem pode decidir sobre a significação sexuada dos filhos". Mas essa estratégia de defesa, segundo Calligaris, nunca é bem-sucedida. Em primeiro lugar, porque a figura paterna só pode produzir um saber sexual (o que significa dizer parcial) que não abrange o todo da demanda (como o sujeito da estrutura neurótica esperaria). Em segundo lugar, porque, para o sujeito da estrutura neurótica, trata-se sempre de um saber que ele supõe ao pai e não a si. Logo, para poder se defender, o sujeito passa a depender do pai, de onde provém uma dívida, em nome da qual ele passará a trabalhar e à qual sempre retornará[2].

A diferença entre as estruturas, no que diz respeito à estrutura psicótica, argumenta Calligaris (1989, p. 14), reside em que "a escolha psicótica é aparentemente outra: ela não passa pela referência a um sujeito suposto ao saber, embora passe certamente pela referência a um saber de defesa, se é que o psicótico é sujeito".

O sujeito da estrutura psicótica não "dispõe" de um pai que lhe assegure o saber sobre a demanda. Ou, então, o psicótico precisa produzir esse saber por conta. Mas, como a demanda é infinita, ele nunca alcança esse saber que o defenderia. Por isso, não pode parar, precisa sempre continuar a produzir, a caminhar em uma errância que não tem fim – e de forma alguma se confunde com o erro, com a não correspondência à verdade da lei paterna. Ao contrário, a errância é o perambular em nome próprio, com seu próprio corpo, na superfície das coisas tal como elas se manifestam de modo "real", e não segundo o valor que possam adquirir aos olhos da lei paterna, o que não faz da errância uma produção exclusivamente motora. Ela também pode ser intelectual, feito invenção sem mestre, sem verdade *a priori*, que se regra na medida em que se faz, qual criatividade sem freios. Por conseguinte, não podemos confundir a errância intelectual com os pensamentos desorganizados. Estes são sintomas do surto e não de uma estrutura psicótica em funcionamento antes do surto.

Essa ausência do pai na produção de uma metáfora pelo sujeito na estrutura psicótica é o que Freud, em seus escritos sobre a diferença entre a neurose e a psicose (1924), denominava de *Verwerfung*. Esse termo foi traduzido por Lacan como *forclusion*: expressão jurídica que em rigor significa prescrição, mas, em português, pode ser admitida como o ato de incluir, por fora, aquilo que foi excluído de dentro de determinado contexto: foraclusão – segundo a versão de Quinet (2006, p. 47). Tal significa dizer que o sujeito da estrutura psicótica não inclui, em apoio à sua própria produção metafórica de saber, a lei do pai. Esta não se apresenta àquele, ou, então, ela não exerce para ele função.

Contudo, isso não significa que, em algum momento, o sujeito da estrutura psicótica não possa ou, talvez fosse mais apropriado dizer, não precise recorrer à lei do pai. Tal momento é aquele em que a produção metafórica errática do sujeito da estrutura psicótica é vítima de uma injunção – praticada pelo grande outro gozador. Em tal ocasião, estabelece-se uma crise na defesa psicótica, ou, o que é a mesma coisa: o psicótico sofre um golpe que se faz sentir no real, que se faz sentir como angústia insuportável. Ele experimenta um malogro, um fracasso, para o qual, então, vai requisitar o auxílio de uma lei paterna, no entanto uma lei aplicada ao corpo, ao campo do real, e não aos significantes, como no caso do sujeito da estrutura neurótica. O que foi excluído de dentro do campo simbólico retornou para a subjetividade psicótica pelo lado de fora, pelo lado daquilo que para ela é real, precisamente, seu corpo: foraclusão. O sujeito psicótico em crise delira um pai que o possa salvar no real, que faça corpo consigo contra o grande outro gozador. O sujeito psicótico produz então uma "metáfora delirante".

A CLÍNICA COMO SECRETARIADO ÀS "METÁFORAS DELIRANTES" DO NOME-DO-PAI

Ora, em 1956, em seu "Seminário sobre as psicoses", e pouco depois no texto "De uma questão preliminar a todo tratamento possível da psicose" (1958), Lacan reconhece nas noções de foraclusão e "metáfora delirante" as bases para uma clínica das psicoses. Para ele (1958, p. 914):

> [...] é preciso que o Nome-do-Pai foracluído, isto é, jamais advindo no lugar do Outro, seja ali invocado em oposição simbólica ao sujeito. É a falta do Nome-do-Pai nesse lugar que, pelo furo que abre no significado, dá início à cascata de remanejamentos do significante de onde provém o desastre crescente do imaginário, até que seja alcançado o nível em que significante e significado se estabilizem na metáfora delirante. Mas como pode o Nome--do-Pai ser chamado pelo sujeito no único lugar de onde poderia ter-lhe advindo e onde nunca esteve? Através de nada mais nada menos que um pai real, não forçosamente, em absoluto, o pai do sujeito, mas Um-pai.

A "metáfora delirante" – como correlativo de um pai recuperado no campo do real – tem aqui o sentido de um "procedimento de remendo" (conforme Laurent, 1992, p. 11) que o psicótico operaria ante os déficits que o grande outro gozador apontaria no modo errático segundo o qual o próprio psicótico responderia às demandas sociais. Por conta disso, a estratégia do analista – nesse momento da clínica lacaniana – não poderia ser outra senão secretariar os remendos estabelecidos pelo sujeito psicótico. Ou, ainda, a estratégia clínica consistiria em secretariar, junto do paciente psicótico, a produção de próteses do pai. O analista poderia ele próprio ocupar esse lugar protético, objetivando calibrar a falta ou o excesso nas respostas erráticas do psicótico com respeito ao grande outro. Tal significa dizer que: caso as respostas erráticas fossem por demais imaginárias, como nas paranoias, o analista deveria trabalhar para provocar um esvaziamento do imaginário. A metáfora paterna aqui implicaria uma ação de limitação do gozo errático no campo imaginário. Mas se as respostas erráticas do psicótico fossem alucinatórias, exageradamente esquizofrênicas, ou seja, sem qualquer vínculo com o grande outro, a metáfora paterna que o analista deveria ajudar a produzir teria ligação com uma intensificação das relações imaginárias, por exemplo, na forma da proposição de oficinas laborais, em que o psicótico pudesse produzir bens com valor de circulação social. Em ambos os casos, de acordo com Jean Laplanche (1991), o analista restituiria – como um remendo produzido a partir do real – a dimensão simbólica que, de modo geral, o sujeito psicótico perdeu. Por outras palavras, o analista – como metáfora do pai – estabeleceria uma prótese simbólica dos modos de ligação do psicótico com o grande outro. Eis o que levou muitos analistas a compreender que o trabalho clínico com os psicóticos consistiria em dar "regra", colocar "limites", produzir, nos termos de uma metáfora delirante, um "ponto de basta". Esse trabalho ajudaria, ademais, a evitar algo desastroso senão para o tratamento, ao menos para as expectativas do grande outro, isto é, que os pacientes passassem ao ato (*acting out*) suas próprias produções erráticas. Mesmo porque tal passagem poderia ser motivada pelo próprio analista, caso abandonasse seu lugar de pai metafórico para atuar como grande outro gozador, por exemplo, nos elogios exagerados ou na admoestação ostensiva às ações do sujeito psicótico. Disso advém a necessidade de o analista constantemente aferir sua posição na relação transferencial com o psicótico, buscando eliminar a possibilidade de haver se transformado em um grande outro. Como uma metáfora do pai, o analista é aquele que ajuda o sujeito psicótico a estabelecer por conta própria um ponto de basta em seu próprio deslocamento errático, de sorte a restar protegido contra a denúncia desqualificadora do grande outro gozador.

E é justamente nesse ponto que Lacan começa a se questionar sobre o sentido ético de sua proposta clínica para as psicoses. Afinal, tal como já havia constatado nos anos 1930, apesar dos problemas que possa trazer ao meio social, a passagem ao ato é para o psicótico uma experiência pacificadora. Lacan identifica assim uma oposição entre sua proposta – estabelecida nos anos 1950 – de infinitização do sujeito no trabalho do delírio e a solução psicótica da "passagem ao ato" – conforme os estudos dos anos 1930. Em certa medida, Lacan começa a perceber que o trabalho de contenção do gozo errático via produção de uma metáfora paterna (que assegurasse uma mediação simbólica no trato das demandas sociais) não necessariamente implica a estabilização do sujeito psicótico. Até porque a solução para ele continuaria no campo do outro, aqui, no caso, representado pelo analista. Nesse sentido, ao reexaminar a obra *Memórias de um doente dos nervos* (Schreber, 1903), a qual serviu de base para Freud (1911) teorizar sobre a função do delírio na cura da psicose, Lacan se deu conta de que a metáfora delirante por cujo meio o presidente Schreber supostamente lograra estabilidade emocional não estava presente em todos os momentos da vida deste doente dos nervos. Por exemplo, Schreber não conversava com seus amigos nem exercia suas funções de ministro de justiça como se fosse "mulher de Deus". Se é verdade que é o próprio Schreber que admite que "sentir-se mulher de Deus" o ajuda a enfrentar as solicitações para as quais não tem resposta, também é verdade, segundo o mesmo relato de Schreber, que nos momentos de maior integração social o delírio não tem função. Pior do que isso: no final da vida nem mesmo o delírio conseguiu salvar Schreber, que faleceu extremamente enlouquecido. De onde se depreendeu uma grande desconfiança de Lacan em relação à função da metáfora delirante no tratamento das psicoses.

Aliás, esta tese – de que a metáfora delirante é o retorno da lei paterna no real – é a mais problemática se tentarmos compreendê-la com base na Gestalt-terapia, envolve admitir que, de alguma maneira, a inibição reprimida (como lei paterna) pode exercer uma função de organização da função *id* (ou do real, conforme a terminologia da psicanálise). O que não é – segundo nossa avaliação – de forma alguma evidente. Mesmo no caso dos delírios erotomaníacos, como o do presidente Schreber (1903), não é necessário que eles sejam a expressão da lei paterna atuando no real. Para Schreber, que acreditava ser – depois de

PSICOSE E SOFRIMENTO

uma injunção sofrida – a mulher de Deus, os motivos para essa resposta delirante podem ser múltiplos. É tão arbitrário dizer que tal delírio é o efeito da adesão de Schreber a uma lei paterna que lhe ordenou uma opção sexual diferente daquela estabelecida antes da injunção quanto dizer que foi a "Providência" que assim o determinou. O que o discurso da psicanálise freudiana e a retomada dele pelo primeiro ensino de Lacan desconsideram é a possibilidade de haver, para Schreber, uma função criadora, uma capacidade para produzir ajustamentos criadores. Ou, ainda, o que tais discursos desconsideram é a possibilidade de o sujeito da estrutura, seja ela qual for (neurótica, psicótica, perversa etc.), dispor de um poder criador gestáltico, de um poder que só existe no interior de um campo, de um laço social, mas não obrigatoriamente é efeito dele. A Gestalt-terapia denomina esse poder de função de ato; e os delírios podem perfeitamente bem ser o resultado de uma produção estabelecida por essa função. Tocamos aqui o ponto mais delicado que definitivamente afasta a Gestalt-terapia da perspectiva lacaniana adotada antes dos anos 1970, ao menos para pensar a psicose. Diferentemente desta, a Gestalt-terapia não acredita que a função *id* precise de um intermediário (de uma lei paterna, por exemplo) para funcionar como fundo da função de ato no enfrentamento dos dados (ou demandas do grande outro gozador) na fronteira de contato. A função *id* não carece de um tutor, de uma lei que estabeleça entre ela e a função de ato uma espécie de mediação. Vale aqui a noção de espontaneidade que caracterizou a formação das *Gestalten* e é base da definição de ajustamento criador. De onde não se segue, para a Gestalt-terapia, que a função *id* sempre se manifeste, ao menos de uma maneira articulada, a ponto de favorecer a alienação passiva das funções de ato envolvidas na experiência de contato. A função *id* pode não se apresentar (e este é, talvez, o principal legado da psiquiatria fenomenológica para a Gestalt-terapia). As ações das funções de ato envolvidas em determinado episódio de contato, inclusive aquelas que cumprem a função de grande outro gozador, podem não encontrar os excitamentos que concorreriam para a produção de um horizonte de desejo; e eis, então, o que vai exigir, das funções de ato envolvidas nesse campo, ajustamentos psicóticos (os quais são apenas um tipo entre muitas formas de ajustamento criador). O que aconteceu com a função *id* nessa situação e quais efeitos isso pode provocar no campo, nós estudaremos mais à frente. O que podemos antecipar por ora é que tal acontecimento não tem relação, para a Gestalt-terapia, com a ausência de uma inibição reprimida (lei paterna); tampouco a rearticulação do ajustamento – na forma da produção de uma metáfora delirante, por exemplo – tem que ver com o retorno dessa inibição (retorno da lei do pai no real), mesmo que seja só para interagir com os codados.

Isso não destrói, de todo, nosso interesse pela clínica lacaniana das psicoses. Afinal, por motivos acerca dos quais o próprio Lacan não fornece muitas indicações, mas que certamente incluem aquele conflito entre a infinitização do delírio e a passagem ao ato, na década de 1970 encontramos uma maneira bem diferente de pensar a psicose e a intervenção clínica nos sujeitos psicóticos. A marca característica dessa nova formulação lacaniana, como já antecipamos, tem relação com o reconhecimento de uma criatividade aleatória na forma da qual os sujeitos psicóticos alcançariam uma individuação perante o grande outro. E nossa questão agora é: até que ponto essa capacidade de individuação pode ser comparada àquilo que em Gestalt-terapia denominamos de ajustamento criador?

A PSICOSE NA SEGUNDA CLÍNICA LACANIANA

Em 1946, em um texto intitulado "Proposta acerca da causalidade psíquica" cujo objetivo era criticar o organodinamismo com o qual seu colega de residência Henry Ey tentava elaborar o que ambos haviam aprendido com Clérambauldt, Lacan emprega expressões claramente vinculadas à tradição fenomenológica e já presentes na sua tese de 1932. Lacan escreve sobre o "ser do homem" e sobre a "liberdade com a loucura como limite". Ambas expressões que, como vimos, acabaram perdendo seu lugar ante a descoberta da função que o "delírio de uma metáfora da lei do pai" poderia exercer em favor dos sujeitos sem lei paterna, ou, simplesmente, psicóticos. Mas a crise ética enfrentada depois dos anos 1970 quanto à "eficiência da infinitização da metáfora delirante como direção no tratamento da psicose" fez Lacan retornar às antigas associações entre loucura e liberdade. Não em favor da fenomenologia nem de qualquer tese sobre a suposta função catártica que a passagem ao ato provocaria (tese jamais subscrita por Lacan), e sim em proveito de algo que Lacan encontrou lendo James Joyce, a saber, a singularidade do fazer como ato, como ato de produção de suplências individuais, subjetivas, desvinculadas da pretensão do grande outro. Lacan denominou essas suplências de *synthomes*. Doravante, é como se a noção de alienação no grande outro definitivamente deixasse de ser a referência principal para a concepção das estruturas ou sistemas psíquicos. Os conflitos binários e a mediação apaziguadora da função paterna não teriam mais tanta importância para pensar o sujeito da psicanálise, uma vez que este estaria do lado da criação sintomática, solitária, gozosa, produzida à custa dos efeitos gerados sobre o grande outro, jamais a partir das demandas deste.

Ora, esse desvio lacaniano trouxe várias consequências. Primeiramente, já não era possível pensar as estruturas como formas de defesa com relação às demandas do grande outro gozador. Da mesma maneira, não era mais possível distinguir a neurose da psicose em função da presença ou ausência da função paterna. Há somente a pluralidade de sujeitos singulares, que se diferenciam apenas pelo modo como articulam, a cada vez, como um quarto elemento reparador da ligação entre o real, o simbólico e o imaginário. Falar em psicose seria tão somente falar em uma ligação débil entre os três registros. E a direção ética do tratamento das psicoses consistiria apenas no acompanhamento do trabalho sintomático de produção de suplências subjetivas ou "nós" entre os registros desarticulados. Diferentemente da orientação dos anos 1950, o analista jamais ocuparia o lugar de metáfora do pai. Ele jamais poderia fornecer um significante (S1) com base no qual o analisante pudesse construir sua metáfora. Agora o lugar do analista é o lugar vazio, o que de forma alguma quer dizer um lugar inoperante.

DO NOME-DO-PAI AO PAI DO NOME: DO SUJEITO DO DESEJO AO SUJEITO DO GOZO

Essa guinada na direção ética da obra lacaniana se deveu em parte à escuta às psicoses. Elas tornavam evidente algo que Lacan já havia percebido no início de sua carreira como médico, especificamente, que a loucura, no humano, estava antes a serviço de uma criação individual do que a favor de uma defesa. E o discurso da psicanálise deveria poder estar à altura dessas criações. Mas para isso teria de suspender a pretensão universalista, a qual, apesar de responder a um motivo ético, que era a escuta ao sujeito do inconsciente, sempre se impôs no campo da elaboração teórica a despeito das produções individuais nas sessões. Lacan tem aqui em mente, sobretudo, a função que o constructo Nome-do-Pai exerceu em sua obra até antes de 1970. A escuta à psicose mostra que não só o encontro com Um-pai no real não necessariamente enseja a produção de uma metáfora do Pai Simbólico, como sequer o psicótico dá mostras de que precise de uma mediação metafórica para lidar com o grande outro gozador. É como se a foraclusão não fizesse diferença, já que o Nome-do-Pai não seria mais algo importante para o psicótico, o que não quer dizer que Lacan considerasse que a relação do psicótico com o grande outro gozador tivesse deixado de ser problemática. Todavia, é como se o psicótico não precisasse dessa relação. As respostas do psicótico não parecem querer um lugar na cadeia de significantes. Razão pela qual, em seus últimos seminários, Lacan vai falar não mais do Nome-do-Pai, mas dos Nomes-do-Pai. Lacan passa do Nome-do-Pai, no singular, aos Nomes-do-Pai, no plural. O que significa dizer que o significante do Nome-do-Pai, antes considerado o mediador universal da relação dos sujeitos falta-a-ser com o grande outro gozador, agora se diversificara. O Nome-do-Pai não é mais o mesmo para todos. O que equivale a dizer que cada qual tem seu significante do pai e, até, cada sujeito tem vários significantes do pai (conforme Stevens, 2000).

Poderíamos aqui nos arriscar a dizer que foi o olhar de Lacan que se modificou. A partir de então, para ele, muito mais do que a possibilidade de uma compreensão estrutural da realidade é a diversidade das produções no campo da clínica o que interessa. Por conta disso, se Lacan ainda faz referência ao pai, já não se trata do pai da lei, do pai como representante da lei. O pai é uma produção particular, um S1 fora da cadeia significante, um S1 que não remete ao S2 e assim sucessivamente. Trata-se agora de um significante um, segundo a nova formalização que Lacan agora introduz. O que lhe permite falar em vários S1s separados entre si. Alguns deles dão ao sujeito um modo de inscrição no Outro, mas não valem por sua relação ao grande outro. Eles são antes, cada qual, um traço, uma marca, uma letra que escreve o gozo particular, singular, de cada sujeito.

Isso quer dizer que, em seu último ensino, Lacan operou um deslocamento na forma de compreender a noção de sujeito (ou função psíquica), passando a diferenciar o sujeito do significante do sujeito do gozo. O sujeito do significante é exatamente aquele representado por um significante (o pai) para outro significante (a mãe), e o sujeito do gozo aparece como um significante apenas. Como tal, o sujeito do gozo não é aquele que se defende de uma demanda alheia, mas o que articula, na forma de uma letra, uma amarração entre o real, o simbólico e o imaginário. O sujeito do gozo é aquele que nomeia essa amarração, produz tal enlace. Por outras palavras, se a primeira formalização clínica lacaniana é uma consideração a partir do sintoma como um significante que representa o sujeito para outro significante, uma formação do inconsciente, metafórica, eminentemente simbólica, se nessa formulação há dois significantes operatórios, no último ensino, em que não existe tal significante binário, nós temos o *significante um*, ou seja, um significante sozinho que é o um como letra. Esta não é a representação do sujeito para outra letra, para um significante segundo. A letra é só, tal qual peça de fixação, o que fixa o gozo, localiza-o e o circunscreve.

E eis então o que explica o modo distinto segundo o qual Lacan, em seu segundo ensino, passou a empregar o significante pai, agora como pai no singular. Se cada significante é sozinho, não há mais necessidade de um mediador, de um pai que represente o sujeito. O sujeito é o pai e, como tal, ele faz a articulação entre o real, o simbólico e o imaginário. Com efeito, passamos com Lacan do "nome-do-pai" ao "pai do nome", e até ao "pai como nomeador". Mais do que um terceiro de quem dependeríamos para enfrentar o grande outro, o pai se transforma em uma espécie de produção de cada qual. O pai se transforma em *synthome*. É assim que o pai aparece na obra "R.S.I." (1975). O sintoma é a produção nos termos da qual operamos a emenda nas fissuras do barbante que articula, em um mesmo nó de borromeu, os registros real, simbólico e imaginário (que em Gestalt-terapia poderíamos chamar de *id*, ato e personalidade).

De onde podemos, enfim, concluir que: a) se a primeira clínica é uma clínica binária, pensada a partir da relação dos significantes, em que a relação do sujeito (falta-a-ser) com o grande outro (demanda da mãe) é mediada por um universal (que é o Nome-do-Pai), em que o Nome-do-Pai está foracluído ou não, em que temos por consequência neurose ou psicose; b) a segunda clínica é ternária, é a clínica do nó borromeano, das infinitas amarrações e desenlaces singulares entre o real, o simbólico e o imaginário. Não é mais o significante que está no lugar predominante, mas o gozo advindo de um modo de produção singular, de um sintoma individual, qual pai do nome. Jacques-Alain Miller (de acordo com Leite, 2000, p. 32) precisa que a primeira clínica é hierarquizada: nela o simbólico é o mestre, o imaginário é o escravo e o real, o resultado da discordância deles. A sua vez, a segunda clínica não é hierarquizada, pois os três elementos estão em posição "fraternal: 'R.S.I.' (Real, Simbólico e Imaginário)" – segundo Miller (1994-1995).

Ora, tratando-se da psicose, se a primeira formulação clínica de Lacan é centrada na foraclusão localizada ao nível do significante Nome-do-Pai, a segunda é uma clínica da pluralização dos nomes-do-pai, os quais vão se constituir como *synthomes* estabilizadores dos sujeitos em suas relações com os buracos abertos entre os registros que constituem as três dimensões dos laços sociais de cada qual: o real, o simbólico e o imaginário. Esses buracos podem ter sido abertos tanto pelo outro como pelo próprio sujeito psicótico (Lacan, 1976-1977). De sorte que esses *synthomes* constituem, conforme Benetti (2005, p. 2), uma espécie de quarto termo reparador dos acidentes estruturais na constituição do nó borromeano de três registros. Eles possibilitam um enlaçamento que restitua as propriedades borromeanas do nó de três elementos. Ora, para Lacan, os acidentes causadores de buracos entre os nós são ocorrências de quaisquer laços sociais, o que torna difícil estabelecer uma diferença entre psicóticos e não psicóticos. Todos, em alguma medida, de uma sessão a outra, desarticulamos nossos nós. E o *synthome*, mais do que o indício de uma dificuldade no enfrentamento da desarticulação (da castração, por exemplo), é o índice de uma produção reparadora. Entretanto, isso não quer dizer que consigamos estabelecer esses reparos sozinhos. A psicose aparentemente tem que ver com a dificuldade que alguns sujeitos apresentam para reparar seus próprios buracos. E a questão da segunda clínica das psicoses, segundo Benetti (2005, p. 11), é: como podemos "escutar o psicótico para que ele produza as outras soluções que são as suplências subjetivas?"

O NÃO LUGAR DO ANALISTA E O LAÇO SOCIAL COM O PSICÓTICO

A resposta a essa questão exige um retorno ao Seminário XVII – O avesso da psicanálise – ministrado entre 1969/1970. Nele Lacan (1969-1970, p. 11) propõe uma formalização do que passou a chamar de "campo do gozo", entendendo-se por esse conceito uma pragmática social organizada na forma de "discursos". Como modo de gozo, cada discurso é um laço social em que podemos verificar uma forma de dominação, a dominação que um agente tenta impor a outro, e é por isso que, em cada discurso, deveríamos poder reconhecer dois polos distintos: o polo dominante (em que, a partir da impossibilidade de se nivelar à verdade sobre si, o agente ordena ao outro uma produção) e o dominado (em que o outro opera a produção ordenada pelo agente). Lacan distingue entre quatro tipos fundamentais de discurso: a) o discurso do mestre, em que o agente tenta governar ao outro, fazendo deste um escravo; b) o discurso histérico, em que o agente faz desejar ao outro, fazendo deste um mestre; c) o discurso universitário, em que o agente tenta educar o outro, fazendo dele um objeto; d) o discurso do analista, o único em que o agente toma ao outro como sujeito, ordenando a este que possa significar para si mesmo o gozo que, como sujeito, possa produzir. Para mais bem descrever a dinâmica desses quatro discursos – e a razão pela qual eles sempre fracassam – Lacan elege quatro elementos, que podem se alternar nos lugares de dominante e dominado.

a Para que se estabeleça o discurso do mestre, que é o governar, é preciso que o agente seja mais que um sujeito ($) – e por sujeito devemos aqui entender uma questão, uma dúvida. É necessário que o agente seja um comando, o qual, por sua unicidade, priva o outro de opções, fazendo deste um escravo. À unicidade do comando Lacan denomina de "S1", o qual não deve ser aqui confundido com o S1 que representa o desejo materno, a demanda da mãe (conforme o primeiro ensino lacaniano).

PSICOSE E SOFRIMENTO

b   Para que se estabeleça o discurso histérico, que é o fazer desejar, é preciso que o agente seja, mais além do equívoco (*a*), uma dúvida, uma questão. A essa dúvida Lacan denomina de Sujeito ($), o qual também não deve ser confundido com o sujeito-falta-em-ser, que é o sujeito alienado no desejo da mãe e na Lei-do-Pai, de acordo com a primeira clínica lacaniana. O sujeito aqui é um sujeito "falasser", que por sua fala, por sua questão, faz o outro desejar uma resposta, buscá-la como se pudesse responder, como se pudesse de fato comandar, qual mestre.

c   Para que se estabeleça o discurso universitário, que é o educar, é preciso que o agente seja, mais além do comando (S1), a repetição do comando, repetição essa à qual Lacan denomina de S2 – que não se deve confundir com a Lei-do-Pai, tal como na primeira clínica. O S2 – como repetição do comando – é um saber, um saber comandar, um saber gozar do outro assim reduzido à errância de um objeto.

d   Para que se estabeleça o discurso do analista, que é fazer o outro representar para si mesmo seu gozo, é preciso que o agente, mais além de todo saber (S2), seja a errância do objeto, entendendo-se por errância o fato de o objeto não conseguir indicar com precisão sua origem, o agente ou o saber do qual é derivado, como se sempre mantivesse um equívoco impossível de ser resolvido. Lacan denomina de "*a*" a essa condição de errância – que não deve ser confundida com o "objeto *a*" como causa do desejo, segundo o estabelecido em 1964, no Seminário XI. O "*a*" é agora um "mais-gozar", um desperdício, uma entropia, a perda da origem ou do comando desde onde se foi gerado. É só a partir desse lugar que se pode pedir ao outro que seja um Sujeito ($), uma questão sobre o próprio gozo.

Ora, conforme Lacan, na psicose os discursos não funcionam, o que envolve dizer que os agentes não conseguem ordenar algo ao outro. Eles estão presos no lugar do dominado, motivo por que a intervenção do analista consiste em restituir ao psicótico o lugar de agente. Portanto, para responder à questão de antes – a saber, como podemos escutar o psicótico para que ele produza as suplências subjetivas aos buracos em sua relação (real, simbólica e imaginária) com o outro –, há de se identificar qual a posição ocupada pelo psicótico no discurso.

Benetti (2005, p. 11), nesse sentido, diz que "há duas posições para o sujeito psicótico no discurso: ou ele está em *a*, como objeto de gozo, ou em S2, como Saber". E, do ponto de vista da segunda clínica, escutar o psicótico em uma e em outra posição implica um conjunto diferenciado de manobras, as quais, em linhas gerais, têm relação com restituir o psicótico na condição de agente, ou, o que é a mesma coisa, sustentar a autonomia dos psicóticos na produção de soluções (para os buracos que possam estar vivendo em suas relações com os outros). Para tanto, ou o analista "se posiciona como secretário que não coloca significantes Um (S1)" – como faria um mestre diante de alguém disposto a repetir um comando, ou seja, mediante alguém na posição de S2 (dessa forma, o analista possibilita que o lugar do agente "fique vazio" – ou, então, "pode posicionar-se como testemunha", sem propor saber algum (S2), quando o psicótico estiver no lugar de um objeto dominado (*a*): dominado pelas vozes, pelas alucinações que o perseguem, por exemplo.

No primeiro caso – que é, por exemplo, o de um sujeito psicótico que afirme estar sendo perseguido por alguém –, a ideia do tratamento não é, de maneira alguma, confirmar a paranoia. Menos ainda desqualificá-la, o que seria uma injunção que poderia agravar o quadro de sujeição ao gozo do grande outro. O que se imagina recomendável, nessas situações, é seguir o que Lacan fez numa apresentação do paciente G. Primeau, que justamente começou a se queixar de alguém na audiência. Lacan interveio para impedir que a desarticulação do imaginário se convertesse em um delírio desenfreado, assegurando ao seu paciente que a pessoa na audiência estava interessada no que estava ouvindo e não tinha nenhuma razão para perseguir quem quer que fosse, conduta que estabilizou G. Primeau. Lacan trabalhou aqui como secretário.

No segundo caso – que é, por exemplo, o de um paciente que se diz atormentado por vozes, exemplo característico de alguém na posição de objeto (*a*) –, a intervenção do analista consiste em simplesmente testemunhar a produção errática, sem nada fazer ou nada dizer, sustentando um lugar vazio até que o paciente possa realizar o próprio esvaziamento de sua produção. Tal ocorre, por exemplo, quando o paciente, em vez de fugir das vozes, cria algo concreto, como um desenho, um verso, um conto, pelo qual possa se responsabilizar (imaginariamente), com o qual possa encontrar uma satisfação (real) bem como estabelecer trocas sociais (dimensão simbólica). Mesmo aí o analista não deve dizer nada, pois o apoio efusivo poderia reconduzir o paciente à condição de objeto de gozo do grande outro (que fosse para ele o agente dominador). A ideia é que o analista trabalhe para bloquear o movimento da alucinação mediante as "manobras de *vínculo-frouxo* e *trivialização da transferência*, fazendo *intervenções* no nó borromeano" (Benetti, 2005, p. 11), quando uma das dimensões do nó se apresentar rompida ou falhada. Afinal, o que importa nessa clínica é restituir a alguém o lugar de agente capaz de gozar com sua própria produção, com sua própria capacidade inventiva.

É O GOZO UM? UMA INTERPELAÇÃO GESTÁLTICA

Em linhas gerais, o sentido ético dessa forma de intervir está em apostar que o psicótico possa reconhecer, em sua produção errática, um modo de satisfação que se baste, sem precisar do consentimento alheio e, por conseguinte, do recurso à metáfora delirante. Afinal, ela não é capaz de incluir o psicótico em relações sociais junto às quais, de maneira autônoma, ele possa inventar sua própria diferença ou individualidade. No entanto – e essa é a questão com a qual gostaríamos de encerrar nosso debate com as clínicas lacanianas da psicose –, por mais que a inventividade distinga o sujeito gozoso do grande outro gozador, isso não é garantia de uma individualidade, agente e dominante, pois, ainda que consiga desvencilhar-se desse grande outro gozador, ainda que possa reduzi-lo a um dominado gozado, ainda assim estará às voltas com uma alteridade. O gozo – que se quer um – sempre será tributário da passividade do dominado; passividade que, ademais, pode ter sido decidida pelo outro, buscando relativizar o poder do suposto dominante. É como se, não obstante a proclamação da independência gozosa perante o outro, este outro retornasse pela outra ponta, não mais como um grande outro tesouro de significantes, ou mesmo como um grande outro malogrado, denunciado em sua inconsistência. O outro pode retornar no campo do real como algo que não se deixa significar, representar, seja como dominante ou dominado. O outro pode retornar como ambiguidade indecidível entre o dominante e o dominado, entre o real, o simbólico e o imaginário.

Muito embora possamos acompanhar Lacan e admitir que, no domínio do desejo (político), é impossível dizer até que ponto nossa participação na fantasia do outro compreende uma "relação", não acreditamos que o fracasso das "relações desejáveis" implique – como alternativa ética ao sujeito – o solipsismo gozoso. Mesmo porque, se o gozo se faz ao nível do corpo, porquanto o corpo é inteiramente poroso e aberto ao mundo antropológico e ao mundo impessoal dos hábitos, de forma alguma ele é solitário, de forma alguma ele goza como "um". Melhor, talvez, fosse dizer que ele goze no indeterminado, na impossibilidade da distinção entre o um e o dois. E é exatamente nesse ponto, nesse ponto de indeterminação e ambiguidade que define a porosidade de nossa corporeidade, que acreditamos poder encontrar o cerne de uma posição gestáltica, a qual consiste justamente em assumir, em torno das representações sociais que constituem nossa vida antropológica, mais aquém do domínio de desejos que nos convidam àquilo que não existe (por exemplo, a "relação" política isonômica), a presença de uma alteridade, comumente alijada da esfera de tais representações. Essa alteridade é o outro, o outro em sentido radical. Esse não é mais, ou não ainda, o agente político (*bíos*), o representante do estado de direito e de todas as identidades partilhadas antropologicamente. Não se trata do outro social ao lado do qual experimentamos uma espécie de identificação. Trata-se, antes, da ambiguidade que define o horizonte de indeterminação entre nossos gestos e o dos semelhantes, como se houvesse, entre nós, uma espécie de participação em um mundo comum e insondável: *Gestalt*.

Conforme nossa avaliação, na experiência clínica o analista não pode ignorar que mesmo seu silêncio introduz, quando não uma demanda, ao menos um traço de ambiguidade, cujo efeito é pelo menos a destituição do imaginário de solidão com o qual Lacan se referia ao gozo individual do psicótico em torno de sua própria produção. Por mais que o analisando tente se liberar do analista, ou este se ocupe de não introduzir um S1 para o analisando, a simples presença de um para outro representa o desencadeamento de um horizonte de indeterminação. E, caso possamos dizer que aí alguém goze, trata-se de um gozo em torno de um objeto indeterminado. O clínico, por consequência, não pode ser só um secretário, tampouco apenas um lugar vazio, qual testemunha – mesmo porque as testemunhas sempre introduzem um ponto de vista – menos ainda um intermediário claramente definido (qual representante de uma lei universal).

RETORNO À TEORIA DO SELF E AS CLÍNICAS GESTÁLTICAS DA PSICOSE

Para repensar o lugar do clínico, voltamos à teoria do self de PHG, entendendo-se por ela uma teoria sobre as diferentes dimensões copresentes ao campo psicossocial formado pelo clínico e seus parceiros. Além da dimensão imaginária (ou função personalidade, correspondente ao outro social) e da dimensão simbólica (correspondente à capacidade de individuação introduzida pelos atos diversos, os quais incluem desde nossa motricidade aos significantes que empregamos na comunicação intersubjetiva), a teoria do self procura dar cidadania a essa "condição intersubjetiva inexorável", a que chamam de função *id*, e que corresponde à nossa participação na ambiguidade dos hábitos, os quais se impõem a nós, qual pulsão, sem que possamos delimitar sua gênese ou titularidade, ou até que ponto tais hábitos são nossos ou da comunidade em que estamos insertos. A atenção a essa dimensão pode significar um novo parâmetro para compreendermos o que possa ser uma formação psicótica e, por conseguinte, uma nova elaboração do lugar ético do clínico ante as formações psicóticas.

Irredutível a uma estrutura que a pudesse esclarecer, seja como dois (ou como sujeito significante da precariedade do funcionamento dos significantes em face de outros significantes), seja como um (sujeito de gozo), para PHG (1951) a função *id* é a manifestação íntima de uma alteridade que não podemos reduzir ao eu (simbólico) ou ao outro (imaginário). Embora reconheçam que ela só possa se manifestar a partir de uma demanda estabelecida no campo intersubjetivo social, ou seja, pelo outro social (que nos termos da teoria do self corresponderia à função personalidade), a função *id* não é uma ocorrência que possamos reduzir ao que de singular nos ocorra (como os atos, que introduzem a dimensão simbólica de nossa existência intersubjetiva), ou ao que de público as demandas introduziram. A função *id* é, antes, um fundo impessoal e indeterminado que se apresenta como o rastro de uma história que se perdeu e agora, por conta de sua manifestação desestabilizadora, com o imaginário (função personalidade) que dividimos com o semelhante, exige uma criação (função de ato ou simbólico) que a venha integrar, ainda que tal integração seja apenas presuntiva, como uma dimensão virtual a que chamamos desejo.

Ora, em se tratando das formações psicóticas, a teoria do self especula que, ao contrário do que poderíamos compreender a partir de um discurso lacaniano, os sujeitos (de ato) não operam com as pulsões, ou, em uma linguagem propriamente gestáltica, os sujeitos de ato não operam com a função *id*. A ambiguidade da presença desse outrem ao mesmo tempo íntimo e estrangeiro, por alguma razão que até hoje ninguém pode apurar de modo suficiente, parece não se apresentar. Ou, pelo menos, dele a função de ato (ou registro simbólico) parece não se ocupar. Mas, uma vez que a manifestação de outrem é sempre a ocasião de instauração de uma falta e, por consequência, a oportunidade para a invenção de respostas com valor político-econômico – razão pela qual as demandas sociais por tal dimensão parecem não cessar –, os sujeitos de atos demandados necessitam se posicionar. E se não podem contar com a função *id* demandada podem aos menos contar com a realidade imaginária (função personalidade), a qual reconstroem e desconstroem como se ela pudesse substituir a função *id*. Eis então as formações psicóticas, que são suplências criativas às pulsões (ou hábitos) e aos desejos (ou criações virtuais) demandados no laço social.

À diferença de uma perspectiva psicanalítica, as formações psicóticas não são o indício do fracasso do processo de alienação dos sujeitos ao outro social nem mesmo o indício da incapacidade do sujeito para exercer o poder (de gozar) sobre a alteridade. Em outras palavras, os ajustamentos psicóticos não são indícios de um sujeito em sofrimento psíquico. São antes modos de ajustamento criativo, expressão de uma autonomia possível diante das demandas políticas por isto que faz mover a economia desejante, precisamente, o estranho (função *id*) como desencadeador da falta. O que implica, por fim, que o lugar clínico que possamos aí ocupar não tem que ver com a ideia de um secretário-curador, ou de uma testemunha-curadora. Se algumas vezes podemos ser convidados a ocupar o lugar de secretários ou testemunhas, tal lugar não está marcado pela função do reparo a uma incapacidade, impotência ou impossibilidade. Para a clínica gestáltica, as formações psicóticas não são enfermidades. São formas de vida.

Tal não impede que, com muita frequência, o outro social não tenha disponibilidade para participar das respostas possíveis produzidas pelos sujeitos da psicose. Afinal, à diferença das respostas que se ocupam das pulsões e dos desejos, as respostas psicóticas não têm valor de circulação político-econômica. Em outros termos, elas parecem desinteressantes. Do ponto de vista da economia política desejante, elas podem parecer contraproducentes, daí por que devem ser excluídas. E eis o momento em que os sujeitos das formações psicóticas passam a viver um quadro de sofrimento por conta da exclusão social. O que inaugura outra perspectiva clínica, que não se confunde com o acolhimento às formações psicóticas, mas com a intervenção ético-política perante as formas de exclusão social dos sujeitos para os quais as pulsões e os desejos não constituem objeto de troca social.

3. A psicose no discurso da Gestalt-terapia: experiência como modo de ajustamento

A PROPOSTA ÉTICA DA GESTALT-TERAPIA PARA PENSAR A INTERVENÇÃO NA PSICOSE: O CASO "AVATAR"

NÃO HÁ NA GESTALT-TERAPIA uma "teoria" da psicose que pudesse ser considerada representativa das ideologias dominantes entre os gestalt-terapeutas. Tal ausência – ao mesmo tempo que nos libera do fardo de termos de replicar um grande outro que se chamasse "teoria gestáltica das psicoses" – desperta em nós a aflição por não sabermos, por exemplo, a quem recorrer quando nosso consulente, que se considera um "avatar", personagem replicante inspirada em um filme de mesmo nome[1], desaparece das dependências do Caps em que fora participar de uma oficina terapêutica para se embrenhar entre as ruelas antigas do centro da cidade, para desespero dos familiares que o acompanhavam e não se sentem seguros em deixá-lo só. Será que ele tomou a direção da ponte histórica? Há risco de ele se jogar? Não deveríamos tê-lo internado? Os estabilizadores de humor e os antipsicóticos receitados pelo psiquiatra realmente fazem efeito? Dissemos alguma coisa que aumentou exageradamente sua angústia? Devemos chamar a polícia? E, por fim: "Aqui o doutor és tu: o que pensas que devemos fazer?"

A análise de uma situação como a acima relatada implica muitas nuanças, as quais, mais do que orientações práticas, constituem verdadeiras demandas por prudência. É verdade que não estamos totalmente desamparados: há um histórico de episódios e certo estilo de atuação que nos permitem um cálculo dos riscos que nosso consulente possa infligir a si e a outrem. Há um contrato de corresponsabilidade sobre o consulente que envolve, além dos profissionais, os familiares e os poderes de segurança pública. Por outro lado, há uma série de expectativas, as dos familiares em relação ao nosso trabalho clínico, as nossas sobre a avaliação dos familiares e, talvez, as do próprio consulente, que aproveita o lapso da família para fugir. O que significa que nossa decisão sobre qual intervenção estabelecer exige uma avaliação complexa, sem que, ademais, tenhamos qualquer garantia de resultado: como o consulente reagiria à tentativa de aresto? Suportaria uma internação? Não poderia surtar e, nesse estado, realmente agredir-se ou agredir alguém? Teria ainda autonomia para tomar, nas ruas, o caminho de casa? Voltará à escola de artes marciais de onde foi expulso após começar a dizer coisas "estranhas"? Seria bem recebido pelos antigos mestres? E, não bastassem as demandas dirigidas ao nosso consulente, nós mesmos nos cobramos uma orientação geral para o tratamento: há esperança de que o consulente possa voltar aos estudos preparatórios ao vestibular? Pode a mãe alimentar a esperança de ser, um dia, economicamente sustentada por seu filho? Ele casará, manter-se-á estável nalgum emprego? Poderemos algum dia realmente compreender o que se passa com ele? Ele próprio poderá compreender-se? E tal compreensão faria alguma diferença em sua vida?

Não acreditamos que a Gestalt-terapia tenha respostas para essas questões. Mas ela tem uma proposta ética[2] – também inspirada em Karl Jaspers, como sucedeu a Binswanger e a Lacan, cada qual a seu modo. E, não obstante sua aparente simplicidade, a proposta gestáltica não nos parece menos rigorosa que aquelas até aqui estudadas. Independentemente dos motivos ou propósitos, das causas e efeitos observáveis, os gestalt-terapeutas acreditam que os comportamentos devem poder ser considerados modos de ajustamento criadores. Devem poder ser considerados formas únicas de os sujeitos envolvidos posicionarem-se no mundo natural e no mundo social, o que justificaria, antes mesmo de uma investigação genealógica ou teleológica, uma analítica que pudesse identificar a singularidade dos comportamentos desempenhados. A funcionalidade anatomofisiológica e todas as avaliações sociopolíticas que esse modo de ajustamento mereceria deveriam partir dele, e não impor-se a ele como condição de sua inteligibilidade ou compreensão. É por isso que, aos gestalt-terapeutas, em vez de enquadrar o ajustamento psicótico em um saber prévio ou em um programa disciplinar, importa participar do ajustamento (seja ele qual for), desde que tal participação seja capaz de assegurar ao consulente a autonomia de pelo menos permitir ou excluir a presença do clínico.

Encontramos aqui uma importante orientação ética que, talvez, com o auxílio da teoria do self (que, como vimos, é uma tentativa de compreender os modos possíveis de inserção dos clínicos nos ajustamentos criadores), ajude-nos a pensar nossa prática: antes de entender um episódio psicótico, devemos poder participar dele. Pois é a partir da efetiva participação[3] que "acreditamos" desencadear no consulente e em suas redes sociais formas criativas para lidar com aquilo que estaria a exigir, dele, respostas que, aparentemente, o excluem; o que não significa que a exclusão – quando do interesse do consulente – não seja também ela uma forma criativa que pudesse ser, senão encorajada, ao menos protegida. De todo modo, temos consciência de que essa orientação, como qualquer outra, está fundada em uma crença. No caso da orientação da qual nos ocupamos, a crença consiste em que nos é absolutamente impossível não participar, ou, o que é a mesma coisa, não provocar uma sorte de efeito em nossos consulentes. E a única garantia – se é que podemos falar aqui em garantias – de que nossa crença não é absurda é que mesmo os autistas de Kanner (de quem, em princípio, não esperaríamos nenhuma resposta) reagem à nossa presença. De onde não se segue que acreditemos que essa reação implique algum tipo de entendimento ou comércio translúcido, como se nossas vidas se encontrassem em um ponto comum (qual eu transcendental). O que de melhor podemos dizer a respeito de nossa relação com os consulentes – respondam eles ou não de modo psicótico – é que não sabemos dizer se nos relacionamos ou não. E o nosso desafio – mais do que tomar partido dos psiquiatras fenomenólogos (para os quais, em uma dimensão egológica transcendental, nós nos comunicamos), ou dos psicanalistas lacanianos (segundo quem, tanto no campo dos significantes quanto no campo do gozo, não nos relacionamos de fato) – é assumir a ambiguidade de nossa experiência com o semelhante, na esperança de que, assim como nós, ele possa criar alguma coisa, ainda que se trate de uma criação que não possamos compartilhar.

Essa postura, evidentemente, não é exclusiva dos clínicos gestálticos. Ela vai ao encontro, por exemplo, do modo como Eduarda Mota e Marcus Vinícius de Oliveira Silva (2007, p. 12) ocupam-se de estabelecer uma "clínica psicossocial das psicoses", que deve poder ser entendida como uma "clínica que se faz onde o sujeito vive e habita, em seu domicílio e com a sua 'comunidade': sua família e seus conhecidos, os sócios com os quais ele compartilha sua vida social". Conforme o texto de Silva, "articulando recursos diversos – atenção domiciliar, acompanhamento terapêutico, coletivos de convivência, redes sociais, suporte e assessoria, cuidados à família, projetos, passeios, festas", essa clínica pauta-se por uma regra única, a saber, "intensificar os cuidados humanos, realizando as ofertas compatíveis com as necessidades dos sujeitos, assumindo as responsabilidades através de uma presença intensa e orientada". Trata-se de uma atenção ao sujeito da psicose mais além dos espaços orquestrados por saberes de autoridade (psiquiátrica, psicológica, psicanalítica ou terapêutica). Os clínicos, segundo essa proposta, deveriam poder participar dos diferentes tipos de contratos sociais a partir dos quais os sujeitos produzem respostas supostamente psicóticas.

Daqui não se presuma, entretanto, que defendamos a tese de que a integração social do sujeito vinculado às psicoses deva ser uma espécie de *a priori*. Acreditamos que haja uma diferença entre: 1) participar de um ajustamento criador que possamos considerar psicótico; 2) desejar que o sujeito desse ajustamento seja aceito socialmente; 3) conviver com as muitas nuanças da vida desse sujeito, porquanto ele não se ajusta de modo psicótico o tempo inteiro. Em nenhuma dessas três dimensões pressupomos que a integração social seja uma premissa. Trata-se antes de um recurso por cujo meio podemos autorizar os efeitos singulares do contato com as diferentes formas de apresentação de um sujeito em nossas vidas, efeitos esses que não necessariamente significam integração. Pode ser o caso que o efeito a ser autorizado tenha que ver com o isolamento, por exemplo.

Ademais, o fato de privilegiarmos nossa inserção concreta no campo clínico ampliado não significa desprezo pelas conjecturas teóricas – sobretudo aquelas devotadas à gênese das formações psicóticas. Ao contrário, elas estão providas de muito valor para os nossos propósitos clínicos e podemos integrá-las como "marcos diferenciais", referências críticas a partir das quais os clínicos podem estabelecer uma espécie de cartografia do ajustamento. Por intermédio dessa cartografia, os clínicos podem diferenciar quais construções (quais manifestações comportamentais) escapam ao repertório de formulações já sedimentadas pelos saberes a respeito da psicose, o que é o mesmo que perguntar: quais formulações dão particularidade ao ajuste produzido pelo consulente? Não se trata, por exemplo, de pensar a psicose "a partir da" tese de inspiração fenomenológica, segundo a qual as formações psicóticas seriam modos singulares de os próprios sujeitos empíricos forjarem possibilidades existenciais que, porventura, não pudessem vislumbrar. Ou, então, não se trata de admitir, "conforme a" tese lacaniana para compreender a psicose nos anos 1970, que em cada manifestação psicótica formular-se-ia um modo de gozo único, singular. Ainda que essas "teses" possam ser – e efetivamente estão sendo – consideradas, não se trata de pensar a psicose "a partir delas" e sim de usá-las para entender de que modo podemos participar de um ajustamento psicótico, de usá-las como parâmetros diferenciais, desde os quais possamos estabelecer a crítica de nossa própria inserção e, principalmente, a identificação da singularidade das produções dos consulentes.

E é nesse sentido que as formulações fenomenológicas e psicanalíticas serão aqui reconsideradas do ponto de vista da teoria do self, parâmetro fundamental da clínica gestáltica, sendo necessário frisar que, em nosso entendimento, essa teoria não é um estudo sobre os diferentes ajustamentos criativos, consistindo antes em um estudo sobre as diversas formas de inserção clínica nos diferentes modos de ajustamento. Ela é um estudo sobre essa experiência ética que é a acolhida clínica aos diferentes "outros" – ainda que ela considere-os mais como um problema do que uma definição. Além do mais, em se tratando dos ajustamentos psicóticos, este estudo ainda está por fazer, e a utilização das leituras fenomenológica e lacaniana será de grande valia para a realização deste projeto, cujo horizonte fundamental é a possibilidade de intervir em favor da autonomia de nossos consulentes, como o irreverente "avatar". Quais formulações, portanto, favorecem uma leitura sobre o que se passa em nossa convivência com ele?

HIPÓTESE REITORA EM NOSSA PESQUISA: PSICOSE COMO SUPLÊNCIA A OUTREM

Segundo o que já anunciamos na introdução a esta primeira parte, cremos que as diversas formulações acerca do que seja a experiência com os outros fornecem um parâmetro de grande amplitude para compreender o lugar ético que podemos vir a ocupar nos ajustamentos psicóticos. Afinal, fenomenólogos e lacanianos afirmam, a partir de posições adversárias, que a psicose é uma forma de se posicionar perante o outro, variando em cada uma das escolas, todavia, o entendimento sobre o que seja o outro, ou sobre quais funções ele desempenharia. Acreditamos poder fazer um uso

PSICOSE E SOFRIMENTO

dessas concepções adversárias, de sorte a demarcar aquilo que aprendemos na clínica: diferentemente do que poderiam pensar os fenomenólogos, as formações psicóticas de nosso consulente "Avatar" não parecem ser tentativas de encontrar, na realidade empírica, a unidade transcendental (ou eu transcendental) que lhe valeria compreender o todo de sua vida intencional, a qual, para ele mesmo, apresentar-se-ia como um outro (transcendental). Tampouco parecem ser tentativas de estabelecer, diante dos significantes (sempre empíricos) do outro simbólico-imaginário, um tipo de individuação a que os psicanalistas chamam de gozo. Aparentemente, a dificuldade do nosso "Avatar" consiste na impossibilidade de determinar até que ponto o que se exige dele tem que ver com algo individual ou diz respeito à participação nas expectativas de seus familiares. É como se os significantes empregados na linguagem cotidiana exigissem dele a presença em um plano ao mesmo tempo concreto e virtual, que não é exclusivamente social nem individual – e a que decidimos chamar de outrem transcendental, tendo em vista que, ao mesmo tempo que é exigido na realidade simbólica-imaginária, nela não se deixa esclarecer[4]. As formações psicóticas parecem querer substituir esse outrem transcendental que em seus cotidianos simbólico-imaginários os sujeitos psicóticos têm dificuldade de viver.

Como vimos, para a tradição psiquiátrica fenomenológica as construções psicóticas são suplências à ausência ou à fragmentação do eu transcendental. Nessas formações – alucinatórias ou delirantes –, os sujeitos empíricos operariam como se eles devessem responder a uma exigência transcendental, que é a da inserção no mundo das ligações intencionais entre o passado e o futuro, não obstante ignorarem como fazê-lo. Essas formações seriam assim suplências de resposta, tentativas dos sujeitos empíricos para estabelecer a unidade temporal que não conseguem sentir. E a questão que dirigimos aos psiquiatras fenomenólogos referia-se ao que propriamente exigiria a produção dessas suplências. Aparentemente, para esses psiquiatras, tudo se passaria como se essas respostas fossem uma autoexigência dos sujeitos empíricos. Ou, então, elas seriam uma decorrência da inserção dos sujeitos no fluxo temporal que caracteriza a vida intencional. Em nossa experiência clínica, contudo, não nos parece evidente que os consulentes se ponham tal exigência ou que se trate de uma exigência espontânea da própria condição intencional que os caracteriza. Ao contrário, se nós podemos admitir que, em alguma medida, as formações psicóticas parecem mimetizar uma dimensão ausente ou desarticulada, também é verdade que elas não começam antes que surja na vida desses sujeitos o semelhante (como representante do outro social). De sorte que, muito mais do que um fato singular e desvinculado do entorno, essas formações parecem maneiras de lidar com as expectativas sociais, com as exigências das pessoas, o que também inclui o clínico.

Isso não significa, para nós, uma prévia autorização ao discurso da psicanálise. Por ocasião de sua elaboração, a teoria do self reconheceu no legado da psicanálise freudiana e parafreudiana uma das suas mais importantes referências, porém se serviu delas de modo muito peculiar. Tendo assimilado a lição de Freud de que não há verdadeira satisfação no campo das verdades estabelecidas pela cultura, a teoria do self nivelou-se (mesmo sem pretendê-lo) às elaborações da primeira clínica lacaniana: em face do grande outro gozador não há salvação. Mas isso não quer dizer que tivesse aderido à compreensão estrutural, segundo a qual, para se defender desse grande outro, teríamos a necessidade de um pai, ou melhor, de um significante Nome-do-Pai que, de maneira universal, nos permitiria atravessar o engodo das demandas por alienação imaginária nos ideais de satisfação. Não. Para a teoria do self não se trata de renegar o grande outro (entendido como outro social), tampouco de se sujeitar a ele. Trata-se de criar ou, conforme a linguagem própria da Gestalt-terapia, fazer contato.

E alguém poderia aqui ver o contato como um equivalente gestáltico da experiência do um, do S1 como letra, nos termos da segunda clínica lacaniana. Tal seria um grande equívoco. Pois, para a teoria do self, a criação não é nem a adaptação com relação ao grande outro (primeira clínica lacaniana) nem a indiferença perante o grande outro em proveito da vivência de gozo solitário no um (segunda clínica). Nem o grande outro nem o um de gozo. Trata-se, em verdade, de uma aposta na ambiguidade. O contato é poder criar neste ínterim que não é nem o grande outro nem o um. Nem a relação (falida) a dois nem o gozo um a despeito do outro. Apenas o intervalo, o escoamento entre o que não se detém como alteridade nem como identidade. Aqui é o momento de resgatar a noção de palavra-princípio de Buber, ou a noção merleau-pontyana de ambiguidade para caracterizar o contato como o fluir pelo indeterminado[5]. Contatar é poder acreditar em algo que se anuncia a partir do que não se sabe ao certo a quem pertence ou de onde provém, tal qual hábito linguageiro ou motor. Contatar é viver a ambiguidade de uma relação de campo. É participar desse estranho, insuficiente para nos assegurar uma identidade ou uma alteridade. É sentir e fazer algo com o outrem, esse fundo de hábitos que, qual excitamento, exige repetição.

E eis então uma nova base para pensar a psicose, a qual não seria uma impossibilidade de viver o eu transcendental (que assim se apresentaria como outro transcendental) nem uma impossibilidade de uma individuação radical (com respeito ao grande outro). Se em algum momento a psicose pode se parecer com uma dessas alternativas, é porque estamos diante de dois indícios diferentes de uma mesma falência: a falência das relações simbólico-imaginárias ou empírico-transcendentais por cujo meio poderíamos viver a ambiguidade entre nós e nossos semelhantes (ambos definidos como versões do outro social). Mais que ao fracasso da espontaneidade unificada (fenomenologia), mais que ao fracasso da lei de regulação das relações simbólico-imaginárias (primeira clínica lacaniana), ou à solidão do gozo no um (segunda clínica lacaniana), é à ambiguidade (realidade/virtualidade) da situação de contato entre o eu e o semelhante que nossa prática clínica parece nos conduzir – ambiguidade a que denominamos de outrem transcendental. E isso é o mesmo que dizer que está na presença ou ausência do ambíguo (entendido como outrem transcendental entre nós e nossos semelhantes) o parâmetro segundo o qual podemos compreender o que exigiria de nós comportamentos psicóticos. A psicose é uma criação perante a impossibilidade de viver a ambiguidade entre o eu e o semelhante, é uma criação diante da impossibilidade de fazer contato.

Ora, segundo a teoria do self, a ambiguidade realidade/virtualidade (entre o eu e o semelhante) é uma forma de designar esta importante dimensão do campo relacional que PHG denominam de função *id* (ou *isso* da situação); o que vale dizer que o outrem transcendental entre o eu e o semelhante é, em verdade, a função *id*. E a psicose, portanto, uma dificuldade de viver a função *id* (exigida pelos interlocutores na atualidade da situação de contato).

É preciso – e voltamos a insistir nesse ponto – não confundir o outrem (como função *id*) com a falência do eu transcendental (que os psiquiatras fenomenólogos chamam de outro transcendental). Se é verdade que – para pensar a função *id* como esse domínio de ambiguidade que estamos chamando de outrem transcendental – PHG se ocupam das mesmas teses husserlianas com base nas quais Binswanger, muito especialmente, pensou o passado e o futuro vividos como dimensões do eu transcendental, também é verdade que, para aqueles, as dimensões temporais jamais foram pensadas como sínteses egológicas. Trata-se antes de um conjunto de operações espontâneas e cegas para si mesmas que incluem, por um lado, o repertório de hábitos motores e linguageiros que restaram como formas disponíveis, e, por outro, a presença deles nas produções que, a partir da atualidade, descortinam um horizonte de futuro (ou desejo). Ainda assim, PHG parecem simpatizar com a tese fenomenológica de que nas psicoses o transcendental poderia estar comprometido. O que significa dizer que outrem – e não o eu transcendental – poderia estar ausente ou aparecer excessivamente. Ora, como a literatura gestáltica apresenta essa relação entre a psicose e a ausência ou excesso da função *id*?

INDÍCIOS DE NOSSA HIPÓTESE NA "LITERATURA DE BASE" DA GESTALT-TERAPIA

No prefácio à edição da *Knox* Publishing *Company* da obra *Ego, fome e agressão*, Perls (1942, p. 32) anunciava que, naquele "presente momento", estava "envolvido em um trabalho de pesquisa sobre o mal funcionamento do fenômeno figura-fundo nas psicoses em geral e na estrutura da esquizofrenia em particular". Mais do que sua relevância clínica, a pesquisa veiculava uma hipótese que dava continuidade às intuições de Perls quanto aos ajustamentos neuróticos, segundo a qual todo ajustamento é um fenômeno figura-fundo e, assim, a "psicopatologia" é tão somente um mau funcionamento desse fenômeno. O que, de alguma maneira, nos coloca na direção do modo como a psiquiatria fenomenológica compreendia a psicose; afinal, o fenômeno figura-fundo é apenas uma forma de designar a atividade transcendental de ligação entre o passado e o futuro vividos. O tratamento dispensado à noção de fenômeno figura-fundo, contudo, desencoraja essa hipótese, uma vez que, diferentemente da perspectiva fenomenológica, Perls vincula a figura às necessidades e demandas da atualidade empírica dos sujeitos. E, como se Perls soubesse de antemão que não poderia dar cabo desse projeto, afirmava também (1942, p. 32): "Ainda é cedo demais para dizer quais serão os resultados; parece que vai resultar em alguma coisa". E até os dias de hoje estamos no aguardo desses resultados que, entretanto, nunca se fizeram conhecer.

Alguns anos mais tarde, pela pena de Paul Goodman, Perls e seus companheiros de fundação da Gestalt-terapia (1951, p. 235) afirmaram, em trecho que tratava da "neurose como perda das funções de ego", que: "Como distúrbio da função de *self*, a neurose encontra-se a meio caminho entre o distúrbio do *self* espontâneo, que é a aflição, e o distúrbio das funções de id, que é a psicose". Ainda para eles, a psicose pode ser entendida como "a aniquilação de parte da concretude da experiência; por exemplo, as excitações perceptivas ou proprioceptivas. Na medida em que há alguma integração, o *self* preenche a experiência: ou está degradado por completo ou incomensuravelmente grandioso, o objeto de uma conspiração total, etc.". A psicose parece aqui associada, por um viés, à ausência ou desarticulação de uma função transcendental da experiência, a função *id*; e, por outro, a uma produtividade que se estabeleceria no campo empírico. Essas associações mais uma vez baralham o empírico e o transcendental, dando mostras de uma forma peculiar de articular a fenomenologia e a prática analítica. Com certeza, a passagem mais aprofundada escrita por Perls e seus companheiros sobre a psicose, mas lacônica demais para orientar, por exemplo, uma prática clínica.

Já no livro *Gestalt-terapia explicada*, Perls (1969, p. 173-5) escreve:

> Tenho muito pouco, ainda, a dizer sobre a psicose. [...] O psicótico tem uma camada de morte muito grande, e esta zona morta não consegue ser alimentada pela força vital. Uma coisa que sabemos ao certo é que a energia vital, energia biológica [...], torna-se incontrolável no caso da psicose. [...] o psicótico nem mesmo tenta lidar com as frustrações; ele simplesmente nega as frustrações e se comporta como se elas não existissem.

Tudo se passa como se, no enfrentamento das demandas do cotidiano, que incluem tanto as necessidades biológicas quanto os pedidos formulados no laço social, o "psicótico" se visse desprovido daquela camada de excitamentos (também denominada de função *id*) a partir da qual ele poderia operar com seu próprio corpo ou responder aos apelos sociais, sinalizando-nos para o entendimento de que, para Perls, a psicose poderia ser um ajustamento em que, mais do que nos deixar conduzir pelos excitamentos ante as possibilidades abertas pelos dados na fronteira de contato, vivemos uma tentativa de preenchimento ou controle ativo do próprio fundo de excitamentos (função *id* ou isso da situação) que, no dizer desse autor, apresenta-se como uma "camada de morte". Em decorrência dessa camada de morte, o contato assumiria uma característica muito peculiar, como se não houvesse, para o sujeito da experiência, senão um fundo, ao menos uma orientação intencional a partir do fundo (que assegurasse a eleição de uma figura como horizonte de desejo). Ora, mas até que ponto podemos admitir que a origem da psicose tem relação com a ausência ou desarticulação da camada de excitamentos? Até que ponto podemos admitir que as respostas psicóticas são elas mesmas ajustamentos criadores?

FORMULAÇÃO DA HIPÓTESE SOBRE A GÊNESE DOS COMPORTAMENTOS PSICÓTICOS SEGUNDO A TEORIA DO SELF: COMPROMETIMENTO DA FUNÇÃO *ID*

DIZER QUE A AUSÊNCIA – ou o excesso – da função *id* nos atos sociais poderia explicar por que esses atos produziriam respostas psicóticas não é ainda uma conclusão, apenas uma hipótese psicodinâmica cuja função é fornecer um marco diferencial a partir do qual os clínicos possam distinguir o que de inédito possa estar acontecendo. Ademais, para autorizá-la, temos de esclarecer os possíveis empregos que os autores deram a expressões como "concretude da experiência", "função *id*", "mal funcionamento do fenômeno figura-fundo", entre outras. Nessa direção, com o objetivo de primeiramente especular sobre quais motivos exigiriam respostas psicóticas, propomos a seguinte questão norteadora: o que PHG querem dizer quando se referem à aniquilação de parte da concretude da experiência? Conforme se pode perceber por essa pergunta, nosso trabalho toma partido das formulações sugeridas na obra *Gestalt-terapia* (1951). Ele consiste, por conseguinte, em uma tentativa de aprofundamento das "pistas" legadas pelos fundadores da Gestalt-terapia no sentido de pensar a psicose à luz dos parâmetros clínicos fornecidos pela teoria do self, o que requer ampliar os rudimentos fornecidos por essa teoria, especialmente a maneira fenomenológica como ela trata os fenômenos.

Disso não sucede que defendamos a incorporação das noções com as quais os psiquiatras fenomenólogos tentaram especular sobre a gênese das psicoses. Afinal, não podemos desconsiderar que a teoria do self, apesar de inspirada no formato estabelecido por Husserl (1913), critica o projeto fenomenológico de redução dos fenômenos à evidência das essências que neles se manifestam. Por outras palavras, se é verdade que a teoria do self almeja as essências que se manifestam nos diversos atos compartilhados pelos corpos no mundo social, isso não significa que ela tenha assumido como programa de pesquisa o esclarecimento dessas essências como unidades de sentido transparentes. Para PHG interessa o acolhimento ético das essências que surgem como alteridade, manifestação inapreensível do outro no contexto clínico.

No caso específico da clínica que aqui nos interessa mais de perto, mesmo que possamos simpatizar com a hipótese fenomenológica de que, nas psicoses, as essências parecem "não se doar", ou se doar apenas de modo "fragmentado", da perspectiva da teoria do self nosso olhar não está regido pela pretensão de restabelecimento dessas essências como unidades de sentido transparentes, como se, por exemplo, nosso consulente avatar, em algum momento de seu processo clínico, pudesse "compreender" claramente quais possibilidades existenciais lhe facultariam elaborar a ausência do pai. Até porque a demarcação de todas as essências envolvidas parece algo impossível: até que ponto a elaboração em torno da ausência do pai é uma motivação transcendental que o nosso consulente reconhece como sua? Ela não poderia estar relacionada ao modo como a doença da mãe o atingiria, de sorte que o desamparo talvez fosse antes da mãe do que de nosso consulente? Aquela elaboração não seria talvez o efeito de determinado estilo de interpretar que nós clínicos repetiríamos na expectativa de lograr uma solução para as demandas dos familiares, ou a confirmação de nossas teorias? De modo que mais prudente, talvez, fosse dizer que as elaborações são todas tentativas de habitar essa região indecidível entre o eu e o grande outro. Se elas dizem respeito às essências, então devemos concluir que, talvez, as essências sejam versões pelas quais não podemos decidir. Elas talvez sejam o indecidível entre o eu e o semelhante. Eis em que sentido, para PHG, as essências devem poder ser compreendidas como uma espécie de espontaneidade inacessível, cuja doação não implica qualquer tipo de transparência. O que não envolve, para eles, subscrever a tese sartriana (Sartre, 1942, p. 20), segundo a qual, aquém da aparição das essências como fenômeno de ser, haveria o inacessível como aquilo que asseguraria à série de aparições (das essências) unidade ontológica. Afinal, para o interesse clínico, as essências não se apresentam como questão ontológica e tampouco a exigem. Mais ao estilo de Merleau-Ponty (1945, p. 487), poderíamos dizer que – em vez de aparições transfenomênicas uníssonas e tributárias de uma transcendência inequívoca que as fundamentaria – elas são manifestações da ambiguidade fundamental de nossa vida temporal, o que inclui não apenas a temática da origem de cada essência, mas também os limites dentro dos quais podemos distingui-las entre si e relativamente a cada ato que delas se ocupa. Motivo porque, após uma leitura merleau-pontyana de PHG, podemos dizer que as essências se manifestam, elas se manifestam como outro, como outrem.

E, se por um lado essa apresentação da noção de "essência" (como domínio de ambiguidade empírico/virtual entre o eu e o semelhante) nos obriga a abandonar a pretensão fenomenológica de uma apresentação translúcida dos fundamentos da ciência, ela ao menos nos fornece um critério diferencial de muita relevância para o contexto clínico. Afinal, ao se dizer um avatar, nosso consulente "parece querer" decidir, no mínimo, afastar-se de todo tipo de essência, de todo tipo de discussão ambígua sobre os fatos que o vinculam aos semelhantes. Ou, pelo menos, ele dá mostras de que se sente mais seguro mantendo certa distância em relação às hipóteses que os familiares e amigos levantam para explicar o que se passa com ele. É como se, na "pele" de um avatar, nenhuma das elaborações (ou, conforme estamos dizendo, nenhuma das essências) o atingisse verdadeiramente. De onde então nos arriscamos a inferir, apoiados no que já lemos sobre a psiquiatria fenomenológica e as clínicas lacanianas, que o delírio "fixaria" nosso consulente em um ponto de "certeza impenetrável", como se nenhuma essência (ou ambiguidade) agora o pudesse atingir. Por outras palavras, a impressão que temos – e que vai ao encontro da hipótese de PHG – é de que nosso "avatar" se fixa em uma imagem para não precisar se ocupar da função *id* (domínio das essências que emergem como ambiguidade na experiência do contato). Mas o que exatamente PHG entendem por função *id*[6]? Por que, dela, nosso consulente precisa afastar-se?

Como já mostramos noutros lugares (Müller-Granzotto e Müller-Granzotto, 2007), a função *id*, por um lado, é a prévia disponibilidade – para nossos atos – dos hábitos motores e linguageiros. Porquanto não podemos dizer, com precisão, a origem desses hábitos, eles constituem para nós um fundo impessoal. Por outro ângulo, a função *id* diz respeito à síntese passiva entre esses hábitos e nossa atualidade, o que quer dizer que a função *id* é a repetição dos hábitos motores e linguageiros sem nossa atualidade como uma sorte de excitamento. Em ambas as perspectivas, *id* significa a "impossibilidade" de eu me desligar do mundo, a manifestação "invisível" do mundo em mim, a "generalidade" de minha inserção na vida dos semelhantes e das coisas, a "ambiguidade" permanente de minha existência. Mas, também, *id* significa o efeito dos excitamentos em nossa vida atual, especificamente os sentimentos incipientes (ou afetos). Em síntese, trata-se daquilo que PHG (1951, p. 235) denominaram de "concretude de nossa experiência".

Para nossos propósitos atuais – os quais têm que ver com aprofundar a pista legada por PHG a respeito da possível ligação entre o funcionamento da função *id* e a produção de respostas psicóticas –, interessa destacar estas duas operações intencionais fundamentais implícitas à função *id*, que são a prévia disponibilidade dos hábitos retidos e a síntese passiva entre estes e nossa atualidade. Para dizer algo mais sobre a prévia disponibilidade dos hábitos retidos, vale lembrar que a retenção não é diferente da assimilação de parte da experiência de contato, precisamente daquela parte denominada de "forma". Como hábitos assimilados, as formas não têm um autor que possamos delimitar – embora possamos fazer muitas fantasias com o objetivo de nos representar uma titularidade. Afinal, como elas são resultantes das experiências de contato anteriores, e tendo em vista serem elas sociais, não podemos determinar com exatidão de qual ato elas são o resto. Ainda assim, as formas deixam-se fixar como um padrão motor, sensitivo ou de articulação verbal, o que não deve nos levar a confundir as formas com registros individuais, como se fossem algum tipo de representação (judicativa, imagética, de memória, enfim, psíquica). As formas não são representações. São expedientes motores e linguageiros relativos a uma situação de campo, pertencentes a essa situação, que se disponibilizam a nós nesse campo apenas na medida em que nele nos situamos.

Já a síntese ou repetição das formas retidas ante os atos da realidade atual envolve uma condição especial, a saber, que na atualidade da situação haja um dado, alguém ou alguma coisa capaz de produzir uma demanda por repetição, o que não quer dizer que essa demanda seja condição suficiente para que uma forma se repita. Afinal, que um olhar procure, no corpo do interlocutor, algum sinal de intimidade, isso não é garantia de que este vá contrair a musculatura. Apesar disso, a ação de contração muscular – aqui apresentada como um exemplo de hábito ou excitamento motor disponível – não se repetiria caso não houvesse, na atualidade da situação vivida pelos envolvidos, uma demanda que ultrapassasse os conteúdos semânticos e os cerimoniais sociais que pudessem estar compartilhando[7].

E, de acordo com nosso entendimento, quando PHG (1951, p. 235) afirmam ser a psicose a "aniquilação de parte da concretude da experiência", é ao comprometimento das operações elementares da função de *id* que eles se referem. Ora, com o objetivo de compreender o que se passa em uma sessão terapêutica na qual não nos sentimos mobilizados por excitamentos, poderíamos dizer que, possivelmente, não obstante nossa demanda por tais excitamentos, os atos sociais que compartilhamos:

- Ou não podem contar com as formas habituais retidas nas vivências de contato anteriores;
- Ou as recebem em abundância, de sorte a não lograr uma orientação intencional dominante que lhes indicasse um objeto de desejo entre outros.

Tudo se passa como se o consulente, por alguma "causa" que não nos interessa no momento do atendimento esclarecer, não pudesse encontrar, para as questões que nós (como clínicos) lhe dirigimos, os excitamentos que as pudessem responder. Ou, então, mesmo que nossas demandas desencadeassem, para ele, uma série de excitamentos, é como se ele não pudesse suportar a ambiguidade provocada pela abundância deles. Por esse motivo, em ambos os casos o consulente ver-se-ia obrigado a fixar-se em algum dado de realidade (em algum ato, demanda ou valor da ordem da função personalidade), como se, dessa forma, ele pudesse suportar a angústia de não encontrar um lugar nessa dimensão transcendental que é a presença ambígua dos excitamentos (*awareness* sensorial, segundo a linguagem própria da Gestalt-terapia). De onde se depreenderia a constatação de PHG (1951, p. 34), segundo a qual, nos comportamentos psicóticos, observamos um tipo de *"rigidez (fixação)"*.

Quanto à referência que fizemos à abundância de excitamentos como possível motivo para a fixação psicótica na realidade, nós precisamos esclarecer o que queremos dizer quando afirmamos que tal abundância gera uma angústia vivida como "falta de orientação intencional dominante" que facultasse a uma função de ato "escolher uma fantasia (ou objeto de desejo) dentre outras". Afinal, essa alternativa supõe que, a partir dos excitamentos, as funções de ato escolhem objetos de desejo. Mas, nesse caso, o que diferenciaria os objetos de desejo dos objetos da realidade, ante os quais, em decorrência do excesso de excitamentos, a função de ato se defenderia? Ainda que não possamos dizer tratar-se de um objeto determinado (tal qual *noema*, para a fenomenologia), os desejos articulados a partir dos excitamentos são um tipo de objeto. O que os caracteriza – e os distingue dos objetos da realidade – é que eles não têm um conteúdo semântico que pudéssemos, por exemplo, explicar, daí por que, ao nos referirmos a eles (no campo da realidade), o fazermos com base em um objeto da realidade, como se este pudesse ilustrar aquele, embora isso seja impossível. Nesse sentido, por vezes tentamos explicar a alguém os "motivos" pelos quais gostamos tanto de determinada paisagem. A paisagem é um objeto da realidade, formulado como um valor semântico perante o outro social. Mas os "motivos" pelos quais gostamos dela nunca se deixam dizer exatamente. Eles correspondem aos objetos do desejo, que são uma articulação de excitamentos, o que é o mesmo que dizer tratar-se de um objeto ambíguo. Se esses excitamentos faltarem, ou se apresentarem em excesso, é no entanto possível que a função de ato não vislumbre objetos de desejo. A angústia é a ausência desses objetos, de onde inferimos que a fixação nos objetos da realidade possa ser um tipo de defesa contra a angústia, defesa essa a que denominamos de psicótica. De todo modo, vale frisar mais uma vez essa importante distinção que fazemos entre um objeto de desejo (eminentemente incerto) e um objeto fixado na realidade (e, portanto, da ordem da certeza). Enquanto o primeiro diz respeito à nossa capacidade para nos deixar levar por um excitamento e, nesse sentido, pela ambiguidade que estejamos vivendo em face das demandas de nosso semelhante, a fixação na realidade é um comportamento que procura simular na realidade o excitamento que porventura falte (caso em que temos a alucinação), ou o objeto de desejo que o excesso de excitamentos inviabiliza (caso em que temos o delírio, tal qual o do consulente avatar).

Não é ainda nosso objetivo aprofundar a discussão sobre as formações psicóticas. Apenas especular sobre o que haveria de exigir tais respostas. E, do ponto de vista da gênese dos comportamentos psicóticos, acreditamos haver ampliado a compreensão de PHG, para os quais os comportamentos psicóticos estão relacionados a um comprometimento da função *id*. Entendida como uma função de campo (e não como característica dos indivíduos tomados como personalidades), a função *id* diz respeito à disponibilidade e à mobilização do fundo de excitamentos, que, por não poder ser atribuído a alguém especificamente, foi por nós denominado de outrem. Nossa hipótese é a de que as psicoses são respostas sociais à ausência ou à presença excessiva do outrem revelado (ou não) a partir das demandas dos semelhantes. Essa ausência ou esse excesso desencadeariam, nas funções de ato demandadas, uma angústia, o que exigiria delas um tipo de fixação na realidade a que chamamos de psicose. A gênese dessa *"rigidez (fixação)"* (PHG, 1951, p. 34) – por conseguinte – não tem que ver com a impossibilidade de viver um eu transcendental (conforme a psiquiatria fenomenológica), nem com a ausência de um defensor ante as demandas alheias (como pensava Lacan na década de 1950), tampouco com a desarticulação entre os atos que nos permitiriam produzir um sintoma (segundo o Lacan de 1970). Talvez ela englobe todos esses motivos. Ou, em nossa preferência, psicose é uma resposta social às demandas por excitamento em ocasiões em que eles não vêm ou vêm em excesso.

BREVE COMENTÁRIO SOBRE A QUESTÃO DAS "CAUSAS"

A HIPÓTESE QUE ACIMA apresentamos acerca da possível gênese dos ajustamentos associados à psicose não deve ser, todavia, confundida com uma especulação sobre as "causas naturais" de uma "patologia" denominada psicose. Nossa hipótese tem uma aplicabilidade restrita, destinando-se tão somente a conjecturar, para determinada situação de campo, especificamente clínica, quais elementos ausentes ou presentes estariam a exigir, dos sujeitos (ou atos) envolvidos, respostas que pudéssemos considerar psicóticas. Logo, a gênese que propomos não se pretende uma explicação universal e definitiva que, enfim, esclarecesse por que alguém pode ser considerado louco. Ao contrário, trata-se apenas de mostrar que, em experiências nas quais respostas delirantes ou alucinatórias são produzidas, percebemos a ausência ou a presença ostensiva de excitamentos – o que não significa que em outros contextos as mesmas pessoas não produzam respostas diferentes, ou que para elas excitamentos apareçam ou não se façam sentir tão ostensivamente. Vale lembrar o que já dissemos antes: para a Gestalt-terapia, os ajustamentos não devem ser considerados atributos ou leituras dos atributos das pessoas. Os ajustamentos são laços sociais, e o nosso interesse clínico por eles tem relação com as diversas facetas dos "outros", as quais são demandadas, mas não necessariamente vividas pelos sujeitos envolvidos.

Dessa forma, não obstante podermos aproveitá-las em nossas intervenções, as especulações sobre as causas naturais (diretamente relacionadas à biografia ou à constituição anatomofisiológica dos sujeitos em quem supomos uma psicose) não têm se mostrado relevantes para nossos propósitos clínicos. E não se trata aqui de reproduzir a posição do psiquiatra fenomenólogo, para quem os dados empíricos quase nenhuma relevância têm para a compreensão das formações psicóticas. Há de se perceber a diferença entre as demandas empíricas por excitamento e as especulações desvinculadas dos acontecimentos ou episódios psicóticos que estiverem acontecendo na atualidade da situação, como por exemplo a existência ou não de outros casos de psicose na família, a ocorrência ou não de acidentes pré-natais ou puerperais envolvendo nosso consulente, a presença ou não de anomalias bioquímicas como a galactosemia ou fenilcetonúria, a caracterização ou não de distúrbios endócrinos, como o hipertireoidismo congênito, a possibilidade de anomalias cromossômicas, como a trissomia do 21 ou a trissomia do 18, a ingestão sistemática ou não de determinadas substâncias, a presença ou não de um vírus que tivesse ultrapassado a barreira hematoencefálica e assim por diante.

Evidentemente, a pouca relevância das especulações sobre as causas naturais da psicose para o contexto clínico gestáltico não significa que não reconheçamos a importância das pesquisas que tentam mapear, por exemplo, quais transmissões nervosas poderiam estar comprometidas ou subutilizadas por ocasião de um delírio. A descoberta de fatores genéticos[8] e psicossociais envolvidos na deflagração de um comportamento psicótico, bem como o mapeamento de possíveis circuitos nervosos relacionados à perda da autonomia psicossocial dos sujeitos podem, no futuro, ajudar a produzir uma espécie de terapia definitiva. Mas, para o interesse clínico daquele que precisa lidar com comportamentos psicóticos no momento em que estes estiverem acontecendo, pouca ou nenhuma utilidade há em saber se a transmissão dopaminérgica ou serotoninérgica está alterada ou não.

Alguém poderia aqui protestar e dizer que a ação dos medicamentos sobre as transmissões nervosas exerce, sim, uma grande influência no modo de reagir de quem quer que seja. O que é absolutamente verdadeiro. A abundância ou escassez de substâncias endógenas ou administradas na forma de medicamentos altera significativamente, às vezes de uma maneira previsível, outras de maneira imprevisível, o modo como nossos consulentes podem enfrentar determinada demanda (por excitamento ou por inteligência social) a eles dirigida. É por isso que julgamos apropriado o uso de substâncias, sobretudo quando acompanhadas do consentimento dos próprios consulentes. A utilização de ferramentas como a eletroconvulsoterapia, por sua vez, é para nós muito problemática. Alimentados por uma bateria implantada na clavícula dos pacientes, eletrodos inibem o potencial de ação de regiões neuronais associadas a certas reações musculoesqueléticas, sobretudo em quadros degenerativos (como na síndrome de Parkinson). Já em seu uso para inibição de formações psicóticas ostensivas ou surtadas, os resultados e os motivos são altamente questionáveis: faz-se isso em favor do sujeito ou do conforto negligente de quem não quer se responsabilizar por seu papel nas respostas psicóticas produzidas por determinado sujeito? O certo é que a eletroconvulsoterapia e as medicações não têm o poder de agir sobre a disponibilidade ou indisponibilidade de excitamentos, dado que estes não são atributos dos atos (sejam eles movimentos, sinapses, órgãos, tecidos, células etc.), mas formas de interação social que se impõem ao nosso corpo de atos, qual outrem sobre quem não temos controle, porquanto é ele que se infiltra em nossos comportamentos, mesmo quando nosso corpo está anestesiado. Os medicamentos também não têm o poder de fazer cessar ou alterar as demandas sociais que, a partir do grande outro, exigem aqueles excitamentos. De modo que, ainda que os medicamentos constituam – quando bem administrados – poderosos aliados em favor da ampliação da autonomia dos sujeitos associados à psicose, eles são incapazes de controlar o outro social (de onde partem as demandas por excitamento), assim como o outrem (visado por aquelas demandas), mesmo porque este não necessariamente responde àquelas, como sucede acontecer na psicose, segundo nossa hipótese. Em outras palavras: se os excitamentos vêm em excesso ou não vêm ao nosso consulente, tal não tem relação com uma limitação anatomofisiológica. Pois eles são transcendentais, da ordem do outrem. Enfim, a meta do clínico gestáltico – que acompanha alguém que esteja se comportando de modo psicótico – consiste em validar a ação criadora que esse indivíduo é capaz de produzir a partir de seu próprio discurso, de nossas hipóteses clínicas, ou dos tratamentos anatomofisiológicos a que esteja submetido.

HIPÓTESE SOBRE O ESTILO DOS COMPORTAMENTOS PSICÓTICOS: AJUSTAMENTOS DE BUSCA

SE ANTES PRODUZIMOS, com base nas exíguas referências da teoria do self às psicoses, uma hipótese sobre o que exigiria um comportamento psicótico, chegou o momento de formularmos, mais uma vez apoiados nessa teoria, uma hipótese sobre o que seriam as respostas psicóticas. Como já dissemos em outras ocasiões (Müller--Granzotto, M. J., 2010a, e Müller-Granzotto e Müller-Granzotto, 2007, 2008, 2009a e 2009b), em decorrência da orientação ética que assumimos, nosso desafio é reconhecer, nas respostas psicóticas, ajustamentos criadores. Mas qual a criação específica dessas respostas? Em que medida ela está articulada à forma como concebemos hipoteticamente os motivos que a exigiriam?

Se vamos considerar os comportamentos psicóticos modos de ajustamento, inevitavelmente temos de reconhecer, para eles, a presença daquela função que, no sistema self, designa o poder de criação, a saber, a função de ato. Conforme PHG, a função de ato define-se pelas ações que eu e meu consulente desempenhamos no contexto clínico de maneira irrefletida, o que também significa dizer de maneira inconsciente. A função de ato, por um lado, é nossa passividade àquilo que se impõe no campo como outrem (fundo de hábitos ou excitamentos). Mas a função de ato também é ativa, pois introduz, a partir dos hábitos disponíveis no laço social, fantasias sobre a possível origem e os possíveis efeitos desses hábitos.

E, a partir da hipótese que nós elaboramos para pensar a gênese dos comportamentos psicóticos, às vezes pode acontecer de os hábitos não se apresentarem, como se o outrem se ausentasse. Mas também pode ocorrer de eles se apresentarem em abundância e com uma intensidade tal que a função de ato não poderia se deixar orientar por nenhum deles especificamente. E eis então – seja em um caso ou em outro – o que justificaria o aparecimento dos comportamentos psicóticos. Estes, segundo a hipótese que agora formulamos, seriam ajustes criadores em que a função de ato, uma vez demandada a operar com excitamentos, fixar-se-ia na realidade empírica, a fim de que esta pudesse substituir:

- o fundo de vivências retidas que, espontaneamente, a função *id* não ofereceu ou não pôde articular como base para os processos de contato; ou
- o horizonte de fantasias (ou objetos de desejo) que, por conta do excesso de excitamentos fornecidos pela função *id*, a função de ato não pôde produzir.

Ou, então, a psicose poderia ser um ajuste em que, em vez de responder às demandas (por excitamento) criando objetos capacitados a prospectar, mais além da realidade social, um horizonte de virtualidade (para os excitamentos que tivessem se manifestado), a função de ato procuraria:

- preencher de maneira alucinatória, utilizando para isso os dados na fronteira de contato, o próprio fundo (função *id*) que, no dizer de Perls, apresentou-se como uma "camada de morte"; ou

- empreender o controle ativo sobre os excitamentos por meio da utilização delirante dos dados na fronteira de contato, como se estes fossem eles próprios a virtualidade (ou, o que é a mesma coisa, o desejo).

Em ambos os casos, é como se a função de ato "buscasse", na realidade empírica, um substituto aos excitamentos – ou porque eles não se apresentaram ou porque se apresentaram de um modo tal que a função de ato não pôde escolher nenhum. Por conta disso, a função de ato operaria diversos ajustamentos distintos entre si em decorrência do excesso ou da escassez de excitamentos demandados no laço social (fronteira de contato). E a questão que nos ocorre agora fazer é: em que medida essas ações vão ao encontro daqueles expedientes por cujo meio, segundo PHG (1951, p. 235), o self "preenche" a experiência, constitui um objeto de conspiração total, se "degrada" ou se "engrandece" incomensuravelmente? Trata-se de uma referência aos quadros clássicos da esquizofrenia, da paranoia, da melancolia e da identificação positiva?

PSICOSE COMO AJUSTAMENTO E SURTO

Aqui é preciso introduzir um parêntesis para que possamos distinguir nossa hipótese sobre a psicose como um ajustamento da noção psiquiátrica de psicose. Afinal, de maneira geral, a psiquiatria ocupa-se mais do malogro de nossas tentativas de elaboração social dos excitamentos que não se manifestaram ou dos que se manifestaram em excesso, e menos de nosso esforço para estabelecer um ajustamento capaz de substituir, com os dados na fronteira de contato, o fundo (*id*) demandado pelos interlocutores. Por outras palavras, a psiquiatria não descreve aquilo que, aqui, estamos chamando de ajustamento de busca propriamente dito, mas a falência social dele.

Exceção para a psiquiatria fenomenológica descritiva de Minkowski (1927), Straus (1960) e Von Gebsatel (1968); para a fenomenologia genética (ou *Daseinsanalyse*) de Binswanger (1922), Von Baeyer (1955) e seguidores (Kisher, 1960; Häfner, 1961; Tellenbach, 1960; e Tatossian, 1979); para a antropologia compreensiva de Zutt (1963) e Kullemkampf[9]; para a antipsiquiatria de Maxwell Jones (1953), John Rosen (1978) e Franco Basaglia (1985). Exceção também para a psiquiatria fenomenológica de inspiração existencialista de J. H. Van Den Berg (1955), Ronald Laing (1976), David Cooper (1976) e Wilson Van Dusen (1972), ou de inspiração gestáltica como Guillermo Borja (1987) e Sérgio Buarque (2007). De modo geral, podemos dizer que esses autores, assim como Jacques Lacan (1932) em seus muitos trabalhos dedicados a pensar a psicose[10], preocupam-se em fazer a distinção entre a psicose como um modo de funcionamento ou estrutura e a psicose como um fenômeno propriamente patológico, o que significa dizer como um quadro em que os envolvidos perdem a capacidade para administrar o próprio estado psíquico.

Feito esse registro, voltamos a insistir na importância de não se confundir o "surto" psicótico com o "ajustamento" de busca, tal como propomos aqui. O primeiro consiste no estado aflitivo que acomete aqueles que não encontram, nos diversos laços sociais dos quais participam, condições para estabelecer ajustamentos de busca. E estes, à sua vez, são tentativas socialmente integradas de produção de uma suplência ao fundo de excitamentos ou ao horizonte de desejos demandados no laço social.

Nesse sentido, quando dizemos que, nos ajustamentos de busca, percebemos uma espécie de rigidez o que em verdade queremos sugerir é que essa rigidez não está relacionada àquelas respostas comportamentais, aparentemente desorganizadas, com que, na maioria das vezes, costuma-se caracterizar a psicose como uma "doença". A rigidez tem antes relação com a "repetição" das tentativas de preenchimento do fundo de excitamentos que não se apresenta, ou com a "repetição" das tentativas de articulação do horizonte de desejos que não se forma. Na ausência dos excitamentos ou na presença ostensiva deles, alucinamos, deliramos e identificamos, nos dados materiais presentes em nosso campo de relações, possíveis representantes daquilo que os demandantes esperam que façamos com os excitamentos. Muitos consulentes, por exemplo, insistem em perguntar, ao terapeuta, se o que eles estão fazendo é certo ou errado, adequado ou inadequado. Os terapeutas podem nem desconfiar que, nessas solicitações, possa estar acontecendo um ajustamento de busca. É verdade que, algumas vezes, os consulentes fazem essas perguntas porque tentam manipular o clínico, atribuindo-lhe uma responsabilidade de que querem se desincumbir, o que poderia perfeitamente bem ser entendido pelo clínico como um ajustamento evitativo (ou neurótico)[11]. Mas, outras vezes, os consulentes fazem-nas porque simplesmente não conseguem compreender o que lhes é solicitado no dia a dia, ou não conseguem organizar o que sentem ante as solicitações. Não conseguem viver a ambiguidade implicada no interesse que os interlocutores têm por eles. E é possível que possam "identificar" na palavra do terapeuta um modo de preencher o fundo de excitamentos que não se apresentou ou o horizonte de desejos que não se formou.

É por essa razão que, por mais rígidos que sejam, há nos ajustamentos de busca um intenso trabalho de criação na fronteira de contato. O ajustamento de busca não é uma doença, ele também é um ajustamento criador[12], para usar a letra de Jean-Marie Robine[13]. É uma forma de viver diante das condições de campo que a ele se impõem e tem relação com um funcionamento atípico da função *id*. Nesses ajustamentos, o self inventa, com os dados na fronteira de contato, o outrem exigido pelo outro social que, à revelia dessa exigência, contudo, não se apresentou ou se apresentou de tal forma que a função de ato não pôde acolhê-lo. Quando bem-sucedida, essa invenção vem substituir os excitamentos que, diante do dado: 1) ou não se apresentaram de forma alguma; 2) se apresentaram de modo parcial; 3) ou se apresentaram em demasia.

AÇÕES DA FUNÇÃO DE ATO NOS AJUSTAMENTOS DE BUSCA

O AGENTE DESSA INVENÇÃO é o aspecto do self denominado de função de ato. Essa função, entretanto, não opera do mesmo modo como ela operaria se tivesse à sua disposição um fundo em que dominâncias se deixassem reconhecer. Não se trata de encontrar, nos dados sociais (que são as figuras eleitas pelos atos intersubjetivos), possibilidades de expansão do fundo de excitamentos disponível (fundo este a que também chamamos de outrem ou, simplesmente, função *id*). Afinal, nas relações de campo em que ajustamentos de busca são exigidos, ou esse fundo não está disponível, ou se apresenta de forma tal que não seja possível à função de ato reconhecer uma hierarquia de hábitos que se deixasse identificar por conta da intensidade do afeto que provocassem. Por outras palavras, nos ajustamentos de busca a função *id* está comprometida (ausente, falhada ou excessiva) e, consequentemente, não se constitui como base, como motivo para a ação da função de ato junto dos dados na fronteira. À função de ato resta então operar de modo diferente. Em vez de buscar, a partir dos atos sociais (dados), objetos de desejo ou possibilidades de expansão dos excitamentos disponíveis, ela tenta transformar aqueles atos (sejam eles o próprio corpo, o corpo do semelhante, uma palavra ou uma coisa mundana) em:

- Defesas contra as demandas por excitamento.
- Alucinações (em suplência aos excitamentos que a função *id* não entrega).
- Produções delirantes ou identificatórias (em suplência aos objetos de desejo que a função de ato não pode constituir em consequência do excesso de excitamentos copresentes).

Tudo se passa como se os atos intersubjetivos pudessem:

- Ser utilizados como estratégias de isolamento perante as demandas por excitamento.
- Preencher o fundo de hábitos, imitando os excitamentos que foram demandados, mas que espontaneamente não se apresentaram.
- Substituir ou deslocar o objeto de desejo que, por conta do excesso de excitamentos que se apresentaram, não pôde ser formulado.

Até o presente momento, nossa pesquisa pôde identificar três tipos fundamentais de ação da função de ato nos ajustamentos de busca: os ajustamentos de isolamento (autismos), os ajustamentos de preenchimento do fundo e os ajustamentos de articulação de horizonte. A diferença nessas ações tem relação com o modo como o fundo (outrem ou função *id*) se caracteriza no momento da vivência do contato.

4. Ajustamentos de isolamento social

ISOLAMENTO COMO DEFESA

CONFORME A EXPERIÊNCIA que pudemos reunir até aqui, os comportamentos de isolamento social, muito frequentes em pessoas as quais costumamos diagnosticar como "autistas", não são ocorrências isoladas, como se uma interioridade sem sentido se manifestasse aleatoriamente – tal como postulam as representações sociais a respeito do autismo. Ao contrário, acreditamos que os comportamentos "estranhos" produzidos pelas pessoas diagnosticadas como autistas estão intimamente ligados aos acontecimentos do campo social no qual estão insertas. O que talvez explique por que, em determinados momentos, o embotamento afetivo, a agressividade inespecífica (sem motivação aparente), a forma pueril (hebefrênica) de lidar com afetos e pensamentos, ou o comportamento mutista, sem qualquer tipo de interação social, tornem-se mais frequentes do que em outros momentos. Mas em quais momentos, exatamente, percebemos o recrudescimento desses comportamentos? Naqueles em que as demandas sociais são mais ostensivas, especialmente as demandas por "isso" que ultrapassa a dimensão de nossa inteligência social, ou seja, o excitamento. Às vezes na forma de um pedido por afeto, outras como um convite à fantasia mais além das representações sociais disponíveis, as demandas por excitamento são correntes no dia a dia. E diante delas os "autistas" parecem ter muita dificuldade. De onde inferimos uma hipótese segundo a qual os comportamentos produzidos pelos "autistas" – mas não exclusivamente por eles – são formas de defesa contra as demandas por excitamento. Denominaremos essas formas de defesa de ajustamentos de isolamento.

O emprego do significante "isolamento" está inspirado em alguns casos que pudemos acompanhar. Lembramos, especialmente, de um consulente jovem, diagnosticado como autista (de Asperger), que costumava vir à clínica todas as semanas para sessões individuais, nas quais passava o tempo repetindo sua "história de vida", porquanto aprendera que, ante os psicólogos, deveria contá-la. Uma vez encerrado o relato – que nunca passava de 30 minutos –, dava por cumprida a sua tarefa, levantava-se e ia embora. E assim por meses a fio. Em certo dia, entretanto, na sala de espera, a copeira o surpreendeu com uma oferta: "Tu não queres uma xícara de café? Ou preferes um copo de água?" Ao ouvi-la, interrompeu seu passo em direção a mim, que o aguardava na porta da sala de atendimento. Voltou ao sofá, sentou-se e começou a balançar-se para a frente e para trás, repetindo as palavras: "Café/água, café/água..." O que ali supus foi que ele não conseguiu encontrar – não exatamente uma preferência – mas a resposta adequada a uma possível demanda que a oferta da copeira lhe dirigiu, por exemplo: "Goste de mim, reconheça minha simpatia..." Ficou ali por horas, sem que qualquer esforço meu para estabelecer uma comunicação o demovesse do seu isolamento. A copeira terminou seu expediente, passou outra vez pela recepção, despedindo-se dos que ali estavam. Alguns instantes depois, o jovem rapaz se levantou e foi para casa. Na sessão seguinte, mencionei o ocorrido, perguntando-lhe o que havia acontecido. Ele ficou por quatro meses sem vir à clínica. Depois de seu retorno, providenciado pelos pais, nunca mais tocamos no assunto.

Algo parecido sucedeu a uma menina de 10 anos, diagnosticada como autista (de Kanner), atendida por uma profissional de nossa equipe. Em decorrência de um longo trabalho de acompanhamento clínico, iniciado quando a consulente ainda tinha

6 anos, esta conseguiu assimilar um vocabulário com o qual lograva ao menos dizer quando algo lhe aborrecia. Boa parte do êxito desse trabalho se deveu à tia que, além de trazer a menina às sessões com a psicóloga, atuava como pedagoga da sobrinha. Aconteceu então de a menina não vir mais às sessões. A psicóloga não foi informada do motivo. Dois meses após a menina retornou à instituição, agora acompanhada pela mãe, que se queixou à profissional mostrando os hematomas na perna em decorrência dos chutes que levara da filha. Conforme a hipótese da mãe, a menina não conseguia pôr para fora a tristeza decorrente da perda da tia, que falecera há dois meses – o que explicava a ausência da consulente às sessões desde então. Diante da terapeuta, a mãe interpelou a filha, agora entretida com os lápis de cera, dos quais não se esquecera: "Tu não estás triste como a gente? Como podes não chorar a morte da tua tia, que era para ti quase como uma sombra? Não vais dizer nada?" Ao que a consulente respondeu: "Não sei dizer. Só falar". Porquanto a mãe não desistia de demandar (mais do que a fala) um excitamento (que sequer a mãe sabia qual era), a menina se levantou, fazendo menção de que iria novamente chutá-la. Ao que a terapeuta interveio, dizendo: "Acalma-te, mãe; não peça à tua filha o que ela não tem para te dar". A mãe calou-se, a filha voltou a desenhar. Na semana seguinte, com um ar intrigado, a mãe acompanhou a filha à sessão para informar que os chutes cessaram. Mas não entendia exatamente o que acontecera, não entendia por que a comoção familiar desencadeara em sua filha reações agressivas.

Sem sabermos ao certo, acreditamos que, nos dois casos supramencionados, as respostas "autistas" denotam uma incapacidade dos sujeitos para lidar com as demandas por excitamento. Mas por que exatamente a demanda por excitamento provocaria esse tipo de ajustamento? Qual peculiaridade da criação nele observamos? Que lugar ele reserva a nós, clínicos, se é que podemos falar aqui em lugar?

DIFERENÇA ENTRE O AUTISMO COMO SÍNDROME E OS AJUSTAMENTOS DE ISOLAMENTO

É PRECISO NÃO CONFUNDIR aqui o autismo com os ajustamentos de isolamento que as pessoas diagnosticadas como autistas – mas não apenas elas – realizam. Nosso interesse ao fazer essa distinção é realçar a atividade da função de ato mesmo nos casos em que julgamos encontrar algum tipo de limitação, privação ou vulnerabilidade. Assim, se podemos admitir que o autismo se parece com uma síndrome cujas características fundamentais são aparentemente irreversíveis, também devemos reconhecer na sintomatologia autista uma produtividade original em face das demandas sociais.

O termo "autismo", antes de merecer do psiquiatra austríaco radicado nos Estados Unidos Leo Kanner (1943) uma primeira delimitação científica, era utilizado para designar uma das características específicas da esquizofrenia. Segundo o também austríaco Eugen Bleuler, esquizofrenia é uma doença mental diferente das demais demências (porquanto antes desse psiquiatra as doenças mentais eram denominadas de demências, segundo a sugestão terminológica de Ernst Kraepelin). Tratava-se de uma demência precoce (*Daementia Praecox*), em que a perda da lucidez e da capacidade de julgamento e de escolha já se podia observar entre os mais jovens. Por outras palavras, a divisão (*Schizo*) da mente (*Phrenos*) já se podia notar em crianças com menos de 3 anos. Elas apresentavam, além da alteração na associação de ideias, ambivalências e afetos incongruentes, assim como um tipo de "ensimesmamento" ao qual Bleuler então denominou de autismo (do grego *autós*, que significa "comportamento de voltar-se para si mesmo"). Mas Kanner, depois de acompanhar 11 casos de aparente esquizofrenia infantil, concluiu pela radicalidade desses quadros, tendo em vista que o "ensimesmamento" era constante, como demonstra no mesmo artigo "Alterações autistas do contato afetivo" (1943). Decidiu então diferenciá-los das esquizofrenias, denominando-os de autismos, entendendo por isso um quadro de distúrbio do desenvolvimento caracterizado por: "1) incapacidade para estabelecer relações com as pessoas, 2) um amplo conjunto de atrasos e alterações na aquisição e uso da linguagem e 3) uma insistência obsessiva em manter o ambiente sem mudança, acompanhada da tendência a repetir uma gama limitada de atividades ritualizadas" (conforme Rivière, 1995, p. 273).

Desde Kanner até nossos dias, muitos estudos sobre as características comportamentais relacionadas ao autismo foram estabelecidos. O manual diagnóstico da Associação Americana de Psiquiatria (DSM-IV, 1994) procurou sintetizar esses estudos, apresentando um quadro sinóptico das definições e sintomatologias autistas. Segundo tal quadro, os autismos definem-se, em primeiro lugar, pela incapacidade dos sujeitos para criar relações sociais, tal como se pode reconhecer pela falta de resposta e de interesse pelas pessoas, pelo contato visual exíguo, pelas expressões faciais empobrecidas, pela indiferença e aversão ao afeto e ao contato físico, e pela inexistência de relações de amizade. Mas os autismos também incluem uma deterioração das práticas comunicativas mediadas por linguagem: os autistas, quando falam, revelam estruturas linguísticas imaturas, com inversão de pronomes, afasia nominal, ausência de termos abstratos, com presença ostensiva de ecolalia e entonação anormal. Por fim, a integração dos autistas aos expedientes sociais é muito difícil. Resistem a pequenas mudanças ambientais, permanecendo excessivamente vinculados a determinados objetos, em especial os giratórios, pelos quais têm verdadeira fascinação e em relação aos quais desempenham comportamentos ritualísticos.

Essas características são observadas em maior ou menor grau já a partir dos seis meses de vida de uma criança, muito embora o diagnóstico só possa ser confirmado depois dos 36 meses. Aos seis, o bebê não antecipa conduta nem reage à saída ou chegada dos pais, embora responda de modo exagerado aos estímulos ambientais. Entre os seis e os 12 meses, recusa reter ou mastigar alimentos, e não demonstra afeto por seus cuidadores. Entre o primeiro e o segundo ano, é frequente a criança bater e balançar a cabeça constantemente. Em suas brincadeiras, a criança nunca assume o "lugar" do outro, como se fosse um personagem. Usa os brinquedos de modo bizarro, mantendo-se indiferente à presença dos estranhos. Na segunda infância, apresenta sérios problemas no uso da linguagem. Repete palavras e frases fora de contexto, mantendo-se sempre inquieta, o que a faz parecer a alguém acometido de doença mental. As deficiências intelectuais e interpessoais se aprofundam na adolescência e vida adulta, de sorte a preferirem uma vida isolada, refratária aos estímulos sociais. Tornam-se pessoas frequentemente agressivas com aqueles que demandam integração social.

Até hoje não se conseguiu encontrar uma causa decisiva que explicasse os sintomas autistas. No mundo inteiro existem diversas associações de pais e amigos de pessoas autistas empenhadas no patrocínio e desenvolvimento de pesquisas que possam localizar quais fatores anatomofisiológicos poderiam estar envolvidos na dificuldade que os autistas têm para encontrar, no campo social em que estão insertos, as respostas afetivas às demandas por vezes formuladas de maneira primitiva, na forma de uma comunicação intercorporal não linguística, como a que estabelecemos por meio do olhar, das expressões faciais e de nossa gestualidade pragmática. Todavia, boa parte dessa militância em favor da vinculação do autismo a uma patologia orgânica tem uma motivação política, a saber, desvincular os autismos das doenças mentais, especialmente da esquizofrenia. Esse tipo de posição, além de revelar um preconceito contra aquilo que por vezes denominamos de doença mental, como se a associação entre o autismo e a psicose fosse algo desabonador, também desconsidera aquilo que de criativo o autista produz na atualidade das situações em que está envolvido. E é neste ponto, exatamente, que acreditamos necessária a distinção entre os autismos – entendamos por eles uma doença mental ou uma suposta síndrome invasiva, sem traços tipicamente psicóticos, como a alucinação e o delírio – e os ajustamentos de isolamento, os quais, independentemente da presença de delírios ou alucinações, dizem respeito às produções de defesa que mesmo os autistas produzem em função da insistência do meio social para que se adaptem às condutas dominantes e, sobretudo, compartilhem vivências afetivas (excitamentos).

Em nosso entendimento, tal como os esquizofrênicos, os autistas produzem respostas que, mais do que exprimir um entendimento ou acolhida, tentam deter as demandas afetivas em proveito de um modo de satisfação totalmente alheio às expectativas abertas pelos demandantes. Tudo se passa como se, em ambos os casos, a função de ato dos sujeitos envolvidos devesse aplacar a angústia que, a partir da demanda alheia, se anunciou como ausência de fundo de respostas espontâneas (hábitos). Não se trata, portanto, de comportamentos que surgiriam a qualquer hora, sem motivo aparente, como se devessem sua gênese a uma questão endógena, sendo por isso que o estudo dos comportamentos autistas à luz das hipóteses reitoras para entender os ajustamentos de busca amplia a compreensão sobre as possibilidades de intervenção.

É verdade, como vimos acima, que podemos encontrar, associado ao ajustamento autista, um quadro de deficiência cognitiva em decorrência de uma falha anatômica ou neurofisiológica. Mas, diferentemente do que diz o DSM-IV (1994), não acreditamos que essas "deficiências" confundam-se com o ajustamento de isolamento. Afinal, mesmo entre pessoas anatomicamente "normais" ou fisiologicamente "compensadas", podemos verificar comportamentos atribuídos aos autistas, o que nos faz crer que esses comportamentos devem poder ser tratados a partir do significado social que possam ter.

De toda forma, somos partidários do entendimento de que – por motivos não muito esclarecidos, talvez relacionados a uma condição anatomofisiológica distinta – os sujeitos autistas parecem ser pessoas especiais, uma vez que, independentemente das diversas aquisições culturais que possam fazer, quando precisam enfrentar demandas por excitamento, sempre produzem ajustamentos de isolamento. Coisa que não verificamos em outros sujeitos, os quais, para lidar com as demandas por excitamento, podem produzir, além dos ajustamentos de isolamento, outros ainda: ajustamentos de preenchimento, de articulação, de evitação, para citar alguns.

HIPÓTESE SOBRE A GÊNESE DOS AJUSTAMENTOS DE ISOLAMENTO

POR QUE OS AUTISTAS produzem ajustamentos de isolamento perante as demandas por afeto propostas no meio social? Nossa hipótese para responder a essa questão é a de que, uma vez demandada, a função de ato (que produz ajustamentos de isolamento) não consegue encontrar os excitamentos requeridos pelo interlocutor, o que ocorre porque a função *id* parece não se apresentar. Por conta disso, a alternativa para a função de ato é afastar o demandante.

Nossa hipótese está apoiada na observação do comportamento dos nossos consulentes, principalmente daqueles diagnosticados como autistas – como aqueles já relatados. Eles parecem não ter à sua disposição hábitos relativos às vivências primitivas de interação com o meio. Tudo se passa como se os hábitos motores – por meio dos quais retomamos, mais do que os atos compartilhados na atualidade da situação, uma espécie de cumplicidade em torno de algo indeterminado que aqueles atos estariam a realizar – não se apresentassem entre nós. Ou, ainda, é como se os gestos desempenhados pelos sujeitos de atos na concretude do agora não visassem a uma dimensão inatual. Nesse sentido, eles parecem não "esperar" algo inédito, tampouco "vibrar" com a repetição.

Se os consulentes dizem gostar ou desgostar de alguma coisa, querer ou rejeitar algo, esses sentimentos não estão acompanhados de afeto, tratando-se antes de um cerimonial social, como se buscassem dessa forma acomodar, em um gesto seguro, desprovido de mistério, o que de indeterminado pudesse surgir no "olhar", na "voz", na "malícia", nas "segundas intenções" que dirigíssemos a eles.

Nossa hipótese busca agregar à descrição dos sintomas autistas uma compreensão sobre o que os motivaria. Desse modo, mais relevante do que a suposta incapacidade dos sujeitos autistas é o objeto dessa incapacidade, isto é, os afetos demandados nas relações sociais, os quais, ao mesmo tempo que explicitam os limites das produções envolvendo sujeitos autistas, permitem-nos ver, nessas mesmas produções – às quais também chamamos de sintomas da ausência dos excitamentos – a presença de uma capacidade criadora. O que, ademais, muda nossa maneira de ver esses sintomas. Não obstante indicar a flagrante ausência dos excitamentos, os sintomas são legítimas criações, cuja figura é a produção de defesas (contra as demandas por excitamento). Conforme acreditamos, todas as manifestações sintomáticas dos autistas (a falta de resposta e interesse pelas pessoas, o contato visual exíguo, as expressões faciais empobrecidas) são formas de evitar as demandas afetivas para as quais eles não encontram resposta. E, ainda que alguns autistas tornem-se capazes de manifestar sentimentos determinados, estes não são formações em resposta às demandas afetivas. Sentimentos determinados não são afetos (provocados pela presença de excitamentos); quando muito, podemos dizer que certas manifestações sentimentais (como a raiva, o sorriso, o abraço etc.) são caricaturas de afeto, constituindo antes formas de defesa às demandas afetivas, vindo daí a razão pela qual, nesses casos, os sentimentos lembram reações mecânicas, sem espontaneidade, verdadeiros ecos destinados a aplacar o afã do interlocutor.

DISTINÇÃO ENTRE SENTIMENTOS E AFETOS

E AQUI É O MOMENTO de fixarmos a importante distinção entre os sentimentos determinados e os sentimentos incipientes, que são os afetos, os quais denunciam a copresença de um excitamento. Trata-se, em verdade, de uma das mais difíceis distinções que podemos fazer no campo da clínica, porque somos desafiados a transgredir o modo natural segundo o qual vemos os fenômenos. Com essa distinção, em verdade, queremos fazer uma separação entre: 1) aquilo que é da ordem dos nossos conteúdos (semânticos, naturais, morais etc.); e 2) aquilo que diz respeito à própria presença do inatual em nossas relações, o que, por sua vez, não tem que ver com algo determinado (como conteúdo) na atualidade da situação e, sim, com aquilo que, nesta atualidade, aponta para o indeterminável. Nesse sentido, enquanto os sentimentos sempre caracterizam comportamentos claramente definidos no âmbito de cada cultura, os afetos referem-se àquilo que, inclusive junto com os sentimentos, sinalizam para a copresença do não claro, do não sentido. Eles dizem respeito ao inexplicável nos objetos, nos sentimentos, nos pensamentos. Eles são, segundo a terminologia da teoria do self, o indício de que algum hábito está se repetindo. Ou, o que é a mesma coisa: os afetos indicam que uma forma se apresentou desde o passado reclamando o conteúdo perdido (motivo pelo qual somos remetidos a uma expectativa, a um futuro também ele indeterminado, que é a fantasia que podemos fazer sobre o objeto perdido). Trata-se, por conseguinte, da presença, na atualidade do corpo empírico, de um excesso que não se deixa explicar pelas manifestações comportamentais e pelas definições que sejamos capazes de produzir. É tal excesso, por exemplo, que nos ajuda a distinguir o choro efetivo de um choro teatral: enquanto o primeiro veicula, às razões alegadas para o comportamento manifesto, um tipo de "satisfação" misteriosa, por vezes contraditória com aquelas razões, o segundo é todo coerente com os motivos sociais alegados pelo sujeito, de onde se segue uma impressão de artificialidade.

Ora, nos ajustamentos de isolamento, há sentimentos determinados. Os autistas, por exemplo, manifestam desprezo, carinho, apego, raiva, medo etc., mas neles não percebemos "afetos": não percebemos uma "curiosidade" em torno daquilo que nós poderíamos querer deles, nem uma "expectativa" sobre o que pensamos a respeito do que eles próprios poderiam fazer, tampouco interesse acerca do que nós poderíamos "desejar" deles. Eis por que nos ajustamentos de isolamento – em face de nossa insatisfação ou expectativa exagerada, as quais nada mais são que demandas por excitamento – os autistas frequentemente se comportam como se estivessem se defendendo. O que, outra vez, nos levou a compreender os comportamentos autistas como ajustamentos de isolamento. De onde não sucede que só se comportem assim, como veremos a seguir. De toda sorte, a habilidade mais importante requerida a um clínico de sujeitos autistas é a de reconhecer a diferença entre sentimentos e afetos (decorrentes da presença de excitamentos).

MAIS ALÉM DOS AJUSTAMENTOS DE ISOLAMENTO: A DIVERSIDADE DAS PERSONALIDADES AUTISTAS

SE É VERDADE QUE A PRODUÇÃO de ajustamentos de isolamento indica, nos sujeitos autistas, a falência das relações em torno das demandas por excitamento, isso não significa que esses sujeitos não possam estabelecer outros tipos de relações sociais. Esse é o caso das relações constituídas em torno de demandas por inteligência social, às quais os autistas respondem perfeitamente bem, como provam os sujeitos diagnosticados como autistas de Asperger[1], que são capazes de desempenhar uma vida moral, responsabilizando-se por seus atos, bem como têm capacidade para assumir determinadas identidades sociais, pelas quais desenvolvem sentimentos diversos, como orgulho, desprezo etc. Dessa maneira, segundo a terminologia da teoria do self, os autistas podem perfeitamente desenvolver a função personalidade.

Ainda assim, a falência das relações sociais (estabelecidas em torno das demandas por afeto) pode atrapalhar o desenvolvimento da função personalidade, como é o caso, por exemplo, dos quadros tradicionalmente descritos a partir dos critérios diagnósticos de Leo Kanner (1943). A função de ato é refratária aos apelos ou às necessidades advindos dos semelhantes, daí que sua ação pareça acontecer sem meta, como se fosse acometida de uma desorientação. O isolamento, concretizado na forma de um mutismo, parece oferecer um tipo de blindagem contra as demandas (por excitamento), mas também contra as demandas por inteligência social, o que é o mesmo que dizer que a presença intensa de ajustamentos de isolamento parece obliterar não apenas as demandas por excitamento, mas também o desenvolvimento de identidades sociais (função personalidade).

Mas, diferentemente, no caso daqueles sujeitos classificados como síndrome de Asperger, há participação nas situações sociais, suportando a demanda por inteligência social. São sujeitos perfeitamente bem integrados aos diversos contextos em que o objeto de troca é algum conteúdo semântico determinado, como uma regra prudencial, uma norma jurídica, um valor estético, moral, um pensamento ou qualquer forma de representação social que não tenha conotação afetiva. Ainda assim, nesses casos, o sujeito autista não consegue agregar, a essa produção cultural, um fundo emocional. Mesmo dispondo de um verbalismo, trata--se de um verbalismo abstrato que raramente acompanha as sutilezas do emprego cotidiano, como o emprego metafórico, por exemplo. De todo modo, podemos identificar uma forma metonímica de produzir ligações entre determinadas classes de abstração, em que se deixa verificar certa satisfação que em verdade é da ordem da função personalidade.

INTERVENÇÃO NOS AJUSTAMENTOS DE ISOLAMENTO

O RECONHECIMENTO DE QUE os sujeitos autistas, além de produzir ajustamentos de isolamento, podem desenvolver personalidades abre uma dupla possibilidade de intervenção, cuja meta, em última instância, é o favorecimento do processo de socialização daqueles sujeitos. Para o clínico, tão importante quanto reconhecer, nos sintomas de isolamento, possíveis defesas ante as demandas por excitamento é identificar as possibilidades de aprendizado que valeriam, ao sujeito autista, o desenvolvimento de personalidades.

De fato, a primeira preocupação dos clínicos que se ocupam de sujeitos autistas é reconhecer quais os ajustamentos de isolamento produzidos no campo clínico. E isso é o mesmo que dizer que a primeira tarefa dos clínicos é observar, pelo contato direto, quais demandas os próprios clínicos dirigem aos sujeitos autistas. Importa reconhecer, na rotina familiar, no trabalho, na escola e, especialmente, na relação direta com o sujeito autista, indícios de demandas afetivas repetitivas que estariam a provocar reações de isolamento. E a ideia da intervenção é justamente poder suspender essas demandas, uma vez que, em tese, os autistas não conseguem lidar com qualquer tipo de afeto proveniente da presença de excitamentos. O clínico deve poder agir objetivando auxiliar os familiares, amigos e colegas no reconhecimento dos expedientes sociais e rituais comportamentais em que demandas afetivas são elaboradas, e no reconhecimento de quais comportamentos propriamente caracterizam, para o sujeito autista, um ajustamento de defesa. Trata-se de um trabalho sutil, como aquele desenvolvido por um estudante de psicologia em estágio curricular em uma escola (na função de acompanhante terapêutico de um sujeito autista que frequentava o sexto ano do ensino básico). Depois de haver aprendido como simplificar frações para fazer cálculos elementares (adição, subtração, multiplicação e divisão), o sujeito acompanhado mostrou muita irritação com a insistência da professora para aprender a operar com números decimais. O acompanhante percebeu, então, que o problema não estava no "conteúdo" da disciplina, mas na forma insistente mediante a qual a professora tentava ensinar o aluno autista. É como se a professora, a todo momento, quisesse que o aluno "entendesse" a "importância" da conversão das frações em decimais. Nesse sentido, tentava ilustrar o conteúdo com situações do dia a dia em que os decimais pareciam "úteis". O aluno compreendia, sim, os decimais, mas não a "importância", a "utilidade", ou outras demandas desse tipo, as quais motivam os alunos em geral, porém nele despertavam um grande desconforto. O trabalho do acompanhante terapêutico foi denunciar isso à professora, para elaborar com ela uma linguagem mais objetiva e menos carregada de apelos afetivos.

Contudo, os clínicos devem também se dar conta de que, por vezes, os sujeitos autistas têm disponibilidade para lidar com as demandas. Certamente não são demandas por excitamento e, sim, por inteligibilidade social. Assim, os sujeitos autistas podem adquirir informações, aprender expedientes sociais, e podem exprimir valores e sentimentos. Também podem participar dos modos de produção, desde que essa participação esteja pautada pela presença objetiva dos conteúdos e aconteça na realidade simbolicamente determinada – e não na virtualidade dos excitamentos e elaborações da ordem do desejo. Boa parte do trabalho do clínico, nesse sentido, nivela-se ao trabalho do socioeducador, do pedagogo ou do acompanhante terapêutico. O clínico deve poder se colocar entre o sujeito autista e as demandas sociais, tendo em vista favorecer uma comunicação objetiva, plena de objetos, que aconteça ao nível das coisas e das palavras. Ao mesmo tempo que é um guardião dos ajustamentos de isolamento contra as demandas afetivas, o clínico opera como alguém que apoia o consulente nas atividades em que este ensaia assimilar papéis e valores sociais.

Mas não se trata de um "brincar" de ensinar, como se os conteúdos efetivamente ministrados ou ensinados fossem apenas um

PSICOSE E SOFRIMENTO

motivo ou pretexto para intervenções que visassem a algo mais (algo, por exemplo, da ordem dos desejos ou expectativas sociais acerca do consulente). O uso de expedientes educativos no atendimento a consulentes autistas não pode ser transformado em um "jogo", pois o jogo sempre exige uma participação em um imprevisível mais além da regra, imprevisível esse que os autistas não conseguem acompanhar. Ao contrário disso, a tarefa do clínico é promover uma espécie de inclusão pedagógica no sistema de valores e crenças que define, segundo a linguagem da Gestalt--terapia, a função personalidade (ou outro social). Trata-se, portanto, de uma atuação psicopedagógica, cuja nota característica é a transmissão de um saber sem demanda por excitamento ou desejo. Na prática, tal significa dizer que o clínico não deve ter esperanças de rendimento, não deve nutrir expectativas, tampouco demonstrar decepção ou comemorar o avanço nos processos de aprendizagem. Essas manifestações poderiam ser escutadas pelos sujeitos autistas como demandas, o que seria desastroso para o progresso do processo de inclusão pedagógica.

E mesmo no caso dos ajustamentos mais graves, como os de Kanner, observamos uma tolerância às intervenções terapêuticas que buscam estabelecer uma espécie de inclusão pedagógica. A proposta de intervenção consiste na colaboração do terapeuta para a ampliação do corpo social daquele que se ajusta de maneira autista, ou seja, a colaboração para a ampliação da forma mais elementar da função de ato no autista. Assim, o autista terá a chance de "responder", não a partir de um fundo de excitamentos intercorporais, certamente, mas do que foi fabricado, produzido pedagogicamente como linguagem. Aliás, é importante frisar que, nesses ajustamentos, dificilmente essas fabricações pedagógicas conseguem agregar algum valor afetivo. Podem, porém, favorecer o aprendizado de sentimentos, que, como vimos, são expedientes sociais aprendidos e compartilhados no cotidiano.

Vale por fim acrescentar que a discussão sobre a eficácia dos procedimentos de inclusão ou segregação dos sujeitos autistas nos sistemas educacionais não é uma preocupação clínica. Tal discussão, em verdade, está vinculada a um objetivo mais amplo, a saber, à elaboração de políticas públicas de atenção às pessoas "diversificantes", para usar a letra de Michel Foucault (1975). Enquanto essas políticas se preocupam – por exemplo – com a eficácia nos processos de aprendizagem de conteúdos semânticos, os propósitos clínicos dizem respeito apenas à salvaguarda dos ajustamentos de isolamento e dos processos de ampliação da socialização dos sujeitos autistas. E não é nosso intuito aqui entrar no mérito da discussão pedagógica sobre qual estratégia é mais apropriada para o êxito da aprendizagem, mas apenas mostrar que, em qualquer um dos sistemas (de inclusão ou segregação), a presença de demandas afetivas pode interditar o processo de socialização e, por consequência, a aprendizagem. Assim, esteja o sujeito autista inserto em um sistema educacional especial, direcionado exclusivamente ao ensino de autistas, esteja ele incluído em um sistema regular, na companhia de outros sujeitos não autistas, em ambos os casos cremos que o êxito do processo de aprendizagem está vinculado – entre outros fatores cujo mérito analítico pertence à pedagogia – à ausência de demandas afetivas. Se os professores, acompanhantes e cuidadores souberem reconhecer e desvincular a transmissão de saberes daquilo que aqui denominamos de demandas por afeto, aumentam as chances de ampliação da inteligência social dos autistas.

5. Ajustamentos de preenchimento de fundo

MAIS ALÉM DO ISOLAMENTO: AS ALUCINAÇÕES

NÃO É INCOMUM RECONHECERMOS, nos ajustamentos de isolamento, outro tipo de produção também ela desvinculada das personalidades sociais rotineiras. Não se trata de representações sociais cujo compartilhamento implicaria uma sorte de prazer/ desprazer, como é o caso dos sentimentos (raiva, amor, esperança, alegria, tédio etc.). E sim, tal como no caso dos ajustamentos de isolamento, de uma maneira de lidar com as demandas por excitamentos. Mas, à diferença do que acontece nos ajustamentos de isolamento, nesta nova produtividade os sujeitos não procuram aniquilar a demanda propriamente dita. Ao contrário, é como se tais sujeitos – os quais já não podemos denominar de autistas – se ocupassem de "inventar" uma resposta àquela demanda. É como se procurassem indicar, em algum lugar da realidade social, a vigência do excitamento que essa mesma realidade demandaria. Porém, esse expediente não logra êxito social. Em sentido oposto, ele gera muito estranhamento aos demandantes, uma vez que estes "sabem" que os excitamentos não podem ser localizados exatamente. Aos olhos dos demandantes, as "invenções" dos sujeitos demandados parecem por demais bizarras. Elas não confirmam as representações sociais já sedimentadas na cultura (função personalidade), tampouco introduzem, mais além do sentido, uma inatualidade à espera de significação. Inversamente, o sujeito demandado fixa na realidade algo que não tem sentido e, por conta dessa fixação, sequer pode aspirar a ter um: eis então a alucinação. Conforme nossa leitura, mais do que um comportamento de defesa contra a demanda por excitamento, mais do que uma resposta inadequada às demandas por inteligência social, as alucinações são ajustamentos criadores em que os sujeitos procuram encontrar, na realidade, um substituto ao excitamento que não adveio. Ou, o que é a mesma coisa, procuram preencher o fundo com fragmentos de realidade, como se eles pudessem valer como excitamentos. Mas em que medida a realidade pode preencher de maneira alucinatória o fundo de excitamentos?

Do ponto de vista daqueles que observam comportamentos alucinatórios, estes parecem ter relação com uma percepção equivocada da realidade. Ou, então, trata-se de falsas percepções sobre a realidade. Todavia, essa definição – além de problemática nela mesma, a começar pela ideia de falsidade e de verdade que veicula – não tem nenhuma relevância para o manejo clínico das alucinações. Ela desconsidera que os sujeitos que alucinam, não obstante não consigam explicar o que se passa consigo, tampouco têm dúvidas sobre a relevância epistêmica de sua produção. Parecem antes sujeitos a uma série de fenômenos para os quais não têm explicação, o que não significa que queiram se livrar deles. Muitos sujeitos procuram os profissionais para poder continuar caminhando de um lado a outro no consultório ou na praça vizinha sem que ninguém os peça para parar. Ou para continuar praticando aquela "linguagem privada", às vezes escrita, outras vezes vociferada em um microfone fictício, já que ninguém mais na família quer saber disso. O que nos leva a conjecturar que, talvez, as alucinações cumpram uma função social quase nunca compreendida pelo meio social, sequer pelos próprios sujeitos que alucinam. Nossa hipótese para entendê-las – se é que isso é possível – tem relação com a mesma formulação de antes para pensar os motivos que exigiriam ajustamentos de isolamento, ou seja, a ausência dos excitamentos demandados no laço social.

Isso significa dizer, conforme acreditamos, que as alucinações são invenções sociais cuja meta é suprir os excitamentos

PSICOSE E SOFRIMENTO

que não se apresentaram quando demandados. Mais além dos comportamentos de isolamento, que são defesas contra as demandas por excitamento, as alucinações parecem tentativas de resposta, mesmo que os excitamentos continuem ausentes. Tudo se passa como se, nos termos de uma utilização bizarra da realidade, os sujeitos pudessem simular, aos interlocutores demandantes, os excitamentos que não se apresentaram. De onde não se segue que nenhum excitamento tenha se apresentado. A observação clínica nos leva a conjecturar que as alucinações são respostas a determinadas demandas (por excitamento). Precisamente, aquelas em que o demandante solicita do demandado um afeto relativamente a um terceiro, como se o excitamento requerido se referisse a algo de que o próprio demandado estivesse excluído. Ora, o que são essas demandas?

DIFERENÇA ENTRE DEMANDAS POR EXCITAMENTO MOTOR E DEMANDAS POR EXCITAMENTO LINGUAGEIRO: O SENHOR "PURO-SANGUE"

Como já principiamos a ver, excitamentos são as formas retidas relativas aos fatos sociais anteriores que, na atualidade da situação, retornam como hábito impessoal, modo de agir cuja titularidade é indecidível. O retorno desses hábitos sempre mobiliza uma curiosidade em torno de suas origens e destinos, curiosidade essa que se exprime na forma de uma fantasia, à qual também denominamos de desejo. Ora, de acordo com nossa suposição até aqui, pode ocorrer de os excitamentos não se apresentarem, o que justificaria o isolamento dos autistas em face das demandas por excitamento. Mas, noutras vezes, como nos comportamentos alucinatórios, é como se os sujeitos tentassem "buscar" na realidade o excitamento que do fundo não emergiu. Porém, as alucinações não parecem querer mimetizar todo e qualquer excitamento. Elas são respostas a demandas por excitamento muito específicas. De onde nos ocorreu diferenciar os excitamentos segundo o tipo de demanda que os solicita. Ainda que não possamos descartar a seletividade de nossa escuta, somos obrigados a reconhecer, por conta da frequência com que aparecem no consultório e em nossa inserção no território, certa regularidade das alucinações em torno de demandas por hábitos relacionados ao enfrentamento de terceiros – denominadas antes de hábitos linguageiros. Por outras palavras, as alucinações parecem sempre ser suplências a um tipo específico de excitamento demandado, que é o excitamento linguageiro. Mas o que é um excitamento linguageiro?

HÁBITOS MOTORES: ÍMPETOS CORPORAIS

Hábitos motores são ímpetos corporais que emergem espontaneamente em resposta às demandas afetivas produzidas em nosso convívio social. Trata-se de afecções corporais, vividas na forma de "sensações" indecifráveis advindas diante da algo ou alguém. Dizem respeito aos expedientes de socialização que brotam espontaneamente em nossos corpos e nos vinculam diretamente a outro corpo, como o olhar, o toque, a voz, a escuta a alguém (ou a alguma coisa) que se apresenta no campo da percepção. Os hábitos motores não são esse alguém (ou essa coisa) que se apresenta no campo da percepção, mas a "sensação" de que a aparição dessas pessoas (ou dessas coisas) não é algo inédito. São a retração diante de um punho fechado que se desloca em nossa direção, como se pudéssemos antecipar a "sensação" do impacto que nosso rosto sofreria. São o retorno do jogo de perna e mão quando ainda não estamos acostumados a guiar um carro com transmissão automática. Ou, também, a contração dos ombros e a inclinação da cabeça quando o semblante fechado do semelhante anuncia um grito, uma admoestação, talvez. Podemos ainda mencionar o salivar ante o aroma do grelhado, o inclinar-se contra a rajada de vento, o enganar-se de lado no despertar em um quarto desconhecido, bem como a atenção ou o insinuar-se a alguém atraente. São todos aqui exemplos de "formas" que retornam do passado como abertura a um acontecimento iminente, na fronteira entre o futuro e o instante. Até os gestos e as falas, as melodias e as expressões faciais que brotam em nosso corpo em resposta a um interlocutor constituem exemplos de hábitos ou excitamentos motores. São, ademais, exemplos de hábitos que "não" vemos surgir "espontaneamente" nos autistas. Para falar, cantarolar, antecipar-se a uma brincadeira ou a uma mudança na orientação espacial, os autistas precisam antes "pensar". Eles precisam buscar nas representações já assimiladas como função personalidade possíveis soluções, vindo daí a impressão de artificialidade, como se os comportamentos dos autistas fossem robotizados, previamente ensaiados.

HÁBITOS LINGUAGEIROS: SUPOSIÇÕES DE INTENÇÃO

Já os hábitos linguageiros têm relação com as demandas que buscam algo mais além da sensação indecidível que poderia surgir como hábito motor. Eles são referências àquilo que os hábitos motores haveriam de intencionar – de onde se origina a suposição de haver uma meta, um terceiro mais além da sensação vivida como hábito motor; como se a demanda quisesse não apenas a sensação, mas também seu sentido. De onde não se segue que os hábitos linguageiros sejam significações claras (como o são as significações da ordem da fala falada, da inteligência social compartilhada). Os hábitos linguageiros consistem justamente nessa procura pelo terceiro que explicaria (seja como causa ou finalidade) a sensação desencadeada como hábito motor, como se cada iminência motora ainda guardasse outra e assim infinitamente; o que faz dos hábitos linguageiros iminências significantes de outras iminências, de outros corpos significantes. Isso é o mesmo que admitir que esses hábitos funcionam como uma espécie de linguagem, ainda que não determinada, não estabilizada em torno de um sistema de significações (função personalidade). Quando muito, tratar-se-ia de uma linguagem em construção, que não sabe exatamente a sua meta, qual "fala falante" – para usar a letra de Merleau--Ponty (1945, p. 229). Ou, ainda, trata-se de uma "alíngua" – nos termos de Lacan (1972, p. 188) –, domínio de traços sem sentido, consagrados à produção sintomática ainda por vir. Nesse sentido, se o hábito motor é visar a uma imagem que possa aparecer em meu campo visual, o linguageiro consiste em buscar, no "olhar" dessa imagem, aquilo a que ela visaria, ou o que a amedrontaria, mobilizaria etc. Poderíamos resumir dizendo que, quando eu busco ver algo, mobilizo o hábito motor; quando busco ver o que o visto procura ver, mobilizo o hábito linguageiro.

São muitas as experiências em que podemos reconhecer a vigência de hábitos linguageiros. À diferença dos hábitos motores, compartilhados por boa parte dos seres vivos, em especial os animais, os linguageiros são eminentemente humanos. Como bem mostrou Perls (1942) na obra *Ego, fome e agressão*, os humanos compartilham com praticamente todos os seres vivos a capacidade de ver, nos outros corpos, algo a ser dominado, possuído, enfim, incorporado (o que nivela a sexualidade à fome e a todas as formas de agressão por cujo meio um organismo lograria crescimento). Todavia, mais além do ímpeto de dominância em relação a outros corpos (o que define o hábito motor), nos humanos verificamos a existência de uma "suposição": a suposição de que os outros corpos também querem dominar e, por conseguinte, de que eu posso dominar o ímpeto de dominância que suponho ao outro. Aliás, a palavra "suposição" talvez seja aqui a melhor forma de definir um hábito linguageiro. Além do ímpeto por dominar algo ou alguém, os hábitos linguageiros nos habilitam a supor que haja nas coisas e nos outros corpos o mesmo ímpeto, que assim passa a ser buscado como um sentido, uma significação linguageira. Esse é o caso das vivências como a da sedução, do ciúme, da ironia, do jogo etc., tipicamente linguageiras.

ALUCINAÇÃO COMO RESPOSTA ÀS DEMANDAS LINGUAGEIRAS: O SENHOR PURO-SANGUE

Para nós, a presença das alucinações está muito atrelada às relações sociais em que hábitos linguageiros, apesar de demandados, não comparecem. É o que sucede quando somos interpelados por alguém – por exemplo, um policial que toma nosso depoimento como testemunha num acidente de trânsito. Pode ocorrer, em determinado momento do interrogatório, que o policial flagre uma contradição em nosso discurso e, doravante, passe a nos interpelar com um "ar" intrigado, que se exprime antes no olhar do que nas palavras. É como se o policial supusesse que sabemos ou omitimos algo que não logramos compreender; ou, ainda, é como se ele vislumbrasse uma consequência que não podemos antecipar, sequer formular na forma de uma pergunta. Nesse momento, começamos a gaguejar, tremer o maxilar, as pernas e, dependendo da intensidade afetiva da situação, passamos a fazer coisas muito estranhas, como se fôssemos dominados por parte de nosso corpo ou por algum estímulo que se impõe a nós desde as cercanias, como um som, uma imagem. Nosso comportamento, nesse momento, não é mais que uma resposta alucinatória a uma demanda por hábito linguageiro, porquanto o hábito demandado não se apresentou, não compareceu como uma orientação intencional às nossas respostas. De onde se conclui que as alucinações não são comportamentos incomuns. Quando submetidos a intensas demandas por hábitos linguageiros, em situações em que os hábitos linguageiros demandados não se apresentam espontaneamente, não é impossível que respondamos por meio de uma fixação em aspectos primitivos da realidade social (sons, imagens, movimentos...).

Algumas pessoas, entretanto, vivem experiências de ausência de hábitos linguageiros demandados com relativa frequência. Esse parece ser o caso de um consulente masculino, de 32 anos, que nos procurou por conta de sua dificuldade para lidar com as mulheres. Ele desempenha suas funções profissionais com maestria e muita responsabilidade como redator em um órgão público. É simpático com os colegas e superiores, mas torna-se afásico quando reconhece que alguma colega "quer algo a mais". Certo dia, próximo ao bebedouro na recepção da clínica onde faz análise gestáltica, foi surpreendido por uma jovem de cabelos longos, também consulente na mesma instituição, que aguardava o momento de se servir de água. Segundo relatou mais tarde, teve a impressão de que o movimento das mãos da moça solicitava alguma coisa que ele não conseguia reconhecer e de pronto percebeu seu pescoço formigar, como se as palavras retumbassem na garganta, não podendo sair. Foi tomado por uma angústia que o conduziu a uma paralisia total. Seu corpo ficou inteiramente contraído, parado, com o olhar fixado em um ponto distante, a boca aberta, com os dentes à mostra. No momento em que chegamos, afrouxamos sua gravata e lhe pedimos que se concentrasse na respiração. Paulatinamente conseguimos que o movimento da respiração muscular se ampliasse para os braços, para a face, até que, enfim, ele voltou a falar. Já no consultório, ao narrar o sucedido, lembrou-se de um acontecimento juvenil, quando tinha 14 anos, alguns meses antes de sua primeira internação em uma instituição psiquiátrica. Ele estava em um sarau de adolescentes, em uma casa de festas para comemorar o aniversário de um primo. À meia-luz e ao som de uma balada romântica, dançava com uma também adolescente, de cabelos longos, bastante ousada em seu modo de tocá-lo com as mãos. O consulente não lembra exatamente o que se passou, apenas do momento seguinte, em que os primos o cercaram cobrando os motivos por ele não haver "ficado" com a garota. Sem muita certeza, o consulente especulou diante de mim que, naquela ocasião, talvez os primos o acusassem de denegrir a boa fama familiar, da qual se orgulhavam e que fazia deles verdadeiros "garanhões puro-sangue". Lembrou-se apenas do mal-estar que sentiu, pois sua voz não podia superar o riso dos primos. E com ar estupefato me perguntou: "O que é ser um garanhão puro-sangue?" Pôs a mão sobre a calça na região genital e disse: "Como se usa isto?" O consulente sabia perfeitamente bem o que é uma ereção, mas não conseguia reconhecer o que os primos, no passado, e as prostitutas, na atualidade, "queriam" daquele órgão. Assim como não conseguia entender o que as colegas de trabalho esperavam que ele fizesse. Em suas palavras: "É como se elas esperassem que eu fosse outro. Mas quem?" Nessas horas só lhe ocorria fazer com o corpo inteiro a imagem de um garanhão imóvel. Em nossa leitura, ele alucinava no corpo os hábitos (ou excitamentos) linguageiros que as insinuações sexuais lhe demandavam.

BREVES CONSIDERAÇÕES CLÍNICAS SOBRE AS DEMANDAS POR EXCITAMENTO LINGUAGEIRO: O "CASO KAFKA"

ESTIMAMOS HAVER UMA ÍNTIMA vinculação entre as alucinações e a presença ostensiva de demandas no seio da vida familiar dos sujeitos que alucinam e, por isso, são considerados esquizofrênicos. Ainda que não possamos inferir existir uma forma típica, podemos ao menos mencionar a grande incidência de demandas cuja característica sociológica é a responsabilização do esquizofrênico pelo mal-estar da família (ou de um dos seus membros) ante os padrões comportamentais sociais. Porém, tão ou mais importante que essa característica sociológica é o fato de essas demandas comportarem uma ambiguidade fundamental: ao mesmo tempo que solicitam algo de nosso consulente, por exemplo, que ele "seja gentil", configuram-se como uma solicitação calcada nos valores e expectativas do demandante em relação ao terceiro, afinal, "tem gente olhando"; o que claramente distingue uma demanda por significação linguageira. Segundo nossa avaliação, é justamente essa ambiguidade que o consulente não consegue suportar, razão pela qual se vê obrigado a alucinar. A alucinação, nesse sentido, não é uma ocorrência aleatória, e até seu conteúdo está diretamente relacionado ao tipo de objeto formulado na demanda[1] por excitamento linguageiro, a saber, um "terceiro inespecífico", que não tem identidade determinada e, assim, ainda não é um pensamento, mas a "suposição" de que possa haver algum sentido. E eis em que termos, portanto, ao buscar na realidade algo que pudesse satisfazer a demanda – uma vez que esse terceiro inespecífico não se doa espontaneamente ao sujeito das formações psicóticas –, tal sujeito elege fixar-se em partes isoladas, desligadas dos todos aos quais possam pertencer. A essas fixações denominamos de alucinações.

Não é novidade alguma dizer que os sujeitos considerados psicóticos são, em seus contextos familiares, os "pacientes identificados" – e que a suposta doença psicótica acomete em verdade todo o sistema familiar. A psicologia familiar sistêmica tem muita tradição no estudo desse tema. O paciente identificado seria o elo fraco dessa cadeia (Carvalho, 2006). Mas qual é sua fraqueza? Na literatura da psicologia sistêmica há mais reflexões sobre o funcionamento ou o fracasso do processo comunicativo familiar do que especulações sobre as razões que fariam de determinado sujeito o elo fraco da cadeia com problemas comunicacionais. Por exemplo, a teoria da pragmática da comunicação humana de Watzlawick (1967), segundo a qual é impossível não nos comunicarmos, especula que os esquizofrênicos tentariam não se comunicar, o que os remeteria a um paradoxo, a saber: mesmo quando tentam não se comunicar, ainda assim se comunicam, desencadeando um ciclo infernal, um ciclo de "jogos sem fim". A questão, todavia, é: por que tentariam não se comunicar?

Nossa suspeita é a de que a comunicação entre os familiares dos sujeitos identificados como esquizofrênicos consiste em uma prática eminentemente marcada pela presença de demandas linguageiras, a que aqueles sujeitos não conseguem responder. Esse é o caso das demandas por responsabilização, para as quais as alucinações são um esboço de resposta. Tudo se passa como se alguém na família devesse assumir a responsabilidade pelos malogros pessoais, profissionais e afetivos vividos pelos outros membros da família. E o sujeito responsabilizado em geral é aquele que justamente não consegue responder às demandas linguageiras.

Ilustremos nossa hipótese com mais um caso clínico. Se a mãe não consegue levar adiante sua carreira como advogada, isso ocorre em virtude daquele filho problemático, a quem ela deve doar seu tempo integral. Se junto com o marido não consegue ter vida social, o responsável é esse filho, que toda vez que sai de casa começa a ouvir vozes. Mas quais vozes ele escuta? Quando ele as escuta? Em uma visita ao domicílio desta família, pudemos observar o orgulho da mãe em nos apresentar sua biblioteca jurídica, bem como seu desconforto perante as ironias do marido sobre o fato de ela nunca haver logrado pagar com recursos próprios a inscrição na Ordem dos Advogados do Brasil (OAB). E quando os sinais de tensão entre o casal começavam a sair do controle fomos interrompidos pelos dizeres enigmáticos e repetitivos do consulente: "Mosca morta. Onde está o processo? Mosca morta. Onde está o processo?" Ao que a mãe respondeu tentando abraçar o filho já bastante alterado: "Este aqui é o meu verdadeiro caso, o processo que nunca consigo concluir, minha advocacia", fazendo-nos compreender algo sobre a função do romance *O processo*, de Franz Kafka, sempre presente entre os objetos trazidos pelo jovem quando vinha a nosso consultório ou ao Caps. É como se, em alguns fragmentos de frase aparentemente extraídos da obra de Kafka, nosso consulente se ocupasse de elaborar os apelos da mãe, que alegava ter abandonado a advocacia para cuidar de seu "verdadeiro caso", embora com isso não merecesse o reconhecimento do marido, que passava mais dias em viagens de negócio do que na companhia dos familiares. Por conseguinte, os 24 anos do filho não eram desculpa para deixá-lo só em seu quarto quando ela, a mãe, tinha de dormir desacompanhada. Mais do que os cuidados com a higiene genital do filho, é como se a ambiguidade materna no emprego dos significantes demandasse algo que nosso consulente não parecia saber. Do discurso sobre a frustração com a advocacia até o discurso sobre a solidão conjugal, a noção de "caso", por exemplo, sofria uma ampliação polifônica que o consulente não conseguia acompanhar, apesar de se sentir demandado a resolver, seja como companheiro de sono quando o pai estava ausente, seja nas horas de biblioteca ao lado da mãe-advogada. Em nossa avaliação, não há como responsabilizar o pai, a mãe ou o filho individualmente, como se o ajustamento alucinatório tivesse sua gênese em atributos pessoais de cada qual. Tampouco reduzir a analítica do ajustamento ao modo de funcionamento da família, ao sistema de crenças e valores cambiados, ou de segredos omitidos. É por essa razão que concordamos com Calligaris (1989, p. 28), que defende que, quando olhamos para a família de um psicótico, temos a impressão de que, "no discurso de seus membros, a psicose já está inscrita, de forma brutal, inclusive". Isso não significa, ainda segundo Calligaris, "que a psicose seja o efeito dessa relação familiar". Quando muito, podemos dizer que nas relações familiares "vemos exaltados os elementos em torno dos quais uma psicose se estrutura: a brutalidade". É nessa brutalidade, acredita Calligaris, que o psicótico encontra as referências com as quais tentará organizar o que até ali não se organizou para si. O que é o mesmo que dizer que a psicose não é um efeito social. Ela é um lugar social.

Seria um equívoco, entretanto, imaginar que a brutalidade fosse apenas uma oferta, uma ocasião para o psicótico se organizar. Afinal – e certamente Calligaris nos acompanha neste ponto –, a brutalidade também introduz uma demanda. Ou, por outro lado, as demandas familiares por excitamento linguageiro costumam apresentar-se de modo brutal, como um tipo de violência que tenta arrancar do sujeito demandado uma compreensão sobre um terceiro geralmente encarnado em uma norma ou instituição social. Portanto, preferimos dizer que, se a brutalidade é um meio para o psicótico se organizar, isso se dá porque ela é em primeiro lugar uma demanda por organização. O psicótico serve-se dela para mimetizar aquilo que ela mesma demanda.

Enfim, tal como mencionamos anteriormente, acreditamos que a psicose seja o esforço de um sujeito para buscar uma suplência de resposta àquelas demandas ambíguas estabelecidas no meio social. Ambíguas porquanto exigem, dos sujeitos demandados, valores pessoais (da ordem da função personalidade) e excitamentos impessoais (da ordem da função *id*). Ante essas demandas, contudo, é como se os sujeitos (das alucinações, por exemplo) não fossem atingidos pelos excitamentos demandados, fazendo que a alucinação seja uma tentativa de resposta, o que, enfim, chama nossa atenção para três dimensões copresentes por ocasião de um ajustamento alucinatório:

- Há uma demanda social, já presente no sistema familiar, que exige de cada indivíduo uma participação em uma dimensão ao mesmo tempo pessoal e impessoal.
- Há um fundo de excitamentos demandados, ainda que alguns excitamentos possam não se apresentar, por exemplo, os linguageiros (como sucede nos casos que acabam gerando ajustamentos alucinatórios).
- E há um sujeito de atos que, na ausência dos excitamentos demandados, cria uma suplência de ajustamento, a que denominamos de alucinação.

Dito de modo sintético, o outro social (função personalidade) exige um "outrem" (função *id*) que, muitas vezes, se furta, exigindo do corpo individual (função de ato) uma utilização alucinatória (ajustamento de preenchimento do fundo) da realidade.

AS ESTRATÉGIAS DA FUNÇÃO DE ATO DIANTE DA AUSÊNCIA DE EXCITAMENTO LINGUAGEIRO

Nos casos em que aparentemente faltam hábitos linguageiros, a função de ato atua como se estivesse a preencher, por meio de alucinações de toda ordem (auditivas, visuais, sinestésicas e verbais, como as logolalias e as ecolalias), a inexistência dos excitamentos com os quais poderia responder ao apelo do semelhante na fronteira de contato. A demanda do semelhante, nessa fronteira, desencadeia no sujeito demandado a compreensão de que, especificamente nessa experiência (nesse sistema self, em particular), ele não tem como responder, nem como fazer cessar o apelo a ele dirigido. Diferentemente do que acontece, caso se ajustasse de modo autista, compreende que se quer algo dele, tem à sua disposição um fundo intercorporal que lhe permite compreender estar havendo, entre ele e o semelhante, uma situação de contato. Ainda assim, não dispõe de parâmetro para interagir com esse apelo que, de alguma maneira, solicita algo a respeito de um terceiro. Compreende que algo lhe é pedido, mas não sabe como dar esse algo ao interlocutor, afinal, esse algo é um terceiro. A alternativa é fazer uso das palavras, dos gestos, das ações do interlocutor, como se elas mesmas pudessem ser tal terceiro.

Ora, aqui, como nos ajustamentos autistas, a função de ato está às voltas com a ausência de um excitamento que não se apresentou. Porém, de modo diverso dos ajustamentos autistas, os excitamentos relativos às experiências intercorporais que constituem nossa intersubjetividade primária (a percepção do olhar, da voz, do gesto do semelhante, e assim por diante) estão presentes. O ausente diz respeito às vivências de contato instituídas pela linguagem, especificamente às vivências culturais em que se procura deslocar, para o campo simbólico, os excitamentos primitivos originalmente vividos de maneira corporal. Por outras palavras, o que não se apresenta é o simbolismo na forma do qual transformamos em "valor" social o afeto, a agressividade, a curiosidade, enfim, toda ordem de experiência até então vivida como uma intersubjetividade primária, intercorporal. Ou, ainda, o que está ausente são os excitamentos linguageiros.

Ora, se os hábitos linguageiros não vêm, a função de ato precisa produzi-los ou, o que é a mesma coisa, aluciná-los. Nessa direção é frequente observarmos ações em que o agente do contato parece se fixar na realidade de modo anacrônico. É como se ele fizesse da realidade o corpo do terceiro exigido pela demanda do semelhante. Um consulente relata seu grande desconforto ao cruzar por homens mais velhos onde quer que esteja. Se, por um instante, um desses homens lhe dirige a palavra, ele sente seu pescoço formigar, como se a resposta estivesse presa na garganta. Ele produz com a garganta a resposta que não encontra em sua linguagem, não porque não domine o idioma, ou esteja acometido de qualquer distúrbio fonológico ou cognitivo. Não advém do fundo uma representação que possa ser repetida naquele instante. A alternativa da função de ato, naquele momento, é responder por meio de uma alucinação sinestésica. O comportamento que aqui, como em todos os ajustamentos de preenchimento de fundo, podemos observar parece algo desconectado, dividido, o que poderia justificar o emprego do termo clássico "esquizofrenia" para designá-lo. Sem dúvida, a fenomenologia clássica dos comportamentos esquizofrênicos ajuda-nos a compreender certas características típicas que julgamos constitutivas desses ajustamentos, em especial a resposta simbólica e a residual. Para não corrermos o risco de ver confundidos os ajustamentos de busca e os quadros psiquiátricos de esquizofrenia, contudo, optamos por denominar os ajustamentos de preenchimento da seguinte forma: a alucinação simbólica (também conhecida como paranoide) e a alucinação residual (ou catatônica). Afinal, mais do que a suposta "divisão", é a presença da alucinação o que dá especificidade aos ajustamentos de preenchimento.

ALUCINAÇÃO SIMBÓLICA (OU PARANOIDE)

No caso da alucinação (ou esquizofrenia) simbólica, o que fundamentalmente caracteriza a ação da função de ato é a ostensiva tentativa de utilização do dado na fronteira como um meio para preencher a ausência do excitamento linguageiro que não se apresentou. Esse dado, na maioria das vezes, é o próprio corpo no qual se verifica a presença de uma função de ato. Essa função usa o corpo (o próprio e o do semelhante) para fazer as vezes daquelas formas (ou hábitos) que se ocupam de um terceiro mais além do interlocutor. Assim, o corpo é empregado para representar um "estranho", o estranho que o interlocutor demandante parece reivindicar.

Nos contextos em que verificamos a presença de alucinações simbólicas, o corpo (objeto da alucinação simbólica) assume ares de signo, signo bruto, sem significado. Ou, então, assume o valor de um corpo-palavra, tal como no episódio em que, diante de uma lareira, depois de ouvir do amigo que a paixão queima como as chamas, um consulente nosso pôs sua mão no fogo, como se assim pudesse dar mostras de entendimento. Ou, então, depois de ler um depoimento no Orkut deixado por uma amiga virtual dizendo que ela gostaria sempre de estar perto do coração dele, outro consulente nosso arrancou o cartão de memória do computador para assim levá-la no bolso esquerdo da camisa.

A reação imediata às demandas sociais, entretanto, é precedida por um uso do corpo para fazer eco. É o caso das ecolalias, logolalias e todas as formas de repetição, por intermédio das quais a função de ato, nesses ajustamentos, faz duplo aos semelhantes no laço social. No caso das ecolalias, o ajustamento consiste em fazer da pergunta a própria resposta à demanda por excitamento veiculada pelo demandante. Nas logolalias, os consulentes costumam repetir uma representação social assimilada (como função personalidade) noutra ocasião, como se ela pudesse dar conta da demanda por excitamento implícita ou explícita na linguagem do interlocutor. As alucinações produzidas a partir do corpo parecem oferecer, nesse tipo de ajustamento, uma espécie de satisfação, porquanto detêm, por um instante, a demanda simbólica que vem do semelhante.

ALUCINAÇÃO RESIDUAL (OU CATATÔNICA)

Essa alucinação é um desdobramento da esquizofrenia simbólica, conformando-se como um ajustamento em que a função de ato, em vez de continuar produzindo novas alucinações que pudessem deter as demandas sociais na fronteira de contato, procura então se fixar naquelas já produzidas. Trata-se de uma cronificação das alucinações simbólicas, que ficam assim parcialmente fixadas como um aprendizado social, qual função personalidade.

PSICOSE E SOFRIMENTO

A fixação da função de ato em alucinações corporais já estabelecidas é a forma típica desse tipo de alucinação (ou esquizofrenia). Se na alucinação simbólica o corpo era, simultaneamente, um corpo-palavra, agora ele aparece como um resto de palavra, um vestígio de uma alucinação que outrora talvez tivesse funcionado. Dessa maneira, testemunhamos na atualidade das relações intersubjetivas comportamentos repetitivos, como se fossem rituais. Em verdade, são expedientes que, alguma vez, obtiveram algum êxito. Mas, depois disso, foram perdendo sua consistência, tornando-se representações débeis, desprovidas de características que permitissem uma interação social mínima. Por outras palavras, são representações que permaneceram apenas como vestígio de um conteúdo remoto, e não como uma forma, como um hábito que pudesse ser retomado como fundo de novas criações. É por isso que observamos, no decurso dos anos, uma deterioração das alucinações, que ficam reduzidas a um conteúdo mínimo, a um gesto mínimo.

Essa deterioração se agrava a ponto de alcançarmos o ostracismo, a desistência ou abandono da palavra-corpo. Em tais casos, o embotamento e o isolamento social são constantes. O quadro evolui para um estado de mutismo que muito se assemelha ao mutismo do autismo. No entanto, diferentemente deste, em que não há resposta aos apelos elementares constituídos no campo de nossa intersubjetividade primária (olhar, gestualidade etc.), o mutismo das alucinações é sempre uma deliberação, uma resposta aos apelos sociais. A função de ato efetivamente delibera em favor do isolamento e do mutismo, razão pela qual empregamos o termo "mutismo secundário" para designá-lo.

INTERVENÇÃO

O SENTIDO GERAL DA INTERVENÇÃO em ajustamentos de preenchimento tem sempre duas direções elementares. A primeira consiste no acolhimento ao ajustamento propriamente dito, que é a alucinação, a fim de que ela possa ser deslocada da condição de linguagem privada para a condição de "jogo", forma lúdica de socialização. A segunda direção consiste na escuta e identificação das demandas que possam estar exigindo tais ajustamentos, o que remete o profissional a um trabalho com a rede social, especialmente com a família na qual o consulente vive. A ideia é, além da neutralização das demandas, o ensino de estratégias de intervenção que promovam a inclusão lúdica das alucinações.

INTERVENÇÃO NO AJUSTAMENTO PROPRIAMENTE DITO

Existem muitos tipos de alucinações, como vimos. São todas elas produções do consulente com o objetivo de preencher, com fragmentos de realidade, a ausência dos excitamentos linguageiros demandados pelos semelhantes. A realidade é tomada como se fosse o excitamento. Entretanto, isso não quer dizer que o sujeito da alucinação exerça um controle ativo da realidade; ele a elege como representante do excitamento, mas não a transforma a fim de assim constituir um objeto que pudesse ser compartilhado socialmente, como no caso dos delírios e das identificações ativas, que veremos um pouco adiante. Paradoxalmente, nas alucinações o consulente mantém-se passivo diante da realidade, limitando-se a nomeá-la como um inusitado diante do qual não tem força para mudar. Contudo, porquanto esse inusitado está fixamente indicado na realidade, ele não pode valer de fato como um inusitado, ao menos para aqueles que o esperam como algo mais além da realidade. Ora, a intervenção terapêutica, quando em presença de uma alucinação, consiste em colaborar para que a função de ato no consulente possa sustentar essa produção, ao menos enquanto não haja condições de localizar, no campo, qual demanda a exigiria. O clínico, nesse primeiro momento, "empresta" sua percepção e sua linguagem para que os consulentes possam, de início, apropriar-se das formas com as quais criam respostas. Trata-se de um trabalho de pontuação dos movimentos, repetições, logolalias, enfim, de quaisquer alucinações que estejam sendo produzidas. A ideia é ampliar essas alucinações e tratar delas como se fossem um "jogo", uma "atividade" da qual o próprio terapeuta possa participar. Um consulente, por exemplo, sempre que os colegas do Caps insistiam para que ele parasse de caminhar, sentava à mesa de atividades e começava a balançar as mãos. A impressão que tínhamos era a de que ele tentava participar das conversas, mas apenas as suas mãos. Foi então que tomamos a decisão de, um dia, colocar um lápis entre seus dedos. Ele parou, olhou fixamente para o lápis e nos pediu uma folha de papel. Continuou a movimentar as mãos, porém como se escrevesse. E guardávamos cada produção, sem nos atrever a dizer coisa alguma. Com o passar dos meses, ele foi paulatinamente se transformando em um sujeito muito falante, embora nem todas as suas palavras pertencessem ao nosso idioma. Acreditamos que essa estratégia não só validou a função de ato no consulente como ampliou enormemente a contratualidade social dos ajustamentos que produzia. De onde inferimos que não devemos, em hipótese alguma, desqualificar, nem mesmo interpretar, a alucinação produzida como se ela tivesse um sentido, algo por descobrir. Ao contrário, é preciso perceber que a alucinação é um indício da autonomia da função de ato no consulente, autonomia essa que deve ser secretariada, protegida e, na medida do possível, ampliada. Afinal, não se sabe exatamente qual demanda a exige.

A intervenção nas alucinações residuais não é diferente daquela recomendada no caso dos ajustamentos alucinatórios simbólicos. Valem as mesmas orientações. O trabalho consiste na ampliação do vigor criativo da função de ato no consulente. Aqui, entretanto, o clínico dispõe de um fragmento de simbolização, o qual justifica não uma interpretação, mas uma sorte de trabalho "arqueológico", como se a alucinação original pudesse ser resgatada. Esse trabalho é importante na medida em que pode favorecer a validação dos ajustamentos anteriores. Tudo se passa como se, ao emprestar sua "memória" ao consulente, o terapeuta favorecesse a transformação da alucinação em jogo e, nesse sentido, em produção social.

INTERVENÇÃO NOS FAMILIARES E NO MEIO SOCIAL EM QUE VIVE O CONSULENTE

O clínico, todavia, não deve ater-se apenas à formação alucinatória como tal. Visando ultrapassá-la, ele precisa poder localizar de onde vêm as demandas que a exigem, não sendo impossível que a própria alucinação, por vezes, forneça algum indício de qual seja a demanda, ainda que isso não seja muito frequente. Se a rigidez muscular do consulente perante a moça de cabelos longos na recepção da clínica em parte lembra o "puro-sangue" demandado pelos primos anos antes, essa é uma associação que fizemos *a posteriori*, depois de todo o trabalho de deslocamento da alucinação para um discurso – no caso em questão, para um discurso recordativo (que muito bem poderia ser um delírio). Por outras palavras, a associação entre a paralisia muscular e o dizer dos primos sobre a linhagem sexual da família foi construída com o auxílio do clínico. De modo geral, a demanda não está expressa na resposta alucinatória. É preciso que o clínico olhe em volta, acerque-se das variáveis intervenientes naquele campo, até localizar a pessoa ou o objeto cuja presença, menção ou memória recrudesce a formação alucinatória. Nesse momento, talvez ele tenha encontrado a demanda, e eis então que se inicia a segunda etapa de intervenção nos ajustamentos de preenchimento alucinatório. Ela consiste na neutralização da demanda, buscando favorecer o deslocamento da alucinação para o "jogo". O clínico trabalha visando neutralizar o agente demandante. De maneira geral, isso significa orientar os demandantes para que se apercebam da ambiguidade em suas posturas e dizeres. Esse trabalho demanda:

- Esclarecer o que é uma demanda por excitamento e em que ela se distingue de uma demanda por inteligência social.

- Aclarar o que é uma alucinação e em que medida ela estabiliza o consulente.

- Informar a respeito de como se pode manejar a alucinação com o objetivo de deslocá-la para o campo do jogo.

- E, sobretudo, auxiliar os familiares no reconhecimento das demandas que, na atualidade da situação, estejam dirigindo ao sujeito que alucina.

Essa etapa do trabalho de intervenção também pode incluir o afastamento ou separação entre o consulente e o agente demandante (frequentemente algum familiar, amigo próximo ou, ainda, um colega, por exemplo), sobretudo nas situações em que o caráter ostensivo das demandas implique risco de injunção capaz de levar o consulente ao surto. A separação, usualmente, equivale à introdução de um terceiro, de uma pessoa que possa fazer a mediação entre o demandante e o consulente. Não se trata de introduzir o representante da lei paterna – segundo a primeira formulação clínica de Lacan –, que pudesse decifrar para o consulente as demandas para as quais não encontra resposta, o que poderia representar para ele uma nova demanda, afinal, ao pedido dos familiares acrescentou-se a expectativa do clínico acerca da compreensão que o consulente possa ter do ocorrido. Ao contrário, a inclusão do terceiro significa a eleição de alguém que possa representar o terceiro demandado, como se a presença deste satisfizesse os demandantes, fazendo cessar a pressão sobre os consulentes. Nesses casos, é como se o terceiro (que pode ser o próprio clínico, mas de preferência um acompanhante terapêutico – AT) pudesse fazer as vezes do excitamento demandado.

Mas não está descartada a hipótese de que, em algumas vezes, o afastamento físico entre os familiares e o consulente se faça necessário. O ideal é que o AT possa levar o consulente para uma atividade fora do recinto, como por exemplo a uma oficina de artes em um Caps I e II, ou então a um Caps III, que dispõe de leitos e de uma equipe permanente, viabilizando o pernoite do consulente[2]. Depois de algumas horas, ou turno de atividades, é possível que a demanda já não esteja perturbando o consulente (desde que no Caps ele não encontre outras demandas por excitamento, o que poderia agravar o quadro). Já a internação é uma medida muito drástica e questionável, pois ela sempre submete o consulente às demandas institucionais e, frequentemente, a injunções que provocam surto. Porém, quando não houver possibilidade de isolamento entre o consulente e o meio que o ameaça, a internação em residências terapêuticas ou em um Caps III pode ser entendida como oferta de segurança. É importante, mesmo aí, que o AT ou o clínico continuem acompanhando o consulente, objetivando abreviar sua permanência fora de casa e, principalmente, a manutenção de uma ligação do consulente com o ambiente de onde veio. Ademais, por mais ágeis que sejam os profissionais do Caps, eles não conseguem acompanhar tão de perto os desdobramentos das intervenções, em especial aqueles que têm lugar no contexto familiar. Aqui, mais uma vez, vale lembrar a importância de pensarmos em uma atenção ampliada, em uma clínica ampliada, como sugere Silva (2007), que facultasse ao profissional (geralmente um AT), mais que tirar o consulente de seu meio, participar das situações cotidianas em que manobras de deslocamento (das demandas e das respostas alucinatórias) se fizessem necessárias.

DESAFIOS NA INTERVENÇÃO EM AJUSTAMENTOS DE PREENCHIMENTO

Em nossa clínica costumam se produzir as seguintes questões: até que ponto o clínico deve simplesmente proteger o consulente das demandas por excitamento? Não poderia ele trabalhar no sentido de provocar, em um contexto seguro, o surgimento do excitamento? Ele não poderia demandar? Mas isso não vai contra toda a orientação ética assumida até esse ponto?

Somos obrigados a confessar que a cada novo consulente, para não dizer a cada nova sessão, entramos em crise com as posições teóricas e as orientações éticas assumidas até aquele momento. Nada que não se pudesse esperar em função da forma como nos servimos da teoria: como um marco diferencial que nos ajuda a postular a diferença entre o já elaborado e o surpreendente. Ante um acontecimento, no entanto, temos de tomar uma decisão. E, se o êxito sempre acompanhou as intervenções em que suspendemos qualquer tipo de demanda dirigida aos consulentes que aparentemente alucinavam, noutras situações esse excesso de prudência parecia equivocado. Afinal, em algumas vezes, o que julgávamos ser uma alucinação não parecia uma suplência de resposta à demanda por excitamento linguageiro. Parecia antes a própria presença rudimentar do excitamento. O que aconteceu em tal caso? A consulente deslocou-se de um momento mais insensível para outro mais sensível aos excitamentos linguageiros?

Não podemos monitorar todas as variáveis que podem interferir no comportamento de nossa consulente. Logo, não podemos dizer ao certo se houve ou não alguma ocorrência que justificasse nossa impressão de mudança, mas apenas que, na relação conosco, é como se ela tivesse começado a operar com os excitamentos que antes não lhe ocorriam. É certo que ela ainda não lograva êxito na formulação de um desejo. Tudo se passava como se o olhar dos colegas nas assembleias do Caps a atingisse e a fizesse vibrar, contudo ela não sabia bem como operar com ele. Seria já um ajustamento de articulação? Aparentemente não, pois ela não estava perdida entre muitos excitamentos – como vamos ver no seguimento, quando formos estudar os ajustamentos de articulação. Ela estava, sim, envolvida com "um" excitamento, embora lhe faltasse o tino para transformá-lo em um desejo, em uma fantasia. Perguntamos a ela (porquanto nos autorizamos a demandar) se não havia feito nenhuma tentativa de aproximação àqueles que a olhavam, especialmente a um deles, por quem mostrava evidente preferência. Ela respondeu dizendo que toda vez que ensaiava dizer algo mais "íntimo" via-se perturbada pelas vozes, as quais a xingavam como se ela não tivesse o direito de importunar o rapaz, afinal, ele também ouvia vozes. Até o dia em que ela nos surpreendeu com o seguinte dizer: "Se ao menos tu estivesse lá, talvez eu tivesse coragem". O que a consulente queria dizer com isso? Que ela precisava de um intermediário, feito metáfora do pai? Ou que fazíamos parte de uma construção maníaca, por cujo meio ela novamente se fixaria em um corpo (no caso, o nosso) e que a dispensaria de desejar? Ou será que ela precisava do clínico como alguém que encarnasse a ambiguidade da situação, como um terceiro por intermédio do qual pudesse distinguir entre os excitamentos motores e os excitamentos linguageiros?

O rapaz por quem ela se interessou era também nosso consulente. Tratava-se de nosso leitor de Kafka. E ele também já havia notado o olhar atento da moça, mas não dizia nada que pudesse insinuar algum desejo por ela. E, ainda que não tivéssemos certeza sobre quais efeitos poderíamos provocar, tomamos a decisão de operar uma manobra radical no tratamento desses consulentes. Sugerimos a eles que se encontrassem na sessão clínica de um dos dois. O rapaz disse gostar da ideia, preferia ir à sessão dela; ao que a consulente reagiu com muito entusiasmo, o que praticamente nos assegurou de que ela estava desejando. A sessão, enfim, aconteceu. Cada qual perguntava ao outro diretamente: "Como tu me vês? O que as vozes dizem para ti? Já beijaste?..." O curioso foi que, para ouvir as respostas, olhavam fixamente para mim, o clínico, como se eu devesse denunciar o que cada frase respondida queria dizer. Tinha a impressão de que meu corpo era como uma caixa de ressonância: não precisava dizer nada, apenas permitir ser olhado. Quando intervinha, perguntando a um deles se havia entendido a resposta emitida pelo outro, imediatamente se desinteressavam de mim e faziam entre si novas questões. Entendi que meu silêncio naquele momento era o anteparo de que precisavam para conseguir distinguir a realidade do excitamento ou, conforme nossa hipótese, o excitamento motor (com o qual operavam vivamente por meio das perguntas) do excitamento linguageiro (que buscavam em minhas reações).

A experiência teve muitos efeitos na vida da moça. A relação dela com seu corpo, sua sociabilidade, principalmente seu relacionamento com a irmã mais velha, deram saltos de qualidade incríveis. Afinal, agora tinha coisas a confidenciar acerca de um terceiro. Conforme o relato dos pais: "É como se, de repente, a adolescente que ela nunca foi tivesse surgido". E ficamos exultantes com a possibilidade de pensar que, nalgum momento do tratamento, esquizofrênicos pudessem enfim ser atravessados por excitamentos linguageiros, a ponto de se transformar em sujeitos desejantes. Seria isso uma cura? Mas nossa alegria não durou muito. Mesmo tendo conseguido convidar a moça para uma sessão de cinema, o rapaz não suportou a interferência da mãe-advogada, que o aguardava na saída, acompanhada por uma amiga. "O que a mãe queria que eu dissesse àquela mulher?", perguntou o consulente em uma sessão que fez conosco alguns dias depois. Ele ainda nos confidenciou que, depois de ter sido surpreendido pela mãe e pela amiga dela, começou a ouvir vozes estranhas, que ameaçavam matar os "mitschs". Imaginamos que essa entidade fosse uma nova alucinação em resposta às demandas da mãe com respeito ao relacionamento. E não importa a quais demandas nosso consulente fora submetido pela mãe, a responsabilidade pelo fracasso foi inteiramente nossa, como sempre. Afinal, deveríamos ter instruído a mãe sobre a necessidade de que também ela operasse como nós, fazendo-se caixa de ressonância muda.

Algumas semanas depois, o consulente nos perguntou o que poderia fazer para atenuar a força das vozes. E mais uma vez falhamos, ao sugerir que ficasse calado. Permaneceu assim por longos quatro meses. A mãe-advogada não suportou esse silêncio. Decidiu "substabelecer" o tratamento a um psiquiatra, que prometeu tirá-lo desse embotamento profundo com medicamentos de última geração e um moderno tratamento de eletroconvulso-terapia. Como tudo andava de mal a pior, a mãe-advogada nos reconduziu ao caso. Solicitou de nós ajuda para tirá-lo da internação, onde permanecia calado, com o agravante de permanecer duplamente amarrado: pelas cordas e pelas visitas diárias da mãe. No saguão da instituição a mãe-advogada nos confidenciou algo que fez toda diferença: "Sabes que meu filho disse a um amigo o seguinte: 'Aquela moça não faz o meu gênero'?" Chamou nossa atenção o fato de a mãe repetir a suposta frase do filho em primeira pessoa. Começamos a suspeitar de que, talvez, não fosse uma frase de nosso consulente kafkiano. E compreendemos algo a respeito de por que, meses antes, ele nos havia dito que os "mitschs" corriam risco de morrer. Não havíamos percebido que o nome da família da moça correspondia à inversão das sílabas dessas entidades: "Schmit". Depois de algumas semanas comunicando-se conosco apenas por meio dos alimentos que aceitava que lhe déssemos e gostava de compartilhar conosco – o que nos deu a certeza de que autorizava nossa presença –, começou a falar. Suas primeiras palavras: "Eu não podia dizer a ela que minha mãe não a queria. Ela iria morrer". Algumas semanas depois ele nos confidenciou: "Sabes que, enfim, morremos todos. Feito moscas. Não quero mais saber do Ca(p)stelo! (risos). Perdi o processo". Até hoje não voltou mais. Quando surta, sua mãe nos chama. Mas nossa presença o ameaça. Em contrapartida, para aumentar nossa confusão, a moça traz constantemente às sessões a fantasia sobre o fim dessa relação produzida por nossa intermediação. Relembra cada detalhe, mas diz-se convencida da impossibilidade de levá-la à frente. E ainda não temos certeza se é o caso de nos arriscarmos com demandas por excitamento linguageiro ou não.

O que de definitivo julgamos haver alcançado relaciona-se à importância em incluir a rede social do consulente no tratamento dos ajustamentos de busca. A construção coletiva de um entendimento sobre o que seja um ajustamento, a transmissão de técnicas de intervenção aos familiares, bem como a discussão ampliada dos desdobramentos do tratamento junto da rede social, são construções que não só atenuam o sofrimento em torno dos sintomas do consulente, como também ampliam a contratualidade social deste. As diferentes produções dos consulentes passam a merecer uma atenção muito mais qualificada do que aquela que os clínicos e os profissionais de saúde poderiam fornecer. Ademais, essa parceria dos profissionais com a rede social permite o estabelecimento de um padrão crítico sobre o êxito do tratamento – como desejaria Foucault (1963). Sobretudo, tal parceria constitui um terreno fértil para a criação de novas estratégias de tratamento, de sorte a beneficiar a clínica como um todo.

6. Ajustamento de articulação de fundo

DISCURSO ARTICULATÓRIO

Nossa hipótese para compreender o mutismo e a alucinação foi conjecturar a ausência de algo exigido no meio social, precisamente, os excitamentos. Enquanto nas respostas mutistas a estratégia era o isolamento em relação às demandas, nas alucinatórias tudo se passava como se a própria realidade pudesse ser utilizada como semblante de resposta, resposta às demandas por afeto quanto a um terceiro ausente. Diferentemente do primeiro caso, no segundo é como se a função de ato procurasse responder, embora se tratasse de uma pseudorresposta, ao menos nos casos em que a demanda era por excitamento linguageiro (uma vez que os hábitos motores aparentemente estavam disponíveis). Entretanto, mesmo a resposta alucinatória tinha uma sociabilidade limitada. Ainda que se tratasse de uma resposta atrelada a algum aspecto da realidade (voz, eco, logos repetitivo, movimento etc.), ela não veiculava nenhuma nova interrogação, como costumamos testemunhar nos diálogos com pessoas que, por exemplo, estabelecem conosco um ajustamento evitativo (ou neurótico). Nesses contextos, a cada resposta introduz-se uma expectativa de continuidade, como se houvesse ainda algo a dizer, seja da parte do interlocutor seja da parte do próprio falante. E já sabemos que essa diferença se deve ao fato de que, nas alucinações, a preocupação não consiste em operar com os excitamentos linguageiros (mesmo porque eles estão ausentes), apenas mimetizá-los. A operação (ou replicação) dos excitamentos na forma de novas demandas é um processo mais complexo, que implica a abertura de um horizonte presuntivo a que chamamos de desejo. É ele que sustenta o diálogo, independentemente dos conteúdos semânticos (ou das representações sociais) que estejam sendo compartilhados pelos interlocutores, tal qual bate-papo em uma mesa de bar: quando há desejo, não importa muito o assunto, desde que nos mantenhamos conversando. Mas o que acontece quando algumas pessoas falam demais, a tal ponto que perdemos o interesse pelo que falam? O que acontece quando os conteúdos semânticos, os assuntos propriamente ditos, tornam-se mais importantes que o próprio dizer? O que se passa quando alguns desses conteúdos fragmentam a comunicação? Ou fixam nosso interlocutor em determinado contexto semântico, como se nada mais o fizesse mudar, enfim, desejar?

Sem dúvida podemos sempre lembrar que esses expedientes podem estar relacionados à forma evitativa como certa função de ato opera no campo relacional. Tal função pode estar tentando se desincumbir de desejar, dado que se sente ameaçada por algo que nem ela mesma sabe do que se trata. De todo modo, mantém-se vigilante quanto aos desejos que podem lhe acometer. Nesse caso, porém, sempre somos solicitados a desejar por ela; sentimo-nos manipulados a exercer, sozinhos, algo que também poderíamos esperar dela, o que não é o caso das pessoas que descrevemos no parágrafo anterior. Se elas falam demais, se fragmentam a comunicação, ou se fixam em determinado assunto, não é porque solicitam que desejemos por elas. Diante delas não nos sentimos exatamente manipulados a poupá-las de desejar, emprestando-lhes os nossos desejos. Ao contrário, a impressão que temos é que se fixam na realidade para que não haja desejo. Elas não se isolam do meio social, como fazem os autistas, tampouco se fixam em fragmentos da realidade, como fazem os esquizofrênicos. Em vez disso, elas circulam por conteúdos semânticos amplos, respondendo às demandas por excitamento como se compreendessem que um horizonte de desejo estivesse sendo aberto – o que as diferencia dos autistas de Asperger, por exemplo. Apenas, suas respostas não demandam outros excitamentos, não dão continuidade ao "interessante" que possa haver mais além dos conteúdos semânticos, como se o domínio que tivessem do assunto, a forma prolixa como se comunicam, ou a evidente falta de interesse interditassem a posição do interlocutor. Não se trata de um chato – o qual tem mais relação com os comportamentos de manipulação típicos dos ajustamentos evitativos –, mas de alguém cuja "capacidade de articulação dos conteúdos da realidade" causasse no interlocutor um estranhamento da ordem do espanto, o que, enfim, nos levou a conjecturar a existência de um tipo de ajustamento criador ao qual denominamos de "articulação". Às vezes na forma de delírio, noutras na forma de uma identificação à realidade, os ajustamentos de articulação compreenderiam uma ampla gama de ajustamentos de busca, de busca de suplência às respostas demandadas pelos interlocutores no laço social, especificamente às respostas que se referissem aos desejos. O que é o mesmo que dizer que os delírios e as identificações seriam criações cujo propósito tem relação com a suplência aos desejos na forma das quais o meio social esperaria que eu operasse com os excitamentos. Ora, o que os motivaria, qual a gênese desses modos de ajustamento?

GÊNESE DOS AJUSTAMENTOS DE ARTICULAÇÃO: OS EXCITAMENTOS A MAIOR E A SUPLÊNCIA AO HORIZONTE DE DESEJOS

Tal como mencionamos em nossa discussão sobre a hipótese reitora para compreender a psicose como ajustamento criador, acreditamos que o excesso de excitamentos também possa ser arrolado como motivo possível para a produção de respostas psicóticas, especificamente delirantes e identificatórias. No entanto, o que nos faculta afirmar que alguém estaria acometido de um excesso de excitamentos? Como essa presença a maior se deixaria perceber?

Não acreditamos ser possível dizer ao certo se alguém é alcançado por um excesso de excitamentos. Trata-se aqui de uma hipótese cujo intuito é ensaiar uma estratégia de intervenção que faculte ao sujeito de atos delirantes e identificatórios um espaço de emancipação que valha, a ele próprio e aos seus familiares, a possibilidade de ampliação de suas contratualidades sociais. Nossa motivação ao afirmarmos haver para tais sujeitos um excesso de excitamentos está relacionada à observação do meio social em que vivem e cuja característica dominante, no momento em que os atos delirantes e identificatórios estejam acontecendo, é a presença ostensiva de variados tipos de demandas. Por outras palavras, nos contextos em que observamos atos delirantes e identificatórios sempre encontramos demandas diversas, cuja satisfação implica um grau de dificuldade elevado, de onde inferimos que aqueles atos sejam formas de suplência às respostas exigidas.

Mas, se a quantidade de demandas fosse assim tão ameaçadora, por que os sujeitos de ato não tentariam se isolar, como os autistas? Não pensamos que esteja descartada a alternativa do isolamento. Diferentemente dos autistas, todavia, temos a impressão de que os sujeitos de atos, dessa vez, têm a seu dispor os excitamentos. Contudo, como as demandas não dão trégua, apresentando-se todas elas com o mesmo grau de insistência, a quantidade de excitamentos ameaça a função de ato demandada. Ela não consegue "deixar-se levar" por um deles, nem decidir pela adesão passiva a um desses excitamentos, adesão essa que é condição para que ele possa dar continuidade ao fluxo de demandas que caracteriza a experiência da criação ou desejo.

Dito de outra forma, diante da abundância de excitamentos desencadeados pelo excesso de demandas, como se a função de ato não conseguisse decidir-se por um, como se não conseguisse exercer a passividade característica daqueles que se engajam em uma cadeia de demandas ou, simplesmente, em uma experiência desejante. São muitas vias ou possibilidades ao mesmo tempo, e nossa hipótese é de que nenhuma delas dá trégua, de onde inferimos que a função de ato possa querer mais uma vez se fixar na realidade.

Dessa vez, entretanto, a realidade não é utilizada para substituir os excitamentos. Afinal, eles estão copresentes (e em excesso). A realidade é sim empregada para substituir o fluxo de demandas que possa se abrir a partir de algum excitamento. Ou, então, é utilizada para fazer a suplência ao horizonte de desejos que o interlocutor espera que o sujeito de atos possa criar mais além do excitamento disponível.

A realidade, nesse sentido, é utilizada como se ela mesma fosse um objeto de desejo, ou essa totalidade indeterminada que ultrapassa os objetos da realidade. Ou, ainda, a função de ato articula os objetos da realidade entre si, como se essa articulação fizesse as vezes da indeterminação que caracteriza os objetos do desejo. Porém, como tal articulação não consegue transcender a esfera dos objetos da realidade, não há indeterminação de fato. Não há lugar para a dúvida, para a curiosidade ou interesse do interlocutor. Tudo fica estreitamente determinado pelo uso que a função de ato faz dos objetos da realidade, como se o desejo não existisse. E talvez fosse aqui o caso de perguntar: qual é a característica desse uso da realidade típico dos ajustamentos de articulação? No que eles são diferentes dos usos alucinatórios, dos ajustamentos de preenchimento?

DIFERENÇA ENTRE ALUCINAÇÃO E DELÍRIO

COMO JÁ MENCIONAMOS ACIMA, os ajustamentos delirantes são diferentes dos ajustamentos alucinatórios, e a diferença diz respeito essencialmente ao modo como a realidade é utilizada em um caso e noutro. Nos ajustamentos alucinatórios, a função de ato utiliza fragmentos da realidade. Ela não se serve dos objetos como totalidades determinadas, nem das relações complexas que os objetos têm com outras partes da realidade. Ao contrário, nas alucinações a função de ato escolhe uma pequena parte, escolha que é fundamental para que se possa criar a impressão de um excitamento. Afinal, os excitamentos não têm sentido, tal como as partes desvinculadas de seus todos. Não se trata, por conseguinte, de uma falsa fé ou de uma falsa percepção, e sim de uma fixação em um fragmento da realidade, o qual, por ser um fragmento, impõe uma impressão de incompletude, tal qual nos excitamentos. Mas esse expediente, conforme dissemos acima, não convence os interlocutores (que desejam excitamentos). Para os interlocutores, a fixação do sujeito em alguns sons, imagens, palavras, movimentos ou pensamentos (utilizados repetitiva e independentemente do contexto) não logra formular um discurso que pudesse ser compartilhado (no campo da função personalidade), tampouco abre um horizonte de expectativas que extrapole a realidade. Por outras palavras, a fixação em fragmentos de realidade não caracteriza objetos que pudessem ser discutidos no campo da inteligência social nem excitamentos, já que os demandantes sabem que os excitamentos não podem ser localizados, seja em objetos da realidade seja em fragmentos dela, como quer o sujeito que alucina. Do ponto de vista dos demandantes, a fixação do sujeito de atos psicóticos nas partes isoladas da realidade dá a impressão de que este não goza de autonomia, como se fosse acometido por algo que verdadeiramente se impõe a ele, ainda que não se trate de um excitamento. De onde se segue a impressão de que, nas alucinações, os sujeitos de ato são "passivos" às suas próprias criações. E é exatamente essa passividade dos sujeitos de atos às suas próprias produções alucinatórias aquilo que mais significativamente permite estabelecer uma distinção entre os delírios e as formações identificatórias.

Nos ajustamentos de articulação, à sua vez, os atos delirantes e identificatórios tomam os objetos da realidade como um todo. Mais do que isso, estabelecem conexões complexas entre os diversos objetos, como se os dominassem completamente, originando a impressão de que os sujeitos de atos delirantes e identificatórios são pessoas ativas em relação à realidade. Enquanto os que alucinam parecem reféns das vozes ou demais produções com as quais tentam responder às demandas por excitamento, as pessoas quando deliram ou produzem identificações diversas mostram-se senhoras daquilo que se passa na realidade, embora também aqui, como no caso das alucinações, os interlocutores não sintam que a realidade esteja sendo utilizada de modo fluido. Dito de outra forma, também no campo da utilização delirante ou identificatória da realidade os interlocutores (interessados em servir-se dos excitamentos para ultrapassar a realidade) não se sentem contemplados, uma vez que os sujeitos desse uso confinam seus interlocutores em uma rede de relações objetais fechada, sobre a qual têm poder, independentemente das intervenções alheias. As diferentes relações criadas na realidade não abrem um horizonte virtual, um domínio de transcendência no qual pudéssemos instituir novas demandas e expectativas. A utilização "delirante" e "identificatória" que os sujeitos fazem da realidade não abre espaço para o surpreendente, como se tudo já estivesse estabilizado no campo de uma certeza impenetrável, em que os sujeitos psicóticos sentem-se seguros. A realidade torna-se ela mesma uma metáfora de desejo, como se cada conexão entre objetos tivesse um caráter fantástico.

De todo modo, ainda que sejam de natureza muito diferente, as alucinações e os delírios são ambos formas de lidar com as demandas por excitamento. Porquanto nas alucinações a realidade é utilizada como se impusesse algo ao sujeito, podemos deduzir que ali não há excitamentos, apenas uma imitação deles. Já nos delírios, tendo em vista que a realidade é utilizada como se nela já estivesse contido tudo que poderíamos esperar, podemos deduzir haver excitamentos demais, para os quais a realidade parece ser a melhor articulação. Mas de que modo, exatamente, a função de ato articula a realidade como suplência aos desejos que não pode escolher ou para os quais não pode se entregar?

A DUPLA ESTRATÉGIA DA FUNÇÃO DE ATO EM FACE
DO EXCESSO DE EXCITAMENTOS

PARA ARTICULAR A REALIDADE de sorte a substituir os objetos de desejo (que pudessem reunir em uma síntese presuntiva os excitamentos disponíveis), o sujeito demandado pode estabelecer diferentes estratégias. Nossa experiência de acompanhamento a consulentes que, com frequência, produzem delírios e identificações indica duas estratégias principais, as quais, além disso, vão ao encontro dos estudos clássicos da tradição psiquiátrica fenomenológica e da psicanálise. Por um lado, há a estratégia que consiste em articular os dados da realidade como se tal articulação contivesse nela mesma a virtualidade desejada pelos interlocutores. O "interessante" buscado pelos demandantes estaria realizado nos objetos da realidade ou, mais precisamente, nas associações e dissociações que o sujeito de atos delirantes proporia a respeito do entorno. Tais associações e dissociações, entretanto, nunca lograriam incluir o demandante e, por conseguinte, jamais abririam verdadeiramente um horizonte de desejo. Tratar-se-ia de criações fechadas à intervenção do semelhante, limitadas à lógica associativa eleita pelo sujeito dos atos delirantes. Por outro lado, há a estratégia que consiste em compartilhar, com alguém ou com algum objeto, o trabalho de articulação da realidade, como se esse compartilhamento assegurasse ao sujeito de atos uma identidade desejável aos semelhantes. Nesse caso, os excitamentos encontrariam, todos eles, um destino na identificação do sujeito ao outro sujeito de atos.

Na primeira estratégia, a função de ato modifica a realidade, estabelecendo com absoluto controle divisões e ligações entre pensamentos, imagens, valores e comportamentos, objetivando simular com eles um desejo que, todavia, não é reconhecido pelos interlocutores demandantes. Estes precisam submeter-se à "autoria" ou "autoridade" produtiva do sujeito delirante, autoridade produtiva que, à sua vez: 1) ou fragmenta, de maneira delirante, a realidade disponível em múltiplas partes, a fim de poder atribuir a cada uma delas os múltiplos excitamentos que se apresentam (caso em que temos o delírio dissociativo, usual naqueles quadros que a psiquiatria denomina de transtornos obsessivo-compulsivos); 2) ou unifica diferentes partes da realidade em uma unidade imaginária investida de muito poder (seja um poder persecutório, que faria da função de ato demandada uma vítima, seja um poder inclusivo, o qual fixaria a função de ato demandada em um lugar de grandeza, como se assim estivesse dispensada de responder às demandas).

Por outro ângulo, a função de ato pode tentar "identificar-se" às sínteses e possibilidades já estabelecidas no campo da realidade (função personalidade), assumindo para si valores, imagens e pensamentos correntes em seu cotidiano, como se eles fossem, enfim, os desejos esperados pelos demandantes. Para tanto, a função de ato demandada pode visar, em um episódio trágico, acidente ou personalidade impotente, enferma ou convalescida, à perda da unidade, da integração espontânea da experiência de contato. É como se, nessas impossibilidades da realidade, ela encontrasse a morte do excitamento (caso em que temos a identificação negativa, que é bem mais do que um episódio melancólico). Ou, então, a função de ato pode intencionar, em uma função de ato bem-sucedida em sua forma de enfrentar as demandas, uma espécie de ampliação ao infinito de sua própria capacidade de fazer contato (caso em que temos a identificação eufórica, tal qual a ocorrência psiquiátrica denominada de identificação positiva).

Mediante essas duas estratégias (de alienação e de identificação), o que a função de ato tenta fazer é localizar (ou em uma realidade modificada ou na própria realidade) o desejo reclamado pelo meio social. Em outros termos, ante o excesso de excitamentos provenientes da abundância de demandas, ou a função de ato fixa-se em uma realidade modificada (reinventada por atos de associação e dissociação), ou se fixa nas possibilidades já disponíveis da realidade. Em ambos os casos, a função de ato demandada opera como se a realidade (modificada ou disponível) fosse ela própria a articulação de excitamentos esperada pelos demandantes.

Ilustremos essa discussão com um caso clínico. Aquele mesmo consulente cujo corpo enrijecia ante uma demanda linguageira advinda de uma mulher noutra ocasião chegou à clínica sem saber exatamente o que queria daquele lugar. A estagiária, a qual ele via semanalmente, convidou-o para tomar um café no refeitório da instituição. Lá ele encontrou a copeira, com a qual, nessa altura, já tinha uma relação de amizade. Aconteceu de aparecer um gato, que rapidamente atraiu a atenção do consulente para a área externa da instituição. Foi nesse momento que, ao ver os filhotes de cão labrador no terreno do vizinho, já não sabia se estava ali para comprar um filhote, adotar um gato, contar as novidades para a amiga copeira, tomar café com a estagiária, ou fazer terapia. Até que, já na sala com seu clínico gestáltico, o consulente reconheceu, no ruído produzido pelo ar-condicionado, a regularidade de uma linguagem, a qual, uma vez decodificada, revelar-lhe-ia uma mensagem. Na semana seguinte, ele chegou à sessão dizendo que não tinha mais nada para falar porque suas falas eram falas mortas, "literalmente" mortas, e não surtiriam efeito algum nem mesmo em seu analista. E, do nada, no meio da sessão, apercebeu-se de que as palavras do clínico eram verdadeiras soluções para os seus problemas, verdadeiras epifanias, de onde inferiu entusiasmadas conclusões sobre a importância desse clínico em sua vida. Ora, o que aqui se passa?

Para fins didáticos, vamos falar das duas estratégias antes mencionadas como se pudéssemos dividi-las em quadros separados (delírios dissociativo e associativo, identificações depressiva e maníaca). Porém, o mais frequente é o deslizamento de um modo de ajustamento no outro, deslizamento esse também provocado pelo tipo de intervenção estabelecida pelo clínico. O que significa dizer que, no campo da clínica, é a demanda do clínico que acaba definindo as diferentes respostas com as quais o consulente, a quem o fundo de excitamentos parece não se apresentar, não consegue lidar.

DELÍRIO DISSOCIATIVO

CARACTERÍSTICAS GERAIS

A principal característica desse tipo de ajustamento é a fragmentação imaginária da realidade em múltiplas partes desconectadas entre si. Tal fragmentação corresponde a um delírio dissociativo, o qual permite à função de ato atribuir, a cada parte, um dos codados (excitamentos) que esteja a sentir de maneira desarticulada. Por outras palavras, trata-se de uma estratégia delirante em que o dado disponível, seja ele o próprio corpo, uma coisa ou o corpo do semelhante, é decomposto em tantas partes quantas forem necessárias para que os múltiplos codados (excitamentos) possam ser dissipados.

Em decorrência desse expediente, é comum testemunharmos tentativas de ajustamento em que alguém, por exemplo, fragmenta seu corpo em várias partes isoladas, qual comunidade de sujeitos separados. Os braços, o cabelo, as pernas, os pulmões, o coração, são tratados como se fossem entidades diferentes. Cada órgão tem a sua doença, convalesce de um excitamento diferente. Aliás, a doença é sempre algo buscado, pois é uma forma de decretar que o excitamento está se esvaindo, indo embora. Nessa direção, podemos falar aqui de uma dissociação hipocondríaca.

Ainda nesse tipo de ajustamento, podemos usualmente observar a errância comportamental. O sujeito, a cada momento, está assumindo uma atividade nova, deixando para trás as outras e assim sucessivamente. Ele desliza metonimicamente de uma tarefa a outra, de uma direção a outra, por muitas dívidas, relações, empregos etc. Não porque ele queira tudo, mas para poder se livrar do anterior e, um por um, de todos. Afinal, cada via, cada dado que se apresenta a ele é ocasião para eliminar isso que ele sente, mas não consegue compreender como seu, precisamente, o fundo de excitamentos. Em certa medida, esses delírios de fragmentação asseguram à função de ato demandada certo alívio, uma dissipação dos excitamentos, o que nos permite falar do delírio dissociativo como a satisfação possível desse tipo de ajustamento.

UM CASO CLÍNICO: "A MULHER DAS ANDORINHAS"

Não utilizamos a noção de dissociação para caracterizar um tipo específico de transtorno, como se houvesse pessoas dissociativas, tal como se diz haver pessoas investidas de um transtorno obsessivo-compulsivo. A dissociação comportamental é um ajustamento criativo e só pode ser pensado tendo-se em vista um campo relacional cujas características apontam para a presença ostensiva de demandas por excitamentos. Esse foi o caso de uma mulher de 32 anos, usuária do Caps. Conhecemo-la em uma festa de são João organizada pela associação dos usuários, na qual ela dançava com um colega usuário, muito desajeitado, cujo braço, em uma das voltas da quadrilha, esbarrou no modesto aparelho de som comprado pela associação. O súbito silenciar da música foi atravessado pelos gritos incontinentes de nossa futura consulente. Postou-se inconsolável ao lado do aparelho jogado ao chão. Convidamo-la a nos acompanhar até uma sala de atendimento individual. No trajeto, fazia movimentos com os braços, como se procurasse afastar algo, algo invisível para nós. No interior da sala, olhava na direção do teto, como se nele houvesse uma ameaça. Os socos no ar deram lugar a uma postura de recolhimento. Abrigou-se embaixo da maca utilizada para exames médicos. Perguntou-nos se não tínhamos medo dos pássaros. Colocamo-nos embaixo da maca também. Quisemos saber por que os pássaros estavam ali. Ela não sabia exatamente. Dissemos então que, talvez, os pássaros quisessem nos dizer alguma coisa. Sem saber ao certo o que estávamos fazendo, comentamos: "Oxalá pudéssemos aprender a 'linguagem' deles". Ela saiu de onde estava, subiu em uma cadeira, abriu os braços e começou a dizer, no mesmo ritmo com que imitava um bater de asas: "Um pedaço de meu corpo para cada um, um pedaço do meu corpo, cada um, cada um..."

Algumas semanas após o incidente com o aparelho de som, ela fez referência ao dia em que fracassou em seu intento de registrar em um gravador de fitas cassete o assédio do irmão. Ela tinha 9 anos à época e recorda ser bolinada, por quatro de seus cinco irmãos, desde que tinha 6 anos. Quando ia à roça levar o almoço para os pais, no meio do caminho os irmãos faziam-na deitar-se na relva. E nem a mãe nem ninguém podiam nela acreditar, afinal, desde os 3 anos, quando foi acometida de meningite, todos tinham certeza de que ficara "lesada". À época, não se distinguiam as meningites bacteriana e viral. Supunham que todas provocavam danos irreversíveis. A gravação seria uma prova, mas o travesseiro não conseguiu ocultar o aparelho, jogado ao chão pela raiva do irmão. Já na adolescência, quando veio a morar com outro irmão estabelecido na cidade, despertou na madrugada sentindo frio. Os cobertores lhe haviam sido tirados, estavam nas mãos do irmão, que a observava sob o pretexto de "Vim ver se estavas coberta". Assim que pôde, casou-se. Não lhe interessavam os homens. Buscava segurança, que mais uma vez não encontrou. Os filhos não vinham. A adoção de um não foi suficiente para que o marido a respeitasse. A infidelidade e drogadição do companheiro fizeram-na reencontrar a violência doméstica. A separação não lhe trouxe sossego, menos ainda privacidade. A casa do casal fora construída em terreno pertencente à família do agora ex-marido, que se sentia assim autorizado a visitá-la. Ademais, a vigilância da sogra e das cunhadas – em cujo supermercado ela trabalhava como controladora dos estoques – mantinha nossa consulente refém daquela família. Foi quando decidiu mudar de emprego.

Era um depósito de mercadorias. Sua função era também controlar, dessa vez, a saída de produtos. Fazia o máximo de horas extras que podia. E a vantagem de passar menos tempo no domicílio não pagava a dor de ver diminuídas as horas de convivência com o filho. Ao final do expediente, lavava de cócoras o chão imundo por onde os caminhões haviam circulado, o que foi interpretado pelo empregador como uma tentativa de sedução. Atacada por ele, só podia ver as andorinhas voando alto sob o teto do depósito. Ao voltar para casa, sua desorientação chamou a atenção do filho, que foi em sua direção, provavelmente para acalmá-la. Mas aquele menino pré-adolescente lhe pareceu "outrem", talvez algum irmão de outrora. A facada no filho foi, sob certo ponto de vista, legítima defesa. Bem menos fatal que as injunções que sofreu no Hospital de Custódia. E toda vez que se sentia muito requisitada punha-se a afugentar pássaros. Eles levavam embora as demandas, mas também a ambiguidade daquilo que afetava nossa consulente, indecisa entre a repugnância e a atração.

INTERVENÇÃO

A estratégia de intervenção, nestes casos, consiste primeiramente em acolher as produções dissociativas dos sujeitos, o que significa ouvi-las como se, delas, pudéssemos inferir algum tipo de fio que nos amarrasse a outra possibilidade na realidade; esta, a sua vez, menos ameaçadora para a integridade do consulente e de seu meio. Estamos aqui falando de um deslocamento de formas delirantes menos sociáveis para outras mais sociáveis.

Ao falarmos de deslocamento, não estamos nos referindo a uma espécie de desautorização do delírio. Ao contrário, trata-se de assegurar, ao consulente, oportunidade para que ele possa desfrutar de muitas alternativas. O terapeuta zela para que o consulente possa continuar "caminhando", "buscando" novas formas de dispersão do excesso de excitamentos provocados pelas demandas a que está sujeito.

Não se trata de fazer que o consulente se responsabilize por suas escolhas, mas, ao revés, que ele possa desincumbir-se delas em proveito de novas. Dessa maneira, ele amplia as possibilidades de atenuar a angústia advinda da presença incessante de excitamentos

PSICOSE E SOFRIMENTO

que, por conta do excesso, não se articulam segundo uma ordem de prioridade a cada instante de sua vida. O terapeuta deve poder fluir de um assunto a outro, de um lugar a outro, sem se preocupar em amarrar coisa alguma em uma totalidade de sentido.

O deslocamento metonímico não é, para esse tipo de ajustamento, uma dissimulação projetiva de excitamentos inibidos. Na direção oposta, é uma tentativa de pôr limite nos excitamentos que, assim, tornam-se suportáveis, sem que o consulente tenha de abrir mão da sociabilidade. Ademais, em algum momento, essa estratégia possibilita ao consulente deixar-se arrebatar por um excitamento. A dispersão diminui a pressão das demandas, até o momento em que estejam reduzidas a um número suportável pelo consulente. Nesse momento ele pode se entregar a esse "estranho" (função *id*) em proveito da produção de uma fantasia que possa compartilhar no meio social.

DELÍRIO ASSOCIATIVO

CARACTERÍSTICAS GERAIS

Nesse tipo de ajustamento, a estratégia assumida pela função de ato não é fragmentar o dado de realidade em múltiplas partes (com o objetivo de distribuir entre elas os múltiplos excitamentos que se impõem a partir das demandas estabelecidas pelos interlocutores). Ao contrário, dessa vez a função de ato articula os dados da realidade, pretendendo agrupá-los em uma unidade muito peculiar, dado que totalmente submetida às decisões da função de ato. Ao mesmo tempo que se parece com um desejo (ao consistir em uma articulação da realidade), essa totalidade não admite nenhum tipo de ambiguidade, o que denota que ela não inclui nenhum excitamento e, por consequência, nenhuma virtualidade que pudesse atrair o interesse do interlocutor, tal como sucede nas experiências de desejo. Diferentemente do que se poderia esperar em uma experiência de desejo, o delírio associativo é uma produção totalmente controlada pela função de ato. Melhor seria dizer que no delírio associativo a função de ato "imita" estar envolvida com um objeto de desejo.

Esse é o caso dos delírios persecutórios. A função de ato produz um objeto ameaçador ante o qual reage por meio da fuga e do conflito. Dessa forma, não precisa fazer a escolha por nenhum excitamento. Exime-se da tarefa de lançar-se em um fluxo mais além da realidade, fixando-se mais uma vez na realidade, agora na posição de alguém que precisa se defender. Ela faz guerra, como se esta pudesse valer como uma resposta à demanda dos interlocutores. De onde se depreende certa satisfação, certa limitação da angústia decorrente da apresentação excessiva dos excitamentos.

Algo semelhante se passa quando a função de ato associa os excitamentos em um delírio de grandeza. Para livrar-se dos excitamentos desencadeados pelas ostensivas demandas no laço social, a função de ato atribui a si mesma uma série de prerrogativas oriundas de uma articulação artificial dos dados de realidade. É como se essa articulação – sobre a qual a função de ato tem pleno poder – fosse suficiente para despertar o desejo nos interlocutores (ou, o que é o mesmo, responder às demandas por desejo). Todavia, tendo em vista que exclui a ambiguidade, não cumpre sua função, caindo em descrédito quanto à avaliação dos interlocutores. Ainda que, nalguns casos, a função de ato seja capaz de cumprir o que delira, de maneira geral os delírios são refratários à colaboração e à participação dos interlocutores. De todo modo, os delírios de grandeza cumprem a função de adiar o enfrentamento da tarefa que define o desejo, precisamente, articular a realidade aos excitamentos, pois o excesso destes torna praticamente impossível desejar.

Em todos os casos, a função de ato demandada utiliza a realidade para satisfazer a demanda social por desejos. Na forma de um delírio persecutório ou de grandeza (para citar alguns), tal função oferece aos demandantes a realidade articulada como se ela se tratasse de um desejo. Os muitos excitamentos provocados pela demanda dos interlocutores são substituídos por engenhosas articulações entre os dados de realidade disponíveis à função de ato demandada.

UM CASO CLÍNICO: "O SENHOR DA LUZ"

Esse é o caso de um jovem usuário do Caps com quem tínhamos uma relação mediada por muitos discursos delirantes. Certo dia, ele apareceu na instituição buscando alguém que lhe confeccionasse nova carteira de identidade, já que a atual não levava seu verdadeiro nome, que seria Raiden, o senhor da luz. Conforme seu próprio relato, ele já havia estado na Secretaria de Segurança Pública, na Delegacia de Polícia e na Prefeitura Municipal, na vã esperança de que alguém o ajudasse. Mas ninguém lhe dava ouvidos. Quando pela primeira vez nos trouxe a questão, não demos muita importância. Afastou-se uma semana até reaparecer bem mais agressivo. Estava quase surtado. Por isso, tratamos de restabelecer o delírio. Sugerimos que deixasse conosco sua carteira. Abriríamos um novo prontuário cuja finalidade seria "arrumar sua identidade", mas lhe explicamos que isso levaria muito tempo e que ele talvez devesse comparecer diariamente para acompanhar a evolução do processo. Enquanto isso, poderia participar das atividades lúdicas e laborais oferecidas por nossa instituição. Raiden concordou e, durante suas visitas, forneceu muitos detalhes sobre sua "verdadeira identidade". Segundo ele próprio, detinha um poder especial, que era o de fornecer energia elétrica a todas as residências, lojas e fábricas. A produção de monitores, televisores, máquinas de lavar, fornos de micro-ondas, entre outros aparelhos, dependia da energia que ele, o senhor da luz, fornecia às fábricas. Porém, ainda de acordo com sua narração, ninguém era capaz de reconhecer tamanha generosidade. Ninguém dava os créditos a Raiden, menos ainda dinheiro por seus feitos maravilhosos, o que o deixava, às vezes, enfurecido. Quando isso acontecia, saía pelas ruas pedindo às pessoas que lhe devolvessem a energia. Mostrava-lhes a identidade, mas ninguém o reconhecia, razão pela qual era premente introduzir, na carteira de identidade, seu verdadeiro nome: Raiden, o senhor da luz. Somente assim ele seria reconhecido e valorizado em sua generosidade.

Não sabíamos exatamente sobre o que Raiden estava falando. Convidamo-lo a participar de um grupo que fazia visitas aos usuários que estavam impossibilitados de frequentar as atividades do Caps por conta, por exemplo, de alguma enfermidade. Certa ocasião, nós acompanhamos o grupo até o bairro de Raiden, o que nos forneceu o ensejo para que enfim visitássemos sua casa. Já na porta de entrada sentimos um cheiro ruim, como se algo estivesse deteriorando-se. A casa não tinha energia elétrica e alguns alimentos estragavam na geladeira. Notamos a ausência da mãe e do padrasto. Raiden nos respondeu que há duas semanas haviam ido visitar familiares em um estado distante. Retornariam dali outras duas semanas. Sobre o balcão da cozinha havia algumas contas de energia elétrica, nas quais se anunciava o corte de luz por falta de pagamento. As contas estavam em nome do padrasto. "Ele se esqueceu de pagar?", interpelamos. "Não. Ele mais mamãe estão sem dinheiro. Foram demitidos". Uma televisão de tela plana nos chamou a atenção, bem como o forno de micro--ondas novinho. "Foram comprados com o dinheiro da minha pensão"[1], disse-nos Raiden, como se pudesse ler em nossa expressão o estranhamento. Queixou-se a nós por não poder levar a televisão para o seu quarto e por nela não poder conectar o console de jogos. "Meu padrasto acha que vou detoná-la." Para não expressar nossa indignação, que a Raiden poderia chegar como uma nova demanda afetiva, nós lhe fizemos outra pergunta: "Quais jogos mais te agradam?" A resposta foi reveladora, pois esclareceu a origem do nome que adotara. Tratava-se do personagem principal do jogo preferido, Raiden, o senhor da luz, de "Mortal Kombat"[2].

A presença de tantos eletrodomésticos na casa de Raiden comprovou uma queixa antiga, formulada pela mãe de Raiden em uma das visitas que fez ao Caps: o padrasto usava o dinheiro do

PSICOSE E SOFRIMENTO

benefício do enteado em proveito próprio. Ademais, a presença daqueles eletrodomésticos ampliou nossos parâmetros para entender os dizeres de Raiden a respeito de que "as pessoas não reconhecem que é por causa da minha energia que elas têm eletrodomésticos". Em alguma medida, sua queixa por gratidão poderia ser uma referência à atitude do padrasto, assim como a queixa contra o não reconhecimento do seu nome poderia estar relacionada à titularidade da conta de energia elétrica. Afinal, como viemos a saber depois, Raiden tentou pagar as contas atrasadas. Ele havia recebido nova parcela do benefício e foi pedir a religação da energia elétrica, mas na companhia de eletricidade foi informado de que somente o titular poderia solicitar o procedimento. Esclarecia-se para nós sua agonia para que mudássemos a identidade. Porém o nome escolhido por ele não podia ser um nome qualquer. Deveria ser bem poderoso, ao menos mais poderoso do que o do padrasto. Talvez assim pudesse levar a televisão para o quarto e rodar seus jogos tranquilamente, entre eles o próprio "Mortal Kombat". Ou, mais do que isso, poderia atender aos pedidos (linguageiros) da mãe para que se impusesse contra o padrasto tirano, a quem ela, paradoxalmente, amava.

Aqui é o momento de retornarmos à discussão que, antes, no capítulo terceiro, fizemos sobre uma possível gênese das formações psicóticas, para diferenciar as posições fenomenológica, lacaniana e a nossa. Tal como aprendemos com os fenomenólogos contra os psicanalistas, ficava evidente para nós todos que Raiden não estava lidando apenas com as interdições sistemáticas promulgadas pelos vários representantes do outro social (padrasto, companhia de eletricidade etc.). Se esse fosse o caso, ele poderia simplesmente sair de casa, pois tinha condições econômicas de morar sozinho ou com algum colega. Algo, contudo, o prendia àquela casa. Havia algo transcendental, mais além da realidade, uma espécie de busca por força, posição, coisa que nosso consulente realizou por meio de uma articulação de sua realidade em torno de uma figura pertencente à mesma realidade, o personagem Raiden. De outro viés, como nos exigiria uma leitura lacaniana contra a fenomenologia, não poderíamos ignorar que a busca por esse "guerreiro iluminado" tinha relação direta com as demandas concretas da mãe, das tias e, inclusive, do próprio padrasto. Tratava-se de uma resposta a uma série de exigências formuladas no meio social. Ainda assim, mais adiante do que poderíamos compreender com base na psicanálise lacaniana ou na fenomenologia psiquiátrica, é como se Raiden não conseguisse operar essa passagem do empírico ao transcendental. É como se ele não conseguisse, por exemplo, autorizar, no plano transcendental, fantasias de destruição em relação ao padrasto, fantasias essas que, no plano empírico, teriam como origem a expectativa de mãe e dos próprios profissionais do Caps. Por conseguinte, para esse jovem rapaz, o melhor a fazer era fixar-se em um jogo de entretenimento que, por seu conteúdo, poderia simular a realização de um desejo. De onde se segue nossa posição, segundo a qual as formações delirantes de Raiden, mais do que respostas a demandas empíricas ou suplências a um impulso transcendental, são fixações na realidade empírica com o propósito de simular, para os demandantes (empíricos), um simulacro de desejo (transcendental).

INTERVENÇÃO

A intervenção nesses casos também não se pauta pela desqualificação do delírio. Afinal, é por meio dele que o consulente consegue se posicionar perante o volume excessivo de demandas e, por extensão, de excitamentos, ainda que tal posicionamento não signifique exatamente a produção de um desejo a partir desses excitamentos. Mais vale ao clínico caracterizar, para seu consulente, o valor de troca social que o delírio produzido representa. De posse desse saber sobre si, o consulente pode reivindicar "proteção", "soluções", enfim, contratos sociais que validem suas construções. Em alguns casos, ademais, não é impossível que o suporte social ao delírio estabeleça as condições para que um excitamento em especial possa ser escolhido.

No caso de Raiden, a intervenção que obteve mais êxito foi aquela em que lhe propusemos que fizesse um mapeamento de suas próprias características psicológicas, físicas, morais e políticas, o que nos valeu a oportunidade de dizer-lhe que ele fazia o perfil de alguém que pudesse integrar a diretoria da associação dos usuários. Essa entidade exigia pessoas generosas e combativas, dispostas a confrontos verbais com autoridades em defesa dos usuários do sistema Caps. Raiden aceitou o convite, afinal, ele sabia "fazer guerra pela paz". Tornou-se o segundo tesoureiro da associação, e sua disposição para defender, nas assembleias e nas reuniões com autoridades públicas, os interesses da associação (no caso, o pedido para que ela fosse reconhecida como empresa de utilidade pública) repercutiu em seu convívio doméstico com a mãe e o padrasto. Embora algumas vezes ainda reclamasse o nome Raiden, não precisava mais do personagem para exigir pequenos privilégios, como o direito de jogar conectando o console na televisão pela qual pagara.

O sucesso dessa intervenção, entretanto, não existiria se não tivéssemos contado com a disponibilidade da mãe. Ela compreendeu que o comportamento delirante do filho era uma forma de confrontar o padrasto, confronto esse que ela própria demandava ao filho de maneira não consciente. A mudança de postura da mãe relaxou o filho, bem como a aceitação que este passou a merecer da parte dos companheiros de associação tornou-o bem mais confiante em sua própria capacidade de argumentação. Nós, profissionais, deixamos de mencionar o prontuário e o processo de mudança do nome na carteira de identidade. É como se esse pedido fosse uma espécie de carta na manga. Em situações de emergência, o delírio em torno do nome Raiden era a forma possível de articular os excitamentos demandados no meio social que, no caso dele, parecem ter relação com a agressividade.

Com Raiden, enfim, passou-se algo muito semelhante ao sucedido com nosso consulente Avatar, a quem fizemos menção na Introdução geral desta obra. Também ele, para lidar com uma gama expressiva de demandas em torno da paternidade (que ele não tinha, ou deveria buscar, ou substituir pelo mestre de artes marciais, pelo tio, ou assumir por ele mesmo em benefício do futuro da mãe adoentada), produzia delírios associativos os mais diversos, sobretudo relacionados a identidades diferentes que pudesse assumir: ora era um professor de artes marciais, ora um ancestral familiar reencarnado, ora filho de um famoso ator de telenovelas, um químico, um veterinário etc. Quando percebemos que esses personagens (às quais associava os excitamentos exigidos pelos diferentes agentes sociais de seu cotidiano) não estavam conseguindo deter as diversas demandas (pois os amigos, familiares e colegas não desistiam de formular hipóteses para tentar explicar por que nosso consulente sentia o que ele dizia sentir, principalmente hipóteses relacionadas à importância de ele poder aproximar-se do pai, ainda que a este tal aproximação não interessasse), compreendemos que era o momento de operarmos um deslocamento em direção a um delírio que o mantivesse mais defendido. Não se tratava de um delírio que representasse a resposta exigida pelo meio social (qual metáfora do nome do pai). Ao contrário, a ideia era ajudá-lo a produzir um delírio que tivesse a força de um desejo, como se as pessoas ao seu redor compreendessem que ele buscava algo interessante, mais interessante do que o pai. Essa foi a razão pela qual, segundo o próprio cotidiano de nosso consulente, sua própria fixação no filme *Avatar*, nós lhe sugerimos que explicasse seus diferentes personagens como "diferentes avatares", por meio dos quais procuraria viver mais além dos limites da angústia (ainda que se mantivesse ligado a ela pelo coração).

Mas essa estratégia não era suficiente. Era preciso atuar também no campo das demandas, de sorte que elas pudessem diminuir. E, para tanto, tivemos de fazer um trabalho diário com os familiares, tendo em vista que eles pudessem: 1) entender a função provisória e necessária do delírio; 2) reconhecer e suspender as demandas que eles próprios dirigiam ao nosso consulente e possivelmente relacionadas aos comportamentos delirantes; 3) orientar o meio social em que estavam insertos no sentido de proteger o consulente de injunções que pudessem amplificar sua angústia; 4) autorizar um acompanhante terapêutico (AT) a quem caberia, antes de tudo, tomar lugar no delírio para, em seguida, fazer aos poucos o deslocamento em direção a um lugar social mais amplo. Ao cabo de sete meses o consulente já estava novamente integrado à vida social anterior ao surto. "Guardei meus avatares no *backup* do meu computador. Se precisar, eu os chamo outra vez." O processo clínico individual continuou. Assim como pequenos episódios delirantes, muito úteis no enfrentamento de grandes mudanças em seu cotidiano. A família, da mesma forma, viveu uma grande transformação: a percepção da fragilidade (do consulente) fez que ela compreendesse a "geografia" das pequenas violências compartilhadas.

IDENTIFICAÇÃO NEGATIVA

Nessa modalidade de ajustamento, a função de ato já não procura substituir os excitamentos (provocados pelas demandas) por articulações arbitrárias a respeito da realidade. Como uma das modalidades da estratégia identificatória, a identificação negativa refere-se à decisão da função de ato de "colar" naquelas partes ou totalidades da realidade em que se pode perceber certa impotência para desejar. Logo, não se trata de criar uma impotência, apenas de assumir alguma impotência já disponível na realidade. É por esse motivo que, com frequência, nesse tipo de ajustamento a função de ato apresenta-se como um objeto morto. O que é o mesmo que dizer que a função de ato, nas identificações depressivas, trabalha no sentido de promover a mortificação do contato. O objeto da realidade, por conseguinte, fixa essa mortificação e permite o distanciamento em relação às demandas por desejo.

Diferentemente do que acontecia nas formações delirantes, a função de ato não se ocupa de simular uma competência para desejar. Ela agora assume sua impotência em face do volume de excitamentos que não consegue articular, com a especificidade de que apresenta essa impotência mediante um duplo impotente ao qual se identifica. Esse duplo, de modo geral, tem que ver com alguma pessoa, pensamento ou imagem relacionada à morte ou ao fracasso, fazendo que seja frequente a função de ato buscar, nos dados na fronteira de contato, a confirmação de que "já não há o que fazer", como se os vínculos interpessoais (ou, o que é a mesma coisa, os múltiplos sistemas self de que participasse) tivessem se transformado em um projeto malogrado, não merecedor de novas oportunidades. Por vezes, a fixação da função de ato passa pelo próprio corpo, o que faz que se apoie em enfermidades anatomofisiológicas, que assim adquirem um. Em sentido diverso do que acontecia no caso da articulação dissociativa, nos casos de identificação negativa a função de ato não produz (de maneira delirante) a doença. Ela existe de fato. O que acontece, então, é que a função de ato fixa-se nela, como se não houvesse coisa alguma a fazer.

UM CASO CLÍNICO: "O CÃO E A DEVOTA"

Nos primeiros dias de janeiro daquele ano de 2009, fomos procurados por um rapaz que dizia que sua mãe encontrava-se em pleno surto psicótico. Era fundamental, para ele, assegurar-se de que não a encaminharíamos para uma instituição psiquiátrica porque, algumas semanas antes, a internação havia agravado significativamente os sintomas da mãe. Conforme o relato do filho, havia três semanas que ela dizia coisas estranhas, especialmente que seria punida com a morte. Como não parava de repetir essa frase, foi levada pelo marido ao clínico geral da família, o qual, à sua vez, depois de examiná-la, encaminhou-a a um psiquiatra. Na entrada da instituição psiquiátrica, a mãe implorava para que não a deixassem ali: "Já estou quase morta. Se me deixarem aqui, eu morrerei de vez". Vendo a mãe repetir essas palavras insistentemente, o filho convenceu o pai a declinar da internação. Mas, quando chegaram de volta ao estacionamento, a mãe desmaiou, o que foi interpretado pelo psiquiatra como "passagem ao ato": "Ela quer ficar", disse o profissional. Doravante, esclareceu o filho, ela caiu em uma letargia tal que sequer as necessidades fisiológicas faziam-na levantar-se da cama. A família não suportou vê-la naquele estado por três dias. "Ficamos no Natal sem ela. Não suportaríamos sua ausência no Ano-Novo." Mais uma vez, por iniciativa do filho, suspenderam a internação. De volta à sua casa, ela dizia coisas estranhas, do tipo: "Antes de morrer, via luzes no céu, enfileiradas, que conduziam até Nossa Senhora. Ela me olhou com tristeza. Entendi que finalmente havia morrido".

A primeira vez que fui visitar essa mulher, ela estava deitada em sua cama, imóvel, olhando fixamente para o teto. Antes mesmo que pudesse me aproximar, advertiu-me com um dizer duro: "Não há nada que tu possas fazer aqui. Como todos os outros, tu não acreditas em mim. Tu não acreditas que estou morta; não acreditas em minhas palavras. Pois, te asseguro, estou literalmente morta". E de pronto respondi: "Se ninguém acredita nas tuas palavras, então, por certo, estás 'literalmente' morta". Os olhos da mulher me procuraram, intrigados, talvez por conta de minha intervenção: provavelmente a primeira em que alguém parecia levar a sério suas palavras. Em seguida acrescentou: "Acreditas nas minhas palavras porque elas ainda não estão totalmente mortas. Mas amanhã estarão. E tu não te recordarás de nada que falamos hoje aqui. Assim como ninguém mais nesta casa recorda-se do que eu disse ontem. Nem mesmo eu. Não fazia ideia de que a morte fosse assim: o silêncio do passado". Propus então que pudéssemos gravar nossas conversas. "Oxalá as palavras se conservem e eu e tu possamos revivê-las amanhã." Ela pareceu simpatizar com minha proposta. Saí do quarto em busca de um gravador de voz, que aquela família por certo haveria de ter. Suas primeiras palavras foram: "Sou fulana de tal e estou literalmente morta.

Só me resta sentir os vermes comendo minhas carnes. Achei que quando morrêssemos não sentiríamos coisa alguma. Hoje é sexta-feira. Já não quero falar".

Os familiares me esperavam do lado de fora. Acompanhando o marido e o filho, havia outros parentes, dos mais diferentes graus, alguns recordando ditos e feitos estranhos da familiar adoentada, outros ansiosos por informações sobre o que havia acontecido no quarto ou sobre quando ela voltaria ao "normal". E surpreendeu a todos eu lhes dizer que, naquele momento, o mais importante era conseguirmos participar do luto, não da mulher, mas de sua literalidade. "Mas, doutor, ela não está morta. Sequer suas palavras. É um absurdo que nos peça para não tentarmos convencê-la do contrário." Ou, então, a partir da interpretação que, com a ajuda da internet, deram às palavras do psiquiatra: "Trata-se apenas de um quadro clássico denominado 'síndrome ou delírio de Cotard'[3] que pode ser facilmente revertido com a administração de antidepressivos, ainda que os efeitos somente sejam observados depois de 14 dias". Respondi a eles que, nesse momento, não poderíamos descartar nenhuma hipótese e que, muito provavelmente, o psiquiatra estivesse certo. Portanto, deveríamos seguir à risca a prescrição de antidepressivos. Todavia, todos ali tinham consciência de que seguir esse tratamento não seria tarefa fácil. Além de recusar os medicamentos, aquela mulher insistia em dizer que, caso colocasse o pé fora da cama, imediatamente se tornaria pó. E ninguém conseguia demovê-la de sua estagnação nesse lugar de morte. Eis por que disse aos parentes que o ataque às coisas estranhas que ela dizia poderia ser contraproducente para o sucesso do tratamento recomendado pelo psiquiatra. O que enfim me permitiu sugerir uma estratégia complementar ao tratamento administrado pelo médico. Por um lado, deveríamos poder introduzir uma cuidadora, a qual, além de administrar medicamentos, poderia oferecer suporte para que a consulente lograsse alimentar-se, banhar-se etc. Por outro, deveríamos mudar nossa postura.

Deveríamos sair da condição de "lúcidos esclarecidos" para a condição de "colaboradores solidários". Para tanto, em primeiro lugar, deveríamos poder ouvir o que, exatamente, estava morto no discurso de nossa consulente. Em segundo lugar, deveríamos poder identificar quais pedidos formulados pela família poderiam estar relacionados às pequenas mortes discursivas da consulente. Por último, identificar os sinais de vida que nos dessem a ocasião de um deslocamento em direção a um excitamento com o qual ela pudesse operar.

A cada nova sessão, começávamos com a audição da anterior, todas elas sempre muito curtas. O gravador fazia parte de nossa relação. De alguma maneira, ele salvaguardava uma sobra de passado, a ponto de ela me pedir que o deixasse consigo, para que ela o guardasse. Em uma das conversas, mencionou o fato de que, em algum período de sua vida, quando ainda tinha um emprego e a presença dos filhos naquela pequena e aconchegante casa em que moravam antes da construção da nova, ela dedicava-se à pintura. Quis ver os quadros, prontamente introduzidos no quarto da consulente por seu filho. Graças à minha formação em estética e à sorte de ser casado com uma pintora, pude fazer comentários que atraíram a atenção de minha consulente. Já não era apenas o gravador; também os quadros guardavam a sete chaves um passado que, naquele momento, ressonava como quase esperança. Foi quando, pela primeira vez diante de mim, começou a acariciar-se, concentrando-se na região dos cabelos. Ao ver as raízes esbranquiçadas entre os dedos caprichosos da consulente, disse-lhe, de chofre: "Está na hora de retocares a pintura. Já se pode ver o branco na base dos cabelos". Seus olhos se avolumaram, a palidez de sempre deu lugar a um discreto rubor facial. De alguma maneira, um excitamento a atingira, pois a manifestação afetiva era evidente. Não quis insistir no assunto. Encerrei a sessão, pois sabia que não podia exagerar nas demandas. Foi provavelmente por conta do excesso de demandas que ela precisou refugiar-se na morte. Mas qual morte?

Na sessão seguinte começou a falar-me sobre sua família. Nunca havia ouvido do marido uma preocupação com a aparência, menos ainda a expressão "Eu te amo". Segundo minha consulente, àquele homem só interessava o êxito profissional, os carros, certa literatura, a nova casa, "versão em alvenaria do vazio da morte". Os filhos estavam distantes. Um deles morava na Europa e havia dois anos que não se viam. O outro se preparava para sair de casa. Vivia antes na companhia da noiva do que com os pais. Sobrava o cão. Um labrador com cerca de 8 anos, de pelagem clara, que vivia confinado em um canil de seis metros quadrados, de onde só saía quando sobrava à sua dona tempo para fazê-lo passear. Mas a necessidade de economizar para mobiliar a casa exigiu de minha consulente assumir as funções antes desempenhadas pela faxineira. Aos finais de semana tinha de cumprir o sagrado ritual de visitar a sogra, viúva, para levar-lhe mantimentos, organizar a casa e ouvir dela a preocupação que tinha com a saúde do filho único. E não havia mais tempo para o cão. Ademais, minha consulente não se perdoava o fato de haver sido muito dura com o pobre animal, que uivava noites a fio, como se encarnasse o desespero de sua dona, tão logo começaram a viver na nova casa. Uma semana antes do Natal ele adoeceu. "Foi nesse momento, então, que Nossa Senhora apareceu para mim, dizendo-me que ainda restava uma chance", disse-me a consulente em tom de desesperança. "O Natal era a chance. O Natal era o perdão", continuou. "Mas o filho mais velho não podia voltar por causa do trabalho. O mais novo iria celebrar com a família da namorada. Meu marido decidiu que iríamos passar o Natal com sua mãe. E um dia antes da véspera do Natal a veterinária veio buscar meu cãozinho." A consulente interrompeu o relato, suspirou, tornou a olhar para mim e concluiu: "Nossa Senhora apareceu de novo. Ela estava tão triste. Disse-me que eu teria de ir ao Purgatório. Eu aceitei. Mas a minha família não quis me ouvir. Não acreditaram mais em minhas palavras. Levaram-me direto ao Inferno".

PSICOSE E SOFRIMENTO

Algumas sessões a seguir, disse-nos que começara a receber sinais. Sonhara que santa Terezinha lhe fizera uma visita trazendo uma boa-nova. Minha consulente havia recebido autorização para voltar ao "Purgatório", o que significava que poderia solicitar clemência. Contara o sonho com um entusiasmo que jamais havia percebido nela antes. Depois da sessão, em conversa com os familiares, soube que o cão havia voltado. Fora vítima de uma grave virose e se recuperava lentamente. Perguntei ao marido o quão religiosos eram. Ele me respondeu que sua esposa era devota de santa Terezinha. Todas as noites, antes de dormir, acendia uma vela diante da imagem da santa, o que o marido julgava perigoso. Por isso, ela levou a imagem para a área de serviço, ao lado do canil. "Enquanto aquela maldita vela não apagava o cão não parava de latir", disse-me ele.

A consulente reagiu muito bem à presença cada vez mais solícita do marido, o qual ficou muito sensibilizado com o sonho de sua esposa. Ele decidiu, por conta própria, iniciar um processo terapêutico com uma das profissionais de nossa instituição. De alguma maneira, o luto de sua mulher antecipou o que para ele seria o luto mais difícil: a separação da mãe. Aparentemente, essa percepção de si (*awareness* reflexiva) capacitou o marido ao tratamento da esposa. Como fiel colaborador, decidiu afastar, do convívio familiar, aquelas pessoas que representavam severas demandas ao seu matrimônio, entre elas sua própria mãe, que certa vez nos parou na calçada em frente da casa do filho para nos admoestar: "Caso o senhor não providencie a internação dessa mulher, quem convalescerá na loucura será meu filho". Ademais, o marido compreendeu – segundo ele mesmo – a "lógica" da intervenção: se quisesse ter sua esposa de volta, haveria de acompanhar, passo por passo, os sonhos e metáforas fantásticas por intermédio dos quais ela elaborava seu retorno à vida. Segundo a leitura do marido, os remédios antidepressivos estavam fazendo efeito e tal efeito, deixava-se reconhecer no paulatino deslocamento do discurso, antes ocupado em celebrar a identificação com a morte, agora ocupado em produzir metáforas de como ela poderia "ressuscitar". Nas suas palavras: "Agora compreendo que os efeitos da medicação no corpo devem estar acompanhados de um manejo do discurso".

E os sonhos continuaram. Certa vez, a cuidadora recebeu-me na entrada da casa para contar que a consulente agora só falava em santa Rita de Cássia. Fui saber do que se tratava e a consulente pediu-me para que ouvíssemos de novo aquela sessão em que falávamos sobre os quadros que ela pintara. Ela havia sonhado que, naquela ocasião, havia recebido uma mensagem de santa Rita de Cássia. Deveríamos encontrá-la. Ouvimos a gravação, especialmente um trecho em que falávamos sobre um ensaio de natureza-morta com flores e frutos. Os registros de voz revelaram que, enquanto falávamos sobre aquele gênero de pintura, fôramos interrompidos pelo marido, que entrou no recinto para comunicar que sairia para passear com o cão. A consulente quis escutar uma segunda vez o trecho, pois finalmente havia compreendido a mensagem. Ela sorriu para mim e, antes que eu pudesse dizer qualquer coisa sobre o que naquele momento eu mesmo havia compreendido – por exemplo, que ela estava identificada ao cachorro ou que o marido finalmente havia visto aos dois –, pediu para que eu fosse embora.

No dia seguinte, antes de ir à residência daquela família, perguntei à minha esposa: "O que eu poderia levar a uma morta?" De pronto me respondeu: "Flores". Não fazíamos a menor ideia desta tradição católica, segundo a qual, na hipótese de o fiel receber rosas até o terceiro dia após a prece dirigida à santa Rita de Cássia, a graça solicitada é alcançada. Não me lembrei de levá-las. Mas, ao chegar à residência da família para fazer minha 28ª visita, percebi a sala repleta de flores, especialmente rosas. A cuidadora disse-me que o marido de minha consulente havia contado o sonho de sua esposa a muitos amigos. E as flores não paravam de chegar. A consulente ainda não as havia visto. Estava em um sono profundo. Fui conversar com o marido, que me levou para ver o cão. "Por alguma razão", disse-me ele, "afeiçoei-me a este animal. Não gostava da raça. Preferia cães mais agressivos. Hoje não consigo mais me ver sem ele."

À noite, quando fui verificar as chamadas perdidas no celular, havia muitas ligações do marido de minha consulente. Retornei a chamada. A acompanhante terapêutica atendeu entusiasmada: "Ela pôs os pés no chão e não se 'desmanchou'. Tomou banho por conta própria", enfim, a consulente dava sinais de haver abandonado a identificação negativa. Desliguei o telefone para minutos mais tarde receber outra chamada do marido: "Ela renasceu, doutor, e está aqui, no meu lado, pedindo para que eu lhe diga que, amanhã mesmo, ela vai ao salão de beleza pintar o cabelo".

Eu ainda a vi algumas vezes, agora em meu consultório. Ela me confidenciou que, finalmente, suas palavras recobraram o poder. Elas podiam fazer calar as exigências que, antes, ouvia de todas as partes, especialmente do marido, de sua sogra, das irmãs e de alguns amigos do grupo de oração do qual participava. Sentia-se ouvida e respeitada, muito embora ainda tivesse medo de morrer. Afinal, o olhar de pena que flagrava por vezes na expressão de seus familiares fazia voltar uma sensação de exigência, como se fosse alguém inadequada às expectativas das pessoas. Por isso, inclusive, não pretendia continuar comigo. Minha fisionomia estava muito associada àquele momento de turbulência. Assim, mais valia para ela começar um processo terapêutico com uma colega que eu pudesse indicar. Guardar-me-ia para as emergências. Eu deveria entender isso como uma forma de gratidão.

INTERVENÇÃO

A primeira estratégia de intervenção em ajustamentos de articulação depressiva costuma ser ajudar o consulente a fazer o "luto" das experiências em que ele próprio fracassou. Trata-se de ajudá-lo a fazer o luto dos excitamentos com os quais não soube operar em decorrência do excesso de expectativas sociais. A despedida dessas experiências é fundamental, pois somente depois de abandoná-las é que a função de ato torna-se disponível às novas demandas e correlatos excitamentos que possam surgir.

O luto, de modo geral, consiste na anuência à identificação estabelecida pelo consulente. No caso clínico que acabamos de relatar, a consulente estabeleceu uma identificação com o cão moribundo. Em um primeiro momento, ela se sentia responsável pelo adoecimento do animal, afinal, por exigência do marido, punia o cão quando este latia nas madrugadas. Em um segundo momento, assumiu os sintomas do cão: se o animal não podia mais uivar, ninguém mais a podia ouvir. E o primeiro passo da intervenção foi acolher essa identificação, já que na morte das duas literalidades (a do cão e a da consulente) produzia-se uma resposta ao desprezo familiar a que os dois (o cão e a consulente) estavam submetidos. Anuir à identificação foi reconhecer que a morte da literalidade era uma forma possível de enfrentar o impossível naquele caso, a saber, o excesso de desprezos a que a consulente fora submetida.

Uma vez estabelecido o luto, a tarefa dos clínicos passa a ser buscar os sinais de vida nos objetos da realidade com os quais a consulente se identificou: eis a porta de saída da identificação negativa. No caso relatado, houve um momento em que o clínico flagrou, na maneira como a consulente tocava seu próprio cabelo, um sinal de "vaidade". Sem que ele pudesse calcular os efeitos dessa intervenção, a consulente autorizou seu desejo de ser vista, não obstante sua impotência ante as inúmeras exigências às quais estava submetida.

A estratégia de ampliação dos sinais de vida, entretanto, só pode lograr êxito se estiver acompanhada de um suporte social que valha para o consulente a ocasião de fazer alguma coisa com esse sinal de vida. A rede social deve poder ajudá-lo a desejar algo que supere as marcas do fracasso, sem que isso acarrete, novamente, submeter o consulente a um excesso de demandas. No caso acima relatado, o filho e o marido aderiram às estratégias de acolhimento ao luto e de acompanhamento aos deslocamentos produzidos pela consulente em direção à vida. Os familiares tomaram a sério a tarefa de realizar as mensagens implícitas nos sonhos da consulente, o que lhe valeu o suporte necessário para finalmente assumir um excitamento e retornar ao convívio com as diferentes demandas por inteligência social e desejo. Além disso, a presença de uma AT que fizesse a intermediação entre as expectativas sociais e as pequenas possibilidades ainda vivas que podíamos verificar na consulente foi essencial. Em alguma medida, a AT cuidava da paulatina ampliação da autonomia da consulente para responder às exigências do tratamento e do convívio social.

IDENTIFICAÇÃO POSITIVA

NA VIA INVERSA do que se passa na identificação negativa, na identificação positiva a função de ato opera no sentido de negar qualquer espécie de impotência ou impossibilidade. Diante do excesso de demandas e correlativos excitamentos desencadeados por tais demandas, a função de ato elege, na realidade, o objeto mais poderoso do qual possa dispor, para com ele estabelecer uma sociedade que a habilite a oferecer algo interessante aos demandantes. Quando o objeto eleito for uma pessoa, algum semelhante inscrito em seu convívio social, a função de ato toma as características sociais dessa pessoa, seus valores e atributos físicos, como se fossem seus. Ela não os altera em proveito próprio, mas se aliena de tal modo a assumir a autoria das ideias, das ações e desejos que, em verdade, pertencem à pessoa com a qual se identificou de maneira positiva. Para essa função de ato, o semelhante já não será um simples semelhante, mas o duplo de si mesmo? Em certa medida, esse procedimento lembra o que na tradição psiquiátrica fenomenológica denomina-se de *folie à deux*. Tudo se passa como se a função de ato percebesse, no jeito de o semelhante lidar com as demandas, uma parceria incondicional capaz de responder a todo tipo de exigência social. Além do mais, porquanto é possível à função de ato estabelecer inúmeras identificações, nesse tipo de ajustamento não é incomum que essa função se apresente como se ela fosse muitos, mais de uma pessoa. Não é impossível que, na identificação positiva, a função de ato eleja como parceiro um animal, ou um objeto impessoal, como uma máquina ou algum jogo de azar. Um consulente, todas as manhãs antes de sair de casa, consultava um site de tarô, que lhe determinava todos os passos que deveria seguir ao longo do dia. Imprimia o prognóstico e, a cada episódio que pudesse ter uma explicação no tarô, fazia uma anotação na folha impressa, como que para confirmar a realeza desse instrumento ao qual se mantinha identificado.

Nesse tipo de ajustamento, além disso, podemos perceber certa euforia – que contrasta com a depressão dos ajustamentos identificatórios negativos. Como os objetos da realidade oferecem possibilidades de interação social, a função de ato que àqueles objetos se identifica age de maneira inconsequente, quase pueril, como se nada a pudesse deter. A realidade torna-se uma espectadora de um poder que a função de ato adquiriu de antemão por conta de sua sociedade com o objeto de poder.

É sempre importante lembrar que, diferentemente do que se passa nas associações delirantes, na identificação positiva a função de ato não transforma o meio segundo um discurso do qual assume a autoria. Ao contrário, há sempre um discurso já estabelecido pelo outro social, uma articulação previamente arranjada que a função de ato resigna-se a seguir, como se assim estivesse garantida ante a expectativa social por desejo.

Acrescente-se ainda o dado de que os ajustamentos de identificação positiva são, assim como todos os demais ajustamentos de articulação, configurações de campo a partir de demandas sociais por desejo, o que significa dizer que não devem ser confundidos com quadros fixos ou características personalistas (da ordem da função personalidade). Nesse sentido, a presença de um ajustamento de identificação positiva tem relação com o fato de que, para determinada função de ato, ele foi o modo mais simples de lidar com o excesso de demandas por desejo. É como se, para essa função de ato, a ação de articular associativamente os objetos da realidade (o que exigiria certa passividade do meio social) ou de identificar-se a um objeto sobre o qual os excitamentos não teriam mais efeito (o que exigiria a presença de um objeto negativo ou em processo de extinção) fosse mais complexa do que simplesmente assumir as características de um objeto ou pessoa que o meio social julga desejável. Disso não decorre que os ajustamentos de articulação positiva sejam menos complexos que os demais. A situação poderia ser contrária. A associação de objetos da realidade ou a identificação a um objeto negativo poderia ser menos complexa para determinada função de ato, motivo pelo qual não produziria ajustamentos de identificação positiva. Assim, a presença de um ajustamento ou de outro tem antes relação com a configuração do campo em que os agentes estão situados, o que significa dizer que a presença ou ausência de um ajustamento é, ao contrário, virtude do campo do que de determinada função de ato.

Por fim, vale acrescentar que, nas relações de campo em que nos inserimos como clínicos, dificilmente encontramos apenas um ajustamento vigendo. Tendo em vista que o tipo e a quantidade de demandas formuladas em uma relação clínica mudam com frequência, os tipos de respostas produzidas pelos interlocutores para quem os excitamentos não aparecem ou aparecem excessivamente podem ser os mais variados. Tal como relatamos antes, em uma sessão um consulente pode começar respondendo de maneira mutista, passar por uma resposta alucinatória, associativa, dissociativa, depois identificatória negativa, positiva e vice-versa, ou, ainda, segundo uma ordem totalmente aleatória, dependendo do tipo de demanda e da quantidade de excitamentos que esta puder desencadear.

UM CASO CLÍNICO: "GRUDE"

Trata-se de um rapaz de quase 30 anos que atendia pelo apelido de "Grude", referência à secreção em seu nariz que denunciava o consumo recente de cocaína e, por seu aspecto, lembrava uma espécie de goma para colar. Quando bem-humorado, Grude dizia ser capaz de "juntar as pessoas". No bairro em que morava – e onde às vezes recebia pequenos papelotes de cocaína em troca de serviços de entrega de droga a clientes –, os traficantes divertiam-se com a espontaneidade ingênua desse rapaz, que frequentava o Caps por conta de um psicodiagnóstico de esquizofrenia paranoide. Filho de pais muito religiosos e de carreira militar, ele se dizia educado entre a cruz e a espada: o amor parecia associado a uma demanda por obediência, obediência que se impunha pelo rigor, às vezes associado à violência.

A primeira vez que o vi estava em pleno surto. Golpeava os móveis dispostos na recepção do Caps. Eu era novo na instituição e fui com meus colegas até a sala dos profissionais, onde deveríamos planejar o que fazer. Alguém nos esclareceu que Grude assistia na sala de televisão a uma partida pela Copa do Mundo quando foi chamado pela enfermeira para fazer a medicação injetável. Ele se recusou a ir e como a enfermeira insistisse, começou a gritar. Assustados, os outros usuários foram para o lado de fora da instituição. Prontifiquei-me a fazer uma intervenção, uma manobra de deslocamento do surto em direção a um delírio persecutório, em que atuaria como protetor de Grude. Observado por meus colegas, que me acudiriam caso eu me colocasse em risco extremo, voltei à recepção e me postei a certa distância, na lateral de Grude. Sem dirigir-lhe o olhar, ergui meus punhos e disse: "Quem te molesta agora, Grude? Estou aqui para lutar por ti!" Ele apontou em uma direção que julguei ser um cartaz afixado na parede à sua frente. Corri até lá e golpeei o cartaz, como se estivesse atingindo alguém. Grude me acompanhou. Olhamo-nos, sorrimos, e então ele me disse: "Vamos assistir ao jogo?"

Depois daquele episódio Grude me chamava de "psiquiatra diferente" porque, segundo ele, eu não administrava medicamentos como os outros. Não considerei que fosse o caso de dizer-lhe que eu não era psiquiatra, ou que os medicamentos poderiam cumprir uma função importante. Quis aproveitar o ensejo para aproximar-me dele. Convidei-o a participar de um grupo de acompanhamento terapêutico que eu e outros colegas ofereceríamos e que se intitularia "Autonomia". Uma vez por semana faríamos visitações a repartições públicas e a outros tantos locais em que houvesse alguma coisa a fazer em proveito da emancipação da contratualidade social dos usuários. Grude topou participar e a cada novo encontro eu sentia que ele se aproximava mais e mais de mim. Quando o grupo sentava em alguma praça para descansar e conversar, eu cuidava para que todos prestassem atenção às histórias contadas por ele. Eram casos escabrosos, relativos ao período em que esteve internado em uma instituição psiquiátrica. Ele também era recorrente na descrição da violência doméstica, na descrição de quanto seu pai tratava-o com rigor, rigor muscular, o que não os impedia de compartilhar muito carinho. Percebia que a perseverança de Grude em participar do grupo estava diretamente vinculada a essa escuta que eu dirigia a ele.

Certo dia, surpreendeu-me com um pedido, o qual não cheguei a considerar uma demanda, já que não me implicava como agente, embora me envolvesse como testemunha. Ele queria que eu o ajudasse a tornar-se um psiquiatra, um psiquiatra diferente como eu. Quando ouvi esse pedido, fantasiei que a imagem de um psiquiatra diferente era a forma possível como ele poderia posicionar-se perante o circuito de violência que fizera dele, até ali, uma vítima. Eu tinha a alternativa de tratar dessa questão em regime clínico. Poderia recebê-lo em um consultório e, assim, ajudá-lo a estabelecer, por conta própria, associações que lhe valessem um discurso com mais aceitação social. Todavia, por sugestão de meus colegas, decidi continuar com o trabalho de acompanhamento terapêutico. Essa era a chance, pensamos nós, de atuar diretamente nos contratos sociais de Grude. Eu poderia, mais que acolhê-lo, atuar em favor da ampliação concreta de sua cidadania. E aqui talvez tenhamos cometido nosso primeiro erro. Por mais terapêutico que possa ser, o trabalho de acompanhamento (ou clínica ampliada) não cumpre a função do trabalho clínico individual e vice-versa. Reduzimos o tratamento dele ao acompanhamento terapêutico.

Grude havia concluído o ensino fundamental. Por vários anos a fio, reprovou no ensino médio, até o momento em que se envolveu com o consumo de drogas, vindo logo a seguir a surtar. Ocorreu-me, então, que eu poderia usar o motivo do "psiquiatra" para estabelecer seu retorno ao campo de aprendizagem formal. Disse-lhe que, para ser um psicólogo ou um psiquiatra, era preciso voltar a estudar, concluir o ensino médio. E com a ajuda de outros colegas consegui o apoio de seus familiares, que se prontificaram a custear os exames supletivos. Comprometi-me a acompanhá-lo, desde a inscrição até a realização das primeiras provas, sempre preocupado em que ele pudesse paulatinamente adquirir maior autonomia em suas atividades.

Minha fantasia era a de que, nos livros, meu acompanhado pudesse encontrar algo que o arrebatasse e o projetasse mais além das elaborações com as quais se referia a seu passado psiquiátrico. Tinha esperança de que fosse encontrar, na sociologia, na filosofia, na história, nas matemáticas, rudimentos de uma nova identidade social. Aliás, como professor de filosofia que também sou, fantasiava sobre qual seria o efeito dos diálogos socráticos sobre o imaginário de meu acompanhado. Tinha a expectativa de que, assim como os meus alunos na universidade, Grude pudesse acreditar na capacidade do saber para dar sentido, unidade, amor. Ou, então, tinha a esperança de que pudesse reconhecer, em algum filósofo, um mestre, alguém em quem pudesse confiar. Ou, pelo menos, esperava que a interro-

PSICOSE E SOFRIMENTO

gação filosófica fosse gerar em meu acompanhado alguma dúvida, algum pedido de socorro por onde eu pudesse encontrar um lugar para mim.

Mas não foi isso o que aconteceu. Enquanto estudávamos juntos, por mais que me esforçasse, por mais que dramatizasse as ideias de meus mestres pensadores, eu não conseguia arrastar meu acompanhado para dentro da teia de sentido que eles tramavam. As perguntas filosóficas não geravam nele dúvida, interesse ou desejo. O que não quer dizer que não houvesse entendimento. O desempenho de meu acompanhado nas provas foi excelente. Eliminou todas as provas de sociologia e filosofia com notas exemplares. Mas, em momento algum, vi brotar nele qualquer sinal de envolvimento, de encantamento. Eu não o percebia deixando-se incluir no saber. Ao contrário disso, o saber é que, pouco a pouco, foi sendo fragmentado e incorporado nas formulações inicialmente impenetráveis com as quais ele interpretava o dizer das vozes que o visitavam no sono e na vigília.

Certa ocasião, depois que suas notas foram publicadas, por sugestão de colegas do Caps, resolvemos fazer uma festa surpresa para Grude. Todos os usuários foram convidados. Não fazíamos ideia do desastre que estávamos provocando. Afinal, a quantidade de demandas formuladas em uma festa talvez fosse demasiado grande para ele. E, de fato, em dado momento da festa, percebemos que o homenageado havia sumido. Um dia depois recebemos um telefonema do pai avisando que estava foragido. Isso porque, depois da festa, Grude chegou à sua casa perguntando à mãe: "Por que as pessoas estão festejando se quem aprovou nos exames fui eu?" Como a mãe respondeu que as pessoas tinham afeto por ele e que o afeto morava no peito, Grude quis arrancar da mãe o coração para assim ver o afeto mais de perto. A mãe foi agredida por nossa absoluta irresponsabilidade. Não percebemos que o festejo demandava dele uma participação em nosso desejo por êxito. Não percebemos sua dificuldade para lidar com tantas demandas linguageiras.

Grude reapareceu três dias depois no Caps, à minha procura. Eu estava de folga. Segundo disse aos meus colegas, eu era sua última alternativa. Ele não podia voltar para casa, pois o pai lhe queria preso. Não podia abrigar-se com os traficantes, de quem agora tinha medo, uma vez que as roupas que lhes entregara não foram suficientes para pagar as drogas consumidas. Não dispunha mais da tolerância do amigo do grupo "Autonomia", em cuja casa ficou foragido e onde começava a gerar problemas. Quando soube do ocorrido, fui ao seu encontro na casa desse amigo. E pela primeira vez reparei no modo como assumia minhas palavras como se fossem ditas por ele mesmo. Quando lhe sugeri para marcarmos um encontro com seu pai, respondeu como se tal alternativa fosse a mais íntima que lhe houvesse ocorrido. E só me deixou partir quando lhe assegurei que jamais o abandonaria, pois eu era o seu "sol".

No dia seguinte, fomos encontrar o pai em seu lugar de trabalho. Foi fácil convencer Grude de que, por se tratar de um lugar público, ele não correria riscos. Interrogado pelo pai sobre o quanto era capaz de respeitar as leis da boa convivência, ele disse que entendia o que era respeito à lei, afinal, havia estudado isso nas lições de filosofia que tomou comigo. Mas não sabia "quando algo era uma lei ou não". Ele só sabia distinguir o que era legal ou não *a posteriori*, em função dos efeitos. Se o pai reagisse com violência, era sinal de que uma lei fora desrespeitada. "Mas como saber disso antes?", interpelou Grude. "Minha sorte", continuou ele, "é que agora tenho meu professor de filosofia, por cujos olhos eu posso enxergar melhor o mundo." Fiquei atormentado. Pior do que a responsabilidade sentida no abraço emocionado que o pai me deu na hora da partida foi o consentimento frívolo do filho ao me dizer: "Farei o que me disseres".

A conversa foi muito importante para o pai, que não só compreendeu melhor a dificuldade de Grude em responder a determinadas demandas quanto reconheceu que ele próprio demandava mais do que seu filho era capaz de responder. Aceitou meu pedido de desculpas pelas demandas a que submetemos Grude por ocasião da festa e ratificou seu propósito de colaborar no tratamento. Prontificou-se a levá-lo todos os dias ao Caps e também à universidade, onde poderia participar de um projeto de extensão que era aberto à comunidade e integrava filosofia e teatro.

Não conseguia mensurar o quão próximo de mim Grude havia ficado antes que o pior tivesse acontecido na universidade. Fui avisado pelo zelador do prédio em que o projeto tinha lugar de que um equipamento de som havia sumido. As suspeitas todas caíram sobre Grude. Fiquei dividido entre manter-me como acompanhante de Grude e ser o representante dos interesses do grupo de extensão da universidade. Conversei com a família que confirmou que Grude estava em posse do aparelho. E ao telefone elegi a pior forma possível de lidar com meu acompanhado: solicitei-lhe que devolvesse o equipamento, pois as "pessoas" poderiam interpretar a atitude como roubo. Em vez de escutar o propósito de Grude – que outro não era senão manter próximo de si coisas que tornassem concreto o vínculo que tinha comigo –, dirigi-lhe uma nova demanda linguageira, à qual ele reagiu muito mal. "Como poderia roubar uma coisa que já é minha?", disse-me em tom de indignação. Horas mais tarde fui avisado pelo pai que eu deveria tomar muito cuidado. Grude havia desaparecido, e antes de sair dissera à mãe que viria me matar.

A série de equívocos em minhas intervenções por certo havia me ensinado alguma coisa. Não se pode intervir em um ajustamento de busca sem o suporte e a coparticipação de uma rede social capaz de operar, por um lado, com as demandas dirigidas aos sujeitos dos ajustamentos de busca e, por outro, com os excitamentos produzidos por determinada função de ato. Esse é um trabalho de ao menos dois: o AT e o analista da forma. Por isso, tão logo Grude retornou ao Caps, tratamos de providenciar um terceiro entre nós dois, precisamente, um clínico com quem meu acompanhado pudesse elaborar suas vivências sem que isso implicasse assumir contratos na vida social.

O trabalho de acompanhamento terapêutico teve continuidade. Porém, agora tínhamos consciência do ajustamento que produzíamos juntos: identificação positiva. Por isso, se a Grude minha disponibilidade lhe parecia o modo mais simples de lidar com as demandas sociais, minha tarefa ética agora seria introduzir um limite que lhe valesse, sobretudo, a percepção de outras possibilidades de lidar com as demandas. Eis por que, tão logo Grude voltou ao grupo "Autonomia" e às atividades do grupo de teatro na universidade, elegemos outro terceiro que se interporia entre mim e ele, de sorte a mostrar que não havia exclusividade em minha forma de me relacionar com quem quer que fosse, e que Grude não dependia verdadeiramente de mim. O terceiro escolhido para essa função foi um antigo parceiro seu de internação que agora estava participando das oficinas terapêuticas do Caps. No passado, quando ambos dividiam a mesma cela, esse parceiro oferecia-lhe proteção em troca de cigarros. Entre eles havia nascido uma grande amizade que se apagara pelos anos e agora eu tentaria recobrar. Todas as vezes que Grude exigia a exclusividade de minha atenção, dirigia-me a esse terceiro, como se ele fosse mais interessante que Grude. Esse terceiro, da mesma maneira, procurava chamar para si a atenção de Grude, como se houvesse mais alguém além de mim. Para nossa tranquilidade, Grude acabou por respeitar certa distância que impusemos em nossa relação direta, ainda que continue deveras interessado em se tornar aquele psiquiatra diferente.

INTERVENÇÃO

A intervenção clínica nos ajustamentos de identificação positiva segue o princípio que orienta a intervenção em todos os outros modos de ajustamento: 1) em primeiro lugar, acolher o ajustamento, pois ele é a forma possível com que o consulente enfrenta as demandas; 2) em segundo lugar, identificar a origem das demandas, com o propósito de proteger o consulente do risco do surto; e 3) em terceiro lugar, habilitar as pessoas que convivem com o consulente a atuar como se fossem ATs ou, preferencialmente, como cuidadores, o que às vezes significa contratar pessoas para desempenhar essa função. Todavia, como reparamos nos comentários que fizemos aos outros ajustamentos, cada qual tem uma peculiaridade. Podemos responder ao isolamento por meio da inclusão pedagógica. As alucinações podem ser tratadas como jogos lúdicos. As associações e dissociações devem poder ser transformadas em estratégias de interação social. Já no caso das identificações, o princípio fundamental é a oferta de um limite: para as identificações negativas, o limite consiste na valorização dos sinais de vida; nas identificações positivas o limite equivale à diversificação, o que também pode ser entendido como a introdução de terceiros.

O oferecimento de limites concretos às empresas estabelecidas pela função de ato nos ajustamentos de identificação positiva é uma tarefa muito delicada. Não se trata de admoestar ou privar o consulente de oportunidades, mas antes de mostrar que ele goza de alternativas que não aquelas às quais está identificado. Para que essas alternativas sejam percebidas como viáveis, contudo, o consulente deve poder fazer escolhas, o que significa que ele deve poder deixar algumas delas para trás. Como vimos acima, o que justificou a produção de uma identificação positiva foi justamente o excesso de expectativas sociais e a incapacidade de a função de ato fazer a escolha por uma entre elas. Reverter a identificação positiva significa, por conseguinte, trabalhar em favor dessa dupla decisão, que consiste, por um lado, em abandonar algumas das alternativas e, por outro, escolher uma entre elas. É por isso que a introdução de terceiros entre o sujeito da identificação e o objeto identificado configura uma estratégia que pode facilitar a reversão da identificação. Em alguma medida, os terceiros representam aquilo que pode ser deixado, bem como aquilo que pode ser escolhido mais além das possibilidades oferecidas pelos duplos com quem o sujeito do ajustamento estava identificado.

No caso que acabamos de relatar, o retorno do antigo companheiro cumpriu a função de diversificar as possibilidades de escolha com as quais Grude pudesse contar. O companheiro cindiu o absoluto de alternativas atribuídas ao AT, permitindo a Grude olhar para seu cotidiano desse outro ponto de vista. Ultrapassando a disponibilidade do AT, havia outras maneiras de estabelecer vínculos, apesar de nenhuma delas ser capaz de responder por todas as expectativas sociais. Por sua vez, a introdução de um segundo profissional, o clínico com quem começou um processo individual, permitiu a Grude sedimentar a ação de despedida das alternativas às quais antes estava identificado. O clínico individual ajudou-o a perceber os diversos tipos de limites implicados em sua relação com o AT e pelos quais não necessariamente precisaria se responsabilizar.

7. Ética, política e antropologia da atenção gestáltica às psicoses: o clínico, o acompanhante terapêutico e o cuidador

ATENÇÃO GESTÁLTICA ÀS PSICOSES: EM TORNO E MAIS ALÉM DA *AWARENESS*

Por meio da noção de ajustamento criador, o que os clínicos gestálticos originalmente pretendiam era ocupar-se da experiência do contato com a *awareness*, entendendo-se por *awareness* a capacidade dos corpos para desencadear, junto aos outros corpos, um horizonte de futuro para aquilo que entre eles fosse ambíguo; especificamente, a impessoalidade dos hábitos compartilhados. Cada experiência de contato com a *awareness* seria um ajustamento criador, embora nem toda a experiência de criação fosse uma vivência de contato com a *awareness*. O que, por fim, nos possibilitou (Müller-Granzotto; Müller-Granzotto, 2008), 60 anos mais tarde, ampliar a noção de ajustamento criador e incluir, como uma de suas modalidades, uma vivência de contato que não necessariamente implica um fluxo de *awareness*, como parece ser o caso das experiências que envolvem formações psicóticas (mutismos, alucinações, delírios, identificações arbitrárias, entre outras). Afinal, podemos admitir alguma sorte de *awareness* em nossa interlocução com o mutismo, com as alucinações, com os delírios ou com as identificações arbitrárias? O que há nas formações psicóticas que possa ser considerado desejável (entendendo-se por desejo o horizonte de futuro visado na experiência de contato com a *awareness*)? E, acaso não seja possível desejar uma formação psicótica, que tipo de experiência nós podemos ter, senão dela, ao menos das pessoas associadas a ela?

É muito importante esclarecer de antemão que, quando propomos a ampliação da noção de ajustamento criador, objetivando incluir as formações psicóticas, não estamos defendendo uma tese de inspiração nietzschiana, segundo a qual, em qualquer situação, sempre é possível "criar alegria", "transvalorar" as moralidades, reinventar o sentido na própria partição dos significantes, "fazer contato com *awareness*" etc. Esse otimismo em torno do criar tornaria a noção de ajustamento criador um operador equivalente, por exemplo, ao "Ser-Uno-Todo-Virtual" de Gilles Deleuze (1986, 1997), como se cada experiência criativa fosse apenas mais um "simulacro" não relacional de uma mesma interioridade virtual doadora, insensata de sentido como pura duração, como afirmação do acaso e do eterno retorno[1]. Ou, talvez, o otimismo em torno do criar tornaria a noção de ajustamento criador um equivalente da ideia (pessimista) de uma estética da existência voltada para a autoperfeição e a autoafirmação do sujeito, como se, dando ênfase aos prazeres e não ao sexo, os sujeitos pudessem reinventar-se, sem recorrer às identidades criadas pelo sistema de nominação preconceituoso articulado aos dispositivos de sexualidade (conforme Foucault, 1981, 1984b). Assim como cada simulacro derivado da dobra do ser sobre si mesmo, ou tal como os modos de redescrição da subjetividade revelados pelas múltiplas singularidades, a noção de ajustamento criador corresponderia a uma espécie de racionalidade do acontecimento, capaz de assegurar a unidade da experiência – mesmo abrindo mão das pretensões metafísicas de apodicticidade (universalidade e necessidade). Na contramão dessa versão filosófica de emprego da noção gestáltica de ajustamento criador, nós preferimos dizer que a razão (inclusive a dionisíaca) não está em todo lugar (em todo simulacro, em toda singularidade, em todo contato etc.). Ou, então, nós preferimos acompanhar PHG (1951, p. 33), quando admitem que nem sempre o contato está seguido de *awareness*.

PSICOSE E SOFRIMENTO

Mais precisamente, acreditamos que o contato com a *awareness* – que se define pela abertura de um horizonte de desejo segundo a recriação atual do fundo de hábitos – nem sempre é possível. Ainda assim são possíveis o contato e, por conseguinte, um ajustamento criador. Evidentemente, esse ajustamento terá um matiz muito diferente daquele que envolve a *awareness*. Ele não mobilizará um fundo de excitamentos, tampouco desencadeará um horizonte de desejos, como se cada experiência de contato contivesse um núcleo inquebrantável, qual "rizoma" ou "estrutura" mais além da contingência da realidade empírica em que se está situado. Ao contrário, tratar-se-á antes de uma experiência enraizada na realidade, tão fixada nos diversos conteúdos (vociferantes, imagéticos, imaginários, pensados, entre outros) disponíveis que dificilmente parecerá inteligível ou desejável, como é o caso das formações psicóticas em geral.

Alguém poderia contestar nossa posição e lembrar que as formações psicóticas geram sim desejo. Elas são temáticas recorrentes na produção de vários literatos, ou filósofos, psicólogos, cineastas e muitos outros intelectuais e artistas. Como afirmar que os delírios não são interessantes depois de lermos o Simão Bacamarte de Machado de Assis em *O alienista* (1881-2)? Como não se encantar com as logolalias de Estamira depois do premiado documentário de Marcos Prado, que leva como título o nome de sua protagonista? Todavia, todos concordarão que há uma diferença entre as formações psicóticas da Estamira que vive na cidade de Rezende, no estado do Rio de Janeiro, e aquelas captadas pelas lentes do cineasta. Mesmo na hipótese de que o recorte estabelecido pela câmera ter preservado o essencial da forma como Estamira opera no cotidiano, mesmo que as lentes tenham conseguido captar as formações psicóticas de sua personagem ante aqueles que efetivamente convivem com ela, tal não é garantia suficiente de que o interesse dos espectadores do filme seja pela loucura de Estamira, mas antes pelo "filme" sobre a loucura de Estamira, pelo enquadre cinematográfico de uma vida que só

237

participa da nossa a título de gênero artístico, reflexão política, propaganda ideológica, entretenimento, ilustração moral, entre outras áreas do conhecimento. Quem – além dos familiares, amigos e profissionais do Caps – prestaria atenção às esquisitices de Estamira[2] antes da filmagem? O que, evidentemente, não tira o mérito do diretor e de sua equipe. Eles souberam produzir aquilo que, com base em suas condições sociais, Estamira talvez não fosse capaz de provocar, caso quisesse ou devesse, isto é, desejo. Por isso, conforme pensamos, não podemos confundir as formações psicóticas que nos visitam no cotidiano com o desejável elogio à loucura professado por grandes pensadores e artistas, como Platão, Arthur Schopenhauer, Sigmund Freud, Karl Jaspers, Jacques Lacan, Michel Foucault, Federico Fellini, Ingmar Bergman ou Alfred Hitchcock. Quando captadas pelos meios de comunicação – e oxalá elas continuem sendo –, as formações psicóticas adquirem um espectro de desejo que não encontramos quando as visitamos lá onde elas acontecem, no seio das famílias anônimas, que lutam para manter no anonimato esse estranho para o qual não conseguem encontrar função ou destino. Em seu lugar de origem, as formações psicóticas parecem refratárias à nossa presença. Não nos interessamos por elas – a não ser quando podemos fazer delas algum objeto (como, por exemplo, objeto de estudo, de elogio, de comercialização, ou de especulação) destinado a despertar o desejo em um interlocutor que não é o próprio psicótico. Motivo por que talvez devêssemos ser um pouco mais céticos com nós mesmos e perguntar: teses, ensaios, filmes, romances sobre a loucura têm a quem exatamente como destinatários? Quando propriamente nos ocupamos das formações psicóticas por elas mesmas? E não é de todo estranho que cheguemos à conclusão de que, se as formações psicóticas causam em nós algum desejo, o desejo de fato não tem relação com essas formações, mas com o uso que podemos fazer delas em decorrência de um terceiro por quem nos interessamos mais.

De fato, para quem busca contato com a *awareness*, as formações psicóticas por elas mesmas parecem desinteressantes, anacrônicas, inadequadas. Diante do interlocutor que espera não apenas uma informação precisa, e sim uma informação com valor de metáfora, que possa ser aplicada em diferentes contextos discursivos, a fim de abrir um fluxo de conversação, o sujeito da psicose escolhe fixar-se a uma palavra, a qual, por frustrar a expectativa por continuidade na conversação, é considerada pelo demandante um equívoco de percepção ou, simplesmente, uma alucinação. Ou pode o sujeito da psicose fixar-se a um arranjo de pensamentos disponíveis e repetitivos, proferidos como se respondessem ao interlocutor, e não obstante permanecer alheio às variações introduzidas pelas novas perguntas, o que, aos ouvidos do demandante, soará como delírio. Pode ainda o sujeito da psicose se fixar a um romance que porventura carregasse consigo ou sobre o qual tivesse alguma informação, como se todas as perguntas que o interlocutor pudesse propor já estivessem de antemão respondidas naquela obra, o que parecerá ao demandante uma valoração maníaca da literatura.

Ainda assim, como dissemos, acreditamos que as formações psicóticas são ajustamentos criadores. Malgrado a recusa ou impossibilidade de responder às demandas por criações desejáveis, que abrissem novas demandas, as respostas psicóticas operam criações, criações diferentes, porquanto fixadas naquilo sobre o que não há mais nada a perguntar, não há mais nada a desejar. Mesmo não gerando desejo, mesmo caracterizando um tipo de contato sem *awareness*, elas implicam um manejo da realidade que indica o trabalho criativo de uma função de ato. Ainda que não achemos graça nas ecololias dos "autistas" de Kanner, ou não consigamos compreender as logolalias dos "esquizofrênicos simbólicos"; ainda que não consideremos interessantes as associações delirantes dos sujeitos para os quais alguém reconheceu um "transtorno obsessivo-compulsivo", nem oportunas as identificações produzidas pelos ditos "bipolares", temos de reconhecer que, na produção desses sujeitos, há uma fixação às possibilidades que já estão dadas como natureza ou aprendizado, o que já é, por si só, uma criação. Em vez de destruir a realidade em proveito do inédito (como se esperaria em uma experiência de contato com a *awareness*), a função de ato fixa, associa, dissocia, organiza e desorganiza as diferentes partes de sua sociabilidade orgânica.

E o que então faria alguém se ocupar desse tipo de criação, se ele não desperta, por si mesmo, desejo algum? Quem conhece ou convive com pessoas que se ocupam dos sujeitos da psicose sabe que não houve para a maioria delas uma escolha: foram antes os sujeitos da psicose que se impuseram eles próprios a elas. Por vezes, fazemos parte de uma família em que, independentemente das responsabilidades, não temos a alternativa de não conviver com aquele parente que delira, alucina ou isola-se, por exemplo. Outras vezes isso é uma exigência do próprio ofício, como sucede aos profissionais que atuam em saúde mental. Pode ainda ocorrer de a psicose nos visitar qual acidente, episódio momentâneo que, todavia, deixará marcas profundas e inalienáveis. Essa é a razão pela qual acreditamos que o lidar com as formações psicóticas não exija um desejo. Tal qual realidade, elas se impõem. Diante delas não temos a alternativa de ignorá-las, ao menos não por muito tempo.

Disso não decorre que acreditemos que a experiência com a psicose se limite à atenção às formações psicóticas (mutismos, alucinações, delírios e identificações arbitrárias). Muitas pessoas se dedicam aos sujeitos das formações psicóticas porque isso significa um aprendizado, uma oportunidade de participação em uma diferença, em um modo diferente de ver o todo social. Pode ainda ser a ocasião de um provento, de um reconhecimento, certo *status* ou satisfação. Ou, então, o fazem porque acreditam em um ideal, por exemplo, na possibilidade de que aqueles sujeitos possam ampliar-se como cidadãos, profissionais, de sorte a gozar de maior autonomia social. É certo – conforme mencionamos anteriormente – que o desejável aqui não é a psicose, mas algo que se pode alcançar com base nela, o que podemos considerar algo absolutamente legítimo. Tal como o cineasta, ou o romancista, nós podemos nos servir da psicose para produzir objetos de desejo que, inclusive, acabam por acarretar benefícios aos próprios sujeitos da psicose.

Ademais, mais além da experiência de contato sem *awareness* que caracteriza a atenção às formações propriamente psicóticas (ou ajustamentos de busca), mais além da atenção à psicose em nome de um desejo (de reconhecimento) que ostentaríamos em relação a um terceiro que não necessariamente tem ligação com a psicose, podemos admitir uma terceira forma de nos relacionarmos com a psicose. Estamos falando do cuidado que é dirigido às pessoas ditas psicóticas e envolve nossa participação nos sentimentos, crenças e pensamentos que possamos dividir com essas pessoas. Afinal, além das formações psicóticas (ajustamentos de busca) e da disponibilidade para aceitar – segundo certos limites – nossos projetos e programas de integração social, as pessoas consideradas psicóticas têm uma participação (às vezes limitada, mas ainda assim visível) nos motivos que constituem nosso cotidiano antropológico. Elas têm vínculos familiares, frequentam círculos de amizade, vão a festas, buscam trabalho, têm valores morais, ideologias, participam de agremiações desportivas, associações diversas, enfim, vivem esta dimensão da existência antropológica que a teoria do self denomina de função personalidade. Por isso, para os gestalt-terapeutas há uma terceira via de interação com as pessoas ditas psicóticas; em outras palavras, além da estranha atenção que possam destinar às formações psicóticas, ultrapassando os programas e projetos com os quais tentam realizar a inclusão política das pessoas psicóticas, os gestalt-terapeutas podem com elas compartilhar uma civilidade, uma amizade, uma convivência ampla no campo da realidade social, o que nos permite inferir que a experiência gestáltica de atenção à psicose tem pelo menos três dimensões distintas e complementares.

- Por um lado, há a atenção não desejante ao que não deseja, ou seja, há a experiência de contato "sem" *awareness* com as formações psicóticas (os mutismos, as alucinações, os delírios, as identificações arbitrárias etc.).
- Por outro, há o desejo de algo em torno da psicose, que não a psicose ela mesma. Em outros termos, há o contato com a psicose em nome de um desejo, como o de ver os sujeitos da psicose desfrutando de maior autonomia.
- Mas há também uma terceira dimensão, que é a convivência, o estabelecimento de vínculos diversos, o compartilhar valores, crenças e ideologias.

À primeira dimensão denominamos de "ética": nela os gestalt--terapeutas são clínicos e sua função é acolher o estranho que possa surgir como suplência psicótica à função *id*. À segunda dimensão denominamos de "política": nela os gestalt-terapeutas são acompanhantes terapêuticas (ATs) que atuam em nome de desejos que possam ser, senão demandados aos sujeitos da psicose, ao menos produzidos segundo esses (o que, portanto, constitui uma referência à função de ato). À terceira chamamos de dimensão "antropológica". Nela os gestalt-terapeutas atuam como cuidadores da humanidade (função personalidade) que compartilham com os sujeitos da psicose. Discutamos um pouco mais cada uma dessas dimensões[3].

DIMENSÃO ÉTICA DA ATENÇÃO ÀS PSICOSES: CLÍNICA DOS AJUSTAMENTOS DE BUSCA

ÉTICA (VER TAMBÉM Müller-Granzotto; Müller-Granzotto, 2007, p. 17) diz respeito não apenas à posição que adotamos diante das leis, normas e costumes de uma comunidade. Em seu uso mais arcaico, ética também significa a morada ou o abrigo que oferecemos àquele ou àquilo que, de outra forma, não teria lugar. É

PSICOSE E SOFRIMENTO

uma atitude de acolhimento ao estranho, independentemente da origem, do destino ou das convicções que possua. Com base na terminologia emprestada pela teoria do self, denominamos a esse estranho de "função *id*" (ou "outrem" transcendental, de acordo com a discussão que estabelecemos antes com as escolas de psiquiatria fenomenológica e psicanálise lacaniana). E por função *id* entendemos o fundo impessoal de hábitos compartilhados de maneira não representada pelos diferentes corpos (ou sujeitos agentes) em um contexto específico, não relacionado a outros. Todavia, ainda que seja frequentemente exigido, a ponto de se manifestar como dimensão afetiva da experiência, os agentes da experiência pouco se ocupam do estranho, originando-se daí o motivo pelo qual a atenção ao estranho exige um trabalho de desvio, de deriva, que nos faça perder a lógica das representações sociais em proveito do fundo de hábitos e respectivos efeitos afetivos que possam provocar. A esse trabalho de desvio denominamos de clínica (no sentido de *clinamen*). De onde advém a noção de que a dimensão ética da experiência de contato com o estranho sempre envolve uma forma clínica de agir. Mas quem é, no caso das formações psicóticas, o estranho do qual os clínicos gestálticos haveriam de se ocupar?

O estranho – justamente por ser estranho – tem, senão infinitas, ao menos imprevisíveis formas de se manifestar. O que não nos impede de reconhecer para elas algumas características que se repetem na experiência clínica. Precisamente, as manifestações do estranho quase sempre provocam curiosidade, inquietação, ansiedade, enfim, diferentes modalidades afetivas (as quais são distintas dos sentimentos, pois não têm a determinação semântica destes). Além do mais, as manifestações do estranho (e respectivos efeitos afetivos) inauguram a dimensão presuntiva de nossa experiência com o semelhante, que é o desejo. Assim que flagramos, em nosso semelhante, um rubor, uma contração ou um brilho – os quais não se deixam reduzir a algum sentimento, valor ou pensamento –, começamos a produzir fantasias (de repúdio, de sedução, de dominação, entre outras) a respeito do que poderia ser a "causa" daqueles afetos: eis o desejo. E entre todos os modos de ajustamento, o evitativo talvez seja aquele em que o estranho esteja mais associado ao desejo[4]. Mesmo se tratando de algo anônimo, geralmente inibido, o estranho nos ajustamentos evitativos é um sedutor. Ele primeiramente se mostra como uma ansiedade, uma precaução do consulente contra algo vivido no passado ou talvez vivido no futuro. O clínico fica interessado e, paulatinamente, percebe-se enredado em uma série de demandas que outro sentido não têm senão responsabilizar o clínico pela resolução daquela ansiedade: seja meu modelo (confluência); seja minha lei (introjeção); seja meu réu (projeção); seja meu algoz, talvez, meu cuidador (retroflexão); seja meu fã (egotismo) e assim por diante[5]. Cada uma dessas demandas dissimula um estranho que o clínico passa a desejar.

Nas formações psicóticas a manifestação do estranho parece ainda mais estranha. Apesar de esperarmos de nosso interlocutor (que é o sujeito da psicose) algo interessante, tudo se passa como se não se deixasse afetar. É como se o sujeito da psicose não participasse da ambiguidade fundamental do cotidiano, o que talvez explique por que, diante das formações psicóticas, nós clínicos não nos sintamos demandados a compartilhar afetos e desejos. Quando muito, sentimos que nosso consulente "faz uso" de nossas imagens, ações e palavras, como se assim estivesse a produzir algo desejável, embora, de fato, pareça não desejar nada, antes, afastar-se de toda demanda por desejo. É por isso que, diante desse estranho ainda mais estranho, nós clínicos praticamente não temos lugar, constatação que tanto interdita qualquer tipo de interesse que nós, como clínicos, pudéssemos ter diante do estranho, quanto desencadeia, em nós mesmos, um insuportável estado de angústia. Ficamos, afinal, sem saber o que se passa e o que se quer de nós.

E, segundo nosso modo de ver, é justamente por sustentarmos esse lugar de não saber que damos, na qualidade de clínicos que somos, um lugar ético ao estranho que se mostra nas formações psicóticas. É por sustentar esse lugar de não desejo que asseguramos ao sujeito das formações psicóticas a ocasião para que ele se manifeste, ainda que esta manifestação não implique nenhum tipo de consórcio ou promessa na qual pudéssemos nos fiar. Trata-se antes de um acolhimento sem expectativa de reciprocidade, de uma convivência sem laço afetivo, de um contato sem *awareness,* já que nem sempre o semelhante quer, ou pode, participar do que para nós é estranho, outrem. Mesmo assim ele responde, a seu modo, às nossas demandas por afeto, desejo, enfim, por estranhamento. Chamamos a essas respostas de ajustamentos de busca.

Ora, esse lugar de não desejo é muito difícil de ser sustentado. E com frequência o abandonamos em nome de um desejo que possamos dirigir ao sujeito da psicose com base em um terceiro (como se ele pudesse satisfazer a este terceiro). É como se o estilo de vida, as escolhas e as pessoas às quais o sujeito da psicose está vinculado pudessem responder a minhas próprias demandas estabelecidas a partir de outros lugares, outros contextos, dos quais o sujeito da psicose não participa. Algumas vezes esse expediente surpreende por desencadear, nos sujeitos da psicose, afetos e desejos pelos quais não esperaríamos. Outras vezes, entretanto, nossa demanda por desejo pode ser para esses sujeitos a ocasião de um surto. Até onde o clínico poderia também ele desejar algo em sua relação com o sujeito das formações psicóticas? Essa é uma questão ainda em aberto. É ela, todavia, que inaugura a "dimensão clínica" da atenção gestáltica às formações psicóticas e que, no contexto da relação atual com o clínico, denominamos de ajustamentos de busca.

Como vimos nos capítulos anteriores, ajustamentos de busca são eventos de campo. E, como todo evento de campo, eles sempre estão apoiados em um contexto que outra coisa não é senão um evento social, por exemplo, uma sessão clínica, na qual haja pelo menos dois agentes vinculados por intermédio de demandas por inteligência social. A existência de demandas por inteligência social, contudo, não é suficiente para caracterizar uma relação de campo. Afinal, elas se limitam às representações sociais que podemos compartilhar. Ou, ainda, elas dizem respeito apenas aos valores, aos pensamentos, às crenças e instituições que constituem a função personalidade, segundo a terminologia da teoria do self. A relação de campo, à sua vez, pressupõe que, mais além das demandas por inteligência social, haja demandas por excitamento, demandas estas que podem estar focadas tanto na manifestação afetiva dos excitamentos quanto na produção de fantasias (ou desejos) segundo excitamentos. E a peculiaridade dos ajustamentos de busca é, justamente, que os sujeitos demandados não conseguem encontrar, para as demandas por excitamento, os excitamentos esperados. Ou, então, que a quantidade de excitamentos evocados é tão grande que não conseguem autorizar em si nenhuma fantasia (ou desejo) por cujo meio pudessem operar com aqueles excitamentos, razão pela qual procuram responder às demandas (por excitamentos) servindo-se da própria realidade social de que dispõem ou em que estão insertos (seja esta realidade lúdica, cinematográfica, literária, laboral, educativa etc.), para com ela simular os excitamentos, afetos e desejos exigidos pelo(s) interlocutor(es). Quando a simulação passa pela escolha de uma parte da realidade, como se tal parte correspondesse a um excitamento, temos as alucinações. Quando o sujeito agente (ou função de ato) do ajustamento associa ou dissocia deliberadamente a realidade, visando simular um desejo, temos um ajustamento delirante. Mas, quando o desejo simulado decorre de uma escolha arbitrária por uma totalidade já estabelecida na realidade, temos as identificações. É ainda possível que a função de ato demandada sirva-se da realidade para se defender da demanda, estabelecendo assim um ajustamento de isolamento. De todo modo, em cada um desses ajustamentos há uma criação segundo a realidade, como se esta pudesse suprir o interesse do interlocutor por algo que, entretanto, não está na realidade.

Ora, a tarefa ética dos clínicos – compreendendo-se ética em sua acepção originária – é primeiramente acolher a produção do consulente que se ajusta no modo da busca. Tal significa, simplesmente, permitir que o ajustamento aconteça – desde que isso não abarque a aniquilação de uma das partes ou de um valor ao qual estejam identificados. Trata-se apenas de escutar, observar, sem a pretensão de compreender, interpretar, ajudar ou o que quer que seja. Esse é um trabalho muito difícil, tendo em vista que não implica nenhuma sorte de *awareness* e, nesse sentido, nenhum afeto ou fantasia desejosa.

Todavia, à medida que as formações psicóticas começam a se repetir, ou melhor, à medida que começam a desenhar para o clínico um estilo que se repete, é o momento de este tentar identificar as demandas para as quais aquelas formações são respostas. E é exatamente nesse momento que começam as intervenções clínicas mais ativas. Por um lado, o clínico deve poder comunicar ao acompanhante terapêutico (AT) do consulente – caso haja um – as demandas identificadas para que, em parceria, possam estabelecer uma estratégia de intervenção nos demandantes. Por outro, o clínico necessita operar pequenas manobras que – sem introduzir novas demandas por excitamento – habilitem as produções psicóticas a trocas sociais mínimas, restritas ao domínio da inteligência social. Se a partir daí os consulentes se sentirem aptos a operar com excitamentos, será uma questão em aberto, pela qual eles devem poder decidir.

A estratégia de habilitação das produções psicóticas a trocas sociais mínimas pode ser desempenhada de diferentes modos, dependendo do tipo de ajustamento. Conforme vimos nos capítulos anteriores, se for um ajustamento de isolamento, a ideia é fortalecer os indícios de inteligência social que nele possa haver. O trabalho do clínico aqui é eminentemente pedagógico. Se for um ajustamento alucinatório, a ideia é poder participar dele como se se tratasse de um jogo, o que estabiliza o ajustamento em torno de um conjunto mínimo de repetições. Se não puderem valer como desejos em torno de excitamentos motores, essas repetições ao menos significarão alguma inteligência social compartilhada. Se a resposta psicótica for um delírio (seja ele associativo ou dissociativo), o clínico pode ajudar o consulente no manejo da formação delirante, até o ponto em que este sentir que tal construção já dispõe de um mínimo reconhecimento, senão por conta da capacidade para operar com determinado excitamento linguageiro, ao menos pela inteligência social produzida. Se a resposta for a deliberação de uma alienação identificatória às possibilidades ou impossibilidades do semelhante, o clínico deve poder mostrar os limites desse expediente, até que o consulente possa voltar a assumir suas próprias possibilidades de socialização.

EXPERIÊNCIA DE CAMPO E INTERVENÇÃO NOS AJUSTAMENTOS DE BUSCA

Categorias diagnósticas relativas à relação de campo		Como os clínicos se sentem	Como os consulentes se apresentam	Possível estratégia de intervenção
Ajustamento de busca (a função de ato não encontra no campo um fundo que lhe dê orientação intencional – awareness)	**Isolamento** (ausência de um fundo de hábitos motores e linguageiros)	Sem lugar "invisíveis"	Precisando se defender (comportamento MUTISTA) das demandas por excitamento	Assessoria pedagógica
	Preenchimento (ausência de hábitos linguageiros)	Impotentes	Precisando ALUCINAR, o consulente escolhe uma parte da realidade que simula o excitamento esperando pelos demandantes	Inclusão lúdica
	Articulação (o excesso de demandas dos semelhantes desencadeia o excesso de excitamentos)	Reduzidos à condição de espectadores	Precisando DELIRAR, o consulente reorganiza a realidade em um todo que simula o desejo esperado pelos demandantes	Deslocamento em direção a construções com maior poder de interlocução
		Reduzidos à condição de utensílio	Necessitados de um objeto de IDENTIFICAÇÃO já constituído na realidade intersubjetiva que faça as vezes do desejo esperado pelos demandantes	Oferta de limite (introdução de um terceiro)

Esse trabalho, entretanto, não pode desautorizar as outras dimensões presentes no modo como o consulente, por si próprio, procura fazer contato com o clínico. É fato que, por ocasião

PSICOSE E SOFRIMENTO

das formações psicóticas, o consulente não demonstra interesse por algo que não sua própria formação. Mas há outros momentos em que o consulente está interessado no que interessa ao clínico, bem como a humanidade do clínico causa prazer ao consulente, advindo daí a noção de que o profissional deve poder abrir mão de seu não lugar como clínico, agora em proveito de desejos que possa compartilhar e, sobretudo, de uma humanidade que possa construir junto com seu consulente. Contudo, nem sempre o clínico pode desempenhar tais funções sozinho, sendo essa, principalmente, a razão por que ele deve poder contar com o apoio de outros profissionais, como o AT e o cuidador, o que não lhe impede de desempenhar as três funções, desde que em momentos diferentes. Não se pode ouvir o ajustamento de busca, trabalhar em nome da inclusão política e participar da humanidade do consulente de uma só vez.

DIMENSÃO POLÍTICA DA ATENÇÃO GESTÁLTICA ÀS PSICOSES: O ACOMPANHAMENTO TERAPÊUTICO

AINDA QUE, NO TRABALHO CLÍNICO, nós gestalt-terapeutas privilegiemos acolher os ajustamentos de busca (de respostas) produzidos pelos consulentes em decorrência das demandas (por excitamento) a que possam estar submetidos, tal não significa que nossa relação com os consulentes esteja pautada exclusivamente por aqueles ajustamentos. E não apenas porque o consulente possa produzir outros modos de ajustamento, ou porque haja, entre nós e eles, uma sorte de humanidade que ambos podemos compartilhar. Acontece que nós, como clínicos, mesmo quando trabalhamos com os ajustamentos de busca, estamos vinculados a terceiros, dos quais passamos a desejar algo – por exemplo, que reconheçam nosso trabalho, que nos digam o que devemos fazer ou até onde podemos ir, e por aí afora. Como vimos no tópico anterior, o acolhimento aos ajustamentos de busca não está pautado no desejo que tais ajustamentos poderiam desencadear, afinal, eles não desencadeiam desejos. Por outras palavras, os ajustamentos de busca (como a alucinação, a associação ou dissociação delirantes, as identificações positiva e negativa e o mutismo comportamental) são experiências de contato sem *awareness*. E não é de todo estranho que nós clínicos busquemos uma referência (da ordem do desejo) em pessoas que não necessariamente têm ligação direta com as formações psicóticas do nosso consulente. Isso significa dizer que nós mesmos, como profissionais, passamos a desejar algo em torno ou mais além dos ajustamentos de busca, o que certamente tem efeitos éticos, mas, também, efeitos políticos.

Os efeitos éticos, como vimos, estão relacionados ao fato de que, caso o manejo de nossos desejos em relação a terceiros fosse imposto ao consulente como nova demanda, poderia ter provocado neste o surto. Por outras palavras, caso os desejos mobilizados por nossos colegas de instituição, pelos familiares do consulente, pela teoria clínica que seguimos ou pelas metas dos programas de saúde a que estamos vinculados fossem impostos como uma demanda (linguageira) diante da qual nosso consulente deveria se posicionar, nós poderíamos amplificar as dificuldades que precisamente exigiram dele ajustamentos de busca, ou poderíamos fazer fracassar os ajustamentos que tivesse produzido. Eis por que os trabalhos que realizamos com sujeitos psicóticos em órgãos de assistência – sejam eles privados ou públicos –, porquanto estão balizados por metas que geram em nós desejo, devem ser administrados com o cuidado de não transferir, aos sujeitos atendidos, os desejos gerados. Não é impossível que, em algum momento do tratamento, o sujeito da psicose abra mão de um ajustamento de busca em proveito de um desejo. Talvez isso possa ser inclusive esperado. Porém, não deve ser imposto, sob pena de vermos se repetir exatamente aquilo que colocou o consulente em situação de sofrimento, isto é, a imposição de demandas e a correlata exclusão dos ajustamentos de busca. A tarefa

PSICOSE E SOFRIMENTO

ética dos profissionais que atuam como clínicos é, sobretudo, acolher os ajustamentos de busca e estabelecer o manejo das demandas para as quais aqueles ajustamentos são respostas. Isso não significa, em contrapartida, que os clínicos não possam desejar, dos terceiros, algo em relação aos sujeitos da psicose. Segundo nosso entendimento sobre o que seja um ajustamento de busca, podemos desejar que o dono da mercearia compreenda que a ecolalia de nosso consulente considerado esquizofrênico não seja um sinônimo de retardo mental ou ingenuidade, antes, uma tentativa de interagir com o aborrecimento ou com o entusiasmo que sequer o comerciante percebe em suas próprias palavras. Podemos desejar que os pais de nosso consulente autista não se envergonhem da indiferença com a qual seu filho opera com os apelos afetivos da pedagoga; ao contrário, que eles nos ajudem a esclarecer a profissional sobre o que aprenderam conosco acerca da inadequação do uso de apelos afetivos no trato com pessoas autistas. Podemos desejar que as pessoas que circulam pelas praças comecem a desejar alguma coisa ao nos ver caminhar na companhia desses sujeitos encurvados, refratários aos cerimoniais sociais e investidos de comportamentos esquisitos. Podemos desejar que as leis brasileiras que obrigam as empresas de médio e grande porte a destinar parcela de suas vagas a pessoas consideradas "especiais" beneficiem também os sujeitos considerados doentes mentais; como também podemos desejar que os poderes públicos, a iniciativa privada e as famílias se conscientizem sobre a importância do trabalho que realizamos em proveito da ampliação da capacidade de nossos consulentes para estabelecer contratos sociais. Podemos esperar, do público em geral, especialmente dos políticos, apoio aos nossos questionamentos sobre a eficiência dos tratamentos à psicose pautados no modelo do encarceramento, ainda verificado em muitas instituições de saúde. Podemos desejar produzir efeitos nos leitores de nossa literatura, nos frequentadores de nossos cursos, nos apreciadores de nossas telas que tratam todos sobre as psicoses.

Podemos, enfim, desejar apresentar ao mundo esse sujeito que, mesmo não compreendendo, aprendemos a respeitar e que são os sujeitos dos ajustamentos de busca. Que esses desejos de alguma forma afetem – preferencialmente de maneira benéfica – os sujeitos da psicose é matéria difícil de arbitrar. Mas por certo eles afetam aqueles a quem apresentamos a psicose, e de quem esperamos ações em benefício dos sujeitos da psicose.

E eis aqui o sentido político da atenção gestáltica às psicoses. Trata-se de um deslocamento dos sujeitos (da psicose) do campo da clínica para o campo da interlocução e do enfrentamento ao terceiro, na "expectativa" de, assim, gerar-se neste terceiro, senão um desejo, ao menos uma resposta da ordem da inteligência social. O profissional, aqui, não pensa nos ajustamentos de busca propriamente ditos, não opera como um analista da forma, cuja meta é eminentemente ética. Ele opera antes como um político, cuja intenção é estabelecer interlocuções e enfrentamentos entre os sujeitos da psicose e os representantes do outro social, buscando promover uma transformação no meio social, no próprio outro social, que assim passa a incluir esta outra diversidade, que é o sujeito da psicose, para usar a letra de Foucault (1953, p. 87):

> Pareceria, sem dúvida, inicialmente que não existe cultura que não seja sensível, na conduta e na linguagem dos homens, a certos fenômenos com relação aos quais a sociedade toma uma atitude particular: estes homens, nem completamente como doentes, nem completamente como criminosos, nem feiticeiros, nem inteiramente também pessoas comuns. Há algo neles que fala da diferença e chama a diferenciação.

É importante perceber aqui que não se trata de dar ao sujeito da psicose algo que fosse ético, tal como uma acolhida ao que nele fosse estranho, estranhamente não desejável. E sim de fornecer algo ao meio social, de oferecer a possibilidade de operar com esse outro sujeito, com essa diversidade e, assim, multiplicar (ou dividir) as possibilidades econômicas que são inerentes à socialização e têm relação não apenas com o que pode ser aprendido (como valor, instituição, cultura, riqueza), mas também com o que pode ser desejado ou, o que é a mesma coisa, representado na realidade como inatual, virtual, ficcional.

O gestalt-terapeuta não trabalha aqui como um analista da forma (PHG, 1951, p. 46) dessa alteridade das representações sociais que é a forma (*Gestalt*), mas como terapeuta propriamente dito, ou seja, como agente do outro social, como produtor de instabilidade no seio do outro social. Desse ponto de vista, ele continua a ser um clínico, afinal, continua a produzir desvios (dessa vez, desvio em direção a essa diversidade que é o sujeito da psicose). Não como um clínico "para" o sujeito da psicose, mas para o outro social. Ele, agora, é um clínico político, interessado no terceiro, no outro social, um verdadeiro servo do outro social e, nesse sentido, um verdadeiro terapeuta. Isso não significa, de forma alguma, que o gestalt-terapeuta, em sua atenção política ao sujeito da psicose, não o beneficie. Ao contrário, na medida em que sua ação visa ampliar (ou reduzir) a contratualidade social como um todo, em que essa ação envolve investir o sujeito da psicose na condição de sócio – partícipe ou inimigo – do meio social, a ação política do gestalt-terapeuta também surte efeitos no sujeito da psicose; mas não no sujeito que é "outro" (que delira, alucina etc., e cujo lugar só pode ser o *êthos*, a acolhida ética), e sim no sujeito que é cidadão ou excluído, partidário ou opositor, trabalhador ou desempregado, enfim, eventual representante (diverso) do outro social.

É por isso que, quando dizemos que o gestalt-terapeuta dá atenção política ao sujeito da psicose, dizemos que ele atua como "acompanhante terapêutico". Ele é acompanhante porque é companheiro, companheiro político daquele a quem acompanha pelo bem (ou pelo mal) da vida social, pelo bem (ou pelo mal) do outro social a quem serve (ou contra quem conspira); o que faz dele terapeuta: aquele que serve ao semelhante. Levar o sujeito da psicose às reuniões do Conselho Municipal de Saúde, ao posto de atendimento do Sistema Único de Saúde (SUS), a uma manifestação contra o aumento das tarifas do transporte coletivo urbano, a um espetáculo de um artista famoso, a uma reunião da associação dos usuários do Caps; levá-lo a uma aula de dança, passear com ele para ensiná-lo a usar o transporte coletivo, ajudá-lo em seus estudos de preparação para o vestibular, ou nos exercícios práticos para conseguir a habilitação como motorista – todas essas atividades são atividades políticas cujo objeto não é o sujeito da psicose, mas a sociabilidade em geral, os contratos dos quais aquele sujeito tentará participar ou dos quais poderá ser excluído. São atividades de acompanhamento terapêutico, isto é, atividades compartilhadas que objetivam produzir um efeito no meio social, no outro social, qual seja tal efeito, o desejo, o desejo por uma nova configuração, que inclua o sujeito da psicose.

Com toda justiça alguém poderia aqui protestar e dizer que o uso que fazemos da expressão "acompanhamento terapêutico" vai de encontro a uma tradição de emprego que, conforme esclarece Kléber Barreto (1997, p. 22-3), "surgiu no final da década de 60 em Buenos Aires (Argentina), com base no trabalho com pacientes em hospitais psiquiátricos" e, na "década de 70 apareceu no Brasil, graças ao intercâmbio científico-cultural entre estes dois países, mas, principalmente, com a imigração de psicanalistas decorrente da situação política argentina". Ainda segundo Kléber Barreto (1997, p. 23), inicialmente se empregava o nome "amigo qualificado" para designar o acompanhante terapêutico (e em algumas regiões de nosso país aquele nome ainda é empregado). Com isso se queria descrever "a pessoa que se dispunha a estar junto do paciente fora da instituição e auxiliá-lo em seus afazeres cotidianos quando necessário: ir a consultas médicas, ortodônticas ou terapêuticas; retomar atividades escolares ou profissionais e até mesmo organizar sua moradia e lazer". Todavia, paulatinamente, essa tarefa passou a agregar uma série de motivos clínicos e políticos advindos, em primeiro lugar, das

PSICOSE E SOFRIMENTO

infindáveis discussões da tradição psicanalítica em torno da noção de transferência, o que levou inúmeros profissionais a se perguntar sobre a função do espaço (do consultório, dos hospitais, das instituições manicomiais) na construção de um vínculo entre o analista e o paciente. Como resultado destas discussões, vários psicanalistas compreenderam que, mais importante do que o espaço como tal, é a presença do analista nos diferentes espaços requisitados pelos pacientes. "Os exemplos na literatura psicanalítica", advoga Kléber Barreto (1997, p. 23-4), "que nos fazem pensar diretamente no AT são os relatos das experiências clínicas de M. Sechehaye (1988), Winnicott (1984), Margaret Little (1990) e Khan (1991)." Para esses autores, e ainda com base na leitura de Barreto (1997, p. 24), "o trabalho com determinados sujeitos e/ou em determinadas dimensões do *self*, só é possível com a presença da pessoa real do analista" nos diferentes contextos de vida dos pacientes. Cabe ao analista implicar-se aí "com todos seus afetos e sua personalidade, lançando mão de recursos que transcendem a dimensão discursiva, tão privilegiada na cultura ocidental como campo simbólico por excelência" (Barreto, 1997, p. 24). O que, por fim, acaba por investir as situações concretas vividas pelo analista e seu analisando, em especial os objetos cotidianos dos quais possam se servir, de uma dimensão simbólica tão importante quanto os discursos que pudessem ser produzidos no consultório a dois. Essas discussões, enfim, serviram de base para que os acompanhantes terapêuticos (ATs) sul-americanos reconhecessem, nesse ofício, um desdobramento da clínica psicanalítica, o que motivou uma série de estudos – com especial destaque para outro trabalho de Kléber Barreto, *Ética e técnica no acompanhamento terapêutico: andanças de D. Quixote e Sancho Pança* (2006) – que procuram buscar nas diferentes metapsicologias psicanalíticas fundamentos éticos, técnicos e metapsicológicos que possam orientar a prática do AT. Recentemente, segundo o estudo estabelecido por Hermann (2008), Bazhuni (2010, p. 18) documentou algumas entre as mais expressivas produções brasileiras a respeito da prática do AT pensadas com base na psicanálise, destacando os trabalhos organizados pela equipe de ATs do Hospital-Dia "A Casa" de Campinas, quais sejam eles: *A rua como espaço clínico* ("A Casa", 1991) e *Crise e cidade* ("A Casa", 1997)[6]. Ou, então, a coletânea de artigos denominada *Cadernos de AT: uma clínica itinerante*, organizada por Belloc, Cabral, Mitmann e Pelliccioli (1998), publicada em Porto Alegre. Bazhuni menciona também os trabalhos produzidos em regime acadêmico, como a já mencionada obra de Kléber Barreto, além das de Cauchick (*Sorrisos inocentes e gargalhadas horripilantes: intervenções no acompanhamento terapêutico*, 2001), Pallombini (*Vertigens de uma psicanálise a céu aberto: a cidade – contribuições do acompanhamento à clínica da reforma psiquiátrica*, 2007), Carvalho (*Acompanhamento terapêutico: que clínica é essa*, 2004), Pitiá e Santos (*Acompanhamento terapêutico: a construção de uma estratégia clínica*, 2005) e Araújo (*Do amigo qualificado à política da amizade*, 2005). Há ainda revistas de psicanálise que dedicam números inteiros para pensar a questão do acompanhamento terapêutico, como é o caso de *Pulsional* (2001), *Estilos de Clínica* (2005) e *Psyché* (2006).

Ora, se consideramos as intenções programáticas dos ATs que operam segundo o discurso psicanalítico – a saber, ampliar as possibilidades de estabelecimento de vínculos transferenciais, sobretudo com pacientes psicóticos, pretendendo incluir o espaço cotidiano como território de intervenção –, nós não temos nada a dizer que não elogiar e aprender. Em verdade, trata-se de uma psicanálise ampliada, que incorpora em seu estilo de atuação consequências advindas do aprofundamento de sua própria reflexão sobre os pilares metapsicológicos que orientam a prática do analista, principalmente as noções de transferência e manejo clínico dos representantes do inconsciente em sentido amplo. E, como herdeiros dessa virtude crítica da psicanálise, os gestalt-terapeutas também experimentaram uma ampliação das possibilidades clínicas quando se debruçaram sobre a noção de transferência – o que

PSICOSE E SOFRIMENTO

os levou, como vimos em capítulos anteriores, à noção de contato com *awareness*. De alguma maneira, a vivência clínica do contato é uma radicalização daquilo que na transferência se revela como incontornável, ou seja, a impossibilidade de determinar com precisão o lugar do clínico e do consulente. E essa imprecisão acarreta, entre outras coisas, a responsabilidade do clínico pelas diferentes dimensões de sua vida e de seu processo clínico que podem retornar em seu contato com o consulente, aspectos esses que envolvem, inclusive, sua presença no modo como o consulente opera com o desejo na realidade social.

E, tal como aconteceu com a clínica psicanalítica – em que o manejo das formações psicóticas levou os psicanalistas a questionar a noção de transferência –, também nós, sobretudo por ocasião desta obra e com base em nossa prática de acolhida e intervenção no campo das formações psicóticas, fomos levados a questionar a noção de contato com *awareness*. Afinal, a fixação dos consulentes na realidade nos fez supor que o contato que eles fariam conosco estaria desprovido de *awareness,* o que é o mesmo que dizer que em tais experiências de contato não haveria a mediação de excitamentos afetivos e desejos. Razão pela qual, para dar conta desta nova forma de apresentação do contato, tivemos de dedicar especial atenção à realidade e à função das demandas por excitamento e desejo que, nas experiências com sujeitos psicóticos, pareciam frustradas. Em alguma medida, nossa clínica, assim como a clínica psicanalítica, reconheceu que a realidade social poderia ampliar nossas formas de atenção às formações psicóticas – ainda que, conforme mostramos em capítulos anteriores, dispomos de um modo distinto de compreender o papel e a presença do meio social na gênese e função das formações psicóticas. Tal como sucedeu aos ATs de orientação psicanalítica, também fomos ao encontro dos laços sociais para compreender e intervir nessas formações.

Todavia, diferentemente desses ATs, não nos servimos do significante "AT" (acompanhamento terapêutico) para designar essa estratégia, pois, como há pouco explicamos, fizemos uma distinção entre as naturezas ética, política e antropológica de interação com os sujeitos da psicose. A clínica, entendida como o espaço ampliado de acolhimento às formações psicóticas, é uma ética. E, ao que parece, os ATs de inspiração psicanalítica não fazem essa distinção. Salvo engano, é como se a dimensão política inerente à abertura da clínica para o espaço amplo da cidade não fosse distinta da dimensão ética. É possível que, para uma formulação psicanalítica sobre a gênese e função das formações psicóticas, essa indistinção não pareça problemática, já que, como afirma Hermann (2008, p. 17), a inclusão dos psicóticos no meio social não é para os psicanalistas um *a priori*, mas uma estratégia para diversificar as possibilidades de vínculo transferencial. Para nossa forma gestáltica de compreender as formações psicóticas, no entanto, a não distinção entre a dimensão ética e a dimensão política da intervenção pode levar ao surto. Isso porque, se a psicose é uma dificuldade para lidar com demandas por excitamentos e desejos, por conta de ser a política uma demanda da ordem do desejo, o uso político da ética clínica pode agravar as dificuldades vividas pelos sujeitos das formações psicóticas, sendo sobretudo por esse motivo que decidimos separar a clínica (como analítica da forma) da clínica como AT. Logo, não por pensarmos que a analítica da forma devesse manter-se longe das ruas – ao contrário, ela deve sempre explorar as várias possibilidades de contato – e, sim, porque, seja no consultório ou na rua, há uma diferença entre acolher o que não gera desejo (precisamente, as formações psicóticas) e desejar que o meio social o faça (o que é um propósito político).

Evidentemente, um clínico pode fazer análise da forma no consultório ou na rua. Assim como pode fazer AT em um quarto ou a céu aberto. Ademais, um mesmo profissional pode atuar como analista da forma e como AT de um mesmo consulente. E, inclusive, no mesmo espaço. Mas nunca ao mesmo tempo, tendo em vista que são formas de contato distintas. O contato clínico com as formações psicóticas não implica desejo. O contato político com os sujeitos da psicose envolve um desejo – compartilhado ou não – pelo meio social.

Dessa distinção entre o ofício ético do gestalt-terapeuta como analista da forma e o ofício político do gestalt-terapeuta como AT não sucede que, para este último, a inserção no meio social seja um *a priori* que se impusesse aos consulentes. Em primeiro lugar, porque não se trata de um desejo dirigido ao consulente, mas de um desejo do profissional voltado ao meio social. Ou, então, trata-se do interesse do profissional em provocar, no meio social, desejo pelo sujeito da psicose, o que sempre é algo muito arriscado, tanto para o meio social (que pode não desejar o sujeito da psicose) como para esse sujeito (que pode não se sentir à vontade com as demandas por desejo do meio social).

É daqui que se origina, ademais, nossa prudência com o modo como, por vezes, em nome da reforma psiquiátrica e da luta antimanicomial concebida nos termos da Lei Paulo Delgado (Lei Federal nº 10.216, de 2001) – que no inciso II do parágrafo único do artigo 2º assegura tratamento ao portador de transtorno mental visando, com finalidade permanente, à reinserção social do sujeito, com a garantia de recuperação junto ao convívio familiar, ao trabalho livre e à circulação na comunidade –, muitos profissionais fizeram do mote "ampliação da contratualidade social" um *a priori* que respondesse, por um lado, à exigência sanitária por uma terapêutica voltada à intervenção nas próprias formações psicóticas e, por outro, às motivações ideológicas daqueles que, inspirados em Michel Foucault (1975), reconheceram na diversidade das minorias uma forma de combater os totalitarismos políticos. Pelas mesmas razões que antes nos serviram para distinguir a função ética da função política na atenção às psicoses, não acreditamos que a "ampliação da contratualidade social" possa constituir uma terapêutica das formações psicóticas. Embora tais formações sejam respostas às demandas sociais por excitamento, tal não significa que a inserção no meio social seja uma forma de atenção à condição específica dos sujeitos da psicose – a qual, segundo nossa hipótese, tem relação com a estranha ausência ou com o estranho excesso de excitamentos demandados. Se as formações psicóticas são respostas às demandas sociais, trata-se de respostas que cumprem a função de suplências àquilo que estranhamente não se apresentou ou se apresentou por demais no meio social, a saber, os excitamentos. Logo, do ponto de vista ético (da ética como acolhida ao sujeito), a inserção no meio social não é por si um tratamento. A inserção social pode inclusive representar um agravamento da exclusão do sujeito da psicose. Por isso, se é verdade que toda intervenção clínica deve primar pela acolhida social ao ajustamento produzido pelo sujeito, também é verdade que tal acolhimento só se mostra proveitoso ao sujeito da psicose se for acompanhado de um cálculo das demandas.

Da mesma forma, não acreditamos que os sujeitos das formações psicóticas – por conta da diversidade que representem – possam sempre ser incluídos como agentes políticos. A inclusão é antes um desejo do AT, do profissional em saúde mental partidário da luta antimanicomial, mas nem sempre vai ao encontro das possibilidades dos sujeitos das formações psicóticas, ou da capacidade social para suportá-las. Isso não significa que defendamos a internação compulsória ou "involuntária" (em instituições psiquiátricas ou em hospitais de custódia e internação psiquiátrica) como uma estratégia que pudesse ser inclusive discutida. Em hipótese alguma a "exclusão" das formações psicóticas pode beneficiar os sujeitos da psicose ou a sociedade. Afinal, por meio dela nunca logramos atuar sobre os motivos, sobre as funções e proveitos sociais das formações psicóticas. Mais vale conceder ao sujeito da psicose a possibilidade de se isolar ou de se integrar, quando a responsabilidade por essa integração puder ser compartilhada pelos envolvidos, o que implica dizer que estes envolvidos devem poder arbitrar o respeito aos limites de cada qual; no caso dos sujeitos das formações psicóticas, o limite às suas capacidades

PSICOSE E SOFRIMENTO

para operar com demandas por excitamento. Todavia, a diversidade ou peculiaridade no modo como o sujeito das formações psicóticas opera com as demandas por excitamento não é condição suficiente, menos ainda necessária, para que se arbitre a "inclusão compulsória" daquele sujeito – como se a suposição foucaultiana de que a inclusão implicasse uma crítica ao dogmatismo fosse um imperativo moral, não obstante a ruína que tal imperativo pudesse representar para o próprio pensamento de Foucault. Acreditamos que o gestalt-terapeuta que atua como AT possa – em vez de obrigar o sujeito da psicose a se incluir na rede social ou obrigá-la a tolerar delírios e alucinações – ajudar a comunidade a compreender que, ao respeitar os limites do sujeito das psicoses, este pode desempenhar ações em benefício da ideologia à qual a comunidade está identificada. Dessa forma, o AT gestáltico substitui o estilo disciplinar da instituição psiquiátrica tradicional por uma demanda (dirigida à sociedade) de corresponsabilidade diante das diferenças.

Mas não é apenas isso. O AT gestáltico pode ainda desempenhar outra função muito especial, que é o exercício da crítica social às causas da exclusão do sujeito da psicose, o que pode tanto ser feito por meio de intervenções junto com os familiares e conviventes próximos a esse sujeito, quanto por meio de intervenções nas instâncias políticas representativas dos interesses públicos. E não é por acaso, como ressalta Kléber Barreto (1997, p. 24), que consideramos o ofício do AT um legítimo herdeiro do movimento antimanicomial mundial – o qual, no Brasil, repercutiu nos termos de uma ampla e profunda reforma psiquiátrica, que reconheceu que "no caso de uma crise aguda (psicótica) o tratamento não se restringe e/ou não se esgota no confinamento (isolamento) e medicação. Leva-se em conta o sujeito em suas dimensões afetivas, pulsionais, existenciais e sociais". Em nosso entendimento, toda vez que o AT gestáltico denuncia, seja na postura de um familiar ou de um representante político da comunidade em que vive determinado sujeito psicótico, uma demanda abusiva para a qual esse sujeito não logra encontrar uma resposta, aquele profissional cumpre uma importante função política, cujos efeitos se farão sentir tanto no tratamento ético-clínico quanto na integração antropológica do seu acompanhado. Essa crítica pode inclusive ser dirigida aos clínicos e às instituições de assistência aos sujeitos da psicose, o que significa dizer que, em alguma medida, o AT pode atuar como aquele que subverte as demandas, até mesmo aquelas presentes nos diferentes tipos de tratamento. Dessa forma, o AT gestáltico ajuda a promover a diversificação das modalidades de tratamento, ampliando as possibilidades por cujo meio a sociedade poderia conviver com os sujeitos da psicose.

Em sua ação concreta no cotidiano do acompanhamento a esses sujeitos, o AT gestáltico deveria poder trabalhar, por um lado, como educador, pedagogo, enfim, como aquele que ajudasse o acompanhado a participar dos contratos sociais disponíveis e pelos quais o próprio AT gestáltico tivesse desejo. Por outro, ele deveria poder trabalhar como protetor sempre atento às demandas abusivas às quais o acompanhado teria dificuldade de responder. Neste ponto, especificamente, o AT gestáltico deveria poder ajudar os familiares a reconhecer a presença e os efeitos das demandas que, de modo inconsciente, dirigiriam aos sujeitos da psicose. Isso não quer dizer que o AT gestáltico não pudesse, em algum momento, acolher a produção propriamente psicótica, muito embora ele deixasse então de atuar como AT para assumir uma função clínica. Como dissemos, não há impedimento algum a que o AT atue por vezes como clínico e vice-versa, desde que essas atuações não aconteçam ao mesmo tempo. Conforme a terminologia da teoria do self, o foco da atuação ética como clínico é a produção estabelecida pelo consulente em suplência à função *id* demandada pelos interlocutores, função essa que diz respeito aos excitamentos e respectivos efeitos afetivos. Na atuação política como AT o foco do profissional é o desejo que ele próprio possa provocar no meio social em decorrência de sua ação concreta – a qual diz respeito, portanto, à função de ato – de inclusão ou proteção ao sujeito das formações psicóticas.

De toda forma, o acúmulo das duas funções pode representar sérios riscos aos consulentes. O mais importante desses riscos talvez seja a aniquilação de uma das funções. Por estar vinculado aos familiares e às instituições que acolhem os sujeitos da psicose, por desejar esses vínculos, o AT pode facilmente representar o interesse dos familiares e das instituições, interditando, desse modo, a função ética que deveria desempenhar como clínico, que é a de acolher as formações psicóticas sem vinculá-las a desejos e expectativas. Esse foi o caso de um rapaz a quem atendi por vários meses como clínico, mas a quem passei a acompanhar por insistência da mãe. Foram várias as visitas que fiz ao domicílio desse consulente/acompanhado, o que me facultou a ocasião de conhecer a dinâmica familiar e as demandas que frequentemente exigiam dele respostas psicóticas. Comecei a intervir nos familiares, procurando esclarecê-los sobre o vínculo estreito entre seus pedidos e as respostas alucinatórias do parente. Como se ficasse evidente a estabilização do consulente, porém, sua mãe – a quem interessava que o filho permanecesse "doente", a fim de ter uma desculpa para não retornar à vida profissional – começou a conspirar contra meu trabalho, estabelecendo comigo uma ostensiva comunicação telefônica que ao consulente/acompanhado pareceu uma traição ao contrato de sigilo que firmei com ele. Em certo momento, o consulente/acompanhado passou a rejeitar minha posição de clínico, uma vez que tudo que pudesse compartilhar comigo acabaria por chegar aos ouvidos da mãe. Por conta de minha ambição de atuar em todas as dimensões de sua vida, não zelei pela manutenção do lugar ético tão importante ao consulente. Pelo menos aprendi que, em se tratando das diferentes modalidades de atenção que podemos dirigir aos sujeitos da psicose, ninguém é capaz de exercê-las todas ao mesmo tempo. Ninguém trata a psicose atuando sozinho. Precisamos respeitar a diferença entre as dimensões ética, política e antropológica do tratamento, o que muitas vezes significa eleger pares com os quais podemos compartilhar as distintas tarefas.

DIMENSÃO ANTROPOLÓGICA DA ATENÇÃO GESTÁLTICA ÀS PSICOSES: O CUIDAR COMO UM INVESTIMENTO HUMANO

ASSIM COMO OS DEMAIS ajustamentos pensados segundo a teoria do self, os ajustamentos de busca são nossas tentativas para identificar qual lugar podemos ocupar diante das pessoas que nos procuram em nome de uma intimidade que decidem manifestar. Trata-se de uma proposta ética orientada para o acolhimento àquilo que de estranho possa haver no modo como o semelhante fala da sua intimidade. No caso dos ajustamentos de busca, o estranho está relacionado às formações alucinatórias, delirantes, identificatórias e de isolamento que o sujeito produz aparentemente em resposta às nossas demandas por excitamento e desejo. E o nosso lugar diante desses sujeitos, segundo a teoria do self, tem que ver com nossa disponibilidade para acolher aquelas formações e identificar quais demandas exigiram-nas. É claro que podemos agir de maneira política, procurando despertar no meio social interesse e respeito pelas produções e limites dos sujeitos que acompanhamos. Trata-se de uma ação de tutela aos sujeitos das formações psicóticas com vistas a provocar no meio social uma ampliação na forma como esse meio compreende e vive, por exemplo, sua fantasia sobre o que seja a relação entre a cidadania e a psicose. Bem mais além das formações psicóticas e do engajamento em nossas proposições políticas, entretanto, os consulentes também nos fornecem representações sociais às quais eles estão identificados passivamente, o que significa dizer de modo espontâneo. Por outras palavras, eles também nos apresentam valores, pensamentos e instituições que constituem suas identidades sociais. A intimidade que manifestam não é aqui o estranho, ou nosso interesse em despertar – segundo a convivência com os sujeitos da psicose – algum desejo no meio social. Ela agora é a horizontalidade de nossa relação humana, nossa coparticipação em motivos antropológicos que possamos dividir na condição de amigos ou cúmplices, tais como a festa, o luto, a esperança, a alegria, a indignação. E eis aqui a terceira dimensão da atenção gestáltica ao sujeito da psicose, cujo foco se localiza nisso que a teoria do self denomina de função personalidade: nossa participação na humanidade daqueles que convivem conosco. Traduz-se, assim, como o cuidado dirigido aos diferentes vínculos que possamos estabelecer com as "pessoas" que se manifestam na transposição das formações psicóticas e dos nossos desejos.

Sejamos clínicos ou ATs, nós sabemos que, em determinado momento de nosso convívio com nossos consulentes e acompanhados, somos arrebatados por uma "comunicação" que se estabelece antes no campo imaginário das representações sociais que possamos trocar (função personalidade) do que no campo simbólico (função de ato) das ações compartilhadas em favor de desejos ou de suplências a desejos produzidos com base em demandas por excitamento (função *id*). Tal significa dizer que, a certa altura da relação (clínica ou de acompanhamento), começamos a nutrir "sentimentos" pelas histórias, pelos valores e pelas pessoas com as quais nossos consulentes e acompanhados vivem. Percebemos em nós alegria, solidariedade, indignação, decepção ou tédio – para falar de alguns sentimentos – por recebermos ou passearmos uma vez mais com essa pessoa ou com esse grupo, com quem já nos sentimos familiarizados. Da mesma forma, percebemos, nos consulentes e acompanhados, o cultivo de um vínculo que ultrapassa os limites da relação ética e política que com eles estabelecemos. E não é incomum os clínicos suspeitarem desses sentimentos, como se a ocorrência deles significasse que não tivessem sido capazes de manter a atenção focada nas formações psicóticas, as quais são vivências da ordem do contato (sem *awareness*), isto é, da ordem de uma satisfação sem afeto. Ou, então, não é incomum que os ATs evitem esses sentimentos por medo de distanciar-se da meta do acompanhamento terapêutico, que é uma experiência da ordem do desejo, porquanto voltada a provocar efeitos no meio social. Todavia, acreditamos que a ocorrência desses sentimentos de mútua vinculação entre o profissional e os consulentes/acompanhados pode constituir uma terceira região de atenção aos sujeitos das formações psicóticas, que é o cuidado às relações de identificação passiva (ou espontânea). Afinal, extrapolando o espaço de ausência de demanda que os consulentes encontram junto de seus clínicos, extrapolando o espaço de aprendizado e de ampliação social que os acompanhados encontram ao lado de seus ATs, os consulentes buscam um tipo de vinculação que lhes permita o pertencimento a um tipo de identidade e a vivência do prazer que esse pertencimento desencadeia.

Ora, a eleição dessa terceira dimensão da atenção gestáltica às psicoses abrange, por um ângulo, eleger um terceiro "objeto", que é a identificação passiva (e o sentimento correlato que a acompanha) às diferentes formas de socialização disponíveis ao sujeito das formações psicóticas – por exemplo, a identificação passiva a um valor moral, a uma ideologia, a uma agremiação, a uma forma de entretenimento e assim por diante. Por outro, dado que a vivência das identificações passivas inclui contextos sociais bem mais amplos que a escuta clínica e o acompanhamento terapêutico, a atenção a tais identificações implica uma expansão da atenção gestáltica. Esta pode acontecer não apenas no circuito fechado da escuta às formações psicóticas propriamente ditas, ou no espaço geopolítico de atuação do AT, mas também no domínio antropológico dos vínculos sentimentais que esses sujeitos estabelecem com os familiares, com a comunidade e com os próprios profissionais. Dizendo de outro modo: a atenção gestáltica às psicoses também pode acontecer nos corredores das instituições, nas ruas dos bairros, nas arquibancadas de um estádio de futebol, no domicílio do acompanhado, sempre como cuidado aos diferentes vínculos sentimentais criados entre os profissionais e as pessoas supostamente psicóticas.

Essa foi uma descoberta que fizemos com base em pedidos que se repetiam com muita frequência, tanto na atenção clínica individual quanto nos trabalhos de acompanhamento terapêutico em grupo realizados no Caps. Várias vezes os sujeitos envolvidos perguntavam se não haveria a possibilidade de um encontro social entre os profissionais, os consulentes e os acompanhados sem que isso implicasse um trabalho de atenção às "loucuras de cada um" (referência às formações psicóticas), ou sem que tal encontro envolvesse a realização de uma tarefa planejada por um terceiro (seja este o profissional, o Estado ou a família). Os consulentes e acompanhados queriam um espaço de convivência para "se conhecer mais", para interagir, sem que isso estivesse vinculado a um propósito, por exemplo, da associação de usuários; ou sem que isso fosse um trabalho terapêutico voltado à analítica dos sintomas ou das formações psicóticas de cada qual.

Tais pedidos nos motivaram a organizar festas de confraternização a cada final de mês no Caps, churrascadas e cavalgadas na propriedade rural de um dos sujeitos acompanhados ou mesmo no sítio de um dos nossos profissionais. Foram momentos muito intensos, em que pudemos acompanhar a humanidade de cada sujeito, a explicitação de seus valores, crenças e diferenças, sem que isso estivesse atrelado a um propósito ético (no sentido clínico) ou político. Por exemplo, um dos sujeitos, que era meu consulente individual, encantou a todos com suas habilidades com cavalos: "Para fazer amizade com um cavalo", dizia ele, "nunca olhem direto no olho do bicho. Deem a ele algo de comer, depois lentamente alcancem seu lombo com as mãos, para que o bicho sinta nossa pulsação", concluía. As trocas humanas eram muito ricas. Conhecedores das características de um e de outro sugeriam entre si o tipo de atividade que poderia ser de valia para cada qual: "Tu, fulano, que és muito agitado, monta neste pangaré. Logo encontrarás a calma. Mas tu, cicrano, que és muito mole, monta nesta égua ligeira: tu vais ver como tu és mais esperto do que imaginas". E ao redor do fogo de chão o aroma da gordura queimada no braseiro animava os amigos a contar histórias sobre a infância, falar de suas frustrações e decepções, lembrar canções, participar de chistes e fazer reclamações, sobretudo dos profissionais. É certo que entre uma história e outra sempre havia alguém que demandava mais do que se podia dar conta; e, então, os delírios voltavam... Mas ninguém se incomodava com eles. Cada um, por si, sabia da função que os delírios e outras formações psicóticas presentes cumpriam. Pertencíamos agora a uma só família, com seus limites e diferenças, alegrias e esquisitices; e com a vantagem de estarmos advertidos sobre a importância de respeitar o aparecimento das formações psicóticas sempre que uma solicitação intersubjetiva parecesse demasiada.

Essa relação se estendeu para as casas dos consulentes e dos participantes do grupo de AT. Depois de dois meses, havia uma rede social que ultrapassava as dependências do Caps e era independente dos programas propostos pelo grupo de AT. O que significava, por exemplo, que eu podia visitar meu consulente em sua casa não apenas quando ele estivesse em surto, mas até para almoçar a galinhada que sua esposa preparara para comemorar a reconciliação do pai com as filhas. Ou, ainda, significava ações solidárias dos colegas do grupo de AT entre si. Depois das fortes chuvas, o bairro em que residiam fora invadido pelas águas. Eles então se organizaram para ajudar a Defesa Civil a resgatar uma usuária, também participante do grupo de AT, que ficou isolada. E por mais que meu olhar jamais deixasse de ser clínico, outras vezes político, podia perceber uma sociabilidade autônoma que acontecia independentemente de mim, e para a qual eu sempre era convidado sem me sentir obrigado. Meus consulentes e acompanhados desenvolveram uma capacidade de cuidado mútuo de forma autônoma das demandas institucionais e pautada na tolerância àquilo que de estranho pudessem manifestar.

Essa convivência, ademais, trouxe muitos benefícios para a atividade clínica e para os trabalhos de acompanhamento terapêutico. É como se a cumplicidade em torno de um sentimento construído e partilhado no campo amplo da convivência fora do consultório tivesse firmado, qual garantia, a disponibilidade do clínico para ouvir do seu consulente os delírios. Ou, então, é como se a identificação passiva com o mesmo *hobby* tornasse acompanhante e acompanhado cúmplices na tarefa política de encontrar, para o segundo, um posto de trabalho no supermercado do bairro. Em cada atividade desenvolvida, as três dimensões (ética, política e antropológica) da atenção gestáltica aos sujeitos da psicose convergiam sem se nivelar: quando uma dimensão era figura, as outras eram para ela o fundo e vice-versa.

O que, por fim, nos motivou a criar também em nossa instituição[7] – originalmente voltada para o trabalho clínico e de formação de gestalt-terapeutas – um espaço social de convivência, aberto ao público, e construído em torno de um tema de interesse comum aos consulentes associados à psicose, a ficção científica. Descobrimos com nossos consulentes que, na literatura e nos filmes de ficção científica, não há diferença entre a realidade e o ficcional, o que liberta os sujeitos de buscar "mais além" (qual horizonte transcendental) aquilo que pudesse satisfazer a exigência (empírica) de entretenimento estabelecida pela obra, seu criador ou pelos outros apreciadores. De alguma maneira, na obra de ficção científica, a virtualidade do desejável está demonstrada nos efeitos especiais e na recriação ficcional do mundo. Não é tanto o mundo que se torna ficcional, quanto o ficcional que se torna mundo e, nesse sentido, acessível. Todas as semanas, por iniciativa e coordenação de uma de nossas profissionais colaboradoras[8], fazíamos uma sessão de reprodução de filmes de ficção científica, quando os consulentes e demais interessados, mais do que se sentir acolhidos em seus modos de ajustamento, encontravam espaço para compartilhar sentimentos e identificações passivas a certo estilo de desfrutar da arte e definir a vida social.

Essa forma de ampliar – mais além da clínica e do acompanhamento terapêutico – a atenção aos sujeitos da psicose vai ao encontro, como anunciamos alguns capítulos antes, do trabalho e da proposta de uma clínica psicossocial das psicoses elaborada por Marcus Vinícius de Oliveira Silva (2007). Em parceria com a terapeuta ocupacional Eduarda Mota, ambos supervisionam há pelo menos quatro anos o "Programa de Intensificação de Cuidados a Pacientes Psicóticos", que é dirigido aos pacientes com histórico de internações psiquiátricas reincidentes ou em plena crise que frequentam o Hospital Psiquiátrico Mário Leal, localizado em Salvador, Bahia. Conforme Silva (2007, p. 10), não obstante integrar o sistema tradicional de instituições psiquiátricas, o Hospital Mário Leal mostrou-se aberto às ideias fundamentais que nortearam a reforma psiquiátrica brasileira. Seus dirigentes reduziram o número de leitos ao mínimo e abriram as portas da instituição às universidades e às novas tecnologias de intervenção na psicose, como a atenção domiciliar aos sujeitos em crise (Guimarães, 2007, p. 136). Silva e Mota (Silva, 2007, p. 12) levaram aos pacientes internados no Mário Leal, bem como aos que regressavam a essa instituição em busca de apoio, o estilo de intervenção desenvolvido no Laboratório de Estudos Vinculares e Saúde Mental do Departamento de Psicologia da Universidade Federal da Bahia (UFBA) – estilo praticado e desenvolvido por estagiários de vários cursos, em especial dos cursos de Psicologia e Terapia Ocupacional, que seus proponentes denominam, justamente, de "Programa de Intensificação de Cuidados a Pacientes Psicóticos". Conforme Silva (2007, p. 17),

[...] o programa está baseado, fundamentalmente, na ideia de promover um intenso investimento humano, cuidado como investimento humano, em prol das necessidades do sujeito que está em crise ou deste sujeito psicótico no mundo, e ver o que a gente pode fazer, através deste investimento, para produzir uma mudança em sua qualidade de vida, em sua posição no

PSICOSE E SOFRIMENTO

mundo, em sua liberdade. E é por isso que digo que não há um programa realmente, que o programa é, na verdade, a presença dos estagiários lá com os pacientes, é uma presença orientada.

Ainda para Silva (2007, p. 40), por *intensificação de cuidados a pacientes psicóticos* compreende-se

> [...] um conjunto de procedimentos terapêuticos e sociais direcionados ao indivíduo e/ou ao seu grupo social mais próximo, visando o fortalecimento dos vínculos e a potencialização das redes sociais de sua relação, bem como o estabelecimento destas nos casos de desfiliação ou forte precarização dos vínculos que lhes dão sustentação na sociedade. De caráter ativo, a "intensificação de cuidados" trabalha na lógica do "um por um" e pretende colher o indivíduo no contexto de sua vida familiar e social, estabelecendo um diagnóstico que respeite a complexidade de cada caso em suas peculiaridades psíquicas e sociais.

É, logo, uma proposta de "clínica psicossocial das psicoses" que deve poder ser entendida como uma "clínica que se faz onde o sujeito vive e habita, em seu domicílio e com a sua 'comunidade': sua família e seus conhecidos, os sócios com os quais ele compartilha sua vida social". Nos termos de Silva (2007, p. 11), "articulando recursos diversos – atenção domiciliar, acompanhamento terapêutico, coletivos de convivência, redes sociais, suporte e assessoria, cuidados à família, projetos, passeios, festas", essa clínica pauta-se por uma regra única, a saber, "intensificar os cuidados humanos, realizando as ofertas compatíveis com as necessidades dos sujeitos, assumindo as responsabilidades através de uma presença intensa e orientada". Trata-se de uma atenção ao sujeito da psicose que transpõe os espaços orquestrados pelo saber de autoridade (psiquiátrica, psicológica, psicanalítica ou terapêutica). Os profissionais e os estagiários, segundo essa proposta, deveriam poder participar dos diferentes tipos de contratos sociais segundo os quais os sujeitos produzem respostas supostamente psicóticas.

É verdade que, em sua tentativa de oferecer referências teóricas à sua prática, Silva (2007, p. 90) formula hipóteses, segundo ele mesmo, de "extração psicanalítica", considerando que a psicanálise oferece "interessantes possibilidades para pensar a instauração do psiquismo como instauração orgânica do regime social da vida humana, rompendo com a dicotomia indivíduo/sociedade". Serve-se sobretudo da teoria lacaniana da alienação (do ser na linguagem do outro), porquanto ela nos permite pensar a gênese social da formação do sujeito da psicanálise: o sujeito não é senão este efeito de falta vivido por um corpo à medida que descobre que não está à altura do significante que lhe foi atribuído pelo outro. Contudo, traduz a noção de falta pelo conceito de vínculo, que justamente designaria a tentativa malograda de cada qual para pertencer ao campo do outro. Essa operação permite a Silva (2007, p. 81) inferir a prevalência de um "registro psíquico 'normoneurótico' do funcionamento da vida social", registro esse que "pressupõe como condição a *alienação vincular* – colocado o vínculo como modo fundamental de ligação com o outro, *'philia'* – propiciadora da ilusão do compartilhamento intersubjetivo". A psicose, deste ponto de vista, não seria mais que outra versão sobre o fracasso da alienação vincular: "no registro da psicose, o 'outro' aparece como um elemento enigmático diante do qual o psicótico titubeia, problematiza a relação e encontra limitações relacionais". Eis por que até a relação transferencial com pacientes psicóticos se encontraria de princípio comprometida. E o desafio do analista seria justamente reconstruir a ilusão do compartilhamento intersubjetivo. A transferência, ponto de partida da prática clínica, deveria ser entendida como uma relação vincular – e não a relação vincular como uma espécie de transferência. Nas palavras de Silva (2007, p. 31), "não é o vínculo que é um tipo de transferência, mas a transferência é que é um tipo de vínculo". Assim, a proposta de uma clínica psicossocial regida pela intensificação dos cuidados às relações vinculares constitui "uma provocação do campo, o principal campo orientador da fundação teórica do preparo para a clínica mental que é a psicanálise". Ainda segundo o autor (Silva, 2007, p. 31), trata-se de tomar "a transferência ao modo de uma relação vincular muito especial, e nós estamos partindo da transferência para dizer que tudo é vínculo". Apesar disso, adverte Silva (2007, p. 32), não podemos esquecer que, no seio das relações vinculares, nós somos todos "sujeitos precários e, os psicóticos, sujeitos psíquicos com um tipo de precariedade, os seus familiares com as precariedades e nós com nossas precariedades: um encontro de precários".

Como se vê, com sua noção de vínculo Silva chega muito próximo da forma como nós pensamos a atenção ao sujeito das formações psicóticas. Não tanto porque concordemos com sua adesão às hipóteses formuladas por Lacan; antes, porque também para nós todo contato com o semelhante é precário, ou, como preferimos dizer, é ambíguo: nunca sabemos até que ponto lidamos com algo que seja nosso, ou com algo que seja o efeito do outro em nós, o que é o mesmo que dizer que nunca sabemos até que ponto a alienação é ou não o caso, como se houvesse entre nós e os semelhantes um campo de indeterminação.

Daí não se segue, porém, que a precariedade necessariamente nos conduza ao sofrimento. A noção de precariedade proposta por Silva, na medida em que se baseia na teoria lacaniana do sujeito como um efeito de falta produzido pelo processo de alienação, necessariamente nos conduz à ideia de sofrimento. Noutras palavras, por conta de nossa precariedade constitutiva em face do outro a quem tentamos satisfazer, nós todos somos sofredores; e os psicóticos, sofredores "ao quadrado", uma vez que, à diferença dos neuróticos, estariam desprovidos dos meios para se defender do outro (nos termos de uma comunicação normoneurótica). Essa tese, no entanto, é problemática, tendo em vista que nos impõe aceitar que, como sujeitos do inconsciente, estamos todos governados por pulsões. Não apenas isso, pois, como as pulsões sempre estão em desacordo com a realidade do outro, elas sempre gerariam sofrimento. Os psicóticos, todavia, estão aí para mostrar que nem sempre eles estão lidando com pulsões. Ao contrário, de modo geral, eles estão fixados à realidade para se dispensar de lidar com as demandas por pulsões. Afinal, mesmo que as demandas o exijam, nem sempre os psicóticos encontram as pulsões demandadas. Ademais, quando as encontram, nem sempre elas estão vinculadas ao sofrimento. Dessa maneira, em vez deste expediente de explicar o sujeito baseado na suposição de um princípio de insatisfação e correlativo sistema de defesa (falhado no caso da psicose), preferimos pensar segundo a teoria do self, para a qual as pulsões (como fundo de hábitos retidos das experiências passadas) correspondem apenas a uma das três dimensões de nossa inserção no campo intersubjetivo (as outras duas são a função de ato, princípio de individuação na forma de criações simbólicas virtuais; e a função personalidade, conjunto de valores, pensamentos e instituições compartilhadas). Conforme PHG (1951), nas psicoses, tudo se passa como se não se configurasse, para nossas ações presentes, um fundo pulsional. Ainda assim, os sujeitos podem criar, com base na função personalidade disponível, suplências a esses fundos. Trata-se das formações propriamente psicóticas, as quais não necessariamente estão vinculadas ao sofrimento. Se há precariedade, isso não quer dizer que haja sofrimento, uma vez que as formações psicóticas podem perfeitamente bem estar integradas à realidade cultural em que acontecem. O sofrimento acontece quando tal realidade cultural despreza e exclui a formação psicótica, o que, devemos admitir, é a condição mais frequente. De todo modo, em ambos os casos, tanto nos contextos em que as formações psicóticas são aceitas quanto naqueles em que são rejeitadas, o que importa ao clínico gestáltico é oferecer suporte e continência às formações psicóticas. É a produção de vínculos em torno daquilo que o sujeito da psicose pode oferecer, justamente, suas formações psicóticas.

PSICOSE E SOFRIMENTO

E se não pudemos acompanhar Silva em sua forma de compreender a psicose segundo a primeira clínica lacaniana podemos compartilhar com ele a ideia de que a precariedade comunicativa autoriza a invenção de vínculos diversos. E eis aqui a possível convergência entre o discurso sobre a intensificação dos cuidados às relações vinculares e nosso discurso sobre a atenção gestáltica às formações psicóticas. Assim como a intensificação dos cuidados aos sujeitos psicóticos é algo bem maior do que o manejo simbólico dos sintomas (Silva, 2007, p. 28-9), ou que o acompanhamento didático ao sujeito das psicoses (Silva, 2007, p. 29), a atenção gestáltica a esses sujeitos abarca diferentes possibilidades de consideração do contato que possamos estabelecer com tais sujeitos; possibilidades essas que incluem, além do acolhimento ético às formações psicóticas propriamente ditas e do acompanhamento didático ao sujeito em sua passagem pelos desafios que nós lhes propomos como agentes políticos, as trocas humanas ao plano dos vínculos antropológicos.

Aqui, ainda assim, é preciso fazer uma ressalva. Embora se trate apenas de uma questão terminológica, gostaríamos de frisar que, se para Silva (2007) a noção de vínculo parece açambarcar o todo das formas de manifestação do sujeito das psicoses no campo psicossocial, para nosso discurso a noção de vínculo restringe-se às vivências de identificação em torno de representações sociais que possam ser compartilhadas (função personalidade). Nesse sentido, a atenção aos diferentes vínculos sentimentais estabelecidos em torno de identidades sociais não designa o todo da atenção gestáltica aos sujeitos da psicose, mas apenas a dimensão antropológica. A esta nós ainda temos de agregar a dimensão ética (que corresponde à manifestação das formações psicóticas propriamente ditas) e a dimensão política (que corresponde à participação dos sujeitos da psicose nas estratégias didáticas formuladas pelo meio social representado pelo AT). Se devêssemos escolher um termo para designar a totalidade das manifestações psicossociais de um sujeito associado às psicoses talvez preferíssemos o termo "contato". Tal significa dizer que podemos admitir diferentes níveis de contato, assim como Silva (2007) talvez possa falar em diversas dimensões do vínculo (por exemplo, uma dimensão real, outra simbólica e outra imaginária, para preservar a ascendência lacaniana). Apesar disso, não nos pareceu que em sua elaboração Silva (2007) tivesse estabelecido uma correlação entre as diversas dimensões do vínculo e os diferentes estilos de atuação, como nós mesmos fizemos entre as diversas dimensões do contato (o contato ético, o político e o antropológico) e as diferentes modalidades de intervenção (analítica, de acompanhamento terapêutico e de cuidado). Um capricho metodológico que convida os interlocutores a se interessar pelas contribuições que a teoria do self (e sua tríplice visada para as relações de campo) pode emprestar ao campo da prática.

Por fim, vale lembrar que essas diversas dimensões da atenção gestáltica e respectivas estratégias de atuação (como analista da forma, como AT e como cuidador) não designam três ofícios distintos, que devessem ser executados por pessoas diferentes que, pior ainda, sequer se comunicassem. A atuação como analista da forma, como AT ou como cuidador é uma escolha do profissional, dependendo daquilo que para ele se apresentar como figura em sua relação concreta com o sujeito da psicose. Se para ele a manifestação do estranho (como alucinação, delírio, identificação ativa ou isolamento) for figura, elegerá uma acolhida analítica. Mas, se para ele for figura seu desejo de ver integrado a determinado ritual social o sujeito que ele acompanha, o profissional irá atuar como acompanhante. Por fim, se o profissional considerar que o emergente no campo for uma identificação a determinado valor, ideologia ou instituição, privilegiará a atenção ao sentimento correspondente. Por conseguinte, poderá eleger o espaço e a tecnologia de intervenção mais adequados: a escuta (no caso da análise), a assessoria didático-política (no caso do AT), ou a frequentação ao ambiente antropológico, como à família ou à comunidade (no caso do cuidador). De toda maneira, não conseguirá operar com as três dimensões ao mesmo tempo, originando-se desse aspecto a recomendação de que atue em parceria, com pelo menos mais um ou dois colegas, buscando compartimentar as tarefas e intensificar a atenção ao sujeito e a seu entorno.

PARTE II

SOFRIMENTO ÉTICO-POLÍTICO E ANTROPOLÓGICO E A CLÍNICA DA INCLUSÃO

Introdução

CLÍNICA DO SOFRIMENTO E INCLUSÃO

A EXPERIÊNCIA DO CONTATO envolve, em tese, e conforme podemos ler na obra *Gestalt-Terapia* (PHG, 1951, p. 48), três elementos principais: a preocupação atual (que inclui nossas necessidades fisiológicas e as demandas por inteligência social formuladas na linguagem), os excitamentos (que, uma vez demandados, retornam de um fundo impessoal de hábitos assimilados) e as soluções vindouras (que mais não são que nossos desejos formulados com base na expectativa de nossos semelhantes). E é na forma da ação criadora que esses três elementos são enovelados como um só fenômeno de campo: "contato é 'achar e fazer' a solução vindoura. A preocupação é sentida por um problema atual, e o excitamento cresce em direção à solução vindoura mas ainda desconhecida" (PHG, 1951, p. 48). Qual o "resultado" dessa experiência? Cometeríamos um equívoco se pensássemos que a experiência do contato implica apenas um tipo de resultado. Afinal, os elementos antes mencionados descortinam três dimensões diferentes da experiência de contato. Os excitamentos que emergem segundo as demandas afetivas de nossos semelhantes são "assimilados" como forma impessoal, resíduo que escapa ao nosso saber, às nossas tentativas de elaboração intelectual (*awareness* reflexiva), permanecendo como fundo impessoal de hábitos motores e linguageiros impossível de ser significado: passado operativo. Os desejos são "produzidos" como aquilo que empurramos à frente, qual horizonte, domínio presuntivo do que queremos ser ou alcançar ante as expectativas de nossos semelhantes: futuro de virtualidades.

Mas as demandas por inteligência social, nossa participação no sistema de valores, pensamentos e instituições que compartilhamos com os semelhantes, tais vivências acarretam algum tipo de resultado? Sim. E eis aqui a base daquilo que se apresenta no campo social como função personalidade. Conforme PHG (1951, p. 277), um dos mais importantes resultados do "contato social criativo é a formação da personalidade: as identificações de grupo e as atitudes retóricas e morais viáveis".

Como vimos anteriormente, a função personalidade não é aqui uma espécie de síntese entre o que retorna como excitamento (*awareness* sensorial) e o que surge como horizonte virtual ou, simplesmente, desejo (*awareness* deliberada). Ela é, sim, uma terceira dimensão de nossa existência, na qual, em grande parte das vezes, alienamos a angústia advinda do fato de nunca conseguirmos fazer coincidir, nas experiências de contato, o passado e o futuro ou, o que é a mesma coisa, os excitamentos e os desejos. Formada segundo a assimilação presente das virtualidades formuladas no passado (que agora são para nós uma espécie de futuro do pretérito que nossos atos, na atualidade da situação, transformam em representações sociais), a função personalidade é o sistema de pensamentos, valores e instituições às quais recorremos no intuito de lograrmos uma identidade, um "ser social". Assim compreendida, a função personalidade é uma espécie de espelho social que experimentamos em meio aos grupos que integramos, aos valores que assumimos e aos expedientes linguísticos de que nos servimos como "réplica verbal" de nossas vivências de campo (PHG, 1951, p. 188). Diante desse espelho – a que também podemos denominar de outro social – sentimo-nos amparados, inteiros, reconhecidos e, ao mesmo tempo, incumbidos de responsabilidade. O amor-próprio, o reconhecimento de nosso valor para nós mesmos e para alguém é sempre uma vivência da função personalidade, é sempre um tipo de prazer/desprazer que alcançamos em decorrência de nossa participação na vida desse outro social no qual nos espelhamos – e por essa razão funda para nós uma dimensão antropológica. Ademais, a acolhida ética aos nossos excitamentos e o espaço político para que possamos desempenhar nossos desejos são sempre tributários da presença de alguns representantes do outro social, como são os amigos, os terapeutas e, inclusive, os inimigos. O que nos permite concluir, com base em PHG, que é apenas nos termos da função personalidade que a experiência do contato adquire um "sentido" ético-político e antropológico, já que, para PHG (1951, p. 187), a função personalidade é "o sistema de atitudes adotadas nas relações interpessoais; é a admissão do que somos, que serve de fundamento pelo qual poderíamos explicar nosso comportamento, se nos pedissem uma explicação".

Ora, como sabemos, as experiências de contato podem malograr, ou seja uma determinada produção pode não acontecer. Os excitamentos, por exemplo, podem não se apresentar (como no caso dos autismos e das esquizofrenias) ou, ainda, irromper de maneira desarticulada (como no caso das paranoias e dos comportamentos maníaco-depressivos). A inibição sistemática de um fundo de excitamentos, à sua vez, pode inviabilizar ações criadoras em direção a um horizonte de futuro (tal como ocorre nos comportamentos neuróticos). Da mesma forma, pode ocorrer de as experiências de contato não resultarem como função personalidade, ou, em outros termos, como identificação social a um grupo, a um valor ou a uma conduta. É nesse momento, então, que vamos deparar com uma situação para a qual a Gestalt-terapia brasileira e a mundial cada vez mais têm voltado sua atenção, o sentimento de aflição decorrente do fato de não encontrarmos um lugar ético em que possamos estabelecer relações políticas e antropológicas.

Pensemos no que sentem as pessoas vítimas da violência gratuita praticada nos grandes centros urbanos, ou no que sentem aquelas excluídas da cadeia produtiva ou submetidas a um regime paralelo de produção na condição de escravizados. Pensemos ainda no sentimento de quem foi atingido por uma tragédia natural, ou acometido de uma doença. Ou, talvez, como não se sentem as pessoas excluídas das relações sociais por conta da violência de gênero, dos preconceitos e conflitos ideológicos. O que se passa com quem foi identificado a representações sociais indesejáveis, como a loucura, a criminalidade, o abjeto?

PHG têm uma expressão que pode nos ajudar a pensar esses sentimentos. Trata-se do significante *misery*, traduzido ao português como "aflição", mas que propomos tomar como estado de sofrimento (ético-político e antropológico). Nas palavras dos autores (PHG, 1951, p. 235): "como distúrbio da função de *self*, a neurose encontra-se a meio caminho entre o distúrbio do *self* espontâneo, que é a aflição, e o distúrbio das funções de *id*, que é a psicose". Ora, o que aqui se passa? Ante a impossibilidade de vivermos relações ético-políticas e antropológicas, o que acontece conosco, o que acontece com o sistema self no qual estamos insertos? Podemos, nessa condição, produzir ajustamentos criadores?

É o que pretendemos discutir neste segundo momento, tendo como base nossa trajetória de intervenção no campo do sofrimento ético-político e antropológico, bem como os rudimentos teóricos fornecidos pela teoria do self. Apoiados nessa teoria formulada por PHG (1951), acreditamos que o sofrimento (ético-político e antropológico) possa ser definido como a falência social das experiências de contato, uma vez que os dados de realidade tornam-se inacessíveis ao agente do contato, ou seja, à função de ato. Nessas situações, o sistema self perde sua espontaneidade e a função de ato acaba não encontrando uma representação (do outro social) à qual possa se identificar, tal como ocorre no luto, nos acidentes, no adoecimento somático, na crise reativa, no surto psicótico e na exclusão social. Ainda assim, nessas situações, a função de ato não deixa de funcionar. Não obstante a aflição em que se encontra, ela produz um ajustamento criador, por nós denominado de ajustamento de inclusão.

8. Sofrimento como falência da função personalidade

OUTRO SOCIAL COMO FUNÇÃO DE CAMPO: A FUNÇÃO PERSONALIDADE

PARA A TEORIA DO SELF, a função personalidade "é o sistema de atitudes adotadas nas relações interpessoais; é a admissão do que somos, que serve de fundamento pelo qual poderíamos explicar nosso comportamento, se nos pedissem uma explicação" (PHG, 1951, p. 187). Ou, ainda, é uma "espécie de estrutura de atitudes, por nós compreendidas, que podem ser empregadas em todo tipo de comportamento interpessoal" (PHG, 1951, p. 188). Nesses termos, ela é a "réplica verbal" do sistema self que formamos junto de nosso semelhante, é "o que responde a uma indagação ou a uma autoindagação" (PHG, 1951, p. 188). Desse ponto de vista, a função personalidade é "transparente, é inteiramente conhecida, porque é o sistema do que foi reconhecido (em terapia, é a estrutura de todas as descobertas do tipo 'ah, saquei')". Daqui não decorre admitir que o sistema self possa ser transparente para si, como bem advertem os autores, dado que a "consciência" que cada um pode alcançar a respeito do todo do qual esteja participando é sempre uma conquista parcial com base no outro (semelhante) na situação concreta (PHG, 1951, p. 180).

Na sua relação com as outras funções, a função personalidade refere-se à identidade que uma função de ato possa lograr junto dos semelhantes, à compreensão que tal função de ato possa sustentar com respeito ao funcionamento do campo. Ou, também, essa função concerne à responsabilidade que uma função de ato possa experimentar ante os demais e ante o sistema de pensamentos e valores que venha a compartilhar com sua comunidade. O que é o mesmo que dizer que, para cada função de ato, a função personalidade corresponde à própria constituição do outro social como parâmetro de sociabilidade. Ou, ainda, a função personalidade é a própria presença do outro social como mediação genérica e determinada entre dois atos distintos. Aliás, essa é a definição mais importante com a qual gostaríamos de trabalhar doravante. Assim como a função *id* tem relação com a presença de uma generalidade – apenas que indeterminada – entre dois atos diferentes, a função personalidade (entendida como o outro social para cada função de ato) também é a presença de uma generalidade, dessa vez determinada, como um sistema de valores, pensamentos e instituições. Dizendo de outro modo, a função personalidade (entendida como outro social) é este terceiro compartilhado por uma comunidade de atos. À medida que se encontra, neste terceiro, um espelho de suas próprias condições ativas, vive-se aí uma reflexão, a qual pode acontecer como um pensamento, uma norma, um valor ou como a fruição de um sentimento. Noutras palavras, à medida que encontram o outro social, as funções de ato passam a dispor de uma consistência imaginária.

Essa consistência, todavia, é constantemente perfurada pelo vazio do hábito e ultrapassada pelas criações da função de ato. Um sistema self não dispõe dessa consistência imaginária eternamente, motivo por que, para servir de espelho aos atos, é premente que o outro social repita-se a cada novo contexto. Em outros termos, é imperativo que as representações sociais (identidades personalistas, valores, pensamentos e instituições) que formam o outro social repitam-se a cada novo contexto, o que esclarece em que sentido a função personalidade é também a capacidade do sistema self para replicar, reescrever a si mesmo. Dessa perspectiva, a função personalidade é comparável àquilo que

Lacan denominou de uma "necessidade" ligada ao "registro imaginário", entendendo-se por isso o saber que, uma vez estabelecido, "não para de se escrever" (Lacan, 1972, p. 199). Somente assim ele pode se prolongar como um núcleo significativo, como uma aparência de verdade relativa à unidade do sistema self.

Assim compreendida, a função personalidade corresponde, em cada contexto especificamente, à dimensão da racionalidade. Cada representação que se repete é razão (ou medida, parâmetro etc.) para as ações e para as outras representações, o que é o mesmo que dizer que o outro social – entendido como universo de representações sociais nas quais cada função de ato pode se espelhar – corresponde à fundação de nossa vida moral, de nossos valores éticos, das instituições e dos diversos modos de conhecimento: filosófico, científico, religioso, entre outros. A função personalidade, portanto, não é um evento subjetivo, privado, mas o conjunto de laços sociais por meio do qual alcançamos uma representação de nossa unidade possível (e não virtual, pois, como vimos, a virtualidade tem que ver com os desejos). Eis por que, para a Gestalt-terapia, a representação de mim mesmo nunca se limita a designar minha individualidade operativa, atuante. Ao contrário, as figuras objetivas com que me identifico sempre valem intersubjetivamente, sendo por isso que elas caracterizam uma sorte de generalidade, apenas que "verbalmente" determinada.

Do ponto de vista genético, podemos dizer que as representações que constituem o outro social (ou função personalidade) têm sua origem nas fantasias (ou desejos) formuladas nos contextos passados e agora continuam disponíveis como futuro do pretérito, horizonte de aprendizado necessário à vivência da identificação, da responsabilização e do raciocínio atuais. Elas são os projetos, os ideais, as ficções, as produções virtuais que, no passado, ainda não tinham um sentido estabilizado, mas agora, na dimensão presente, estão disponíveis como referência, biografia, história, racionalidade perante qual podemos nos regozijar e exercer a crítica, orgulharmo-nos e sentir vergonha, enfim, desencadear a vida sentimental que constitui a base antropológica desde a qual, inclusive, podemos exercer a tolerância ética aos excitamentos (função *id*) e a ação política de produzir novos desejos, novos horizontes (indeterminados ou presuntivos) de futuro. Desse viés, a função personalidade corresponde ao que costumamos chamar de aprendizado.

A função personalidade, contudo, por motivos diversos pode não se constituir. Por outras palavras, a experiência de contato desencadeada por nossos atos sociais (sejam eles acompanhados ou não de *awareness* sensorial) pode não resultar em representações sociais (outro social) junto às quais cada ato poderia identificar-se como pessoa, assumir uma responsabilidade, afeiçoar-se a um valor, compreender um pensamento ou herdar uma instituição. Ou, então, o desejo do outro dominador pode exigir que alienemos nossas representações em seu favor. Ou o desejo totalitário do outro soberano pode querer aniquilar nossas representações. Essa percepção nos levou a propor, com base em nossa prática gestáltica em diferentes contextos psicossociais, a possibilidade de uma clínica que praticasse outro tipo de desvio, que não aquele que vai das representações sociais ao estranho que surge como desejo, seja ele inibido (como nos ajustamentos de evitação), substituído (como nos ajustamentos banais), reduzido a um fetiche destrutivo (como nos ajustamentos antissociais); ou que vai das demandas por excitamento e desejo às fixações na realidade (em suplência aos desejos e excitamentos demandados), como no caso dos ajustamentos de busca. Pensamos, dessa vez, uma clínica como atenção a um sentimento, especificamente, que é o "sofrimento" decorrente da não formação, da perda ou da aniquilação das representações às quais se estava identificado (conforme Müller-Granzotto; Müller-Granzotto, 2007; Müller-Granzotto, R. L., 2010). Trata-se da clínica do sofrimento.

O MALOGRO SOCIAL DA FUNÇÃO PERSONALIDADE SEGUNDO A LITERATURA DE BASE DA GESTALT-TERAPIA

APESAR DE MENCIONAR o sofrimento (*misery*) como uma entre as formas malogradas do sistema self, PHG não aprofundaram a descrição desse "quadro", menos ainda se ocuparam de descrevê--lo em um contexto clínico. Eles disseram apenas se tratar de uma falha no funcionamento espontâneo do sistema self, ou seja, de uma falha na experiência de contato cuja consequência é a não produção de uma função personalidade.

De fato, não é preciso ir muito longe para encontrarmos, em nosso cotidiano, situações que ilustram o que PHG estão chamando de sofrimento (*misery*). Os múltiplos conflitos sociais (econômicos, políticos, étnicos, religiosos etc.), os acidentes e adoecimentos em geral configuram situações de tensão que, aqui, estamos chamando de sofrimento. Mas é importante não confundirmos o sofrimento propriamente dito com os fenômenos que o possam desencadear. Não obstante tratar-se de algo diretamente relacionado à maneira como os estados da natureza e as múltiplas formas de poder viabilizam ou não a autonomia de uma função de ato para viver uma experiência de contato que culmine na produção de uma personalidade, o sofrimento é especificamente a vivência da impossibilidade da identificação a determinada personalidade. Dizendo de outro modo, em decorrência de uma privação natural ou de um conflito político ou ético, nossa função de ato não consegue encontrar dados de realidade (aos quais também chamamos de outro social) por intermédio dos quais possa, por um lado, abrir uma dimensão de desejo com base nas possibilidades oferecidas por tais dados e, por outro, alienar-se nessas possibilidades para alcançar uma imagem unificada da própria experiência de contato, imagem essa a que denominamos de nossa personalidade.

Nesse sentido, o sofrimento é antes um efeito dos acidentes naturais e dos conflitos sociológicos, e sua característica fundamental tem relação com o fato de a função de ato sentir-se privada dos dados sociais concretos em que pudesse fruir de determinada identificação. Por conta de uma limitação do meio – que assim se furta à livre ação da função de ato –, sentimo-nos impedidos de encontrar dados de realidade ou, o que é a mesma coisa, laços sociais (instituições, valores, identidades ou valores) na mediação dos quais conseguíssemos viver o contato. Dizendo ainda de outra forma: apesar de dispormos de um fundo de excitamentos (função *id*), a falta de dados (de uma realidade material e sociolinguística) impede o sistema self de agir, de desempenhar a função de ato. Consequentemente, o sistema não apenas deixa de estabelecer o contato entre sua dimensão passada (excitamentos) e sua dimensão futura (expectativas, desejos), como também se vê impedido de assumir um valor ou identidade objetiva no presente. A função personalidade, portanto, não se desenvolve e o processo self sofre em decorrência de não poder assumir uma identidade objetiva.

HIPÓTESES SOBRE A "CAUSA" DE EVENTUAIS FALÊNCIAS DA FUNÇÃO PERSONALIDADE

NESTE ESTUDO PRELIMINAR, NÓS gostaríamos de conjecturar quais eventos físicos e razões "causariam" as situações de fracasso na constituição do outro social como mediador das diferentes ações estabelecidas pelos sujeitos de ato no campo intersubjetivo (sistema self). Antes, entretanto, devemos explicar em que sentido uma razão pode também "causar" um efeito. Para tanto, seguindo a filiação pragmatista de Paul Goodman, recorremos a Donald Davidson, o qual esclarece em que sentido uma razão também pode ser considerada uma causa.

Segundo Davidson (1982), uma razão não é outra coisa que um conjunto de enunciados ou de argumentos com sentido próximo. Ela difere dos fatos físicos. Porém, em condições especiais, as razões podem ser causa de mudanças, tal como os fatos físicos.

PSICOSE E SOFRIMENTO

Esse é o caso das razões às quais denomina de "metáforas vivas": os termos, expressões ou enunciados cujo uso ainda não foi "*literalizado*", isto é, regularizado pelo uso convencional da língua. A metáfora viva, assim, é um ato linguístico novo que, à medida que adquire extensão e significação familiares aos praticantes da comunidade linguística, transforma-se em convenção. Enquanto ainda não tem um uso convencional, ela provoca os sujeitos a renovar a descrição de si e do mundo, sendo neste ponto que ela age como uma causa linguística de mudança de crenças.

Nesse aspecto, em particular, a metáfora viva aproxima-se daquilo que, segundo outra tradição, Merleau-Ponty (1945, p. 229) denomina de "fala falante" em oposição à "fala falada"[1]. Em tese, toda fala falada um dia foi uma fala falante. Todavia, o que na fala falante originária havia de linguageiro, na fala falada atual agora se perdeu. É certo que o perdido não desapareceu, permanece como fundo de hábitos linguageiros passados. Mas, na atualidade da situação, o que se conservou da fala falante (agora passada) não é mais que um espectro a que chamamos de "pensamento"; entendendo-se *pensamento* aqui em uma acepção bastante ampla, que inclui todas as nossas fantasias passadas, os valores e os sistemas lógicos de combinação e atribuição de termos. Em Gestalt-terapia, denominamos esse pensamento em sentido amplo de função personalidade. Isso não significa que Merleau-Ponty e a Gestalt-terapia advogassem em favor da tese do pensamento puro. Mesmo esse pensamento, para sobreviver no presente, precisa de uma fala atual, de um corpo falante estabelecido na atualidade da situação. Nas palavras de Goodman (2011, p. 208):

[...] eu mais propriamente concordo com Merleau-Ponty que a comunicação começa com os corpos das pessoas [...]. Não são mentes que se comunicam, são pessoas. O uso das palavras é ele mesmo um ato criativo, em parte físico, mas que produz sentidos (ou pensamentos) que não existem nos pensamentos prévios.

Ora, conforme Merleau-Ponty (1945, p. 229), o corpo atual que se ocupa do pensamento é a fala falada. Ainda assim, dado que nenhuma fala está livre do fundo passado de hábitos motores e linguageiros (que, em Gestalt-terapia, nós denominamos de função *id*), a fala atual não consegue ser apenas fala falada (repetição dos pensamentos que se conservaram). Encontramos de novo aqui a ambiguidade (Merleau-Ponty, 1962), carro-chefe do filosofar merleau-pontyano, dessa vez sinalizando a dupla característica de cada ato linguístico, ao mesmo tempo deliberadamente repetitivo (qual fala falada) e forçosamente inovador (por exigência do retorno enigmático dos hábitos). Mais além da clareza do pensamento (conservado) que uma fala atual repete, a presença enigmática dos hábitos linguageiros irá exigir, senão do falante, ao menos de seu interlocutor, outra fantasia, outro pensamento, uma dimensão de futuro incerto, que corresponde ao propriamente falante. E eis então a fala falante e em que sentido ela tem parentesco com a noção de metáfora viva de Donald Davidson – o que levou Goodman (2011, p. 198) a dizer que é:

> [...] notável como, levadas ao extremo, a abordagem tecnológica da linguagem [proposta pelos pragmatistas], converge exatamente, em conteúdo e retórica, com o humanismo antitecnológico dos fenomenólogos: na comparação de Merleau-Ponty, "a fala é como um ser, como um universo. Ela nunca é limitada senão por uma linguagem nova.

Assim como a metáfora viva, a fala falante é efeito de inovação ou redescrição que o enigma (decorrente da presença do hábito na fala atual) desencadeia na comunidade de interlocutores. Para o discurso da Gestalt-terapia, a fala falante, como a metáfora viva, é um ato criativo, uma forma de designar o efeito político dos atos comunicativos (que são os atos com os quais, além de repetir, nós procuramos transcender a realidade dada em direção a uma unidade presuntiva, sempre por determinar). Esse efeito não é outro que o processo de formação de *Gestalt* ou, simplesmente, desejo, o que envolve dizer que os atos de fala, próprios ou alheios, podem ser causa de mudanças sociais, em especial na esfera dos desejos políticos de cada qual.

Acontece, entretanto, que essas mudanças, redescrições metafóricas ou criações linguageiras também têm efeitos na realidade dos pensamentos (fala falada). Muitas são aquelas vezes em que a produção de uma novidade política acarreta a interdição de um pensamento atual, a aniquilação de uma fala falada na atualidade da situação, o apagamento de uma imagem ou corpo que serve de representação social da identidade de uma pessoa ou de uma comunidade. As metáforas vivas ou as falas falantes, pela orientação política (ou virtual) que impõem à realidade, acabam por exigir a suspensão de valores, direitos, instituições. Ou, ainda, acabam por exigir a agressão a corpos, símbolos e monumentos. Assim como os desastres naturais, as emergências e as doenças (consideradas do ponto de vista anatomofisiológico), também os desejos (entendidos como formulações metafóricas ou linguageiras de nosso destino político) podem implicar a morte de determinadas representações sociais que constituem o outro social no qual cada um de nós se espelha (função personalidade). De onde se segue, enfim, que possamos conjecturar, mais além dos fenômenos da natureza, que os atos de fala, sobretudo aqueles por cujo meio formulamos nossos desejos (políticos), possam ser causa da não formação, limitação ou aniquilação das representações sociais perante as quais os sujeitos de ato repetem determinada imagem com que possam se identificar.

Nos termos de uma conjectura sobre a gênese do sofrimento, distinguimos três apresentações possíveis das causas da não formação, limitação ou aniquilação das representações que constituem o outro social:

- A primeira causa pode ter relação com um fato físico, como a destruição ou a aniquilação espontânea de uma ação ou das próprias representações que constituem o outro social. Embora a destruição ou aniquilação em questão possa ser esporadicamente vinculada a motivos políticos e éticos, estas não constituem razão necessária para justificar o sofrimento vivido pelo sujeito de atos que estava identificado às representações aniquiladas. Esse é o caso do luto, das emergências e desastres.

- A segunda causa pode ter relação com um desejo que se impõe às representações sociais que compõem o outro social a quem os sujeitos (de atos) estão identificados, para assim dominá-los. Trata-se aqui de uma situação política, dado que determinado ato totalitário faz das representações sociais "dispositivos" para a satisfação do desejo de poder que ele possa ostentar, sujeitando os outros atos às representações agora dominadas, para usar a letra de Michel Foucault. Por outras palavras, as diferentes representações sociais são captadas em favor da fantasia do ato dominador, que assim se faz outro autoritário, outro capitalista, tomando de empréstimo os significantes de Jacques Lacan (1974). Esse é o caso das injunções que provocam os estados de crise subjetiva (como podemos observar nos casos de pânico, melancolia, formações reativas, para citar alguns), ou dos conflitos sociais em torno de questões político-econômicas.

- A terceira causa tem relação com algo que vai além, mais além do político, conformando a presença de um desejo soberano que, mais radicalmente do que dominar o outro social, mais radicalmente do que transformar as representações sociais em dispositivos de satisfação do desejo de poder, agora aniquila as representações sociais para assim dispor da nudez dos atos e respectivos hábitos. Por força desse desejo soberano que, segundo a leitura que Giorgio Agamben faz de Walter Benjamin, corresponde à própria instauração do político, os atos e respectivos hábitos – agora sob a condição de vida nua – sucumbem diante do poder de aniquilação ostentado pelos representantes do soberano. Esse é o caso das formas de segregação social desempenhadas pelos preconceitos raciais e de gênero, ou presentes nos regimes carcerários, sejam eles destinados a pessoas imputáveis ou inimputáveis (como são considerados os loucos). Esse também é o caso das formas de dizimação existentes nos campos de concentração e nas formas totalitárias e policiais de dominação presentes nos Estados modernos que governam em regime de exceção e para os quais qualquer ser humano é suspeito de conspiração.

Para investigar cada uma dessas três formas de impedimento da livre formação e desdobramento das representações sociais que constituem o outro social, vamos recorrer a diferentes matrizes teóricas. Com elas pretendemos refletir criticamente sobre o sentido antropológico, político e ético destas três formas de falência do outro social: a falência antropológica (causada pela imposição de uma condição natural), a falência política (por conta dos dispositivos de poder) e a falência ética (em virtude dos estados de exceção). Especialmente, servir-nos-emos do pensamento de Michel Foucault e do de Giorgio Agamben para construir uma hipótese sobre as causas ético-políticas da falência do outro social.

A FALÊNCIA ANTROPOLÓGICA[2] DO OUTRO SOCIAL

PARA A TEORIA DO SELF, as representações sociais que constituem o outro social (ou função personalidade) são empresas eminentemente antropológicas que se referem à humanidade dos pensamentos, valores e instituições sedimentados como patrimônio cultural, muito embora, em sua origem, tais representações consistissem em desejos políticos, modos presuntivos de integrar às contingências da realidade a repetição (ética) dos hábitos. E como expressão da humanidade com a qual cada sujeito de atos pode se identificar essas representações que constituem o outro social compreendem uma ampla gama de manifestações: desde a linguagem, a cultura alimentar, os modos de utilização dos recursos naturais, as formas de organização econômica e comercial, até a imagem corporal cultuada no vestuário, na literatura, nas artes, nos ritos religiosos. Com frequência, tais representações têm uma dimensão institucional, como no caso das gramáticas, dos códigos, das cidades, avenidas, igrejas, praças etc. Cada um desses "monumentos" inscreve na atualidade da situação os desejos do passado e serve de parâmetro para a produção de novos desejos, de novas sínteses entre o fundo de hábitos e as contingências da realidade material. Também serve de ocasião para a festa, para a celebração e para o cultivo de todo tipo de sentimento, desde a vergonha ao orgulho, passando pelo respeito relativo aos desejos do passado que estão hoje determinados como valor, biografia, pensamento. Porém, como dependem dessa inscrição na realidade material, as representações sociais que constituem o outro social estão sujeitas à falibilidade da própria materialidade em que estão apoiadas, ou seja, ao mesmo tempo que faculta às fantasias do passado sobreviver no presente como representações da unidade antropológica da humanidade, a "materialidade da situação" sujeita as representações do outro social à contingência do momento. Ora, sofrimento antropológico é o nome que damos ao sentimento que podemos compartilhar com outros sujeitos de ato diante do desfalecimento da materialidade das representações (do outro social) às quais estamos identificados.

As contingências materiais de nossa existência podem atingir de diferentes maneiras e em diversos graus as representações de nossa própria identidade diante do outro social. Pequenos descompassos na velocidade da rotação das diferentes camadas da Terra podem desregular a formação magnética de nosso planeta e, por conseguinte, a barreira que essa formação oferece a uma série de ondas e partículas emitidas pelas explosões solares que, caso chegassem à superfície da Terra, destruiriam a organização molecular de nossos genes. Por consequência, seríamos acometidos de cânceres, tal como acontece quando os desgastes nos telômeros cromossômicos geram processos de replicação falhos. Não apenas nossa imagem visual, sobretudo nossa imagem metabólica seria alterada e, com ela, vários sentimentos que desenvolvemos segundo nossa propriocepção, como o sentimento de bem-estar físico. As chuvas ácidas, decorrentes das queimadas das lavouras e das florestas, também poderiam atuar sobre os prédios e monumentos que contam a história pela qual temos orgulho, por se tratar da história dos vencedores, supostamente. Se pudermos no futuro regenerar neurônios, poderemos adiar a morte indefinidamente, apesar de isso não ser garantia de que as sinapses dos neurônios mortos permaneçam conservadas ao lado de substitutos: a finitude é um horizonte permanente de nossa condição ôntica, já dizia Martin Heidegger (1927) em sua analítica existencial do ser-aí (*Dasein*). E até a compreensão ontológica a respeito da finitude dos entes não escapa à finitude do acontecimento, como vai elaborar mais tarde o próprio Heidegger (1929) acerca da historicidade da compreensão (conforme Stein, 2001). Todas as nossas representações sociais, pela condição material em que estão apoiadas e que faz delas ocorrências finitas, podem a qualquer momento desaparecer, gerando nos sujeitos de atos a elas identificados um tipo específico de sentimento que é o sofrimento antropológico pela perda daquilo que, para cada um, significava uma identidade social.

É claro que podemos sempre discutir a responsabilidade humana sobre os eventos que implicam a destruição das representações do outro social. A mutilação em decorrência da guerra contemporânea travada no trânsito das cidades em quase todo o mundo, a destruição de patrimônios naturais em decorrência do aumento da temperatura global gerado pela emissão desenfreada de gás carbônico, as aberrações genéticas em descendentes de populações atingidas pelos acidentes e testes nucleares das grandes potências econômicas e militares, para citar alguns exemplos, indiciam a própria ação humana como a principal responsável pela destruição da materialidade das representações do outro social. Ainda assim – e é isto o principal que queremos aqui indicar –, a responsabilização, seja da natureza, seja da ação humana, não faz desaparecer o sofrimento antropológico decorrente da perda das representações do outro social com que se estava identificado. Independentemente de os deslizamentos de terra haverem sido provocados por uma precipitação anormal ou por uma ocupação irregular do terreno, para as pessoas atingidas, cujas propriedades restaram soterradas para sempre, ou cujos familiares perderam suas vidas embaixo dos escombros, o sofrimento sentido diante das perdas não tem parâmetro em nenhuma outra representação social. Ele vale por ele mesmo como expressão da falência das imagens, valores, pensamentos e instituições perante os quais uma função de ato percebia-se "humana"; o que significa dizer, investida de uma história que definia sua singularidade e seu pertencimento a um estrato da vida antropologicamente determinado. Por conta disso, do ponto de vista antropológico, a falência do outro social e o sofrimento que daí decorre compõem um fenômeno que deve poder ser escutado como uma valência irremediável e inalienável. Ele não precisa de nenhuma outra razão que lhe determine ou justifique a expressão, consistindo em uma genuína manifestação humana em face da desconstrução ou aniquilamento de uma identificação construída historicamente, isto é, construída com base na atualização das fantasias passadas no seio das condições materiais presentes, as quais incluem desde as imagens verbais às estações espaciais.

Essa forma de compreender o sofrimento antropológico, como a manifestação genuína do efeito produzido pela perda da materialidade de uma representação social, independentemente da causa dessa perda, de maneira alguma equivale a fechar os olhos para as causas e eventuais responsabilizações que pudessem ser exigidas. Todavia, um olhar para as perdas do ponto de vista das causas, especialmente humanas, inaugura outra dimensão da experiência do sofrimento que é a dimensão política, que passamos a tratar a seguir.

A FALÊNCIA POLÍTICA DO OUTRO SOCIAL

A ANIQUILAÇÃO DAS REPRESENTAÇÕES do outro social pode também resultar da ação política dos sujeitos de atos. Mas o que aqui entendemos por ação política? Em que sentido tal ação pode implicar a aniquilação das representações do outro social às quais se está identificado?

O significante "política" está associado, nos termos da teoria do self, à ação estabelecida pelos sujeitos de ato no sentido de sintetizar, em uma unidade presuntiva e virtual a que chamamos de desejo, as representações sociais disponíveis e os hábitos (excitamentos) desencadeados pelas contingências sociais presentes (demandas por representação social e por excitamento). Em tal unidade presuntiva e virtual, buscamos estabilizar como horizonte de futuro o efeito que os hábitos possam desencadear nas representações sociais com que estávamos identificados. Nessa direção, se algum amigo ou amiga, por quem temos muito carinho, questionasse nossa identidade heterossexual, a miríade de afetos decorrentes da denúncia, em nossos atos, das formas que poderiam contradizer nossa identificação de gênero forçar-nos--ia a produzir uma resposta, uma justificativa, que pudesse tanto disciplinar o comentário de nosso interlocutor em favor da manutenção da identidade agora abalada, quanto nos permitir conjecturar, enfim, que nenhuma identidade sexual está à altura das novas possibilidades de prazer que pudéssemos inventar. Em ambos os casos, a interpelação do amigo ou da amiga, bem como os estranhos gestos e afetos surgidos, seria "forçada" a assumir uma nova forma, uma nova formação a que denominamos de criação ou desejo. Dessa maneira, por força e obra dessa criação, o laço social desencadeado pelo comentário do outro receberia uma nova administração social, agora no campo da virtualidade, em que as combinatórias entre os elementos envolvidos parecem facilitadas, qual ficção, ao mesmo tempo arbitrária e indeterminada, a que chamamos de política. Política, portanto, tem relação –

segundo a terminologia que empregamos inspirados na teoria do self – com a tentativa (sempre iminente e nunca realizada de fato) de dominar o interlocutor, nossas representações sociais, hábitos e afetos espontaneamente surgidos, em um todo presuntivo a que chamamos de desejo.

Tal definição de desejo, por certo, faz lembrar a maneira como Michel Foucault – nos termos de sua "microfísica do poder" em *Vigiar e punir* (1975), ou de sua "analítica do poder" em *A vontade de saber* (1976) – emprega o significante "dispositivo" para com ele designar a forma pela qual, nas sociedades modernas, os corpos são sujeitos a saberes (palavras) e a poderes (coisas). Para Foucault (1975), por se constituir como sistemas complexos e de formação não homogênea (cujas variáveis envolvidas interagem entre si, a ponto de não se identificar com precisão quais as instituições ou os agentes intencionais dominadores), os dispositivos configuram diferentes regimes disciplinares e punitivos, baseados no controle do inteligível sobre o sensível. Em nossa perspectiva, os desejos que pudéssemos articular segundo a interlocução social configurariam tentativas políticas de exercer o poder sobre nossos semelhantes, verdadeiros dispositivos de dominação. Ou, no caso inverso – que é aquele pelo qual mais nos interessamos e propriamente configuraria uma situação de sofrimento político –, os desejos de nossos semelhantes poderiam valer para cada um de nós como um dispositivo de poder, uma forma de dominação a que poderíamos estar sujeitos. E tal sujeição, à sua vez, poderia representar a dissolução de nossos desejos ou a dominação das representações às quais estivéssemos identificados; dominação essa que desencadearia um novo quadro de sofrimento, dessa vez político.

Eis, então, uma segunda configuração em que a função personalidade, o outro social solidário por cujo meio celebraríamos nossa identidade, perder-se-ia, dessa vez por conta da ação política de nosso interlocutor (entendido como representante do outro social dominador). Acompanhemos por um momento as análises

PSICOSE E SOFRIMENTO

de Foucault, principalmente seu deslocamento de uma perspectiva "arqueológica"[3] para uma perspectiva "genealógica" na qual, não obstante relativize o imperialismo dos "dispositivos"[4], continua reconhecendo na sujeição ao desejo do semelhante a causa do sofrimento. Examinemos um pouco mais as formulações "pessimistas" de Foucault para encaminhar melhor nossa hipótese de leitura e uma possível terapêutica do sofrimento político.

a. MAIS ALÉM DOS DISPOSITIVOS DE SUJEIÇÃO

Para Foucault (1975), os diferentes dispositivos de saber, de poder e de subjetivação operam sobre cada corpo enredando-o em metas disciplinares desprovidas de crítica, como se o destino de cada um estivesse decidido no interesse impessoal do consumo, do progresso, da dominação de si e do outro. Cada corpo torna-se, então, um "átomo fictício" (Foucault, 1975, p. 227), incapaz de mudar a história por haver se tornado produto de discretos e eficientes mecanismos de controle, vigilância, adestramento e confissão, noção que viria ao encontro daquilo que, antes, em *As palavras e as coisas* (1966), Foucault teria dito a respeito da "morte do homem", como se a alienação dos sujeitos modernos aos significantes "homem, branco, adulto, ocidental, civilizado, heterossexual e normal" tivesse simultaneamente devorado a identidade de cada qual e a percepção da alteridade em benefício de um desejo impessoal e indefinível, que é o desejo de poder (sexual, étnico, econômico, ideológico etc.).

Mesmo mais tarde, quando suspende a perspectiva arqueológica com que procurou explicar, nos termos de uma teoria que articulava os dispositivos disciplinares ao desejo de poder, "o porquê" da alienação do homem moderno ao poder dominador (1975, p. 33), passando a se dedicar a uma pesquisa genealógica sobre como os indivíduos foram levados a exercer sobre eles mesmos e sobre os outros uma hermenêutica do desejo formulada por outrem (1984a, p. 12), Foucault ainda assim insiste em localizar, na sujeição aos "modos informes de poder", a gênese da "morte" do homem moderno. Por outras palavras, mesmo quando seu interesse se desloca de uma região caracterizada pela arte de "governar os outros", que diz respeito a um "campo múltiplo e móvel de relações de força, no qual se produzem efeitos globais, porém jamais totalmente estáveis, de dominação" (1976, p. 135), para outra, anexa e complementar, em que prevalece o imperativo de "governar a si mesmo", o que nos remete à livre investigação da conduta individual, Foucault persevera em identificar, na ideia de sujeição ao desejo dominador, a ruína das identidades em torno das quais cada subjetividade poderia celebrar sua liberdade crítica.

No entanto, esse "pessimismo" não autoriza em Foucault qualquer sorte de desistência ante as formas de dominação. Se o filósofo generaliza as dimensões micropolíticas do poder, suas hierarquias, mecanismos de vigilância, serialização de indivíduos nos limites de cada instituição ligada ao *panopticon*, ou no controle da massa populacional na biopolítica, ele também dá voz ao fracasso dessas estratégias de dominação (conforme Machado, 2006). Afinal, para ele, a constituição dos sujeitos mediante múltiplos processos de sujeição conduz-nos inevitavelmente àquilo que foi construído como não humanidade: a loucura e o crime. E é justamente no campo dessa não humanidade que haveremos de encontrar a diferença capaz de promover a mudança e o enfrentamento às formas de poder do outro dominador. Tentando evitar qualquer espécie de recurso a um princípio ou tese metafísica, Foucault reconhece na própria ideia de sujeição aquilo que haveria de sinalizar o nascimento das formas de resistência, advindo daí o motivo por que ele diz, a propósito de um trabalho, à época em curso e que tratava da genealogia da ética: "não procuro dizer que tudo é mau, mas que tudo é perigoso [...]. Se tudo é perigoso, então temos sempre qualquer coisa a fazer. Assim, minha posição não conduz à apatia, mas ao contrário, a um hipermilitantismo pessimista" (Foucault, 1980, p. 386). Ou seja, se é verdade que para Foucault há na modernidade um sujeito problemático,

PSICOSE E SOFRIMENTO

sujeito ao desejo do outro, feito objeto pelo desejo do outro, há nessa própria exclusão a possibilidade da insubmissão, da liberdade, da resistência à sujeição mediante relações de confronto. Falando com base na exclusão – o lugar mais fundo da sujeição –, Foucault reconstitui os processos insidiosos que resultam no silêncio dos sujeitos. Com o objetivo de "desentranhar a lógica da produção do silêncio destes habitantes sem rosto" (1966, p. 35), ele procura redescrever uma sensibilidade específica, que não é a da emoção vivida (em decorrência da presença de um excitamento ou de um sofrimento antropológico), mas a da razão dura e aguda de uma nova forma de olhar (que, talvez, defina para nós o sofrimento político). Trata-se da sensação vertiginosa de um olhar que parte do fundo da exclusão e vê do avesso os parâmetros tidos como intocáveis de nossa existência individual e coletiva, colocando a necessidade de repensá-los.

Foucault, ademais, ocupa-se de uma questão política de primeira ordem: a representação dos excluídos. Pensando mais especificamente a questão do intelectual, recusa-se a falar em nome dos excluídos e assumir a posição de porta-voz na luta por direitos. Tampouco apoia o "engajamento" político em partidos com vistas a encontrar soluções. À diferença de Marx (1867) e de Sartre (1948), Foucault não acredita que a tarefa da filosofia e da crítica seja transformar o mundo. É preciso antes, como já defendia Merleau-Ponty em *Humanisme et terreur* (1947) e em *Les aventures de la dialectique* (1955), pensar adequadamente a realidade para depois indagar sobre as possibilidades de mudança (Foucault, 1975-1976). Por intermédio de sua participação no *Groupe d'Information sur les Prisons* (GIP), Foucault obrigou-se a repensar o papel do intelectual crítico com relação aos movimentos e às lutas sociais do seu tempo, passando de porta-voz e portador da verdade para o de criador de condições para que os contradiscursos sejam ouvidos. Tal como aparece em *Vigiar e punir* (1975), o autor teria encontrado suas condições de possibilidade justamente na nova forma de luta política criada pelos presos e na visualização dos mecanismos de poder que as investigações sobre a prisão viabilizaram. Dessa maneira, a articulação entre engajamento e reflexão histórico-filosófica dar-se-ia pelo diagnóstico das questões da atualidade. Limitando-se a fazer sobressair o fato da dominação no seu íntimo e na sua brutalidade, expondo cruamente seus mecanismos, Foucault procura de modo mais intenso tentar provocar o gesto de libertação dos indivíduos, enfim, sujeitos. Por outro lado, realiza a crítica da ciência que, como detentora dos discursos verdadeiros, dispensa as falas particulares supondo conhecer seu conteúdo e verdade.

E a pergunta que nós, clínicos, devemos nos fazer diante dos quadros de sofrimento político – tal como nós os encontramos nas instituições psiquiátricas que funcionam segundo o modelo do encarceramento, ou nos presídios, nos regimes laborais escravizados ainda existentes nos fundões da civilização urbana e rural que maltratam, sobretudo, as crianças, na violência de gênero e no preconceito racial – é que tipo de participação se requer de nós e até onde ela é capaz de fazer diferença, ao menos como forma de acolhimento à diferença que se diz no discurso daqueles que, talvez como supõe Foucault, fazem da sujeição o motivo de uma criação, de uma criação transgressora (como no caso dos ajustamentos banais e antissociais), ou, quiçá, inclusiva, conforme estamos aqui especulando. Mas no que pretenderiam se incluir? Qual nossa tarefa clínica diante desses apelos? Talvez valesse a pena seguir um pouco mais adiante com Foucault e averiguar se, mais além de sua genealogia do poder, nos termos de sua estética da existência voltada para a autoperfeição e a autoafirmação do sujeito, não encontraríamos uma pista que nos orientasse como clínicos.

b. O ESTETICISMO COMO ESTRATÉGIA DE RESISTÊNCIA E INOVAÇÃO POLÍTICA
Em excelente artigo intitulado "O sujeito em Foucault: estética da existência ou experimento moral", Jurandir Freire Costa (1995) examina as objeções despertadas pelos últimos trabalhos de

PSICOSE E SOFRIMENTO

Foucault (1980, 1981) sobre a "ética do sujeito" em pensadores ligados ao universalismo ético, como Charles Taylor (1989) e Rainer Rochlitz (1989); ou ligados ao neopragmatismo ético, como é o caso de Richard Rorty (1989). Para os universalistas, a ideia foucaultiana de uma estética da existência voltada para a autoperfeição e a autoafirmação do sujeito, mesmo tentando dispensar o sujeito de seus compromissos com os valores universais e com os princípios humanitários das democracias liberais, acaba por reafirmá-los. Melhor seria haver se engajado em políticas de afirmação das democracias liberais. Richard Rorty, a sua vez, não acredita que possa haver em Foucault qualquer sorte de compromisso com valores universais, embora compartilhe, contudo, da leitura de que Foucault não teria sido suficientemente sensível para com os princípios e ganhos das sociedades liberais.

Como demonstra Costa (1995), Taylor acredita que, em suas formulações éticas, Foucault opera com fundamentos morais que não logra trazer à superfície. Foucault postula que a liberdade da autocriação é melhor do que a dominação e a sujeição, mas não se preocuparia em oferecer justificação válida para essa eleição. Ao contrário, argumentaria como se ocupasse o lugar metafísico de crítico atemporal da cultura e, nesse sentido, entraria em franca contradição com suas intenções genealógicas. Ademais, ao dar voz aos excluídos pelos dispositivos de dominação, Foucault tacitamente caucionaria valores do humanitarismo moderno, como o desejo de preservar a vida, satisfazer as necessidades do homem, aliviar seus sofrimentos. Ainda assim, não seria capaz de reconhecer o mérito das democracias modernas no sentido de viabilizar a livre expressão da crítica social. Rochlitz (1989, p. 290), de maneira semelhante a Taylor, acusa Foucault de omitir em sua teoria e prática políticas "um conteúdo normativo e mesmo uma normatividade virtualmente universalista, quando se referem a uma exigência de autonomia da pessoa e opõem-se ao sofrimento injusto" (conforme Costa, 1995, p. 122). Ao contrapor aos dispositivos (de sujeição dos indivíduos às ideologias dominantes) uma ética entendida como investimento em si como forma de resistência, Foucault faz apelo a uma ideia de "si mesmo" que lembraria a noção de interioridade, a qual supostamente critica. Enfim, para Rochlitz (1989), é como se Foucault condenasse a estrutura social de que, porém, depende e sem a qual não teria como pensar o que pensou.

Richard Rorty (1989) também acusa Foucault de não levar em conta as conquistas das democracias liberais modernas, indispondo-se contra valores dos quais, entretanto, serve-se para empreender a crítica às formas de sujeição e dominação. Mas à diferença de Taylor e Rochlitz, não admite que esses valores possam ser considerados universais. Isso porque – de acordo com os esclarecimentos de Costa (1995, p. 124) – Rorty não crê na existência de valores universais se pela expressão "se entende um conjunto de postulados morais apriorísticos e invulneráveis à revisão histórica". Caso tais valores existissem, os universalistas ainda teriam de provar "como o acesso epistêmico às entidades trans-históricas pode estar ao alcance de sujeitos históricos". Para o neopragmatista Rorty, "os valores tidos como necessários e atemporais, pelos universalistas, nada mais são do que os valores do humanitarismo democrático moderno metafisicamente transferidos para o domínio das entidades transcendentais" (*apud* Costa, p. 124). Para Rorty, logo, a crítica universalista contra Foucault é totalmente infundada. As noções de liberdade, autonomia e respeito à vida que Foucault emprega não são tributárias das escolas universalistas; elas são oriundas da prática linguística das democracias liberais, individuais e humanitárias – tese com a qual, no entanto, Foucault dificilmente concordaria. Inclusive a tese de que Foucault reincidiria em uma concepção moderna de subjetividade como interioridade é falsa. Para Rorty, o que Foucault denomina de subjetividade não é senão uma referência à rede de crenças e desejos postulada como causa interior dos atos linguísticos. E, segundo a interpretação de Costa (1995, p. 124), a questão de Rorty "não é a de saber se Foucault repete,

PSICOSE E SOFRIMENTO

inadvertidamente, as aspirações do sujeito do desejo e da interioridade. Esta questão é secundária. Mais importante do que isto é saber se sua ética do sujeito atende ou não aos requisitos da moral liberal e democrática defendida pelo neopragmatismo".

Na avaliação de Rorty, a proposta ética de Foucault não atende aos requisitos da moral democrática defendida pelo neopragmatismo. E não porque considere tal moral uma ocorrência datada, antes porque a acuse de opressiva. Agora em acordo com os universalistas, Rorty considera que Foucault "participa da cultura do 'ressentimento', ou seja, da corrente intelectual que procura negar, subestimar ou minimizar o progresso moral alcançado pelas democracias liberais do Ocidente" (*apud* Costa, 1995, p. 125). Há de se reconhecer, segundo Rorty, que as democracias liberais – não obstante seus impasses e contradições internas – deram direito de cidadania à principal responsável pelas grandes mudanças na vida política e na moralidade social, precisamente, as inovações culturais, das quais a própria obra de Foucault poderia ser considerada uma versão. Para Rorty, porquanto podem redescrever, de maneira imprevisível, qual metáfora viva (Davidson, 1991), a vida dos sujeitos, as inovações culturais, à medida que se apresentam como empresas históricas bem-sucedidas, podem recriar os modos de vida e os sistemas morais, o que justificaria a importância dos artistas em geral, sobretudo ficcionistas, poetas e novelistas. Eles são todos experimentadores culturais, artífices das subjetividades modernas e, por extensão, das formas de vida moral da sociedade. Sejam eles revolucionários utópicos, ironistas liberais ou poetas fortes, por conta de suas metáforas vivas, os artistas reinventam o sujeito e o mundo. O ironista liberal, em especial, por conta da dúvida que ostenta contra si mesmo, favorece a proliferação de novos experimentos morais que possam enriquecer sua existência e a dos outros. Para Rorty, Foucault deveria poder reconhecer esse mérito das democracias liberais, as quais souberam acolher esta invenção romântica que é o desejo permanente de redescrição, encarnado pelos artistas em benefício da criação de novos valores e subjetividades.

Isso não significa que Rorty ignorasse, no experimentalismo romântico, a presença de um "lado escuro". Os inventores, por conta de suas idiossincrasias, podem fazer dos outros a ocasião de gratificações privadas, invertendo a lógica da criação, como se a moralidade social devesse servir o interesse pessoal. Ainda assim, as democracias liberais souberam inventar formas de lidar com essas distorções, distinguindo entre duas áreas de atuação do sujeito: a área privada, em que o sujeito é livre para criar o que for possível, desde que tais criações não conspirem contra os valores que são considerados pelos demais sujeitos valores comuns; e a área pública, em que o sujeito zela pela manutenção dos interesses da comunidade, desde que tal atividade não impeça a aspiração à autorrealização dos indivíduos.

Ora, segundo Costa (1995, p. 127), Rorty parte dessa leitura das democracias liberais para dizer que, ao criticá-las, Foucault não faz mais do que faria qualquer outro cidadão livre, engajado em sua comunidade. Mas, à diferença deste, Foucault não reconheceria que a liberdade para criticar está assegurada exatamente por sua participação na comunidade. Em certo sentido, é como se Foucault tivesse sobrevalorizado a experimentação individual a despeito de seus compromissos como membro da comunidade dos homens e das mulheres defensores das liberdades. Mais valeria Foucault reconhecer que a liberdade depende do equilíbrio entre necessidades privadas e necessidades públicas. Tal como o ironista liberal, haveria de se compreender que a felicidade de um não pode comprometer a justiça devida a todos.

Para Costa (1995, p. 128), no entanto, a leitura de algumas entrevistas de Foucault publicadas em *Ditos e escritos* (Foucault, 1980; 1981) fornece aos leitores argumentos suficientes para contestar a tese de Rorty. Em primeiro lugar, porque o louvável trabalho de Foucault nas instituições psiquiátricas, nos presídios e com grupos sem-teto, para citar alguns, refuta qualquer suspeita

PSICOSE E SOFRIMENTO

de alheamento do filósofo às fortunas e aos infortúnios de seu tempo. Se é verdade que Foucault é reticente aos méritos que poderíamos conceder aos ideais humanitários das democracias liberais, isso não se deve a qualquer tipo de omissão política ou insensibilidade ante a dor e a humilhação dos outros. Deve-se antes à complexidade das relações humanas investigadas e à forma como elas são retratadas por ele: como sem escrúpulos para mostrar a crueldade das relações de poder mascaradas por complexos dispositivos de saber avalizados pelos aparelhos ideológicos das democracias liberais. Desse ponto de vista, malgrado o pessimismo, a práxis crítica de Foucault pode ser considerada uma forma radical de compromisso com os anseios políticos da comunidade, entendidos não como valores universais, mas como efeitos éticos das inovações estéticas estabelecidas de modo diversificado e diversificante nos distintos contextos sociais, em especial naqueles tidos como marginais.

É fato que o modo pessimista como Foucault lê as relações humanas faz desacreditar nas "boas intenções" das democracias liberais. Ademais, ainda que tenha reconsiderado a ideia de que os dispositivos disciplinares são a única matriz das subjetividades modernas, ele continuou, como o atesta Costa (1995, p. 128), defendendo a tese de que o impulso de dominação é "uma disposição, por assim dizer, instituinte da interação entre os sujeitos". Em consequência, dificilmente leríamos em Foucault algo assim como um elogio aos ideais da comunidade. Isso não faria mais do que reforçar um dispositivo específico, por cujo meio somos disciplinados a não ver a diferença. Além disso, a partir do momento em que Foucault – assim como os neopragmatistas – abre mão dos valores universais trans-históricos, não há nenhuma posição que pudesse valer por todas. E a escolha do filósofo foi justamente falar segundo aqueles lugares tornados invisíveis pelos dispositivos de saber da comunidade, considerando-se que sequer essa escolha teve a pretensão de esgotar todas as possibilidades de intervenção na comunidade. Por conseguinte, afirma Costa (1995, p. 130):

[...] penso que o que Rorty não aceita é a redescrição do sujeito e da vida relacional proposta por Foucault. Esta redescrição, em minha opinião, não afeta em nada a "mínima moral" defendida por Rorty. Porém, pode parecer uma "redescrição forçada" para quem acredita que as instituições e os problemas com que lidamos estão em ordem, bastando alterar, aqui e ali, o que anda enferrujado ou fazendo muito barulho.

Costa (1995, p. 130) esclarece sua posição mencionando o modo como Foucault redescreve a noção de sexualidade. Segundo ele, Foucault acreditava que "só uma virada radical na imagem de sujeito e dos modos de vida relacional poderia desfazer certos impasses criados pela atual hierarquia moral das sexualidades". No que diz respeito à imagem de sujeito, Foucault se propõe reinventar o sujeito usando a noção de estilo de vida ou estética da existência baseada em uma ética dos prazeres e não do sexo. É como se pudéssemos suspender as identidades criadas pelo sistema de nominação preconceituoso fundado na hegemonia dos dispositivos de sexualidade e reinventar o sujeito segundo a ideia de prazer. Em uma entrevista intitulada "O triunfo social do prazer sexual: uma conversação com Michel Foucault", citada por Costa (1995, p. 131), o filósofo afirma (1982, p. 309):

Fazer escapar o prazer da relação sexual do campo normativo da sexualidade e suas categorias; fazer, por esta mesma razão, do prazer o ponto de cristalização de uma nova cultura, é, acredito uma abordagem interessante.

Ou então, em "Entrevista de Michel Foucault", ele (1982, p. 662) reitera:

Foi só a partir do momento em que o dispositivo de sexualidade implantou-se efetivamente, quer dizer, no momento em que um conjunto de práticas, instituições e conhecimentos fez da sexualidade um domínio coerente e uma dimensão absolutamente fundamental do indivíduo, foi neste momento preciso, sim, que a questão "Que ser sexual você é?" tornou-se inevitável

[...]. Se bem que do ponto de vista tático importa num dado momento poder dizer "Eu sou homossexual", é preciso, a meu ver, a longo prazo e no quadro de uma estratégia mais vasta colocar questões sobre a identidade sexual. Não se trata, então, de confirmar sua identidade sexual, mas de recusar a injunção de identificação à sexualidade, às diferentes formas de sexualidade. É preciso recusar satisfazer a obrigação da identificação por intermédio e com a ajuda de uma certa forma de sexualidade.

Em ambas as passagens Foucault é explícito em seu propósito de estabelecer uma redescrição inédita que pudesse se contrapor à hegemonia do desejo sexual e ao séquito de identidades sexuais. Somente a vitória da autorrealização e autoperfeição ante o sujeito sexual dominante poderá assegurar um modo de vida sem a violência do preconceito. Já em relação ao modo de vida moral, disse ele (1982, p. 309):

> Que em nome do respeito aos direitos do indivíduo, deixemos que ele faça o que quiser, tudo bem. Mas se o que se quer fazer é criar um novo modo de vida, então a questão dos direitos do indivíduo não é pertinente. Com efeito, vivemos num mundo legal, social, institucional, onde as únicas relações possíveis são extremamente pouco numerosas, extremamente esquematizadas, extremamente pobres. Existe, evidentemente, a relação de casamento e as relações de família, mas quantas outras relações poderiam existir, poderiam encontrar seus códigos não nas instituições mas em suportes eventuais? Isto não acontece em absoluto.

Nos termos de Costa (1995, p. 131), "[...] este modelo do sujeito sexualmente descentrado e voltado para uma ética ou estética dos prazeres, não tem lugar no imaginário de Rorty. O ironismo por ele recomendado parece assustar-se com as metáforas de Foucault". Ou, então, "Rorty entendeu mal ou intimidou-se com a imaginação de Foucault. Não pôde ver que, num certo sentido, a démarche foucaultiana é mais rortyana do que Rorty poderia prever" (Costa, 1995, p. 135).

E se agora devêssemos voltar às questões do item "a", a respeito do tipo de participação que nós, clínicos, poderíamos empreender diante daqueles que foram sujeitos pelos dispositivos disciplinadores, talvez pudéssemos seguir Foucault e reconhecer que, transpondo a crítica às formas de poder, poderíamos trabalhar como agentes provocadores de ações éticas voltadas ao prazer, à autorrealização e autoperfeição como formas de resistência à dominação imposta pelo sexo-rei e sua corte de representações preconceituosas. Em alguma medida, é como se Foucault tivesse nos ajudado a compreender não apenas a causa do sofrimento político – precisamente, a sujeição ao desejo do outro dominador –, mas também uma estratégia política de intervenção, que é a militância em torno de uma estética da existência voltada ao prazer (e não ao sexo). Tratar-se-ia de exortar nossos consulentes, acompanhados, enfim, indivíduos sujeitos (ao poder disciplinador e punitivo do representante do outro dominante) a empreender ações criadoras cuja meta fosse não só a reinvenção das formas de satisfação, mas também a reinvenção das formas de contato (com *awareness*) com os semelhantes. O esteticismo não seria aqui – como no caso dos ajustamentos neuróticos, banais e antissociais – uma tentativa de enganar, esvaziar ou aniquilar o outro social, e sim uma tentativa de impor-se, perante ele, como uma forma de socialização alternativa, diversa. Mas será isso exequível?

c. OS RISCOS DO ESTETICISMO FOUCAULTIANO

Não é para nós evidente que a militância dos sujeitos em torno de uma ética dos prazeres – voltada para uma estética da existência e não do sexo – possa sempre fazer frente ao outro social dominador. Em primeiro lugar porque nem sempre interessa ou é possível aos sujeitos de ato a produção de novos desejos (por exemplo, não sexuais). Em segundo lugar, nem sempre o enfrentamento ao outro dominador é possível, por conta da violência com a qual tal enfrentamento se estabelece.

O enfrentamento ao desejo do outro dominador é algo muito difícil de ser empreendido. A dificuldade pode não estar relacionada à capacidade de enfrentamento ao outro dominador, mas à impossibilidade de produzir novos desejos, como às vezes sucede aos sujeitos dos ajustamentos de busca. Por isso, nem sempre a superação do sofrimento político implica exortar alguém a criar novos desejos. Ao contrário, no caso dos sujeitos das formações psicóticas, tal exortação poderia levá-los ao surto. Afinal, ela justamente demanda desses sujeitos participação naquilo que, em um primeiro momento, eles são incapazes de participar, a saber, um desejo. Boa parte das vezes, tão ou mais importante do que mobilizar uma produtividade centrada na autorrealização e autoperfeição é simplesmente oferecer uma escuta não demandadora. Ou, então, trata-se de oferecer um espaço vazio, qual vazio fértil da tradição budista, em que os sujeitos, mais do que se engajar em nossas provocações políticas, possam reconhecer quais alianças antropológicas nesse momento lhes convêm. Por intermédio desta escuta não demandadora, não estamos descartando o enfrentamento ao outro dominador, apenas salvaguardando aquilo que todo soldado que vai a combate merece receber: preparação. A escuta não demandadora pode representar o apoio de que necessitam para voltar a fruir de uma identidade sem a qual não se sentirão habilitados sequer a desejar.

Eis a razão pela qual, antes, para falar sobre os sujeitos das formações psicóticas, recusamos o enquadramento do psicótico como uma subjetividade diversificadora, o que significa dizer capaz de produzir diferença no campo virtual dos desejos políticos. Como vimos no capítulo anterior, se é verdade que os sujeitos das formações psicóticas introduzem, no seio da comunidade, uma diferença, isso não significa que essa diferença seja desejante ou desejável. Ao contrário, o desejo pela integração do sujeito das formações psicóticas é sempre exterior às produções psicóticas. Ele tem relação com o interesse que alguém outro possa ter em servir-se das formações psicóticas para enfrentar o outro social, para desencadear uma nova percepção sobre a práxis social. E ainda que, do ponto de vista antropológico, tal interesse costume beneficiar os próprios sujeitos das formações psicóticas, do ponto de vista do desejo, da demanda por desejo, caso fosse dirigido ao sujeito das formações psicóticas, poderia provocar neste uma modalidade específica de sofrimento político, que é o surto.

Em segundo lugar, é preciso considerar que o outro dominador se apresenta às vezes de forma tão violenta que se torna impossível qualquer tipo de enfrentamento. Diante dessa violência, por conseguinte, uma estratégia esteticista pode ser tão ineficiente quanto as respostas neurótica e banal, ou tão perigosa quanto a resposta antissocial. O outro dominador pode impor-se de modo tão cruel que sequer a possibilidade de um contradiscurso político torna-se possível aos sujeitos submetidos. A crueldade é tal que desencadeia, nesses sujeitos, um sentimento de terror, o terror diante da iminência da morte. É o que vivem os encarcerados em certas instituições psiquiátricas, os presidiários da quase totalidade dos sistemas públicos de cadeia, os aprisionados em históricos de sujeição a tratamentos químicos. Ainda que nalgumas vezes – como bem mostrou Foucault em seu magnífico trabalho no sistema carcerário e nas instituições psiquiátricas – os sujeitos submetidos podem manifestar aí uma diferença que se pode ouvir, uma reação organizada ao uso criminoso que o outro dominador faz das leis e da "terapêutica" de reabilitação; noutras vezes, esses mesmos sujeitos ficam submetidos a uma violência "ao quadrado", a ponto de não dispor sequer do próprio corpo, totalmente sujeito à violência generalizada dos motins e das repressões aniquiladoras, sejam elas físicas ou químicas (como no caso do uso ostensivo de medicações psiquiátricas). Impossibilitados de deliberar sobre o próprio corpo, ficam totalmente privados da principal representação com a qual poderiam desejar liberdade, reação, inclusão etc. Já não podemos dizer que haja aí sujeitos submetidos ao desejo do outro dominador. Há tão somente corpos desnudos, desprovidos da condição de sujeitos de atos, porquanto reduzidos a objetos de uso pelas múltiplas formas de terror. O sofrimento aqui já não é político: impossibilidade de dispor de identidades por conta do desejo do outro dominador. O sofrimento agora é ético: violação da intimidade dos hábitos e dos afetos em proveito dos desejos do outro dominador. E uma intervenção esteticista – caso tivesse efeito – não faria mais do que multiplicar as dificuldades, como uma sorte de violência "ao cubo". Não bastassem o confinamento, o risco da generalização da violência, o corpo despido de sua condição de sujeito agente precisa ainda responder aos motivos políticos de terceiros. Nesses casos, mais vale uma atenção não demandadora, como se nossa mera presença ou intermediação solidária pudesse significar para os sujeitos em sofrimento político uma mínima segurança, o resgate de valores mínimos, como, por exemplo, a integridade física ou o contato com familiares. É como se nossa intervenção solidária pudesse valer como uma trégua diante da ameaça, a possibilidade de participar de um mínimo de realidade, de um mínimo suporte para recomeçar a combater, combater pela própria vida.

É nesse sentido, do ponto de vista antropológico, agora para falar do sujeito do sofrimento político, que nós recorremos a Foucault, não tanto para ressonar sua defesa de uma racionalidade estética, desincumbida da tarefa metafísica de fundamentar a identidade, antes, para admitir que o apelo por proteção, por defesa, por representação é uma criação diversificante, apenas que estabelecida no plano da realidade, no plano da realidade da qual os sujeitos submetidos foram excluídos. Não se trata de dizer que a sujeição possa provocar um desejo de reação infinito, somente de dizer que, no apelo do corpo desnudos, abre-se a possibilidade (e não a virtualidade) de uma solidariedade infinita. O objeto dessa solidariedade infinita, entretanto, não é mais um desejo político, mas uma ação ética, a ação ética de acolhimento à nudez de uma vida agora desprovida dos valores e representações que constituem sua identidade social.

A FALÊNCIA ÉTICA DO OUTRO SOCIAL

COMO VIMOS, POR VEZES a violência do outro dominador vai muito além de subordinar, ao seu interesse político, as representações sociais compartilhadas pelos sujeitos de atos. Mais do que fazer uso (político) dessas representações, o outro dominador também as pode aniquilar. Dessa forma, ele destitui o outro social por intermédio do qual os sujeitos de atos poderiam refletir-se como sujeitos, para assim lidar apenas com corpos desnudos, dos quais pode dispor como objetos. É por essa razão que, antes, nós conjecturamos – como uma terceira causa para o desencadeamento do sofrimento – a presença de um desejo soberano que, mais radicalmente do que dominar o outro social, mais radicalmente do que transformar as representações sociais em dispositivos de satisfação do desejo de poder, agora aniquilaria as representações sociais, para assim dispor da nudez dos atos e respectivos hábitos. Assim despidos de suas representações, os sujeitos de atos não seriam mais que corpos sem lugar social, sem possibilidade de reconhecimento e interlocução. Viveriam em estado de sofrimento ético.

Para estabelecer melhor essa terceira causa da aniquilação do outro social – e consequente instauração do sofrimento ético –, recorremos à obra *Homo sacer: o poder soberano e a vida nua I*, publicada em 1995 por Giorgio Agamben. Nela seu autor investiga a gênese e os efeitos da instauração do político como uma forma de poder soberano. Por compreender o monopólio da decisão, o poder soberano dispõe sobre a vida nua dos corpos empíricos conforme seu próprio interesse. Esse é o caso das formas de dizimação presentes nos campos de concentração, nas práticas de eugenia e de eutanásia forçada (desenvolvidas, por exemplo, pelo Terceiro Reich); é o caso das formas totalitárias e policiais de dominação presentes nos Estados modernos que governam em regime de exceção e para os quais qualquer ser humano é suspeito de conspiração.

PSICOSE E SOFRIMENTO

Pensar qual poderia ser o lugar que o clínico gestáltico pudesse ocupar diante do sofrimento ético é a tarefa que temos pela frente.

a. MAIS ALÉM DE FOUCAULT

É o próprio Giorgio Agamben (2004, p. 2) quem admite que, ao se ocupar da questão da gênese e dos efeitos do poder soberano em sua relação com a vida nua, seu método é "arqueológico e paradigmático num sentido muito próximo ao de Foucault, mas não completamente coincidente com ele"[5]. Agamben não só confessa haver aprendido muito com o método de Michel Foucault, o qual, segundo aquele, *é a única via de acesso ao presente*", como também admite haver tomado para si a tarefa de fazer a arqueologia destes dois campos ignorados por Foucault: o direito e a teologia. Em certa medida, a tetralogia intitulada *Homo sacer* (Agamben, 1995a) é a realização daquela tarefa, o que explica a forte presença de Foucault já em seu primeiro volume, *Homo sacer: o poder soberano e a vida nua*. Para tratar da temática do poder soberano e da vida nua, o filósofo italiano parte da problemática foucaultiana da biopolítica. Como veio a dizer em *Signatura rerum: sobre o método* (Agamben, 2008, p. 42), ultrapassando o viés metodológico, eminentemente arqueológico, há de se reconhecer uma sequência entre a problematização foucaultiana (da biopolítica) e a investigação da gênese e dos efeitos do poder soberano em sua relação com a vida nua (estabelecida em *Homo sacer*, 1995a). O que não significa haver entre os dois autores uma mesma forma de compreender o poder biopolítico.

A noção de biopolítica cumpre em Foucault a função de pensar a crescente animalização do homem nos tempos modernos. No capítulo quinto ("Direito de morte e poder sobre a vida") do primeiro volume da *História da sexualidade* (1976), Foucault faz o comentário da definição aristotélica de homem como animal político (*zôion politikón*). Segundo ele, o homem permaneceu durante milênios sendo concebido tal como Aristóteles o fizera: "um animal vivente e, além disso, capaz de existência política".

A vida política, em alguma medida, sobrepujaria a animalidade em benefício dos interesses da comunidade. Mas, em sua versão moderna, o homem passou a ser compreendido como "um animal em cuja política está em questão a sua vida de ser vivente" (Foucault, 1976). É como se a modernidade, por intermédio de seus dispositivos de policiamento e subjetivação, tivesse invertido a fórmula aristotélica (Foucault, 1977-1978; 1978-1979). Ao eleger, como objeto de interesse primeiro, o controle sobre a animalidade dos corpos biologicamente definidos, os dispositivos de poder fariam sucumbir à dimensão política da comunidade. As diferentes formas de controle do biológico se imporiam ao político, desencadeando um processo de sujeição dos corpos a que Foucault denomina de biopolítica.

Para Agamben (1995a), entretanto, Foucault poderia ter aprofundado consideravelmente sua análise, caso tivesse incluído uma investigação sobre as experiências de extermínio promovidas pelo regime nazista. Elas teriam facilitado a compreensão sobre aquilo que articularia os dois aspectos do biopoder nos quais Foucault havia trabalhado até ali: por um lado, o estudo das técnicas políticas (como ciência do policiamento) com que o Estado assume e integra em sua esfera de cuidado a vida natural dos indivíduos; por outro, o estudo das tecnologias do eu, com as quais se opera o processo de subjetivação que leva o indivíduo a vincular-se à própria identidade e à própria consciência e, conjuntamente, a um poder de controle externo (Foucault, 1978--1979). É verdade que Foucault se recusou a unificar esses dois aspectos em uma teoria unitária. Mas se tivesse levado em conta as experiências nos campos de extermínio durante a Segunda Guerra Mundial teria compreendido que as técnicas políticas de policiamento da vida natural e as tecnologias do eu são os dois aspectos do mesmo agente, que é o poder totalitário de um soberano, no caso, o nazismo. Nesse sentido, Agamben se ressente de Foucault jamais haver encontrado Hannah Arendt. A leitura de *Eichmann em Jerusalém* (Arendt, 1963) certamente teria levado

Foucault a se ocupar da problemática do nazismo e dos campos de extermínio. Ou, principalmente, a leitura dos textos anteriores da autora haveria de levá-lo a refletir sobre a tendência totalizadora das sociedades modernas. Esse é o tema, aliás, das primeiras obras de Hannah Arendt, especialmente de *A condição humana* (1958). Nesse trabalho, a filósofa conseguiu mostrar que a decadência do espaço público nos dias de hoje está estreitamente ligada a uma tendência totalizadora da sociedade moderna concebida em torno do *homo laborans*. Conforme essa tendência, para o êxito do trabalho a vida biológica deveria ter primazia sobre a ação política. Ao contrário de Foucault, para Hannah Arendt, não se trata de dizer que a política sucumbiu ao biológico, mas que a economia política elevou o biológico à condição de antropologia dominante. Agamben, contudo, surpreende-se com o fato de Hannah Arendt jamais haver vinculado essa tendência da economia política moderna (de elevar a biologia à condição de antropologia dominante) às teses que ela própria elaborou para pensar, anos mais tarde, o poder político totalitário dos nazistas (Arendt, 1973). Por outras palavras: é como se, em *O que é a política?*, Hannah Arendt (1975) tivesse suspendido qualquer perspectiva biopolítica, privando-se de pensar a relação possível entre a antropologia biologizante da economia política moderna e o conceito de Estado praticado pelos nazistas.

Em *Homo sacer*, portanto, Agamben (1995a) propõe uma espécie de diálogo entre o pensamento de Foucault e o de Hannah Arendt, tencionando assim mostrar, mais do que as tecnologias de policiamento e de subjetivação pensadas por Foucault, e mais do que a totalização antropológica pensada por Hannah Arendt, uma tendência totalizadora que, no próprio campo da biopolítica, uniria aquelas tecnologias e a antropologia biológica dos tempos atuais. Para tanto, Agamben (1995b) recorre às análises feitas por Guy Debord (1967) sobre a existência de um poder midiático-espetacular capaz de reunir, em si, o público e o privado como um só tipo de gestão, a qual torna impossível distinguir entre tecnologias subjetivas e técnicas políticas. Mas que gestão totalizante é essa? Em que sentido ela é biopolítica?

Com o propósito de responder a essa questão, Agamben (1995a) retorna à definição aristotélica para distinguir melhor os dois termos gregos que Foucault traduziu inadvertidamente como "vida": *bíos* e *zoé*, a vida política e a vida nua (*bloss leben*). Segundo Agamben (1995a), Foucault se equivocou ao imaginar que, na atualidade contemporânea, a vida nua (*zoé*) se impôs à vida política (*bíos*). Para provar isso, Agambem empresta do filósofo alemão Walter Benjamin (1971) a tese de que, nos tempos modernos, o estado de exceção se tornou a regra, para então dizer que, na contramão da ascensão da vida nua (*zoé*) à vida política (*bíos*) como arbitrava Aristóteles, ou, ao contrário, de uma submissão da política (*bíos*) à vida nua (*zoé*) como pensava Foucault, nos dias de hoje, é a vida política (*bíos*) que se nivela à vida nua (*zoé*). Por outras palavras: é antes a vida política – ao se autorizar a suspender, como medida de precaução ante as ameaças, os direitos políticos de quem quer que seja – que se torna vida nua (*zoé*), o que significa dizer que, ao legislar em regime de exceção, impondo-se mais além de todo direito político individual, a vida política animaliza a si mesma, desencadeando um estado de indistinção entre o político e o animal. Daí decorre, para Agamben, que a tarefa de uma reflexão política seria, doravante, desvelar (nos termos de Martin Heidegger, 1927) a presença dessa forma de poder que se autoriza a viger em estado de exceção (conforme Walter Benjamin, 1971). Agamben denomina essa forma de poder de "poder soberano". É ele o responsável pela produção do corpo biopolítico e do Estado moderno. É ele o fundamento oculto sobre o qual repousava o inteiro sistema político que vem à tona na modernidade. Eis por que Agamben dirá que a decadência da democracia moderna coincide com a emergência dos Estados totalitários nas sociedades pós-democráticas espetaculares. Com a emergência do nazismo e do fascismo, não há mais política propriamente dita. Poderemos algum dia

PSICOSE E SOFRIMENTO

reinventá-la? Essa reinvenção seria pautada pela própria vida política (*bíos*)? Ou seria uma reinvenção segundo a vida nua (*zoé*)? Voltaremos a essas questões no início do próximo capítulo.

b. PODER TOTALITÁRIO E VIDA NUA

Agamben toma de Carl Schmitt (1931) a definição de soberano como aquele que está, ao mesmo tempo, dentro e fora do ordenamento jurídico: dentro porque representa o estado de direito que o ordenamento jurídico regula; fora porque tem o poder de proclamar o estado de exceção, de suspender a validade da lei em defesa do próprio Estado. De onde Agamben (1995a, p. 23) infere que repousa na capacidade do soberano para suspender o ordenamento jurídico o fundamento do próprio estado de direito. É porque pode suspendê-lo que o soberano pode fundá--lo. O que implica, ademais, o paradoxo de que aquele que declara que não há nenhum fora da lei está ele próprio fora da lei. O soberano, nestes termos, é o monopólio da decisão exercida em estado de exceção.

Para Agamben (1995a, p. 25), o "estado de exceção não é [...] o caos que precede a ordem, mas a situação que resulta da sua suspensão". Trata-se, inclusive, de um procedimento jurídico válido para casos extremos, extraordinários, raros, como o estado de sítio em nações que estejam passando por grandes dificuldades. Uma vez contornada a dificuldade, o estado de direito deveria ser naturalmente restabelecido. É o que aconteceu, por exemplo, à Alemanha de Weimer, a qual – segundo Agamben (1995a, p. 174) – proclamou o estado de exceção por várias vezes, vindo depois a restabelecer os direitos individuais aos cidadãos. Entretanto, assim que tomaram o poder, mesmo sem usar a expressão *Ausnahmezustand* (estado de exceção), os nazistas suspenderam os artigos da constituição alemã que asseguravam as liberdades pessoais, mantendo essa suspensão até o final da Segunda Guerra. Por conta disso, podiam justificar as *Schutzhaften* (custódias protetivas) em relação aos inimigos do Estado alemão.

Inspirados nos norte-americanos – que inventaram a noção de "campo" para designar a existência de espaços territoriais imunes à constituição liberal americana, e por isso podendo ser transformados em cativeiros indígenas por ocasião da conquista do oeste –, os alemães segregaram os judeus em campos de extermínio. E para Agamben (1995a, p. 27), desde então, não obstante a derrota dos nazistas, em todas as partes do mundo, a compreensão de que o estado de exceção é necessário à existência do estado de direito "emerge sempre mais ao primeiro plano e tende, por fim, a tornar-se regra". Na exceção, segundo Agamben (1995a, p. 24), produz-se uma peculiar "exclusão", tendo em vista que "aquilo que é excluído não está, por causa disto, absolutamente fora da relação com a norma; ao contrário, esta se mantém com aquela na forma da suspensão". Mesmo que eu tivesse sido excluído do estado de direito, mesmo que meus direitos civis tivessem sido suspensos, ainda assim eu continuaria à mercê do poder soberano do direito, que pode decidir matar-me. De algum modo, segundo a formulação de Agamben, a "norma se aplica à exceção desaplicando-se, retirando-se desta", deixando desprotegido aquele que antes podia ser cidadão, mas agora, por haver sido considerado exceção, não tem direito a nada.

Ainda para Agamben (1995a, p. 34), um dos problemas decorrentes dessa vinculação do estado de direito ao estado de exceção é a indistinção entre o direito e a violência. Ou, então, do ponto de vista do soberano, a instauração do político torna-se totalmente indiferente ao princípio da sacralidade da vida. Agamben (1995a, p. 74) retoma então as análises de Benjamin (1971, p. 147) sobre a falsidade das teses que afirmam que a instauração dos Estados modernos está baseada na observância à sacralidade da vida. Benjamin (1971, p. 141) lembra a formulação de Kant (1785, p. 78), segundo a qual, "qualquer direito em sentido estrito (*ius strictum*) inclui a possibilidade de um uso inteiramente recíproco de coação, que é compatível com a liberdade de todos de acordo com leis universais". Nesse sentido, há de se perceber que a instauração do político sempre esteve associada à violência. No caso dos discursos políticos de apelo mítico, não é o respeito à vida, antes, o recurso à violência que é mencionado como meio para atingir aquilo que é posto como fim da política, a saber, a instauração do direito. É verdade que, assim posto, o direito poderia parecer um fim independente da violência. Entretanto, na medida em que o acesso ao direito mítico, para os sujeitos que a ele se renderam, envolve a expiação dos mitos anteriores, dado que, para esses mesmos sujeitos, essa expiação é um ato violento, há de se admitir uma íntima relação entre a violência e o direito. Por outras palavras, o direito (oferecido por um mito em particular) exige a aniquilação das outras formas de poder mítico cultuadas por determinado sujeito (Benjamin, 1971, p. 142). Já nos discursos políticos fundados no sagrado, na figura de uma divindade onipotente e "generosa", a violência fica dissimulada por uma condição especial, que é o perdão oferecido pela religião aos pagãos. Impõe-se aos pagãos a possibilidade da conversão, como se estes comportassem uma culpa de princípio para a qual a religião seria uma espécie de cura (aparentemente sem necessidade de expiação). Contudo, alerta Benjamin (1971), sob a máscara de um convite à adesão voluntária, esconde-se uma violência contra a livre escolha. Aqui também o direito está fundado na violência, em uma violência que converte a vida nua (*bloss leben, zoé*) de cada um em uma culpabilidade inescapável. Em tese, o que é pensado como sagrado é o fato de que essa vida nua seria uma existência situada em um lugar mais alto, digno de salvação, o que é, para Benjamin (1971, p. 174), totalmente falso, uma vez que a salvação não é senão a submissão ao domínio do sagrado.

Na esteira de Benjamin (1971), Agamben recorre ao tratado *Sobre o significado das palavras*, do romano Festo (*apud* Agamben, 1995a, p. 79), emprestando dele a expressão *homo sacer*, a qual designa a figura de um homem que, pelo crime hediondo que cometeu, perde o direito de ser sacrificado, o que significa dizer perde o direito de ser julgado e levado à morte pelo rito partilhado pelos *"homini sacri"* (homens sagrados). Noutros termos: trata-se de um homem sacro, como qualquer outro, que, em decorrência do crime cometido, foi banido tanto do espaço sagrado (que lhe asseguraria direitos) quanto do profano (do qual poderia então ser salvo pela oferta de conversão). Ou, ainda, trata-se de um homem sacro banido tanto do espaço jurídico quanto do espaço dos costumes. Como consequência, sua morte tornou-se impunível: qualquer um pode matá-lo sem precisar responder por esse ato. O que, por fim, permitiu a Agamben encontrar uma primeira formulação do estado de exceção, como se, diante do *homo sacer,* cada qual pudesse agir por fora da lei, sem pela lei ser punido, em regime de exceção. Nas palavras de Agamben (1995a, p. 92-3):

> [...] a sacralidade é, sobretudo, a forma originária da implicação da vida nua na ordem jurídico-política, e o sintagma *homo sacer* nomeia algo como a relação "política" originária, ou seja, a vida enquanto, na exclusão inclusiva, serve como referente à decisão soberana [...] ela é [...] a formulação política original da imposição do vínculo soberano.

O regime de exceção, portanto, é uma espécie de soberania que se exerce diante daquele que foi excluído do sagrado, qual *homo sacer.* E o *homo sacer,* à sua vez, é aquele que é obrigado a submeter sua vida nua (*zoé*) ao poder soberano. Ele é o judeu sem qualquer possibilidade de defesa diante do funcionário nazista, autorizado pelo regime de exceção a atuar como soberano, decidindo pela vida sem por isso ser julgado ou punido. Ele é o quase-cidadão, despido de qualquer assistência ou prerrogativa, que vive à margem da cidadania nas cidades globalizadas, especialmente no Terceiro Mundo, como se sua vida nua, despida de qualquer representação social, fosse uma ameaça que justificasse ações discriminatórias, de exclusão social, de aniquilamento e extermínio.

PSICOSE E SOFRIMENTO

Talvez, de todas as formações sociais, aquela que ilustra melhor a relação existente entre "exceção soberana" e *sacratio*" seja a prisão. Agamben, mais uma vez, referencia Foucault (1979a, p. 73), para quem "a prisão é o único lugar onde o poder pode se manifestar em estado puro em suas dimensões mais excessivas e se justificar como poder moral" da maneira mais "arcaica, mais pueril, mais infantil". Conforme a interpretação de Agamben (1995a, p. 92), nós podemos encontrar, na prisão, o "espaço político originário em estado puro". Ou, ainda, encontramos lá a matriz desde onde podemos compreender o funcionamento dos Estados totalitários (que são aqueles que operam em regime de exceção). Na prisão, o soberano (que é aquele que exerce seu poder nos *homini sacri*) força o *homo sacer* (que é aquele submetido a qualquer pessoa que exerce a soberania) à mais cruel das exposições, qual seja, a exposição do seu ser (*hâplos*), agora despido das representações sociais com as quais poderia valer como homem, mulher, cidadão, bem como na condição de vivente desejante, agente político. Assim desnudado, o ser – que para nossa interpretação corresponde ao universo dos hábitos que emergiriam em resposta às demandas sociais por excitamento – ficaria à mercê da violência gratuita das múltiplas versões do poder totalitário (apresente-se ele em uma política de estado, nas guerras entre facções criminosas, no assistencialismo social e psicológico descomprometido com o sofrimento ético dos sujeitos prisionais). Diferentemente de Foucault, porém, Agamben não acredita que o poder, ao submeter os sujeitos, acabaria por produzi-los como agentes diversificantes, transgressores das políticas de dominação a que estariam sujeitos. O pessimismo de Agamben é ainda mais radical do que o de Foucault, ou pelo menos não tão romântico, uma vez que a submissão imposta pelo soberano não se limita às possibilidades políticas dos sujeitos; inclui também a morte dos próprios sujeitos, a transformação das representações sociais (especialmente a representação sobre o corpo próprio) em algo "matável" – o que caracteriza, como

325

dissemos antes, uma violência ética. É como se, diante das injunções totalitárias que ameaçam não só nossos desejos e representações sociais, mas nossa condição de sujeito de atos (condição essa vivida nos termos de uma corporeidade atual, mas também inatual, formada por toda sorte de hábitos impessoais), nós não tivéssemos alternativas políticas, já que todas as formas políticas são cúmplices da exceção totalitária.

E a questão que devemos nos colocar, mais do que ajuizar sobre a razão de Agamben contra Foucault, ou sobre a equivocidade das generalizações de Agamben – as quais desconstroem a possibilidade de uma concepção de justiça política, pois toda política está fundada na arbitrariedade da exceção soberana –, é saber se ainda é possível constituirmos um domínio ou região de relações intersubjetivas (de contato) em que, mais além da política (especialmente da política descrita nos termos de Agamben), nós poderíamos ocupar-nos do sofrimento, agora ético, daqueles que convalescem nas prisões, nas instituições manicomiais, nos acampamentos de imigrantes e fugitivos políticos, nos campos de exploração sexual a que muitas mulheres e crianças estão submetidas, nos bolsões de pobreza espalhados pelo mundo ao redor dos grandes centros econômicos.

9. Sujeito do sofrimento: outrem

SE DEVÊSSEMOS VOLTAR à questão com que encerramos o capítulo anterior, sobre a possibilidade de reinvenção do político, pensando se tal reinvenção dever-se-ia estabelecer conforme o político (*bíos*) ou a vida nua (*zoé*), talvez fosse mais prudente assumir que essa é uma questão que transcende nossa possibilidade, ao menos por ora. De todo modo, acreditamos, segundo uma prática empírica estabelecida em regime clínico, que o acolhimento ético à vida nua (*zoé*) tem efeitos políticos – cínicos queremos crer –, mas, especialmente, efeitos antropológicos nos sujeitos vitimados pelas injunções totalitárias da exceção soberana. Ainda que não possamos dizer (contra Agamben, leitor de Heidegger) que tal acolhimento constitua o originariamente político, podemos ao menos dizer que o político encontra nas práticas de acolhimento ético aos sujeitos excluídos algo mais originário, embora contingente e fugaz, sem pretensão de se constituir como uma instituição ou política pública. Trata-se da gratuidade, entendida, ao mesmo tempo, como modo de doação ao outro e forma cínica de enfrentamento à exceção soberana. Mas o que entendemos aqui por gratuidade e por cinismo? E como estão articulados entre si?

ACOLHIMENTO ÉTICO E GRATUIDADE

QUANDO MENCIONAMOS A IDEIA de um acolhimento ético à vida nua como uma forma de se posicionar perante a incontornável falência da justiça política fundada na exceção soberana dos Estados democráticos modernos, não pretendemos seguir Foucault em sua proposição de uma estética da existência voltada para a autoperfeição e autoafirmação do sujeito. O ponto não é reinventar o sujeito com base na noção de estilo de vida ou estética da existência apoiada em uma ética dos prazeres e não do sexo. Tampouco suspender a atenção que se exerce sobre o outro em proveito de um cuidado exercido *sobre, para* e *em si* mesmo, enfim, no domínio, cuidado e doação de si mesmo. Essa tese foucaultiana em muito faz lembrar a proposta ética do segundo ensino lacaniano – de acordo com a qual o importante em um laço social é poder esvaziar a posição do outro, diminuir sua importância para mim, operar com sua inconsistência em favor de um gozo um, fundado no próprio corpo, por fora da relação, mesmo porque, para Lacan (1972), "a relação sexual não existe". Ambas as teses, porém, como alertou Agamben, ignoram a força do soberano – ou, se quiserem, o gozo do soberano. Este se impõe às asceses gozosas individuais e às versões modernas do estoicismo com a mesma crueldade, por exemplo, dos militares norte-americanos no tratamento despendido aos presos políticos na ilha de Guantánamo. Por essa razão, não se trata de combater o outro soberano a céu aberto, tampouco de ignorá-lo mediante uma redescrição estética ou gozosa de nós mesmos. Trata-se, talvez, de criar associações, laços, sociedades com a vida nua (*zoé*) das vítimas da exceção soberana, nos moldes da atenção que Foucault destinava aos loucos, sem-teto e presidiários; no entanto, sem a pretensão foucaultiana de ler, nessas ligações marginais, à margem deste outro "marginal" que é o soberano poder, uma reinvenção da política, uma nova formulação para o desejo. Inspirados na prática de Foucault, contudo dissociados dos "ideais" políticos foucaultianos, acreditamos que o acolhimento à alteridade que se mostra na vida nua escancarada pela exceção soberana talvez funde um tipo de ligação insondável por parte da justiça política, a ligação em que não reclamamos adesão a nenhum significante político de nosso desejo, em que não operamos com desejo (político) algum, apenas com a gratuidade da experiência do contato (sem *awareness*). Mas, novamente, cabe perguntar o que aqui entendemos por gratuidade?

Em *O erotismo*, Georges Bataille (1987, p. 90) afirma que, se "o crescimento acontece em proveito de um ser ou de um todo que nos ultrapassa, não se trata mais de um crescimento, mas de uma *doação*." Ainda segundo Bataille, "para aquele que a faz, a doação é a *perda* do seu ser". Porém, "aquele que dá reencontra--se naquilo que dá, mas primeiramente ele deve dar; primeiramente, de forma mais ou menos total, é preciso que ele renuncie àquilo que, para a unidade que o recebe, significa crescimento". Inspirados em Bataille (1992), afirmaremos que gratuidade é esse crescimento que opera como doação. Ela é uma forma de se dirigir ao outro que não carece de teleologia, dado que não tem necessidade de afirmar algo como um fim a ser alcançado, seja isso a justiça política, o poder ou a recompensa. É verdade que, para quem doa, o crescimento alheio é algo importante. Todavia, mesmo assim, o crescimento que importa é o alheio, é o crescimento daquilo que não se é, daquele com quem jamais coincidiremos, ainda que nele possamos nos reconhecer *a posteriori*. Do ponto de vista de quem doa, o que realmente importa tem relação com o perder-se, com o perder seu ser. E, se esse ato, em alguma medida, implica o surgimento do outro, o outro que surge já não é o ser que se doou. Nesse sentido, no ato de perder--se não há exatamente um propósito, ao menos não há um propósito determinado que pudesse ser ratificado pelo outro. Até porque o outro que surge é sempre diferente do que se poderia saber (com base nas representações sociais disponíveis) ou se poderia esperar (na forma de um desejo), o que faz de cada perdição em favor do outro um ato gratuito (Bataille, 1975).

Ora, para aquele que exerce esse "poder de perder e doar" (Bataille, 1987, p. 91) que define para nós a gratuidade não há, de fato, poder sobre o outro, não há poder de matabilidade sobre o outro. Há, quando muito, capacidade de desconstrução dos próprios desejos e das representações sociais disponíveis em favor daquilo que nenhum desejo pode antecipar, ou daquilo que nenhuma representação social pode recuperar, precisamente, o outro ele próprio. À sua vez, o outro que emerge segundo a gratuidade alheia não emerge em nome de uma condição, promessa, ou expectativa. Por conta disso, ele não emerge maculado por uma dívida, como se devesse seu ser a algo que o tivesse precedido ou favorecido. Entre o sujeito gratuito e o outro pode haver surpresa e gratidão, doação e presente, mas não investimento e falta que pudesse justificar a cobrança de direitos e a matabilidade. E a consequência mais importante dessa forma vincular gratuita é que, tanto para o sujeito da gratuidade quanto para o outro, não se faz necessária a caução que o soberano pudesse oferecer. Entre o sujeito da gratuidade e o outro não se faz necessária a justiça de um estado de direito, pois não há direitos em questão. Em um plano ético, de acolhida gratuita àquele que se mostra outro, na medida em que as demandas por algo perdido ou encontrável não são importantes, os desejos políticos não se fazem necessários.

É o que acontece nas relações vinculares de cuidado e de amizade, em que as ações valem por elas mesmas e não por conta de uma virtualidade que buscassem mais além do que estivessem efetivamente perdendo e doando. Nessas relações, a soberania do direito exercido em estado de exceção, como garantia exterior da validade comunitária das leis de justiça, não cumpre mais função, o que, todavia, não impede que estes sujeitos vinculados pelo poder da gratuidade não possam, nalgum momento, reclamar um representante para o que perderam ao doar, ou um representante do que receberam ao se vincular. A passagem para essa dimensão simbólica, da ordem da representação do que se perdeu ou emergiu, abre a dimensão política e sujeita ambos àquilo que pudesse assegurar o político propriamente dito, seja isso um ideal de justiça ou o caráter de exceção que se requer daquele que, segundo Agamben, representa o estado de direito. Voltamos então à condição de sujeitos não apenas submetidos (como pensava Foucault), mas, talvez, desnudados ante a exceção soberana que funda o estado de direito (de acordo com Agamben), com a diferença de que agora sabemos que, pela gratuidade, sempre podemos escapar daquilo que justificaria a matabilidade, ou seja, da justificativa do "direito" em decorrência de uma "dívida" devida ou cobrada ao outro. Trata-se de uma estratégia "cínica" para o poder político, mas não menos politizada, porquanto a suspensão do político é uma prerrogativa do saber doar, do ser capaz de agir com gratuidade.

CINISMO COMO FORMA DE SOBREVIVÊNCIA PERANTE A EXCEÇÃO SOBERANA

QUANDO NOS REFERIMOS ao cinismo político desencadeado pela gratuidade, necessitamo-nos esclarecer, ou ao menos fazer algumas distinções na forma como o cinismo é entendido na linguagem cotidiana, ou mesmo nas formulações teóricas de autores como Peter Sloterdijk, em sua *Crítica de la razón cínica* (1989), e Jacques-Alain Miller, em sua obra *De la naturaleza de los semblantes* (2001), por exemplo. No que diz respeito ao entendimento vulgar sobre o que seja o cinismo, acreditamos que Slavoj Zizek (1992, p. 60), em livro intitulado *Eles não sabem o que fazem* dá voz às representações sociais dominantes: "o Cinismo é a crítica popular, plebeia, da cultura oficial, que funciona com os recursos da ironia e do sarcasmo". Tratar-se-ia da sobrevivência da atitude resignada do camponês da Idade Média, o qual, segundo Maria Aparecida Leite (2003, p. 37), "cantava na cozinha ou nas festas carnavalescas canções burlescas e satíricas sobre o seu 'Senhor', mas continuava mantendo sua obediência servil a este mesmo Senhor: grande Outro". Essa resignação, na interpretação de alguns, inclusive de psicanalistas, alcançaria sua expressão máxima na drogadição, como se todo drogadito fosse um cínico e como se o cínico radical fosse aquela pessoa que não se interessaria mais por nenhum laço social, por nenhuma representação social, apenas por sua própria satisfação. Essas leituras do cinismo, no entanto – como bem mostrou

Leite (2003) –, não apenas ignoram as razões históricas do cinismo clássico (e possíveis articulações que possamos fazer entre o cinismo histórico e a crítica às formas de dominação impostas pelo outro capitalista), como também desconsideram a função crítica que o uso de drogas pode representar ante o outro dominador. Ignora-se aqui que, ao se colocar por fora da orla do consumo oficial, o drogadito relativiza a caução que pudesse receber da sociedade de consumo, combatendo-a. Em linhas gerais, a forma cotidiana de compreender o cinismo nos dias de hoje confunde o cinismo com a neurose, com a inibição sistemática dos desejos em favor do poder alheio.

Peter Sloterdijk (1989), por sua vez, não ignora a diferença entre o cinismo histórico dos filósofos gregos e a compreensão vulgar de cinismo presente nas sociedades desde a Idade Média. Entretanto, interessa-se por compreender a função social do cinismo vulgar, do "cinismo da massa". Nessa direção, argumenta em favor da existência de uma "razão cínica" na contemporaneidade, como se a perda da confiança nos significantes da verdade, da justiça e do poder produzisse uma "falsa consciência esclarecida", um tipo de posicionamento social que, por um lado, "escandaliza-se" diante da transgressão das leis, mas, por outro, é cúmplice da corrupção quando se trata de atender ao interesse privado. O cinismo aqui é relacionado a um falso moralismo, a uma atitude mentirosa, na forma da qual os cidadãos erguem um muro intransponível entre suas idealizações e fantasmas axiológicos imputados ao meio social como modo de vida justo, e à animalidade privada de cada qual, devotada ao consumo e à exploração alheia. Posição muito distinta daquela formulada por Jacques-Alain Miller.

Para o psicanalista francês (1998, p. 53), "há algo do gozo que se afasta do campo do Outro. Aliás, é este o fundamento de todo cinismo". Para ele, cinismo é uma posição subjetiva que considera que tudo que é da ordem do significante, tudo que é da ordem do estabelecido no campo do grande outro em verdade corresponde à sublimação vazia do desejo; dessa forma, diante desta fraude, há de se gozar, isto é, há de se mostrar ao outro que "não há mais lei além daquela do gozo do *Um*" (conforme Leite, 2003, p. 106). Miller recorre aqui aos filósofos cínicos gregos, como Diógenes e Antístenes, descritos por Diógenes Laêrtios (trad. 1977), os quais, por meio de gestos pantomímicos e de atitudes insolentes e impudentes, alçavam a transgressão à condição de um princípio ético, transgressão cuja característica fundamental era não se deixar enganar pelo "ideal apolíneo da harmonia social, do bem para todos, da justiça distributiva, que se iniciava, enquanto catequese ideológica, na Grécia clássica" (Leite, 2003, p. 58). No ponto de vista de Miller (2001), os cínicos, com essa atitude, não queriam se tornar revolucionários. Não se trata aqui de relacionar os cínicos, por exemplo, à consciência proletária, pois, conforme Lacan (1957-8, p. 277), essa consciência é a do operário virtuoso, o qual não duvida que seu desejo possa ser realizado de maneira harmoniosa, uma vez que acredita no sucesso da moral. Ao contrário disso, Diógenes apenas mostra que, ante a inconsistência das leis, cada qual deve poder estar à altura de si mesmo. Por conseguinte, não se trata de afrontar Alexandre, o Grande, tampouco de tirar diante dele alguma vantagem. Diógenes sabe que o poder de Alexandre tem efeito na realidade. Ainda assim cabe ao filósofo denunciar, em um gesto pantomímico, "que ao ficar em pé na sua frente, Alexandre projeta, como qualquer outro ser humano, sua sombra naquele que deseja pegar sol" (Leite, 2003, p. 60). E que, portanto, nós não devemos esperar de ninguém os meios para nossa própria satisfação. Esta precisa ser conquistada nos termos de uma "ascese", de uma autorização de si que não é exibicionismo, menos ainda ascetismo – o qual, segundo Foucault (1981-2), não é mais do que uma renúncia ao prazer. O que está em jogo, como em toda ascese, é um trabalho "que fazemos em nós mesmos para nos transformar ou para fazer aparecer este eu que felizmente não se atinge" (Foucault, 1981-2, p. 400). O que deveria nos levar a concluir que o ato de se masturbar, em praça pública, dentro do próprio tonel, é para Diógenes uma ascese particular, única, um modo de gozo único, já que não se pode esperar nada do outro.

Nossa forma de ler o cinismo, no entanto, não se baseia em nenhuma das anteriores. Não acreditamos que ele seja uma atitude resignada, um sarcasmo covarde perante aquele a quem não se pode enfrentar. Tampouco cremos que seja uma razão, uma cultura de massa formulada com base na falência social da crítica. Menos ainda uma ascese pessoal, da ordem da experiência gozosa, como modo possível de sobreviver ante a inconsistência daqueles que, no laço social, deveriam representar o impossível de se alcançar, a verdade, a justiça e o saber-fazer. Em comum, essas concepções partilham a tese de que o cínico é um modo de se posicionar diante do outro social, sobretudo diante do outro social dominador. Apesar de discordar do sentido ético da ação cínica – mentirosa para os contemporâneos, comprometida com o próprio desejo, ou pelo menos com o próprio gozo, conforme os psicanalistas lacanianos –, essas formas de ler o cinismo somente consideram o outro como instância política, universo de desejos no qual não conseguimos lograr um lugar, pois, no dizer de Lacan (1972), "não há relação sexual". E, embora possamos acompanhar Lacan neste ponto e admitir que, no domínio do desejo (político), é impossível se dizer até onde nossa participação na fantasia do outro compreende uma "relação", não acreditamos que o fracasso das "relações desejáveis" envolva – como alternativa ética ao sujeito – o solipsismo gozoso. Até porque, se o gozo se faz ao plano do corpo, na medida em que este é inteiramente poroso e aberto ao mundo antropológico e ao mundo impessoal dos hábitos, de forma alguma ele é solitário, de forma alguma ele goza como "um". Melhor, talvez, fosse dizer que ele goze no indeterminado, na impossibilidade da distinção entre o um e o dois. E é exatamente neste ponto, neste ponto de indeterminação e ambiguidade que define a porosidade de nossa corporeidade, que acreditamos poder encontrar o cerne de uma posição cínica[1].

A posição cínica, para nossa interpretação, consiste justamente em assumir, em torno das representações que constituem nossa vida antropológica, mais aquém do domínio de desejos que nos convidam àquilo que não existe (por exemplo, a "relação" política isonômica), a presença de uma alteridade, comumente alijada da esfera das representações sociais que compõem nossa existência antropológica. Essa alteridade é o outro, o outro em sentido radical. Este não é mais, ou não ainda, o agente político (*bíos*), o representante do estado de direito e de todas as identidades partilhadas antropologicamente. É o outro como vida nua (*zoé*), corporeidade opaca de Alexandre, o Grande, ignorada por ele próprio como imperador[2]; é o outro como excitação, traço insondável "à mão" do próprio Diógenes no ato de masturbação[3]. Mas também se trata do outro que se manifesta como desespero, aflição mórbida no olhar daqueles que enfrentam a morte cotidianamente nas celas dos presídios, que enfrentam a desesperança antropológica de buscar, fora das paredes da instituição psiquiátrica, um laço social em que se sentissem acolhidos. O cínico a que nos referimos é bem mais do que aquele que não acredita na consistência do outro, ou que faz da inconsistência deste a ocasião para se autorizar de "si" (como se esse fosse o caso). O cínico a que nos referimos é aquele que, por conta da inconsistência, ou da crueldade do outro social, tem a coragem de suspender, ainda que por um instante, sua própria fantasia (política) ou sua condição social (antropológica), para assim doar ao outro a acolhida (ética) que, por conta própria, este jamais lograria. O cínico é aquele que tem a coragem de operar com o outro por fora dos valores, pensamentos e instituições que lhe valeriam identidade, por fora da curiosidade desejante que lhe valeria poder, para assim acolher o inusitado, o arriscado, como se, desse modo, essa alteridade pudesse doravante, senão se autorizar a desejar, ao menos participar de uma identificação social compartilhada que lhe valesse certo prazer. Ou, ainda, o cínico é aquele que sabe autorizar em si e no outro, de maneira gratuita, a práxis da *parresia*, que é a prática do "dizer verdadeiro"[4]. A *parresia* diz respeito a um direito político do cidadão grego e latino semelhante à liberdade de expressão, como se, independentemente de qualquer convicção ou posição política, o outro merecesse manifestar desde sua indignação, até o seu pedido de ajuda[5]. Por conta disso, contra as regras ordenadas, contra as convenções e instituições que tendem a enrijecer o pensamento e reduzir a ação à repetição dos interesses do outro dominante, o cínico se ocupa de autorizar a *parresia* ao outro. Pois ela é, simultaneamente, uma forma de acolhimento ao outro e uma forma de enfrentamento à voracidade dos totalitarismos biopolíticos. Noutras palavras, ainda que o cínico não rompa com a cidade, com sua organização social, ele procura autorizar, em si e no semelhante, a livre manifestação daquilo que não necessariamente está em acordo com as leis da cidade, como se, não obstante admitir que todos devem poder trabalhar pelo bem da cidade, em algum momento é preciso autorizar o carnaval, a festa, a piada e o luto. *Parresia*, nesse sentido, não é senão essa livre expressão carnavalesca do que, em cada qual, manifesta-se como *outrem*. E a posição cínica, à sua vez, é a defesa e a prática da *parresia*, sem que para isso seja necessário o rompimento com a totalidade das representações e dos desejos que constituem, ao mesmo passo, as dimensões antropológica e política da vida social.

E, se agora devêssemos pensar quem é este outro que surge como alteridade em relação à nossa própria gratuidade, o que poderíamos dizer dele? Como podemos perceber, transpondo nossa subjetividade, aquele que não se deriva de nossos atos ou de nossas prerrogativas?

VIDA NUA COMO OUTREM: UMA LEITURA MERLEAU-PONTYANA[6]

A VIVÊNCIA "CÍNICA" DA "GRATUIDADE" é, conforme pensamos, muito mais comum do que costumamos admitir. Ela é corrente,

PSICOSE E SOFRIMENTO

por exemplo, nas relações econômicas informais, as quais permitem às populações alijadas da moeda inflacionada uma forma de
troca pautada, em primeiro lugar, pela preocupação com a sobrevivência alheia. É o que explica por que, nos anos inflacionários
do regime militar e consequentes efeitos à sofrida abertura política e econômica de nosso país, a maioria dos brasileiros, totalmente excluídos das políticas públicas de defesa da moeda, não
morreu de fome (embora isso tenha sucedido a muitos). Entre nós
havia essa gratuidade, herança confortante dessa tradição funesta
do regime escravocrata que, ainda hoje, segrega parcela significativa de nossa população. Mas, desde antes da Princesa Isabel, pela
gratuidade de alguns brancos e da maioria negra, os quilombolas
estão aí para provar que, se os auspícios da exceção soberana são
para nós ameaçadores, podemos suspender as ambições políticas,
inclusive as democráticas, em favor da ética solidária. Não que os
quilombolas não tenham de fazer enfrentamentos políticos à
exceção soberana, ou que em seu próprio seio não surjam desejos
políticos. Mas em face da incontornável violência política sempre
cabe a gratuidade ética em relação à vítima, sempre cabe essa
posição cínica de renúncia ao poder em favor do crescimento do
outro, do outro da política, do outro quanto às políticas, do outro
que Merleau-Ponty denomina de outrem.

a. CISÃO DO EU NA EXPERIÊNCIA COM OUTREM

Para Merleau-Ponty (1964b), a percepção do próximo é muito
mais do que o ato de desvelar, em um corpo que está diante de
mim, a presença de um homem, a presença de um valor positivo
em meu universo antropológico. O próximo assim visado é apenas um "objeto", um "lugar" que "meu olhar esmaga e esvazia de
todo 'interior'" (Merleau-Ponty, 1969, p. 186). Sem dúvida, o
corpo dele está diante de mim, "mas, quanto a ele, leva uma singular existência: *entre* mim que penso e esse corpo, ou melhor,
junto a mim, a meu lado, ele é como uma réplica de mim mesmo,
um duplo errante, ele antes frequenta meus arredores do que

neles aparece" (Merleau-Ponty, 1969, p. 186). Se eu tento fixá-lo, ele desaparece, escoa para um lugar ignorado, sem cessar de existir para mim. Por isso, meu próximo não é simplesmente alguém; para além de sua eventual pessoalidade, ele é uma presença impessoal, que participa de meu mundo, sem que eu possa dizer que ele seja meu. Há nele uma alteridade radical que faz dele, mais do que minha réplica, "outrem".

Por meio da noção de outrem, Merleau-Ponty tenta esclarecer em que sentido o próximo pode coexistir comigo sem se reduzir a uma formulação minha. Na qualidade de outrem, o próximo é diferente de mim, é invisível para mim, e sempre o será. Mas essa alteridade radical só é alteridade porque se manifesta em um visível como eu, em um corpo habitante de um mesmo mundo sensível. É neste sentido, dirá Merleau-Ponty (1964a, p. 263), que não devemos entender "outrem" como uma consciência, mas como o "habitante de um corpo, e através dele, do mundo". E Merleau-Ponty se pergunta: "Onde está o outro neste corpo que vejo?" Ao que, na continuidade, responde:

> Ele é (como o sentido da frase) imanente ao corpo (não se pode destacá-lo para pô-lo à parte) e, contudo, é mais do que a soma dos signos ou significações por ela veiculados. É aquilo de que as significações são sempre imagem parcial e não exaustiva – e que contudo atesta estar presente por inteiro em cada uma delas. Encarnação inacabada sempre em curso.

Como horizonte invisível desse corpo que percebo, outrem não é uma ocorrência objetiva, mas uma *Gestalt*, o que significa dizer que ele é um "princípio de distribuição, o pivô de um sistema de equivalências", o "fundo falso do vivido", por meio do qual me transporto para outras possibilidades, sem jamais atingi-lo (Merleau-Ponty, 1964a, p. 258-9). Nesse particular, Merleau--Ponty ilustra a experiência de "outrem" com a experiência da comunicação linguageira. Mesmo na *Fenomenologia da percepção* (1945), a linguagem nunca foi para Merleau-Ponty uma vivência

PSICOSE E SOFRIMENTO

de coincidência. Ao contrário, ela é a própria ambivalência do processo de diferenciação estabelecido por todo e cada gesto. Se os gestos funcionam como meio de comunicação, tal não se deve a que estabilizem a presença do interlocutor: deve-se antes a que possam marcar uma diferença, um "outro" que não pode ser alcançado, mas estabelece a ocasião do próximo gesto, da próxima tentativa, da próxima interrogação. Há, assim, uma espontaneidade no campo linguageiro que consiste na abertura que cada tentativa de fechamento exprime, na ausência que cada gesto atualiza e na possibilidade que cada ato inaugura.

No texto "A percepção do outro e o diálogo", incluído na publicação póstuma *A prosa do mundo* (1969), Merleau-Ponty se esforça para mostrar que essa espontaneidade que não vem de mim já está preparada para mim desde que eu comecei a existir, no campo amplo de minha percepção. Trata-se de uma reversibilidade que é muito mais (ou muito menos) que o consórcio entre irmãos, configurando-se como a paradoxal vivência de um negativo, de uma ausência, de um duplo errante. Não posso localizar esse negativo em lugar algum, nem dentro, nem fora, nem à frente ou atrás. Apesar disso, posso experimentá-lo como uma sorte de descentramento, decaída do meu ser em um domínio de generalidade em que não há mais centro. Se Merleau-Ponty ainda fala aqui de uma familiaridade, é de uma familiaridade estranha, em que estou destituído de minha posição central. E já não se trata aqui apenas do lugar da visão. Não há, de fato, harmonia ou desarmonia de princípio. Se ele fala de uma significação transferível, de uma situação comum, isso não significa uma consideração objetiva acerca de si, do próximo ou do mundo. Ao contrário, o que se transfere é justamente a vivência de estranhamento, o paradoxo de um mundo que não é só meu, mas nem por isso me torna outro.

A formulação de Merleau-Ponty (1969, p. 186) é: "Eu e o outro somos como dois círculos quase concêntricos, e que se distinguem por uma leve e misteriosa diferença". Esse parentesco – note-se bem, parentesco investido de uma leve diferença – "é o que nos permitirá compreender a relação com o outro, que de outra forma é inconcebível se procuro abordar o outro de frente e por seu lado escarpado" (Merleau-Ponty, 1969, p. 187-8). Ora, o outro a que Merleau-Ponty (1969, p. 190) se refere não é o outro imaginário, objetivado, personificado. É, antes, outrem que "não está em parte alguma no ser". O que não significa que o filósofo esteja defendendo a ideia de que "outrem" possa ser entendido como uma transcendência radical, nos termos com os quais Emmanuel Lévinas (1967, p. 209), por exemplo, fala do "outro" como uma presença que é ausência e cuja característica fundamental é justamente "não participar de meu ser", "não se por para a minha compreensão".

Para Lévinas (1978), não obstante o outro se doar como vestígio ao lado do "rosto" que nos demanda um engajamento ético, ele é sempre algo transcendente, como um impossível do qual jamais participarei e jamais incluirá meu ser. O outro não faz parte do mesmo, que sou eu. Não se rende ao empenho metafísico – do qual Husserl seria cúmplice – de reduzir o outro ao poder constituinte de um ser de identidade, como a consciência. Na perspectiva de Lévinas (1978), o outro é como Eurídice na interpretação de Maurice Blanchot (1987, p. 171): "Ela é o instante em que a ausência da noite se aproxima como 'outra noite'". Orfeu pode descer à obscuridade para procurar Eurídice, só não pode olhá-la de frente. Para poder desfrutar da companhia de sua amada, ele deve desviar-se dela, não pode olhar para ela, não pode tê-la de forma alguma. "Ela está visível, mas quando está invisível e não como a intimidade de uma vida familiar, mas como a estranheza do que exclui toda a intimidade, não para fazê-la viver, mas ter viva nela a plenitude de sua morte" (Blanchot, 1987, p. 172). Lévinas – e na esteira dele Maurice Blanchot – dá preferência a uma atitude passiva, neutra, destituída do poder ativo constituinte para pensar o ser como outro. Pois a neutralidade do ser, que é aquilo que Lévinas chama de *il y a*, embora seja ainda o mesmo, possibilita pensar uma transcendência infinita, para além, inclusive, da totalidade do registro do mesmo.

E aqui podemos nos valer das objeções de Derrida dirigidas à Lévinas (2000) em favor de Husserl, para melhor situar o entendimento sobre o que seja, para Merleau-Ponty, outrem. Bennington (2002, p. 15) resume a posição de Derrida nos seguintes termos:

> [...] o motivo de algumas objeções de Derrida a Lévinas em *Violence et métaphysique* [é o seguinte]: Lévinas opõe às dificuldades de Husserl, nas *Cartesian meditations*, com o problema do outro, o sentido de que o outro é absolutamente outro em relação a mim, e Derrida defende Husserl com o argumento de que a alteridade do outro tem a chance de ser registrada apenas na medida em que, em certo sentido, o outro é o mesmo que eu. O outro só é realmente outro na medida em que ele, ou ela, não tenha o status daquela forma de alteridade própria aos objetos do mundo exterior: a alteridade do outro, no sentido que esta recebe em Lévinas, depende, de acordo com suas recentes análises, do fato de que o outro deva supostamente parecer-se comigo o suficiente para que sua alteridade (como "uma outra origem do mundo", numa linguagem fenomenológica) possa tornar-se evidente. [...] Husserl permite que a alteridade do outro venha à tona, justamente por causa da impenetrabilidade, para mim, daquilo que é, contudo, manifestamente um alter ego, o mesmo que eu.

Também para Ponty o essencial na compreensão sobre o que é a experiência acerca de outrem tem relação com o fato de outrem (que eu poderia me dar à ilusão de constituir) só poder ser assim compreendido sob a condição de se parecer comigo. Mas, diferentemente de Husserl e da defesa que dele faz Derrida (1967), para Merleau-Ponty o mais importante quando se trata de pensar a percepção acerca de outrem não é a analogia que, a partir de mim, posso fazer. O mais importante é que inclusive a analogia está fundada em uma semelhança que me remete àquilo que em mim mesmo é estranho. E é exatamente esse íntimo estranhamento que interessa a Merleau-Ponty e, ademais, distingue a sua teoria da intersubjetividade. Mais além, ou mais aquém da possibilidade de essa intimidade estranha justificar a analogia que o ego poderia estabelecer entre ele-próprio e seu alter, para Merleau-Ponty importa mostrar como toda constituição é furada, é cindida desde dentro. Tudo se passa como se, no coração da atividade sintética do eu, houvesse uma passividade a si como estranho. E é essa passividade que funda uma comunidade intersubjetiva, que se dá antes pelo menos do estranhamento, do que pelo mais da clarividência constituinte.

Aqui vale lembrar que, já na *Fenomenologia da percepção*, Merleau-Ponty se ocupava de pensar o qué haveria de assegurar a coexistência dos sujeitos. Lá, entretanto, insistia na possibilidade de um cogito, de um cogito tácito que habitaria cada um de nós e segundo o qual poderíamos supor a existência dos outros sujeitos mais aquém do mundo compartilhado. Ou seja, não obstante o reconhecimento da soberania do mundo como aquele que amarra em si as múltiplas perspectivas que os vários sujeitos têm sobre ele (Merleau-Ponty, 1945, p. 406), o mundo não assegura aos sujeitos a coexistência efetiva. Para tal, é preciso que eu e meu semelhante possamos estabelecer um contato direto, anterior às nossas construções intelectuais. No âmbito desse contato, somos, em primeiro lugar, corpos anônimos, que dividem intenções comuns edificadas na forma de comportamentos que podemos mutuamente perceber e são consagrados ao mesmo mundo. São comportamentos pré-pessoais, que ainda não denunciam nossa subjetividade. Só mais tarde, à proporção que passam a exprimir com mais intensidade algo já antecipado pelas coisas, é que nossos comportamentos denunciam nossas subjetividades. As intenções de outrem me põem em contato com as minhas próprias, possibilitando que eu descubra em mim um saber de mim, um cogito mais antigo que minhas representações intelectuais, mas disponível apenas na mediação dos comportamentos de meus semelhantes e de nosso mundo comum. O que finalmente faz de mim um eu, mas um eu que só se sabe na medida em que é precedido por outros eus partícipes do mesmo mundo. Sou um eu, embora só possa me apropriar disso na mediação do mundo e dos outros, fazendo que jamais consiga ser transparente para mim apenas por mim. Por isso, sou um ego, mas não um ego cogito. Sou um cogito, mas apenas tácito. Esse modo de propor minha subjetividade e a percepção do outro, contudo, traz em seu âmago uma má ambiguidade: vivemos em um mundo coletivo, disponível a todos, mas cujo acesso só pode dar-se de modo parcelar, com base em uma subjetividade individual. O que talvez tenha contribuído para Merleau-Ponty (1962) revisar, depois de 1949, a descrição que ele próprio forneceu a respeito da experiência de percepção de outrem.

Na *Prosa do mundo* (1969), o autor continua descrevendo outrem como um eu que eu não sou, como um outro eu mesmo. Dessa vez, entretanto, o que assegura nossa diferença não diz respeito ao solipsismo de cada qual. Nossa diferença não está fundada no saber tácito sobre nossa diferença fundamental. As ações de meu semelhante não me conduzem ao solipsismo de minhas intenções até então ignoradas e segundo as quais, doravante, vou representar a presença de um duplo. Essas ações, dessa vez, me conduzem ao próprio outro, a este outrem que habita meus próprios comportamentos e, para mim, não é mais do que uma estranheza íntima, tal como aquela que experimento diante do olhar que me fita de longe e me faz sentir passivo. É como se, partindo de meu semelhante, outrem retornasse a mim, onde sempre existiu, não como um cogito, e sim como um acontecimento surpreendente. A coexistência, por conseguinte, não descortina para mim e para meu semelhante nossas ipseidades solitárias, mas nossa cumplicidade em torno do estranho, diante do qual somos passivos, visto que esse estranho a nós se impõe. Minha vida anônima e a de meu semelhante agora se "emparelham" em torno desse terceiro – que é outrem – e na intermediação de quem nos alternamos ora como ativos ora como passivos. Merleau-Ponty (1969) retorna à noção husserliana de *Paarung*, por ele traduzida como acoplamento (*accou-*

plement), para indicar que nossa vida intersubjetiva é antes a participação nessa espontaneidade estranha, o acoplamento de nossas vidas a esse terceiro surpreendente que, a qualquer momento, nos destitui de nossas próprias intenções; como se elas pudessem ser então formuladas noutro lugar, de outra maneira, como outrem de fato. Merleau-Ponty (1969, p. 38-44) nem reduz outrem a uma "resolução do *cogito* ante o estranho", como se poderia imputar a Husserl. Tampouco se encaminha para a alternativa de Max Scheller, que consiste em partir da indistinção entre eu e outrem, o que poderia sacrificar a ipseidade. Ele nem mesmo subscreve a alternativa levinasiana, que para Maurice Blanchot (1971) consiste em pensar a transcendência absoluta entre o eu e o outro. Para ele, outrem não seria apenas Eurídice, a "outra noite" dentro da noite. Outrem é também a escuridão na qual Orfeu precisa se embrenhar para poder resgatar sua amada; é a própria cegueira que Orfeu precisa assumir para que sua amada reviva como sua semelhante. De sorte que, se é impossível a Orfeu possuir sua semelhante, nessa impossibilidade se abre à possibilidade de uma comunicação secreta e insolúvel, a própria percepção acerca de outrem.

E em sua perspectiva, de todas as formas de se viver outrem como a escuridão entre o próprio e o alheio, a mais eminente talvez seja o corpo próprio, pois ele traz em si não apenas uma consistência empírica que o insere no mundo da carnalidade visível. O corpo também é o "lugar de um 'outro lugar'" inaugurado pela resistência das coisas e pelo olhar do semelhante. Ele é essa negatividade que se faz sentir em cada uma de nossas escolhas e nelas aparece como o vestígio de mais alguém nunca integralmente revelado. E é em si mesmo que nosso corpo carrega esse outro lugar, o que nos permite concluir que, em Merleau-Ponty, o narcisismo de nossas ações não rivaliza com a percepção da alteridade. É sua realização. Mas o que aqui se realiza não é a coincidência com meu próximo e, sim, meu descentramento, a transgressão de meu próprio espaço na direção deste com quem estou desde sempre emparelhado, indissociavelmente acoplado e que para mim é uma constante inatualidade: o outro, seja ele o rastro de uma paixão antiga ou a esperança de um reencontro.

b. A EXPERIÊNCIA DE OUTREM COMO DESCENTRAMENTO

O aprofundamento da noção de emparelhamento (em torno da intimidade estranha que habita cada um de nós) permitirá a Merleau-Ponty (1962) suspender aquela má ambiguidade advinda do fato de ele definir a percepção como "a participação solipsista em um mundo paradoxalmente comum". Isso porque outrem, conforme é identificado à surpresa diante da qual somos passivos, deixa de ser o índice de nossa solidão e passa a valer como outra generalidade, que não experimentamos pelo lado visível das coisas e de nossos comportamentos, mas por seu lado invisível. Ante meu semelhante vivo o mesmo escoamento que experimento em meu corpo, como se eu próprio me transformasse no objeto de uma intenção estranha. Migro da condição de sujeito para uma condição outra, sem jamais conseguir que essas condições coincidam entre si. Revivo, com meu semelhante, a reversibilidade que já me caracterizava na intimidade, e por intermédio da qual experimentava o surpreendente advento do estranho em mim. Na expressão de Merleau-Ponty (1960, p. 118, grifos nossos):

> [...] meu olhar tropeça, é circundado. Sou investido por eles, quando julgava investi-los, e vejo desenhar-se no espaço uma figura que *desperta* e *convoca* as possibilidades de meu próprio corpo como se se tratasse de gestos ou de comportamentos meus [...]. Tudo se passa como se as funções da intencionalidade e do objeto intencional se encontrassem paradoxalmente trocadas. O espetáculo *convida-me* a tornar-me espectador adequado, como se um outro espírito que não o meu viesse repentinamente habitar meu corpo, ou antes, como se meu espírito fosse *atraído* para lá e emigrasse para o espetáculo que estava oferecendo para si mesmo. Sou *apanhado* por um segundo eu mesmo fora de mim, percebo outrem [...].

A percepção de outrem, portanto, não se apoia mais na analogia que eu possa fazer entre meu poder vidente e o poder vidente de alguém diferente. Ela se apoia no fato de que, para mim, o olhar de meu semelhante não é distinto de minha própria passividade perante ele. É justamente aqui que percebo outrem, que é não apenas esse eu mesmo fora de mim, mas, em simultâneo, eu mesmo como seu outro, como outrem de alguém: "Os olhares que eu deitava no mundo, como o cego tateia os objetos com sua bengala, alguém os apreendeu pela outra ponta, e os volta contra mim para me tocar por minha vez" (Merleau-Ponty, 1969, p. 187). Ante o olhar do meu semelhante, sou descentrado; e é esse descentramento a condição para que, nessa experiência, eu encontre não apenas a mim, mas ao outro vidente, ao vidente que se estabeleceu por meio do que para mim é outro.

De fato, vai dizer Merleau-Ponty (1969, p. 187-8), o problema de outrem é o do descentramento e não o do enfrentamento face a face de dois sujeitos: "O que está diante de nós é objeto. É preciso compreender bem que o problema [de outrem] não é este. É o de compreender como eu me desdobro, como eu me descentro". Isso significa que, em se tratando da percepção de outrem, o desafio é compreender como esse outrem se faz em mim, o que novamente nos remete para o corpo, não mais como sede de um cogito tácito, mas como o cenário de uma reversibilidade fundamental entre eu e outro. O corpo, nesses termos, é antes um campo de possibilidades no qual se inscreve não apenas minha ipseidade, mas um estranho, que são meus próprios paradoxos. Nas notas de trabalho ao texto postumamente intitulado de O visível e o invisível, Merleau-Ponty (1964a, p. 278) retoma essa problemática para dizer que: "Quando digo que vejo o outro, acontece sobretudo que objetivo meu corpo, outrem é o horizonte ou o outro lado dessa experiência – é assim que se fala ao 'outro', embora só se tenha relação consigo". Com esse tipo de proposição, Merleau-Ponty não está querendo fazer a apologia do solipsismo. Aliás, ele sequer está tratando do problema da solidão da autoconsciência. Se eu percebo, junto de meu próximo, uma intenção que me atinge, então já não se pode falar de solidão, sendo essa a razão por que, com a proposição da noção de outrem, Merleau-Ponty visa, sim, a uma "transformação do problema" da vivência da alteridade. Ele se propõe deslocar essa discussão de um plano antropológico para um plano ético, e por isso vai dizer que é preciso compreender que: "Outrem não é tanto uma liberdade vista de *fora* como destino e fatalidade, um sujeito rival de outro sujeito, mas um prisioneiro no circuito que o liga ao mundo, como nós próprios, e assim também no circuito que nos liga a nós" (Merleau-Ponty, 1964a, p. 322).

Tão verdadeiro quanto o fato de o próximo revelar a existência de outrem com o qual não posso coincidir é o fato de que essa alteridade radical é alteridade em meu mundo, em meu campo de possibilidades existenciais. É nesse sentido que a noção de outrem nos faz perceber a existência de um "mundo que nos é comum", que é "intermundo". Dessa maneira, em face do próximo e das coisas, compreendo que "há transitivismo por generalidade – e mesmo a liberdade tem sua generalidade" (Merleau-Ponty, 1964a, p. 323). Eis por que Merleau-Ponty (1964a, p. 318) pode dizer, em uma passagem em que estabelece uma espécie de inventário de sua filosofia da intersubjetividade: "O que trago de novo ao problema do mesmo e do outro? Isso: que o mesmo seja o outro do outro, e a identidade diferença da diferença". Para o autor, a intersubjetividade é uma dialética sem síntese, vivida nos termos de um transitivismo entre mim e meu semelhante segundo o que nos é comum, especificamente, nossa passividade perante o estranho, seja ele o mundo ou o olhar de alguém.

c. PASSIVIDADE AO ESTRANHO

Para Merleau-Ponty, enfim, no que diz respeito à nossa experiência do outro, se é verdade que "meu corpo como coisa visível está contido no grande espetáculo", se é verdade, da mesma forma, que há um "corpo vidente" que "subtende esse corpo visível e todos os visíveis", havendo "recíproca inserção e entrelaçamento de um no outro", a ponto de podermos dizer que os dois são como "dois círculos, ou dois turbilhões, ou duas esferas concêntricas quando vivo ingenuamente e, desde que me interrogue, levemente descentrados um em relação ao outro" (Merleau-Ponty, 1964a, p. 182), também é verdade, por outro lado, que essa recíproca inserção e entrelaçamento configuram uma sorte de "reversibilidade sempre iminente e nunca realizada de fato" (Merleau-Ponty, 1964a, p. 194). Ao mesmo tempo que participo do mundo visível em que está meu semelhante, sou dotado de uma invisibilidade que me impede de ser coincidência comigo mesmo e com o mundo. Não obstante minha generalidade sensível, subsiste uma impossibilidade de fato, uma alteridade radical, que é a forma como esse filósofo fala do estranho: invisibilidade de mim e do próximo como videntes, invisibilidade do mundo como origem.

Ou seja, nesse ponto de vista, vivo, na minha intimidade, "uma transcendência sem máscara ôntica" (Merleau-Ponty, 1964a, p. 282-3), um distanciamento sem medida objetiva, que faz de mim um estranho para mim, uma ausência que conta. Tal ausência jamais se sobrepõe à visibilidade de meu corpo, e vice-versa, o que me torna comparável ao mundo e aos outros homens, em quem sempre reencontro essa comunidade ambígua, sempre prometida, mas jamais realizada objetivamente, entre o visível e o invisível. As coisas e, muito especialmente, os outros homens exprimem essa mesma ambiguidade, possibilitando que eu me sinta, como eles, um ser ao mesmo tempo visível e invisível, o que, por fim, impede qualquer forma de síntese ou identidade. "Não há coincidência entre o vidente e o visível. Mas um empresta do outro, toma ou invade o outro, cruza-se com ele, está em quiasma com o outro" (Merleau-Ponty, 1964a, p. 314).

O que significa apenas dizer "que toda percepção é forrada por uma contrapercepção [...], é ato de duas faces, não mais se sabe quem fala e quem escuta" (Merleau-Ponty, 1964a, p. 318). É essa a causa por que, para Merleau-Ponty, o ser se comunica, paradoxalmente, com o nada. "O sensível, o visível deve ser para mim a ocasião de dizer o que é o nada – O nada não é nada mais (nem nada menos) que o invisível" (Merleau-Ponty, 1964a, p. 311), essa forma de apresentação da alteridade que não faz concessões aos modelos objetivos, que está mais além deles, dado que não toma outrem com base em uma fórmula natural ou antropológica.

No coração do ser carnal, encontramos uma ambiguidade que consiste no fato de a percepção ser, ao mesmo tempo, familiaridade e estranhamento, identificação e diferença. Tal permite compreender qual é, enfim, a indivisão de que fala Merleau--Ponty, a indivisão entre o idêntico e o diferente, entre o sensível e o não sensível, entre o presente e o ausente, enfim, entre o "visível" e o "invisível". Há entre eles múltiplas "possibilidades" de quiasma, uma espécie de implicação formal (*Gestalthaft*), mas, jamais, coincidência.

> Em que sentido esses múltiplos quiasmas não fazem mais do que um só: não no sentido da síntese, da unidade originariamente sintética, mas sempre no sentido de *Uebertragung* [transposição], da imbricação, da irradiação do ser [...]: mesmo não no sentido da idealidade nem da identidade real. O mesmo no sentido estrutural: mesma membrura, mesma *Gestalthaft*, o mesmo no sentido de abertura de outra dimensão do "mesmo" ser [...]: daí no total um mundo que não é nem *um* nem 2 no sentido objetivo – que é pré-individual, generalidade. (Merleau-Ponty, 1964a, p. 314-5)

É importante frisar que, em momento algum, com a noção de carne como ser de indivisão, Merleau-Ponty propõe a coincidência entre o "visível" e o "invisível", entre o corpo visível de meu próximo e o poder vidente que habita o meu. Trata-se apenas de mostrar como, na extremidade de meu corpo, se pode haver alguém assim como outrem vidente, é porque a visibilidade do próximo também é a minha, a de meu corpo; assim como sua invisibilidade, ela acomete também a mim, que não posso ver--me vendo. No coração da comunidade formada por mim, pelo mundo e pelo próximo, há de se admitir uma alteridade radical, a vigência de outrem não objetivo: que é a invisibilidade de nós mesmos como videntes, a invisibilidade de um olhar outro que me atinge sem que eu tenha condições de dizer de onde tenha partido, a ponto de certos pintores, conforme a citação que Merleau-Ponty empresta de André Marchand, sentirem repetidas vezes, no interior de uma floresta, "que não era eu quem a olhava, senti, certos dias, que eram as árvores que me olhavam, que me falavam" (Marchand *apud* Merleau-Ponty, 1964b, p. 22).

OUTREM COMO PEDIDO DE INCLUSÃO SOCIAL

DE TODOS OS OLHARES, aquele que mais radicalmente nos surpreende talvez seja o pedido de socorro. Ele nos coloca em uma situação inescapável. Trata-se do clamor da vida nua em um semelhante que, assim, desperta em nós o que em nós mesmos é outrem, mobilizando a possibilidade da gratuidade em favor do crescimento desta alteridade que se inscreve à margem do propriamente político – o que enfim, do ponto de vista político, inaugura um espaço cínico. Mas o que nos pede o clamor da vida nua em um semelhante? Qual socorro exatamente ele solicita?

Em tese, poderemos conjecturar – apoiados na teoria do self que nos serviu de orientação teórica até aqui – que o clamor da vida nua é o clamor de um corpo impessoal (eminentemente ético, ou, neste caso, o que vem a ser a mesma coisa, eminentemente estranho para si mesmo), despido dos meios antropológicos (das representações sociais que constituem sua humanidade mundana) com os quais poderia não só adquirir uma identidade social, étnica, como também alçá-la no domínio presuntivo de uma unidade (ou desunidade) com outras identidades (inaugurando, assim, uma dimensão propriamente política, desejante). E pelo que este corpo impessoal exatamente clama? Acreditamos que o clamor em questão tenha que ver, fundamentalmente, com

PSICOSE E SOFRIMENTO

um pedido de inclusão; inclusão no meio antropológico sem o qual não consegue se defender da natureza bruta e do outro social, já que nem sempre – como acabamos de ver – a natureza bruta e o outro social autorizam a replicação da vida nua. Seja na forma de um acidente ou catástrofe, de uma imposição política ou prática aniquiladora, a natureza bruta e o outro social ameaçam a vida nua dos corpos impessoais que somos nós mesmos, o que nos leva a pedir abrigo, proteção, ajuda, solidariedade, como se pudéssemos contar com a gratuidade alheia, afinal, nesses casos, é frequente não sabermos sequer o que pedir ou solicitar. Vivemos apenas uma situação de aflição, a qual nós denominamos de sofrimento e, didaticamente, classificamos segundo possíveis causas que o pudessem provocar: sofrimento antropológico (em decorrência de uma causa natural), político (em decorrência do desejo político do outro social em nos dominar) e ético (como resultado das injunções soberanas de uma justiça política que, em nome de sua própria manutenção, se arvora no direito de decidir sobre a vida nua). E a única maneira que dispomos para conseguir sair dessa condição (de sofrimento) é buscar a inclusão em uma representação social que signifique, para nós, acolhida (antropológica), solidariedade (política) e gratuidade (ética). O clamor, conforme acreditamos, é sempre um pedido de inclusão; e a inclusão de que se trata é sempre uma inclusão em um plano antropológico, em uma representação social (valor, pensamento, instituição) que valha como proteção (acolhedora, solidária e gratuita).

É por isso que, enfim, com base nas pistas legadas por PHG (1951), pudemos conjecturar que o sofrimento não é apenas uma consequência ou estado vivido em decorrência de causas específicas. Ele também é a ocasião para um ajustamento criador, para uma criação da função de ato (apresente-se ela como desamparada, escravizada ou perseguida) que consiste em investir a função de ato do semelhante na condição cínica de sujeito da gratuidade. No próximo capítulo, dissertaremos sobre o pedido de socorro como ajustamento criador e sobre as diferentes formas que tal ajustamento assume nos contextos que aqui estamos denominando de clínicos, e que são aqueles em que podemos operar desvios, no caso dos ajustamentos de inclusão, desvios do sofrimento rumo à inserção psicossocial em uma realidade antropológica que valesse, aos sujeitos de atos desnudados como outrem, a acolhida, solidariedade ou gratuidade de que carecessem.

10. Ajustamentos de inclusão

PEDIDO DE INCLUSÃO COMO AJUSTAMENTO

COMO VIMOS NO CAPÍTULO precedente, a aniquilação da função personalidade – entendendo-se por função personalidade a identidade que cada função de ato pode assumir diante do outro social –, seja por um motivo antropológico (como uma catástrofe ou um adoecimento), por um motivo político (tal como a sujeição ao desejo dominante), ou por um motivo ético (como as injunções da exceção soberana), desnuda a função de ato, que assim sucumbe no sofrimento, qual outrem desamparado, explorado e perseguido. Nessas situações, ao contrário do que se poderia imaginar, a função de ato não desiste de criar. Assim como se admite, para o caso da interdição da função de ato por uma inibição reprimida, que o sistema self ainda assim é capaz de produzir ações criativas, às quais se denominam de neurose (e preferimos chamar de ajustamentos de evitação); tal como nós mesmos fizemos em relação àquilo que PHG chamaram de comprometimento da função *id*, a saber, que apesar de tal comprometimento o sistema self é capaz de produzir ajustamentos psicóticos (ou de busca); desta vez arriscamo-nos a dizer que, em se tratando do comprometimento da função personalidade, a função de ato, agora desnudada na condição de outrem, segue criando. A criação, agora, não acarreta a produção de um laço amoroso/odioso com alguém que deve fazer algo "por nós", como nos ajustamentos de evitação. Tampouco se trata de uma construção voltada exclusivamente para a produção, na realidade, de suplências aos excitamentos e desejos formulados pelas demandas do outro, como no caso dos ajustamentos psicóticos (de busca). Em situações em que se pode verificar sofrimento antropológico, político e ético, a criação tem relação com os apelos por gratuidade, com os pedidos genuínos de inclusão, na forma da qual efetivamente atribuímos e reconhecemos o poder do semelhante para nos ajudar.

Nos contextos em que há sofrimento antropológico, político e ético (porquanto fomos privados dos dados e representações sociais que constituem nossa identidade sociolinguística), a função de ato, agora desnudada em sua condição de alteridade radical, opera um tipo de ajustamento criativo que chamaremos de "inclusivo". Nele, a função de ato (desamparada, explorada ou perseguida) faz da ausência de dados (ou identidades sociais com as quais pudesse se identificar) um "pedido de socorro". Dessa forma, ao mesmo tempo que aliena seu poder de deliberação em favor do meio social que a acolhe, dá a esse meio o *status* objetivo de alteridade. Por outras palavras: o pedido de socorro faz do meio um "ato auxiliar". O outro social deixa de ser um demandante ou um arcabouço de possibilidades para se tornar um "semelhante". Fundam-se, assim, a experiência da ajuda desinteressada e um tipo especial de identificação personalista que é a solidariedade. À solidariedade do outro como semelhante, a função de ato responde com gratidão e a vida social, assim, alcança um patamar propriamente humano, eminentemente cínico, se por cinismo entendermos a capacidade de cada qual para doar-se a outrem de modo independente dos valores ou projetos políticos a que esteja ligado ou submetido.

Mas é preciso atenção aqui. O outro como "semelhante" não é, como nos ajustamentos neuróticos, a pessoa a quem nós manipulamos a fim de que ela se sinta responsável por nossa ansiedade (excitamento inibido). Não é também alguém a quem desejamos destruir (como nos ajustamentos antissociais), de quem tentamos nos livrar (como nos ajustamentos banais), ou a quem tornamos representantes de nossos próprios excitamentos (como no caso dos ajustamentos de busca). Ao contrário, "o semelhante" é a personalidade em quem reconhecemos uma genuína capacidade de ajuda solidária, tendo em vista que se mostra suficientemente inalienada aos motivos políticos que pudessem nos prejudicar. Sua disponibilidade, por conseguinte, parece favorecer nossa inclusão, o que quer dizer que, nos ajustamentos de inclusão, o semelhante não é responsabilizado por nosso "sofrimento", nem alvejado pela indiferença banal e por deliberações antissociais, nem, ainda, restringido à condição de instrumento. Ele é convocado a ajudar-nos, apoiar-nos; ele é, assim, simultaneamente reconhecido na condição de "ato fazedor". Em vez de manipulação, indiferença, destruição ou uso, há, sim, autorização do semelhante. Supomos que ele (o semelhante) saiba como nos ajudar a lidar com isso que para nós é impossível naquele momento: a inclusão em determinado contexto antropológico, político ou ético, que pode ser desde um horário para consulta a uma vaga de internação em um hospital.

O ajustamento de inclusão, portanto, é um pedido de reconhecimento, mas um pedido especial, uma vez que parte de alguém que não consegue mais se identificar à realidade natural e social em que se encontra. Não há um pedido de reconhecimento específico voltado para esta ou aquela identidade. O sofredor não sabe sequer o que lhe falta. Seu pedido é para que ele possa voltar a pedir. Trata-se de um ajustamento cuja meta é encontrar "suporte" para que se possa voltar a criar, para que os outros ajustamentos criadores voltem a acontecer, sejam eles banais, de busca, de evitação ou antissociais.

MODOS CLÍNICOS DOS AJUSTAMENTOS DE INCLUSÃO

Não é incomum ouvirmos, mesmo entre profissionais psicólogos, que as situações que envolvem sofrimento ético-político e antropológico não são objeto da intervenção clínica, já que a solução daquelas situações implicaria ações políticas mais amplas, nas quais o psicólogo deveria se inserir como mais um. Há dois grandes equívocos aqui. Em primeiro lugar, confunde-se a situação geradora de sofrimento ético-político com o sofrimento ético-político como tal. Em segundo lugar, reduz-se o espectro de atuação clínica às práticas inspiradas no cuidado médico. Afiliados a uma compreensão de clínica como "ética"[1] – desvio em direção às manifestações do estranho como excitamento (função *id*), ação criadora (função de ato) e identidade ante o outro (função personalidade) –, acreditamos que o clínico não é apenas mais um a intervir nos conflitos sociais ou nas variáveis naturais que possam estar gerando sofrimento ético-político e antropológico. O clínico é, sim, aquele que pode escutar, nesse sofrimento, o apelo por suporte, o apelo por inclusão, bem como aquele que, a partir desse apelo, pode acompanhar o processo de tomada de decisão que cada sujeito sofredor (cada função de ato) empreende em face dos conflitos e dificuldades que esteja vivendo. O clínico é aquele que cuida da autonomia dos sujeitos (funções de ato) envolvidos nas situações de exclusão social e privação natural. E a clínica, nesse sentido, não é uma prática curativa, que devesse ser exercida em um consultório mediante uma farmácia ou uma biblioteca; ela é, sim, a coparticipação em uma forma de ajustamento criador, no caso, um ajustamento de inclusão antropológica e ético-política, cuja característica é justamente a formulação de um apelo, de um pedido de socorro. Afinal, tão difícil quanto sofrer as consequências de um acidente ou de uma exclusão social é, às vezes, conseguir pedir ajuda.

É tendo em vista a salvaguarda dessa dimensão ética, que se define como "abertura às manifestações do outro (seja ele um excitamento, um sujeito, um desejo ou a impossibilidade de um deles)", que propomos um retorno ao significante "clínica". Não estamos nos referindo às clínicas dogmáticas, às práticas de administração de um saber no leito (*Klinikós*), as quais caracterizam o modo de atuar do médico. Tampouco estamos nos referindo à clínica psicoterapêutica inspirada nos terapeutas alexandrinos, para quem a suspensão de nossas formas de viver em proveito de um ideal (estético, religioso, moral etc.) pacificaria nossos conflitos pragmáticos. Estamos, sim, nos referindo à prática do desvio (*parênklisis*) em direção ao outro, apresente-se ele como semelhante ou como outrem desviante (*clinamen*). No caso que agora nos interessa, estamos fazendo menção ao desvio da nossa atenção rumo àquilo que se manifesta como sentimento de exclusão (sofrimento antropológico e ético-político) e pedido de socorro (ajustamento de inclusão). Mais do que ver qual é a necessidade material ou por qual razão alguém nos pede, por exemplo, comida, dinheiro, emprego ou escuta, interessa-nos acompanhar o processo de reconstrução da autonomia e do autorreconhecimento da função de ato que nos faz esse pedido. Interessa-nos estar junto dessa função de ato, onde quer que ela precise estar para reconquistar sua autonomia e voltar a fazer ajustamentos criadores, aconteça isso em nosso consultório, em uma agência de saúde, em uma empresa ou em praça pública. Mas para onde, então, essa deriva (clínica) nos conduz? Quais são as manifestações clínicas do outro em sofrimento ético-político e antropológico?

Em nossa experiência clínica observamos alguns contextos em que se configuram, com frequência, manifestações de sofrimento antropológico e ético-político. Basicamente estamos falando dos sofrimentos e dos ajustamentos de inclusão que testemunhamos em situações de adoecimento somático, emergências e fatalidades, preconceito, violência de gênero e prisional, crise reativa, surto psicótico e subordinação ao totalitarismo do estado de exceção. Interessa-nos caracterizar os ajustamentos que aí se produzem e as possibilidades clínicas que tais ajustamentos reservam aos clínicos gestálticos[2].

AJUSTAMENTOS DE INCLUSÃO NAS SITUAÇÕES DE SOFRIMENTO ANTROPOLÓGICO

CONFORME VIMOS NO CAPÍTULO 8, intercorrências naturais, espontâneas ou provocadas por causas que possam ser atribuídas à ação humana podem gerar a aniquilação ou convalescença de certas representações sociais que constituem nossa identidade antropológica. Acidentes e desastres podem determinar o desaparecimento de propriedades, monumentos, recordações; o adoecimento somático pode não apenas gerar o comprometimento de nosso corpo de atos, mas também desencadear a aniquilação destas que são as representações mais caras a cada qual, a saber, as representações relativas ao corpo próprio. Nessas situações, ficamos muito vulneráveis, já que privados dos meios e recursos que constituíam nossa identidade antropológica. Por esse motivo, costumamos recorrer àqueles que convivem conosco, especialmente familiares, por considerarmos que tenham mais condições de acolher nosso sofrimento. O que nem sempre é o caso. E não se trata apenas de uma busca objetiva de recursos de que necessitamos para tratar de uma doença ou situação peculiar de privação ou perigo. Acontece também de necessitarmos de um acolhimento em relação ao nosso luto ou desespero, sendo esse o motivo por que, mais além da solidariedade dos familiares, amigos, colegas e vizinhos, a disponibilidade dos profissionais de saúde é fundamental para que possamos recobrar representações que nos valham, além da sobrevivência anatomofisiológica, inclusão social digna.

Nos acampamentos montados para atendimento às vítimas de desastres ou submetidas a situações de risco, na atenção básica à comunidade que recorre aos serviços de saúde, nos hospitais ou nos atendimentos domiciliares realizados pelas equipes de saúde da família, o desafio dos clínicos é – mais do que reconhecer o sofrimento antropológico – conseguir identificar quais são os apelos formulados pelos sujeitos do sofrimento, que ajustamentos de inclusão elaboram. Por conseguinte, tanto quanto as representações sociais que foram aniquiladas, é importante para os clínicos identificar os pedidos de ajuda, as queixas e os rituais de luto com os quais as pessoas vitimadas por emergências, desastres e adoecimento somático tentam reorganizar suas próprias

PSICOSE E SOFRIMENTO

vidas sociais. Logo, não se trata de diagnosticar a doença, a perda ou a causa de ambos. Importa, acima de tudo, acolher o sujeito dessas vulnerabilidades antropológicas – que são as situações de risco, acidente e adoecimento –, para que ele possa tomar decisões, por exemplo, sobre o tratamento que venha a aderir. Por vezes, não se trata de um trabalho que os clínicos possam fazer sozinhos. A coparticipação da equipe multi e transprofissional, a inclusão da comunidade e, sobretudo, a protagonização do sujeito atendido são condições fundamentais para o êxito do acolhimento, que é o primeiro passo para a produção de um projeto terapêutico singular, nos termos daquilo que é preconizado, por exemplo, nas políticas de humanização do SUS (Brasil, 2009, 2010a e 2010b).

Ora, do ponto de vista gestáltico, o acolhimento e a intervenção em contextos de sofrimento antropológico implicam, para o clínico, a disponibilidade para assumir os pedidos formulados, seja pelos colegas profissionais de segurança, assistência e saúde, seja pelas próprias vítimas ou convalescentes. Mas também, e principalmente, significam a disponibilidade para autorizar a expressão daquilo que não tem solução ou remédio, que é o luto dos sujeitos que perderam os representantes da própria sociabilidade. Fazer esse luto é, para tais sujeitos, o primeiro passo para a construção de uma nova identidade antropológica.

a. SOFRIMENTO E INCLUSÃO EM SITUAÇÕES DE EMERGÊNCIA E DESASTRE

O desenvolvimento e a difusão das tecnologias de mapeamento e previsão de fenômenos climáticos e geológicos permitiram um grande avanço nas políticas de prevenção e intervenção em situações de risco e desastre. Aliadas à globalização dos serviços de informação, aquelas tecnologias tornaram notórias as catástrofes que, à diferença de antes, agora podem ser acompanhadas em tempo real. Enxurradas, deslizamentos de terra, abalos sísmicos, *tsunamis*, vazamentos nucleares, surtos virais, acidentes em mineradoras, explosões em naves espaciais, quedas de aviões comerciais, incêndios florestais e vazamentos de oleodutos fazem parte do cotidiano dos noticiários, os quais, não obstante o alarmismo que possam provocar entre os telespectadores desavisados, ou o entretenimento que possam significar para os perversos e banais observadores da história, favorecem as campanhas de ajuda solidária desempenhadas por diversos mecanismos internacionais em todas as partes do mundo. Ademais, a experiência das defensorias civis e militares consolidou protocolos de intervenção que, além de prevenir mortes e salvar vidas, humanizou as práticas de salvaguarda, acolhimento e encaminhamento de soluções aos sujeitos atingidos. Ainda assim, esses avanços todos não lograram um entendimento sobre o manejo do sofrimento do qual se ressentem os atingidos em decorrência das perdas a que foram submetidos. Do que, exatamente, se ressentem os sujeitos cujas representações sociais foram dizimadas?

Nas últimas décadas, a coordenação entre as ações da defensoria civil, do corpo de bombeiros, da guarda nacional e das forças armadas produziu uma maneira muito eficiente de atuar em situações de risco e desastre, em muitas regiões brasileiras. A capacidade de antecipação aos fenômenos, a priorização da salvaguarda às vidas, os protocolos de acolhimento, distribuição e encaminhamento dos desalojados e desabrigados lograram resultados expressivos, que tornaram humanas e eficientes as diferentes formas de assistência aos sujeitos vitimados. E já se foi o tempo em que as intervenções eram espontâneas, encabeçadas por voluntários vindos de diferentes regiões, como se a própria comunidade atingida não fosse capaz de se organizar. Além de desconhecer a realidade geográfica e antropológica das regiões atingidas, os voluntários por vezes inflacionavam os exíguos espaços de alojamento oferecidos às vítimas. Do mesmo modo, já se foi o tempo em que o manejo dos desalojados e desabrigados obrigava os familiares a se separar uns dos outros para cumprir a determinação de separação entre homens, mulheres e crianças. Se é verdade que a segurança das pessoas exige uma coordenação

PSICOSE E SOFRIMENTO

que avalie os riscos, a infraestrutura e as suplências mais eficientes de organização social, também é verdade que a manutenção dos núcleos familiares favorece o engajamento de cada um nos projetos de proteção e reconstrução da realidade perdida. Além do mais, o respeito aos laços familiares na alocação das pessoas nos abrigos e nos programas de repovoamento favorece este que tem sido o ponto escuro da intervenção em situações de risco e acidentes, precisamente, o acolhimento e o tratamento do sofrimento. É como se os próprios familiares, agrupados, pudessem suportar com mais desenvoltura as perdas a que foram submetidos pela força da natureza. Mas o que há para ser suportado? Qual a tarefa de um clínico em situações de sofrimento como as que estamos aqui a relatar?

Nós clínicos gestálticos sabemos que, em se tratando de nossa participação nas ações sociais de proteção e recuperação dos estragos provocados por acidentes naturais ou desalojamentos por conta de emergências, é preciso acatar as regras e estratégias desenhadas pelos especialistas em defesa das populações. A ajuda que um clínico gestáltico puder dar deverá obedecer às recomendações da coordenação-geral das ações. E não é porque o clínico se considere um especialista da alma humana que ele deixará de arrecadar colchões, preparar alimentos, varrer as áreas comuns nos abrigos, negociar com os pares e poderes públicos recursos e políticas de humanização da assistência. Ainda assim, quando estiver no exercício dessa colaboração prática e coordenada, o clínico gestáltico pode perfeitamente bem se ocupar do sofrimento expresso pelas vítimas dos acidentes naturais e geográficos. Para tanto, precisa estar ciente de que esse é um trabalho íntimo, que exige o respeito às capacidades e disponibilidades daqueles que foram vulgarizados pelos acidentes antropológicos. Escutar o sofrimento é, sobretudo, escutar o discurso que os atingidos fazem relativamente àquilo que perderam, porquanto, em algum momento, a despedida ao que se foi é condição para que possam se abrir para o futuro (desejante), ou para as possibilidades (antropológicas) ainda disponíveis. Trata-se de um trabalho paciente e desinteressado de acolhimento às queixas, lamentações, as quais não se confundem com as tentativas manipulatórias, por vezes presentes nos discursos das vítimas, para que nos responsabilizemos pela solução de seus infortúnios.

É verdade que, sob a aparência de um sofrimento antropológico, as vítimas podem se ocupar de fantasias, inibições formuladas noutros momentos. Ou, ainda, não é impossível que produzam formações psicóticas em defesa contra as demandas por excitamento formuladas por quem com elas convive naquele momento. Atitudes antissociais, da mesma forma, podem tomar lugar nesses episódios. Todavia, os clínicos gestálticos deveriam poder distinguir todas essas formulações das formas de expressão do sofrimento, formas essas que são bem específicas, dado que sempre dirigem ao clínico um pedido especial, que é a aceitação solidária e incondicional da confusão e incapacidade de discernimento que estejam vivendo. Pois, de fato, em situações de emergência e desastres, os sujeitos atingidos necessitam de tempo para organizar sua realidade agora atravessada pela dor de uma perda pela qual não escolheram.

É o que viveram, por exemplo, as pessoas vítimas dos desastres naturais que atingiram o estado de Santa Catarina em dezembro de 2008. Após um período de mais de cem dias com chuvas contínuas, o litoral norte catarinense foi atingido por uma precipitação avassaladora que provocou, além das inundações, deslizamentos que mudaram para sempre a geografia das cidades da região, causando a morte de 140 pessoas e o desalojamento de outras 79 mil. As pessoas não apenas tiveram suas casas inundadas. Em diversas cidades, bairros inteiros foram soterrados pela lama que desceu das encostas encharcadas, mesmo em locais cuja vegetação estava preservada. Os atingidos perderam familiares, amigos, bens e, por consequência, o conjunto de representações sociais que constituíam o outro social no qual se espelhavam. Perderam, nesse sentido, as referências por meio das quais compartilhavam valores e histórias a respeito de si, das famílias, das comunidades e das instituições. Obrigados a viver em abrigos e alojamentos improvisados, não vislumbravam mais os objetos e, por vezes, as pessoas junto a quem celebravam suas próprias identidades sociais.

O encontro com as pessoas nessas condições é uma experiência marcante. Mais além da sombra de todas as nossas perdas, encontramos a aflição de quem não consegue encontrar um suporte de onde possa voltar a agir. As expressões e movimentos por vezes desesperados não se confundem com a hebefrenia dos autistas que a todo custo tentam se livrar das injunções às quais não conseguem responder. A desorganização comportamental das pessoas vítimas de perdas tem relação com o fato de não acharem meios para agir, para tomar decisões, para elaborar o que estejam vivendo ou precisando. Repetem comportamentos que são totalmente desarticulados das demandas sociais presentes e, em parte, lembram as buscas empreendidas nos ajustamentos de busca (psicótica). Mas a busca agora não é de um saber sobre si (como no caso dos ajustamentos de preenchimento psicótico) e, sim, de um saber sobre o que está acontecendo no meio social. Afinal, em decorrência do acidente, tal meio se tornou inóspito. Dessa forma, aqueles movimentos desorganizados são, em verdade, pedidos de socorro.

A intervenção que acreditamos produzir um efeito de potencialização da autonomia da função de ato nos sofredores, a elevação das vítimas à condição de protagonistas, é aquela que empresta corpo ao desesperado. Um simples abraço, um olhar sem demanda, a escuta aos lamentos, entre outras posturas que possamos assumir e que têm relação com os cerimoniais sociais de solidariedade que aprendemos, produzem um efeito muito grande nos sofredores. São ações que autorizam a função de ato nos sofredores a procurar uma solução. É como se nós estivéssemos a garantir o tempo necessário para que os sofredores pudessem representar, a si próprios, o que estão vivendo naquele momento, favorecendo que compreendam as possibilidades imediatas de que dispõem, muito especialmente, a possibilidade do luto.

Não se faz necessário um espaço privado, como um consultório – mesmo porque, nessas ocasiões, a espacialidade está geralmente muito comprometida –, para que possamos oferecer, às vítimas dos desastres e emergências, acolhimento solidário. Enquanto participamos das atividades de remoção das pessoas, organização dos espaços nos alojamentos, divisão das tarefas de infraestrutura, enquanto acompanhamos as pessoas mais abaladas nos rituais de velório, enterro, despedida, ou enquanto nos fazemos secretários das assembleias e reuniões em que as vítimas se organizam para reivindicar ajuda ou direitos, nossa presença – ainda que silenciosa – assegura a intimidade de que necessitam para se autorizarem a elaborar, com o choro, o grito, a revolta ou a lamentação, a "nudez" antropológica a que foram conduzidos. É fundamental, neste momento, da parte dos clínicos gestálticos, uma atitude não demandadora; o que significa que nenhuma tarefa, inclusive aquelas demandadas pelas autoridades das defensorias atuantes na situação, pode estar acima de nossa atitude de tolerância à perdição que as vítimas possam estar vivendo. Trata--se, da parte dos clínicos gestálticos, de uma atitude cínica, como vimos no capítulo anterior, porquanto temos a coragem de elevar o sofrimento humano à condição de prioridade, mesmo quando a racionalidade da intervenção de defensoria nos exigisse ações coercitivas sobre as vítimas.

Esse cinismo, ademais, é fundamental para que possamos defender as vítimas das leituras catastróficas ou que procuram imputar culpa, dolo e responsabilidade a quem quer que seja. Também para defender as vítimas do proselitismo, seja ele religioso ou político, muitas vezes empregado para tirar proveito daqueles que sofrem. Não podemos jamais ignorar a crueldade que possa estar presente nos trabalhos de ajuda humanitária, em especial aquela crueldade que se faz na forma de compaixão, como se a tragédia, verdadeiro regime de exceção, fosse justificativa para toda sorte de invasão, invasão assistencialista, sanitária, psicológica, política, religiosa. E essas prudências todas deveriam, em primeiro lugar, colocar em questão a nós mesmos, clínicos gestálticos, visto que não é incomum que também nós busquemos nesses episódios a ocasião do exercício da soberania cruel, disfarçada atrás de um título, por exemplo, o de psicólogo. Em resposta à crueldade da exceção soberana dos discursos supostamente humanitários, o cinismo clínico gestáltico deve poder responder com a gratuidade, com a gratuidade não demandante, única forma de salvaguarda real da intimidade da qual o sofrimento necessita para poder se fazer nova realidade, inclusão antropológica.

b. SOFRIMENTO E INCLUSÃO EM SITUAÇÕES DE LUTO E DOENÇA SOMÁTICA

A ampliação das políticas de saneamento e distribuição de renda, por um lado, e a ostensiva intervenção tecnológica (farmacêutica e biomecânica) no corpo humano, por outro, aumentaram consideravelmente a longevidade nos seres humanos, ao menos se compararmos os tempos de hoje aos do século XVIII. Isso significa dizer que, em alguns casos, nós conseguimos erradicar moléstias, noutros, conseguimos um maior controle dos sintomas e dos efeitos do adoecimento. Esse maior controle, por sua vez, possibilitou a sobrevida aos doentes, mas, também, uma maior convivência com os sintomas e com os efeitos do adoecimento. Às vezes pacífica, noutras muito dolorosa, essa maior convivência com a doença aprofundou, mais além do fenômeno da dor e da falência metabólica e funcional, nosso contato com o "sofrimento psicossocial ou sociolinguístico" desencadeado por aqueles sintomas e efeitos. Depois que um quadro agudo é revertido, a convivência com as sequelas orgânicas é, em certas ocasiões, mais tranquila do que a convivência com a piedade alheia. Ou, ainda, a convivência com as limitações motoras e cognitivas é mais fácil do que a convivência com as demandas "otimistas" dos "terapeutas da alegria", os quais, no intuito louvável de ampliar as possibilidades de vida nos adoecidos, acabam demandando aquilo que nem sempre os doentes podem e querem oferecer. Não é de todo equivocado dizer que o meio social não tolera bem o luto; e as exortações animistas, a interdição da queixa e as demandas oportunistas dirigidas aos doentes acabam desencadeando um quadro de sofrimento antropológico.

O sofrimento antropológico nos contextos de adoecimento somático tem muitas semelhanças com o que acontece nos contextos marcados por emergências e desastres. Há também aqui a falência de um dado social que impede a função de ato de produzir uma representação social à qual pudesse se identificar (função personalidade). Mas, dessa vez, o dado, a representação social que está se perdendo é o corpo anatomofisiológico (base de qualquer evento social). Sem esse dado, independentemente do contexto em que estivermos insertos, não pode haver função de ato. Na doença, entretanto, é apenas parte desse corpo que está indisponível. Ainda assim, essa limitação impede a função de ato de almejar, no futuro (como horizonte de desejo), modos de satisfação (de seus excitamentos) especificamente ligados ao corpo agora adoecido. Não apenas isso, o corpo adoecido priva a função de ato do desfrute da imagem social com que ele se identificava até então. "Já não sou aquele trabalhador bem-disposto, que sabia tudo o que se passava em meu setor", afirma o trabalhador vítima de um acidente vascular cerebral. As limitações motoras – que restaram como sequela da intercorrência orgânica – ameaçam seu posto de trabalho e sua estima. E os exercícios e comandos da fisioterapeuta, às quais o doente tenta corresponder, em alguns momentos são ouvidos como verdadeiros atestados de sua incapacidade laboral. A aflição toma conta do trabalhador, pois, em seu horizonte de futuro, ele não encontra mais lugar para si mesmo.

A intervenção nos casos de adoecimento somático não se volta, evidentemente, ao tratamento da patologia orgânica. Não é essa a função do clínico gestáltico. A intervenção destina-se, sim, à salvaguarda e ao restabelecimento da autonomia possível que o adoecido possa sustentar. Trata-se, assim, de vitalizar a função de

PSICOSE E SOFRIMENTO

ato que o adoecido possa desempenhar. Mas, se o corpo está adoecido, ou seja, com parte de sua constituição anatomofisiológica indisponível, a tarefa do clínico nesse momento é oferecer um corpo auxiliar. Afinal, o doente precisará encontrar um duplo que o ajude a se ajustar no campo. Por outras palavras, a função de ato no consulente aflito necessita de um corpo auxiliar que dê a ela condições de, por um lado, continuar operando conforme seus excitamentos ante a realidade social, de sorte a desencadear um horizonte de expectativas (desejo). Por outro, a presença de um corpo auxiliar pode representar o apoio de que o corpo adoecido ou mutilado necessita para continuar alçando as representações em que desfruta de sua própria humanidade, como forma de entretenimento, celebração e festa, pertencimento a uma comunidade de pensamentos, sentimentos e valores, modo de protagonismo relativamente a uma história escrita em nome próprio. O que, ademais, inclui o luto.

O corpo auxiliar ou substituto a que nos referimos pode ser muitas coisas. Ele pode ser a escuta clínica, um recurso lúdico, uma técnica de arteterapia, dinâmicas em terapia de grupo, entre outras maneiras. Mas, sobretudo, ele deve poder ser a atitude de autorização para que o consulente adoecido possa exprimir sua ambiguidade, ao mesmo tempo esperançosa de um tipo possível de retorno à realidade de antes e receosa diante do risco de ser tomada como motivo para a exclusão e para a sátira. E é aqui, especificamente, que o clínico gestáltico deve poder oferecer esta que é, talvez, a atitude mais solidária e gratuita de todas, que é o sigilo. Pois, no sigilo, o clínico não apenas acolhe o que o consulente tem para dizer. Por não poder reproduzir a ninguém mais essa informação, ele desempenha em parte a privação a que o próprio consulente está sujeito por conta da convalescença ou da perda de uma parte ou de um aspecto de sua constituição anatomofisiológica. Nos ambientes hospitalares, de modo geral, muitos psicólogos clínicos não sabem o que exatamente devem fazer, pois eles não são requisitados pelos pacientes nas unidades de internação. São antes os administradores e a equipe de saúde que requerem o trabalho do psicólogo clínico, seja para vender aos pacientes a imagem de uma atenção integral (pela qual os pacientes possam estar pagando), seja para domesticá-los às terapêuticas dos demais profissionais, contra as quais seguidamente os pacientes se revoltam. Onerado por essas demandas e constrangido pelo fato de não saber até que ponto não está ferindo seu próprio código de ética, que veda o oferecimento de tratamento psicológico a quem não o solicita, o profissional psicólogo aproxima-se do leito como quem invade a intimidade alheia sem haver sido convidado. Isso não significa, porém, que ele não tenha algo a fazer pelo paciente hospitalizado. Pois, na oferta do sigilo psicólogo tem uma terapêutica concreta, de grande valia para o paciente, embora essa terapêutica não seja utilizada para a realização de nenhuma analítica clínica da forma (*Gestalt*), como sucederia caso o psicólogo fosse um gestalt-terapeuta a receber seu consulente em um consultório individual. Acontece que faz muita diferença, para o paciente acamado no hospital, saber que há alguém ao qual ele pode dizer ou perguntar coisas acerca das quais ninguém mais tomará conhecimento, sejam familiares ou outros profissionais de saúde, já que a ele pode ser muito constrangedor, por exemplo, perguntar ao enfermeiro por qual orifício lhe introduzirão a sonda, ou confessar que não tomou os medicamentos prescritos para antes da cirurgia. Ele também não gostaria que ninguém soubesse que está com muito medo, ou que não confia em seu companheiro ou companheira, tampouco no êxito dos negócios enquanto estiver ausente. O paciente, às vezes, quer simplesmente compartilhar segredos, na certeza de que eles só seriam revelados caso o pior lhe sucedesse. Ele pode querer, enfim, uma cumplicidade, na certeza de que por ela não precisará fazer coisa alguma, senão agradecer.

De fato, é no contexto hospitalar que mais deparamos com quadros de sofrimento antropológico motivado por doença somática. E aqui é sempre importante distinguir a queixa relativa

PSICOSE E SOFRIMENTO

aos sintomas da doença e do sofrimento em decorrência da perda de determinada identidade subjetiva ante as expectativas sociais. Somente este segundo faz parte do que estamos denominando de sofrimento antropológico. Inclusive do ponto de vista das manifestações comportamentais, o sofrimento antropológico é muito diverso das manifestações corporais de dor. Diferentemente destas, aquele não é um comportamento desprovido de meta. Ao contrário, são atitudes que claramente dirigem um pedido de ajuda a alguém, mesmo que de forma não verbal. Diante desses quadros, os clínicos não se sentem manipulados (o que caracterizaria um ajustamento neurótico), e sim convocados a ouvir e a falar sobre o que está mais além do quadro de convalescença que os doentes estão vivendo, precisamente, a finitude ou morte. As perguntas sobre a doença não são especulações teóricas sobre o que seja a doença em si, mas tentativas de compreensão sobre as consequências e possibilidades que, a partir da doença, o doente poderá contar ou perder.

Eis aqui o ajustamento de inclusão propriamente dito. Perante ele, a intervenção consiste no oferecimento de recursos expressivos com os quais os sofredores possam, em primeiro lugar, elaborar o luto das representações sociais às quais estavam identificados, o que inclui o órgão ou a função que estejam perdendo. A elaboração desse luto é muito difícil, sobretudo para o paciente, na medida em que é preciso, antes de tudo, vencer a vergonha, o medo da exclusão e a desconfiança de que até o profissional possa fazer do sofrimento em questão um objeto de escárnio. Não se trata de "paranoias", mas de emergências reais vividas por alguém cuja imagem corporal está mudando. A atitude do clínico é aqui dar guarida e aguardar o tempo para as despedidas, uma que vez, no meio social, as ideologias do consumo não saberão tolerar esse tempo. Muito rapidamente os familiares, amigos e, inclusive, profissionais de saúde demandarão uma solução, uma automotivação, como se chorar pelo perdido fosse desperdiçar a oportunidade da felicidade; muito embora ignorem que a felicidade em

369

questão é a alheia, ou seja, daqueles que comercializam antidepressivos e vendem produtos de entretenimento. Em alguma medida, para os clínicos gestálticos, defender o tempo do luto é enfrentar o outro capitalista, é enfrentar essa demanda por alienação no desejo alheio, que define a felicidade de massa.

Em segundo lugar, a intervenção deveria assegurar ao convalescente a possibilidade de celebrar o passado. É impressionante como a chegada à terceira idade ou a vivência de uma perda no próprio corpo ou concernente ao semelhante amado abre campo para que o passado se manifeste como nunca dantes havia se manifestado, ao menos com tanta força, como um domínio de celebração. E não se trata apenas do passado relativo a pessoas, órgãos ou funções perdidos, e sim do passado por inteiro, como se, doravante, ele se habilitasse a substituir aquilo que até ali sempre foi função da esperança. O que é o mesmo que dizer que, depois de certas vivências de perda, descobrimos que a recordação pode ser tão poderosa quanto o é a esperança. E o trabalho clínico, mais uma vez aqui, desafia a cultura da virtualidade, dos mercados futuros, em favor do resgate dessa tradição que a velocidade dos tempos modernos praticamente fez desaparecer, isto é, o entretenimento familiar em torno das histórias contadas pelos anciãos, quando eles ainda podiam morar com suas famílias. Além de ser uma atividade quase plástica para os próprios clínicos, representa, para os consulentes, uma reinvenção da história, a elevação das memórias à condição de representantes maiores da antropologia. Para os pacientes terminais, às vezes, recordar fatos é o "analgésico" mais poderoso.

Tal não impede, evidentemente, que os clínicos devam e possam discutir novas possibilidades de inserção social quando não se tratar de pacientes terminais. Eis aqui o terceiro eixo que cremos fundamental na intervenção em consulentes vitimados por diferentes modalidades de perdas. Buscar informações sobre outros pacientes que viveram situações similares, sobre associações e grupos de militância em torno de causas que impliquem a

PSICOSE E SOFRIMENTO

melhoria das condições de vida das pessoas acometidas das mesmas síndromes ou doenças são atitudes que abrem não apenas o campo da solidariedade compartilhada entre iguais, como também a possibilidade ao paciente de novas experiências, novos contatos humanos e políticos, a fim de descortinar novo horizonte de desejos. O clínico, aqui, pode agenciar essa ampliação da humanidade de seu consulente, favorecendo contatos e associações com outros profissionais e consulentes, visando fortificar uma rede que, ao mesmo tempo que oferece resistência às formas dominantes de socialização das quais, muitas vezes, os pacientes (vitimados por algum tipo de perda) são excluídos, também cria novas formas de satisfação e felicidade, qual contradiscurso diversificante, nos termos de Michel Foucault (1979a).

AJUSTAMENTOS DE INCLUSÃO NAS SITUAÇÕES DE SOFRIMENTO POLÍTICO

As SITUAÇÕES DE SOFRIMENTO político, assim como as de sofrimento antropológico, também dizem respeito à perda das representações às quais estávamos identificados. Dessa vez, entretanto, a perda é em favor do desejo do outro dominador. Aliciados pela ideologia da felicidade proporcionada pelo consumo, alienamos nossas representações (nossas casas, nossos carros, nossas joias, direitos trabalhistas e, inclusive, nosso corpo próprio) em favor de crédito financeiro, hipotecas mais altas, juros mais baratos, participações societárias em empresas em que um dia fomos empregados com carteira assinada, bem como em favor de um padrão de consumo de objetos perecíveis, com validade programada, adoçados e aromatizados artificialmente, hermeticamente pasteurizados, que prolongam para contextos outros e inimagináveis o mais sublime de todos os objetos de consumo, precisamente, o sexo-rei, que faz da cerveja (para não falar do cigarro, dos energéticos, das cafeínas, entre outros) uma loira (preferida pelos homens "brancos", como asseguram os filmes de Hollywood) gelada (afinal, que malefício poderia haver em a indústria transacional empregar crianças orientais na montagem de eletrodomésticos?).

O sofrimento, nesses casos, está relacionado ao engodo da proposta capitalista que, ao comprar a "natureza" antropológica que nos constituía em troca de emprego, moradia, estado de direito, felicidade e até rebeldia (como no caso dos adeptos da contracultura norte-americana dos anos 1960, o que também inclui certo tipo de Gestalt-terapia), fez de nós reféns das dívidas contraídas em nome de objetos que, em verdade, nunca cumprem o que prometem, encadeando-nos numa roda de consumo alimentada pela insatisfação. Em nome dessas dívidas, sob o manto da insatisfação, precisamos produzir cada vez mais, sacrificar-nos até o limite do tolerável, dado que, não obstante as evidências contrárias, como nos mostra Viviane Forrester (1997, p. 7) em seu livro *O horror econômico*, continuamos acreditando que, nalgum dia, chegaremos a ver alguém enriquecido por causa deste sofrimento que atende pelo nome de "trabalho". O mais impressionante é que nem mesmo as inibições que construímos (com o objetivo de impedir que nossos próprios desejos atrapalhassem nossa devoção alienada ao desejo capitalista) escaparam à astúcia desse faminto senhor, que nos demanda terapia, análise, práticas libertadoras de emancipação catártica, emocional. Afinal, como diz a definição da Organização Mundial criada pela ONU para perpetrar as biopolíticas capitalistas: saúde é um estado de bem-estar físico, mental e psíquico, porquanto – e esta parte certamente não está no site da OMS – os processos de industrialização predatória da natureza precisam de agentes que, mais do que produzir, tenham condições de aumentar, na forma do consumo, o maior patrimônio do capitalismo, a saber, a dívida, seja ela pessoal ou pública.

Dessas afirmações não decorre que as práticas clínicas, incluindo a gestáltica, pelo menos a Gestalt-terapia alinhada com a crítica social de Paul Goodman (1951) e Laura Perls (1991), operassem todas elas a serviço da expansão da cultura do consumo. Ao contrário, a clínica gestáltica, como mais uma entre tantas, sedimentou-se como um dos mais importantes espaços de resistência e crítica ao desejo capitalista predatório. Em primeiro lugar porque sempre se propôs a acolher estes dois elementos intoleráveis nas vítimas da cultura do consumo, segundo a própria ótica do consumo, isto é, o sintoma e o protesto.

Quando falamos em sintoma, temos em vista as formações suplementares por cujo meio aqueles que são obrigados a declinar do próprio desejo em proveito do desejo capitalista tentam lidar com a frustração e com a ansiedade de precisar esconder, de si mesmos, o mal-estar que eles próprios vivem junto do outro capitalista. Se para o outro capitalista o sintoma é algo a ser tratado, curado, para a clínica gestáltica trata-se, antes de tudo, de algo a ser acolhido. É verdade que, nalgum tempo, o próprio consulente pode se autorizar em seu desejo e, doravante, não precisar mais fazer o sintoma. Mas, até lá, e independentemente de isso acontecer, a questão é poder fazer frente às exigências do outro capitalista, a quem não interessam nem nosso desejo nem nossos sintomas, apenas nossa adesão ao seu desejo de nos tornar seus devedores. Logo, a tarefa primeira de uma prática clínica crítica é permitir que os sintomas aconteçam a seu modo e em seu tempo, não tanto por conta do que procuram inibir, antes por conta da insubordinação que possam representar ao outro capitalista, primeira forma de emancipação a ser buscada.

Quando nos referimos aos protestos, temos em vista as formas de resistência estabelecidas pelos sujeitos do desejo contra o desejo dominante do outro capitalista. Entre elas, podemos listar as posturas banais (de banalização das instituições políticas) e antissociais (de conspiração contra as formas de poder). Mas, sobretudo, temos em vista as formas espontâneas de resistência, tal como nós as encontramos nos movimentos sociais e nas organizações políticas de defesa dos interesses das minorias e das populações – humana e animal – exploradas. Em tais formas e organizações, os sujeitos formulam pedidos de ajuda solidária para que possam, mais do que combater os interesses dominantes do capitalismo, ter reconhecidos os próprios desejos, representativos das condições éticas e antropológicas e das ambições econômicas das populações que representam ou com as quais estão identificados.

Porém, os sintomas e os pedidos não são todos iguais, como sabemos. Cumprem diferentes funções, às vezes para nos manter defendidos de nós mesmos e do enfrentamento que poderíamos provocar contra o outro capitalista, outras vezes simplesmente para nos defender do próprio outro capitalista, dado que seu interesse em nossa alienação a seu favor não encontra em nós ressonância plausível, talvez porque não tenhamos nada a alienar. Ora, compreender as diferentes funções dos sintomas e dos protestos e acolhê-los a seu modo constitui não apenas o primeiro momento de uma clínica, por exemplo, da neurose, da banalidade, do antissocial e da psicose. Constitui também uma clínica exclusiva, a clínica do acolhimento às formações pelas quais os consulentes conseguem, minimamente, manter-se à margem do circuito de consumo exigido pela alienação. Proteger esses sintomas e manifestações de protesto e reivindicação, por conseguinte, é impedir que eles fracassem; é colaborar para que eles continuem cumprindo a função de resistência política que, a duras penas, conseguiram instituir. E ainda que eles não possam ser considerados desejos políticos, são ao menos representações sociais perante as quais os consulentes permanecem defendidos.

De onde, ademais, segue-se outra prudência a ser observada pelos clínicos, que é a de não confundir os sintomas com desejos, não exigir que funcionem como desejos, o que pode levar à intensificação daqueles a ponto de desencadear uma crise (neurótica). Em vez de alçar os sintomas à condição de contradiscursos, como pretendia Foucault, talvez valesse melhor compreendê-los como ajustamentos de inclusão em um domínio antropológico em que seus sujeitos sentir-se-iam protegidos.

PSICOSE E SOFRIMENTO

a. O SOFRIMENTO E O AJUSTAMENTO DE INCLUSÃO NAS SITUAÇÕES DE CRISE REATIVA

Quando o meio social, por conta de seu afã produtivista, alienado nos ideais consumistas do outro capitalista, não tolera mais os ajustamentos neuróticos (ou evitativos) produzidos por determinado sujeito, este mesmo sujeito encontra-se em situação de sofrimento político. Isso porque ninguém mais quer saber das manipulações operadas por esse sujeito. É certo que tais manipulações cumprem, em tese, a função de delegar, aos semelhantes, a responsabilidade pelo mal-estar (ansiedade) que o próprio sujeito manipulador sente (por haver inibido seus próprios desejos). Mas, em primeiro lugar, dever-nos-íamos nos perguntar o que haveria de levar este sujeito a se inibir. Ademais, deveríamos compreender que, mais do que formas de lidar com o mal-estar decorrente da inibição sistemática dos próprios desejos, depois de um tempo, as manipulações – às quais chamamos de ajustamentos neuróticos (ou evitativos) – constituem a própria realidade antropológica do sujeito supostamente inibido. Ou, ainda, as manipulações constituem a própria identidade social pela qual tal sujeito é conhecido, por exemplo, como neurótico, manipulador, chato, inseguro, arrogante, enfim, todo um repertório de atributos motivados pelo estilo manipulador que ostenta. Contudo, a partir do momento em que ninguém mais quer saber de jogar o jogo desse sujeito manipulador, o que acontece com sua antropologia? Em alguma medida, ele fica tão desnudo quanto as pessoas desalojadas e desabrigadas em decorrência das emergências e desastres.

Suponhamos uma situação em que o meio social não tolera mais as manipulações neuróticas pelas quais alguém tenta diminuir a ansiedade decorrente da inibição inconsciente de seus próprios excitamentos. Por conta dessa intolerância, nosso personagem neurótico não pode mais produzir ajustamentos de evitação. Mais além da ansiedade, ele agora vai enfrentar um quadro de aflição em decorrência da exclusão social de seus comportamentos. A alternativa que encontra é radicalizar seus comportamentos, a ponto de provocar, nos semelhantes e contra si mesmo, um quadro de violência física e moral a que chamamos de "formação reativa". A consequência da cronificação das formações reativas é a aniquilação das identificações (ou representações sociais manipulativas) nas quais o sujeito (neurótico) se apoiava até ali. Eis a crise reativa, que é um estado crônico de formação reativa voltada contra si e contra os semelhantes, estado este que configura mais uma modalidade clínica do sofrimento político.

É verdade que, por vezes, a frustração social de um ajustamento de evitação pode favorecer o neurótico. A recusa das pessoas em participar de uma manipulação pode levar o neurótico à suspensão de seus próprios hábitos inibitórios em proveito de novos ajustamentos criadores, o que muitas vezes significa enfrentar o outro capitalista. No entanto, mesmo nessas situações, é preciso que o meio social forneça suporte para que aqueles ajustamentos criadores aconteçam. Caso esse suporte não seja oferecido, não há como a função de ato no neurótico retomar a regência da vivência do contato. Tal função vai ficar no vazio, no vazio de possibilidades, o qual é um estado aflitivo, de sofrimento político. Desse modo, seja por não dar direito de cidadania a um ajustamento neurótico, seja por privar uma função de ato de dados que lhe permitissem ultrapassar os ajustamentos neuróticos, a intolerância social está na gênese desse tipo específico de sofrimento político a que chamamos de crise reativa e que outra coisa não é senão a falência social da neurose.

Aliás, intolerância é a atitude mais característica dos dispositivos capitalistas de policiamento, que procuram disciplinar os sujeitos ao regime da produção e do consumo. Tal consumo, além do mais, cumpre a função de um dispositivo de saber, pois vela a verdadeira função da alienação biopolítica no trabalho: a geração da dívida. Ora, os sujeitos manipuladores (neuróticos), em seu modo, transgridem essa lógica. Afinal, fazem produzir ao outro, transferem as dívidas pelas quais deveriam trabalhar aos semelhantes. E como essa manobra geralmente se mostra

PSICOSE E SOFRIMENTO

ineficiente, aos olhos do outro capitalista, perdem-se aí tempo e dinheiro. Logo, é preciso tratar o neurótico, fazê-lo voltar a produzir e a consumir, destruir suas estratégias de manipulação. A ambição do capitalista aqui não tem limite: não bastasse haver exigido dos sujeitos de ato a renúncia aos próprios desejos (renúncia essa vivida como inibição sistemática de si), o capitalista agora exige, desses mesmos sujeitos, a renúncia à satisfação possível que encontraram para o mal-estar decorrente da inibição que imputaram a si próprios, ou seja, a manipulação. Exige-se, enfim, uma renúncia "ao quadrado", cuja consequência é um sofrimento também "ao quadrado": além de abrir mão dos próprios desejos, eles acabaram tendo de abrir mão da humanidade (neurótica) que construíram.

Com isso não queremos dizer que a crise reativa desencadeada por essa sequência de demandas seja indício de que o sujeito neurótico desistiu de lutar. Ao contrário disso, cremos que os sujeitos em crise reativa são bravos guerreiros, que não sucumbem às exigências do outro capitalista. Lutam até o fim, não se deixam alienar por inteiro na cadeia do consumo e consequente insatisfação. Tornam-se violentos, fixam-se em comportamentos fóbicos, deprimem, pois, enfim, há inúmeras e criativas maneiras de reagir, de fazer formação reativa. Cada uma delas é uma tentativa aflitiva para deter a exigência capitalista por alienação no produtivismo e consumismo de massa. Razão pela qual, da perspectiva clínica, de uma clínica gestáltica, as formações reativas, antes de ser desmanteladas, devem poder ser encorajadas, não em seu modo manipulador e aniquilador, e sim como uma posição crítica de enfrentamento às demandas por alienação sistemática à cultura do consumo.

Um exemplo dessa situação é a crise (ou ataque) de pânico. Senão na sua origem (como causa de uma inibição que evolui para uma formação reativa e se cristaliza como síndrome), ao menos como seu elemento desencadeador, acreditamos que, no pânico, haja sempre uma demanda (político-econômica) osten-

377

siva que os sujeitos não querem ou não conseguem satisfazer. É o caso, para tomarmos um exemplo clínico, de um sujeito que, para se tornar piloto de avião em uma grande companhia, teria de mudar seu domicílio para fora do país, além de se submeter a uma rigorosa dieta. Seguir essas recomendações – segundo o jovem piloto – equivaleria a abrir mão do vínculo mais importante de sua vida: a mãe. Apesar dos protestos do pai e do estranhamento dos amigos, o jovem piloto não permitia que ninguém além dele se incumbisse de assistir à mãe agora doente. Não descuidava de trocar com ela receitas culinárias, porque desde há muito tempo a comida era o modo como transmitiam amor reciprocamente. E, se não podemos afirmar que o amor pela mãe fosse o desejo que a dieta veio simbolicamente inibir, podemos ao menos dizer que, doravante, a humanidade por inteiro se tornou responsável por esse rompimento com algo que a comida representava e nem mesmo o jovem piloto compreendia. O pai não podia entender tamanha resistência para emagrecer. Especialmente não compreendia por que adiar tantas vezes os exames de admissão, pois o tempo urgia. Toda contingência era motivo para que ele interrompesse a dieta e remarcasse os exames. E quando ninguém mais podia suportar as manobras do rapaz para impedir que outras pessoas cuidassem da mãe, quando todos começaram a cobrar dele uma definição profissional, a cena abjeta da massa encefálica escorrendo pelo asfalto de uma pista de corridas em um filme a que assistira em sua própria casa foi motivo suficiente para que desenvolvesse a certeza de que derrubaria os aviões que passasse a pilotar, a ponto de não suportar ouvir a palavra "frenagem". Mantinha agora distância dos aeroportos e das estradas. Não podia sentir o cheiro do asfalto que de pronto lhe provocava frio na espinha e a sensação de que sua cabeça iria explodir. Já não podia voar, pois a visão da pista o remetia às cenas do filme; começavam então as crises respiratórias, os espasmos, o que ele próprio denominava de pânico. A ansiedade tornou-se então intolerável e ele não encontrou no meio social nenhum suporte, seja para delegá-la, seja para enfim operar uma ação criativa, por exemplo, desistir da aviação e empregar-se em um restaurante. A alternativa que lhe sobrou foi defender-se fobicamente, regredir a um estado infantil, em que se sentia mais seguro, como quando foi autorizado pela mãe a não ir mais à escola, ao menos naquela semana, pois o fato de haver testemunhado um atropelamento, de ter estado muito perto daquele corpo cuja cabeça se liquefazia no asfalto riscado com frenagens, justificava que ficasse integralmente aos cuidados da cozinheira. E foi então que ele pôde se lembrar dos conflitos domésticos, nos quais, segundo sua própria fantasia, virara motivo para a violência contra a mãe, que o protegia. Pois o pai o queria "voando alto", não amedrontado entre mulheres. Do que ele abriu mão para se tornar aviador? Ao certo ele não sabia. Sabia, no entanto, que as exigências de agora eram as mesmas do passado, apenas que elaboradas em torno de outro tema: a empregabilidade. E se, enfim, elas não podiam dar trégua, se não podiam tolerar o vínculo afetivo e culinário com a mãe, tampouco cessariam as crises respiratórias, os espasmos musculares, os sintomas todos do "pânico".

Tais reações, em verdade, são apelos desesperados por ajuda. Desesperados na medida em que não sabem o que nos pedir, o que esperar. A regra básica é não confrontá-los. Ao contrário disso, é preciso acolher os apelos desesperados, começando com um trabalho de atenção à respiração, depois à motricidade e, finalmente, aos conteúdos semânticos (função personalidade) que tal pessoa possa articular com a fala. Nesse momento, então, é preciso identificar quais demandas exigem dele a suspensão de seus próprios ajustamentos (de evitação). É preciso identificar contra quem, além dele mesmo, ele dirige as formações reativas. O manejo do meio familiar e social é essencial para que, pouco a pouco, o sujeito recobre sua autonomia. Quando as crises reativas acontecem em situações de consultório ou de trabalho terapêutico com grupo, não é recomendável qualquer tipo de pontuação a respeito dos desejos, apareçam eles como hábitos motores e linguageiros, afetos ou fantasias. Tal pontuação somente seria o caso se o consulente respondesse às intervenções por meio de ajustamentos de evitação. Mas a crise reativa é justamente a falência de tal ajustamento. Nessa situação é fundamental que o clínico ajude o consulente a identificar qual dado pode restabelecer para ele a segurança.

b. O SOFRIMENTO E O AJUSTAMENTO DE INCLUSÃO NOS CONFLITOS SOCIAIS (POLÍTICO-ECONÔMICOS)

Se é verdade que os laços sociais são invenções históricas que viabilizam, por um lado, a conservação e a ampliação de nossas identidades antropológicas (instituições, valores e pensamentos), e por outro a produção e realização dos vínculos de poder que definem o desejo (em sentido amplo), também é verdade que, em nome do desejo, os laços sociais conformam incontáveis cenários de conflito político, cuja consequência frequente é a dizimação das próprias identidades antropológicas. Sem aderir à tese foucaultiana (1976, p. 135) sobre a onipresença dos dispositivos de poder, podemos ao menos reconhecer que, em se tratando das relações pautadas pelo desejo, elas todas são eminentemente conflituosas, uma vez que consistem em dispositivos de dominação desempenhados por diferentes sujeitos. Quando os objetos de desejo dos diferentes sujeitos são distintos, a tolerância à vontade de poder de cada qual é relativamente generosa. Mas quando o objeto desejado é o mesmo, ou quando os sujeitos desejantes são obrigados a trabalhar pelo desejo de um sujeito dominante, como sucede nas relações capitalistas de fabricação e alienação da dívida, as disputas são inevitáveis. Conforme a letra de Foucault (1976), poderíamos dizer que elas se tornam a forma possível de ampliação diversificante dos sujeitos desejantes. Trata-se de reivindicações antropológicas (a que também denominamos de ajustamentos de inclusão) em favor da multiplicação das possibilidades (políticas) de produção de desejo. Essa constatação nos levou a reconhecer, nos movimentos sociais (de reivindicação e defesa dos direitos civis, de ampliação das possibilidades de inserção social, de protesto contra injustiças e em favor dos excluídos) – sejam eles promovidos de forma espontânea ou capitaneados por organizações sindicais, associações civis, representações de classe ou instituições de defesa do interesse público –, genuínos ajustamentos criadores, pedidos de inclusão antropológica em prol da superação de um estado de sofrimento político geralmente desencadeado por conflitos. Qual tarefa poderia aí um clínico desempenhar?

Os conflitos sociais podem ser investigados, quanto à sua gênese, a partir de pelo menos dois pontos de vista distintos e complementares. Ou se compreende o conflito social do ponto de vista econômico, isto é, do ponto de vista de determinada cadeia de produção de valor a partir da natureza, ou se compreende o conflito social do ponto de vista das relações políticas a ele implícitas e referente aos contratos por meio dos quais os desejos passam a contar com uma regulação antropológica, que é a justiça política. A exclusão política, na maioria das vezes, tem como fundo uma exclusão econômica.

Na exclusão econômica, priva-se o sujeito de atos da única fonte possível de riqueza, que é a natureza. Nas economias capitalistas, para que possa valer como riqueza é preciso que a natureza esteja alienada na forma de propriedade, emprego ou valor de circulação (moeda) em favor do interesse dos sujeitos de ato. E ainda que, na presente obra, não nos interesse determinar com rigor a relação entre os sistemas produtivos e as situações de sofrimento, podemos ao menos dizer que, nessas situações de sofrimento, especificamente econômico, a natureza que alienamos não é revertida em riqueza suficiente para nossa sobrevivência. Ou a riqueza que nos é auferida é muito menor do que aquela efetivamente produzida por nós mesmos. Esse é o caso de laços sociais, como o emprego, em que aquilo que seria, para nós, uma fonte de riqueza (nosso corpo, nosso tempo ou o que ele tenha produzido) é expropriado em seu valor em favor de um terceiro (seja este o estado de direito, uma corporação econômica ou uma causa ideológica, como a defesa do meio ambiente, ou a salvaguarda da saúde das instituições financeiras). As análises político-econômicas de Karl Marx (1867) sobre a *Mehrwerk* (mais-valia) são decisivas para esclarecer a origem desse tipo específico de sofrimento econômico que é a desvalorização dos salários em relação aos bens produzidos em troca desses salários. Por mais discutível que possa ser a tese de que a fonte do "lucro" capitalista seja o trabalho a maior não indenizado (mais-valia) pelos donos dos meios de produção, é incontestável que os assalariados estão para sempre impossibilitados de enriquecer enquanto permanecerem assalariados (de acordo com Forrester, 1997). E cedo ou tarde a propaganda ideológica fracassa em seu intento de sustentar essa ilusão econômica que é a ilusão em torno do poder de compra dos salários. O desespero econômico recai sobre os orçamentos dos trabalhadores, que nem bem recebem seus proventos já precisam pensar em alternativas de sobrevivência em decorrência da insuficiência de seus ganhos. O que, por fim, justifica o surgimento de organizações, legislações e movimentos sociais em defesa das causas trabalhistas. E o mais impressionante, nalguns casos, é que nem mesmo a realidade periclitante das economias domésticas convence alguns trabalhadores sobre a necessidade de reagir, como se a participação em greves e ações judiciais representasse algum tipo de conspiração que justificasse a demissão ou a exclusão laboral. Em verdade, os dispositivos de saber controlados pelos capitalistas encarregam-se de disseminar uma cultura terrorista, que inclui desde as ameaças diretas aos trabalhadores e familiares, até o aliciamento dos sindicatos e dos poderes estatais. E é por essas razões que, na esteira de Phillip Lichtenberg (1990)[3], acreditamos que os clínicos gestálticos têm uma importante função a cumprir, que é ajudar os trabalhadores a ampliar suas compreensões acerca das dificuldades econômicas que estejam sentido. Contra os dispositivos de saber controlados pelo capitalismo, os clínicos gestálticos deveriam poder questionar as representações sociais em favor das quais os trabalhadores alienam seus desejos políticos de enriquecimento.

Aliás, é preciso levar em conta a força deste grande invento capitalista que é a propaganda. Mesmo quando se torna escandalosa a razão da distribuição de riqueza entre o capital e o trabalho, a propaganda capitalista consegue dizimar as forças de resistência laboral, radicalizando a proposta ideológica que vincula a riqueza ao poder de consumo. E se a propaganda não pode fundamentar o consumo no salário pode fazê-lo por intermédio desta outra invenção capitalista, a mais cruel de todas elas, que é o financiamento. Por meio desse expediente, como vimos sobretudo no capítulo anterior, o capitalismo não apenas se apropria dos corpos trabalhadores em troca de salários, como também abocanha os próprios salários, agora comprometidos com as dívidas contraídas por conta de um aliciamento midiático de apelação consumista. A dívida torna-se o motor da cadeia produtiva, que não poupa sequer os Estados, transformados em clientes de financiamentos originalmente destinados à melhoria das condições de vida da população, mas efetivamente empregados no enriquecimento das elites nacionais. O pior, nesse caso, é que a dívida pública passa a ser paga por todos os cidadãos, em especial por pequenos e médios empresários e pelos trabalhadores em geral. Impossibilitados de crescer e obrigados a repassar para os produtos comercializados a conta dos impostos criados para o pagamento das dívidas do Estado, os empresários das economias nacionais não têm alternativa senão sonegar ou repassar aos trabalhadores os custos deste engodo chamado financiamento capitalista das economias nacionais.

Há, ademais, um tipo de exclusão econômica ainda pior. Trata-se daquela em que somos privados dos laços sociais em que uma natureza pudesse estar alienada (valorada) em nosso favor. Não somos reconhecidos como natureza produtiva, mercado consumidor, fonte de riqueza. Nossos costumes, nossos corpos e nosso tempo não interessam à economia oficial, daí que vivamos à margem, isolados do sistema produtivo de riquezas. Esse é o caso dos sem-teto, dos sem-terra, dos sem-chance-de-inclusão-no--mercado-de-trabalho, seja por questões étnicas, religiosas, de gênero, entre muitas outras. Em rigor, esse tipo de exclusão caracteriza um sofrimento que é antes ético do que político, uma vez que o aniquilamento radical das representações sociais que valessem um lugar na cadeia produtiva compromete não apenas os desejos, mas também a própria sobrevivência dos sujeitos de ato. Estes não são reconhecidos sequer como cidadãos, o que torna impunes quaisquer atos de negligência praticados pelo Estado e pelos cidadãos comuns contra aqueles.

No caso da exclusão política, somos privados dos contratos sociais (sejam eles institucionalizados ou não) que reconheceriam nosso direito de exercer uma forma de poder (como, por exemplo, o voto, a petição ou a autodefesa). A exclusão política geralmente tem uma motivação econômica. Quando não cumprimos a função ou o desempenho esperado pela cadeia produtiva, somos privados do direito de decidir sobre ela. A exclusão acontece por diferentes maneiras, algumas delas politicamente institucionalizadas, como a que retira, dos sujeitos das formações psicóticas (especialmente os surtados), a imputabilidade, mas também a autonomia civil. A institucionalização da exclusão política, além do mais, não depende da existência de instituições políticas. Nos estados de exceção, conforme nos ensina Agamben (1995a), a exclusão pode ser exercida na forma de representações sociais alinhadas com a ideologia soberana que infligem, às personalidades indesejáveis, as mais diferentes modalidades de sanções.

Intervir em situações de exclusão político-econômica significa disponibilizar-se a acompanhar os excluídos em seus pedidos de socorro, procurando ajudá-los a encontrar os meios pelos quais eles possam ser ouvidos e atendidos em seus apelos. Ainda que nem sempre possamos atuar nos conflitos em favor de nossos con-

PSICOSE E SOFRIMENTO

sulentes, menos ainda assegurar-lhes a efetiva inclusão nos espaços que reivindicam, podemos ao menos ajudá-los a compreender a legitimidade política do que pleiteiam, por se tratar de um genuíno movimento de defesa da cidadania do próprio desejo. Tal envolve ajudá-los a: i) identificar as suas necessidades (e não seus excitamentos ou desejos); ii) reconhecer e constituir o "semelhante" de quem possam merecer atenção e resultado; e iii) executar as tarefas que possam valer o resgate de um lugar social. Porém, isso não significa "fazer por". O trabalho de acompanhamento de alguém em sofrimento político-econômico não caracteriza uma forma de assistência social. Trata-se, como em toda clínica gestáltica, de um "treinamento" ou "ampliação" da autonomia da função de ato. No caso dos ajustamentos de inclusão econômica e política, trata-se de favorecer a autonomia da função de ato na construção de um pedido de inclusão em uma rede produtiva ou em uma representatividade política. É preciso considerar ainda que a intervenção gestáltica nunca é normativa. Ela não visa "defender" ou "criticar" uma ideologia especificamente. O que está em jogo é ajudar alguém a compreender e fazer sua opção econômica e política.

Nesse sentido, vale lembrar a posição de Foucault, segundo a qual não cabe ao intelectual – e, conforme nosso entendimento, tampouco ao clínico gestáltico – a representação dos excluídos. Não se trata de falar em nome dos excluídos e assumir a posição de porta-voz na luta por direitos. Tampouco engajar-se em partidos com vistas a encontrar soluções. Como já dissemos, à diferença de Marx (1867) e de Sartre (1948), e na esteira de Merleau-Ponty em *Humanisme et terreur* (1947) e em *Les aventures de la dialectique* (1955), Foucault não acredita que a tarefa da filosofia e da crítica seja transformar o mundo. Do mesmo modo, acreditamos que essa não seja a tarefa dos clínicos. Estes não devem ser confundidos com ativistas políticos. Se é verdade que, como cidadãos, eles têm o direito e o dever de lutar pelos contratos que representam seus desejos, como profissionais (cínicos) os clínicos deveriam poder ocupar-se daqueles que, por conta do sofrimento, não conseguem sequer formular seus desejos de enfrentamento político ao outro capitalista. Dessa forma, a articulação entre engajamento e reflexão histórico-filosófica consistiria antes em uma postura de acolhida e autorização motivadora que os clínicos exerceriam em relação às alternativas de enfrentamento formuladas pelos sujeitos em sofrimento político. Cabe a estes o protagonismo nos movimentos sociais de luta pela emancipação dos próprios desejos.

Esse é o caso de uma intervenção que fizemos na associação de usuários de um Caps e cuja identidade, por motivos de segurança, não podemos divulgar. Percebendo que os profissionais careciam de recursos para adquirir materiais para as oficinas terapêuticas que dirigiam, os usuários do Caps mostraram-se muito preocupados. Afinal, as oficinas poderiam ser canceladas e os tratamentos interrompidos. Em assembleia junto com os profissionais, demandaram, destes, providências para a aquisição dos materiais em falta. Ao que tomaram conhecimento, da parte dos profissionais, de que os gestores públicos (ligados a uma secretaria municipal de Saúde) não dispunham de recursos para fazê-lo. Isso, entretanto, pareceu aos usuários algo muito estranho, tendo em vista que, por direito, cada vez que um usuário participasse de uma atividade no Caps, este mesmo usuário geraria – em um fundo federal de recursos destinados à saúde – um valor que deveria ser repassado ao respectivo Caps para a aquisição de materiais e capacitação dos profissionais. Ademais, conforme a legislação que regulamenta essas instituições (Caps), ainda que os recursos destinados pelo fundo federal fiquem sob o controle das prefeituras onde estejam localizados os respectivos Caps, os profissionais e usuários deveriam poder consultar a conta na qual a prefeitura guardaria os recursos. O que motivou os usuários a fazer uma consulta aos gestores, no sentido de ser esclarecidos sobre os valores recebidos e os destinos que tiveram. Mas, tão logo os profissionais informaram os gestores sobre a

PSICOSE E SOFRIMENTO

decisão da assembleia, foram prontamente ameaçados. Caso continuassem com as suspeitas, eles poderiam ser demitidos, mesmo porque haviam sido contratados por tempo determinado (dois anos). Os usuários, de igual forma, assustados com a possibilidade da demissão dos profissionais, recuaram em suas exigências, não obstante a indignação. Foi nesse momento que nós, por conta do trabalho de supervisão que fornecíamos aos profissionais, fizemos uma série de reuniões para debater o assunto, até que restou claro a todos os participantes que a melhor estratégia para a efetivação da reclamatória por recursos legalmente pertencentes ao Caps seria incumbir a associação dos usuários dessa tarefa. E, doravante, nos dedicamos a escutar as angústias, ansiedades e formações psicóticas com as quais os usuários elaboravam o enfrentamento político às autoridades municipais. Analisar direitos, deveres, riscos e consequências, bem como apoios e canais de interlocução, foi de fundamental importância para que, enfim, a associação fizesse uma denúncia formal aos órgãos públicos de defesa dos direitos civis, o que valeu um processo sumário rapidamente solucionado em favor da associação. Descobriu-se que o saldo de 30 mil reais era utilizado para outros fins, como comprar medicamentos não prescritos para os usuários do Caps, medicamentos esses distribuídos gratuitamente à população em geral com fins eleitorais. A vitória política foi dos próprios usuários. Nosso papel limitou-se a oferecer esse espaço de acolhimento e tolerância em que as dúvidas e os medos pudessem ser compartilhados, até que uma ação efetiva pudesse ser implementada.

AJUSTAMENTOS DE INCLUSÃO NAS SITUAÇÕES DE SOFRIMENTO ÉTICO

No luto, em situações de risco e desastre, não obstante sofrermos a aniquilação das representações sociais às quais estávamos identificados, nós podemos sempre encontrar, no limite antropológico de nossos vínculos humanos, alguém a quem pedir socorro. Da mesma forma, nas situações de conflito social ou de esgotamento de nossas possibilidades político-econômicas, a solidariedade dos iguais sempre inaugura uma forma de resistência. Entretanto, o que fazer quando aqueles a quem poderíamos pedir ajuda coincidem com aqueles mesmos que promovem nossa aniquilação? O que fazer quando os agentes da aniquilação de nossas representações sociais são os mesmos a quem poderíamos recorrer? Em certa medida, é o que acontece aos presidiários, aos loucos condenados, às vítimas da violência racial e de gênero e aos psicóticos em surto. Para estes, quase não há alteridade disposta a ajudar. Afinal, não há de fato horizontalidade possível entre cidadãos e criminosos, normais e loucos, brancos e negros, homens e mulheres, e por aí afora. Os cidadãos não se reconhecem nos criminosos, nem os normais nos loucos, ou os brancos nos negros, os homens nas mulheres. Ao contrário, para os cidadãos normais masculinos brancos e heterossexuais a horizontalidade com o diferente é por demais ameaçadora. Ocupantes da posição de dominância, os cidadãos normais masculinos brancos sentem-se ameaçados em sua hegemonia quando percebem, na outra ponta do "cabo de força" que define nossa práxis histórica, as reivindicações político-econômicas dos diferentes. Motivo por que àqueles não resta alternativa que não decretar a exceção, o estado de exceção; condição para que possam descumprir suas próprias legislações, autorizando-se a rechaçar, confinar e agredir, chegando até a matar qualquer um que represente ameaça ao poder que ostentam. Eis então que se desencadeia, para as populações carcerárias, para os pacientes em hospitais de custódia e internação psiquiátrica, para os transexuais e homossexuais nos guetos, ou para as mulheres escondidas atrás da violência doméstica, um tipo de sofrimento específico, que é o sofrimento ético, a destituição radical das representações sociais às quais estavam identificadas, a ponto de restarem apenas como vida nua, corpo

PSICOSE E SOFRIMENTO

destituído de qualquer prerrogativa. No seio do estado de direito do qual, entretanto, são excluídos sem deixar de ser por ele perseguidos, os condenados, os loucos, as mulheres, os etnicamente "diferentes", os homossexuais e os transexuais não têm a quem recorrer.

Em situações de sofrimento ético, os corpos de ato experimentam a mais radical das destituições subjetivas. Presos, loucos surtados e condenados, bem como vítimas da violência racial e de gênero, quando representam ameaças à soberania totalitária das "democracias liberais", são não apenas submetidos aos desejos dominadores do branco heterossexual masculino normal; eles são expressamente expungidos do circuito das relações sociais que constituem a função personalidade, o sistema partilhado de identidades sociais. Circulando pelas selvas de pedra que constituem as cidades nas grandes metrópoles globalizadas, confinados em presídios, hospitais de custódia ou guetos-favela (que antes lembram campos de concentração), os sujeitos alijados do interesse da indústria do consumo são ocorrências quase-invisíveis. Eles não só não têm lugar na economia política oficial, como não podem se organizar paralelamente; o que significa que além de não ter direito a ser ouvidos, nalguns casos, suas práticas, valores e instituições "alternativas" são justificativas para intervenções violentas da parte do estado de direito. E o desafio que se impõe aos clínicos gestálticos, identificados à posição cínica de salvaguarda daquilo que não tem lugar no estado de direito, é saber de que modo acolher a diferença sem arregimentá-la em um programa imposto; de que forma dar voz ao sofrimento sem comprometê-lo com uma teleologia militante?

Nosso encontro com o louco, com o presidiário, com o escravo da indústria do tráfico, ou com as vítimas da violência racial ou de gênero é sempre uma experiência impactante: não encontramos no discurso e no semblante dessas pessoas o imaginário de segurança característico daqueles que se sentem protegidos, não encontramos em suas vestimentas os valores difundidos pelo poder midiático, não encontramos em seus olhares o horizonte de esperança que inclusive nos fez chegar até eles. Por um instante percebemos que entre nossas "vestes" profissionais e a "nudez" antropológica com a qual aqueles sujeitos se apresentam, entre o asfalto e o morro, a sala de visitas e a cela há uma distância intransponível, dois idiomas dificilmente traduzíveis. E a única possibilidade de horizontalidade que então se apresenta passa por nossa coragem para suspender os interesses, os desejos, as posições políticas que ocupamos em favor de uma gratuidade sem meta. Somente assim poderemos testemunhar outra coragem, a coragem que se mostra na outra ponta, formulada pelos sujeitos a quem nos dirigimos, e se formula nos termos de um pedido de socorro totalmente matizado pela desconfiança, pela insegurança, arredio. Não é impossível, nesse momento, que se estabeleça entre nós uma sorte de solidariedade estranha, caucionada por nosso desprendimento, por nossa falta de propósito ou interesse. E aqui é muito importante observar a função do desprendimento como estratégia de intervenção inclusiva. Somente quando logramos alcançar a nudez do interesse conseguimos nos nivelar com os sujeitos em sofrimento ético, ainda que a nudez deles seja muito mais radical. Se é verdade que, em um momento a seguir, espera-se que o pedido de socorro possa formular um interesse, político inclusive, antes é preciso que tal pedido consiga formular uma identificação antropológica, que é a confiança em nossa capacidade para acolhê-lo. Mas para lograr essa identificação o pedido deve poder reconhecer em nós a gratuidade.

É importante não confundir – vale frisar – este tipo de atenção aos sujeitos em sofrimento com uma estratégia esteticista, que buscasse reconhecer, nos sofredores, algum tipo de desejo transgressor a ser patrocinado. Conforme já dissemos no Capítulo 8, diante da violência dos estados de exceção, uma estratégia esteticista pode ser tão ineficiente quanto as respostas neurótica e banal, ou tão perigosa quanto a resposta antissocial.

a. O SOFRIMENTO E O AJUSTAMENTO DE INCLUSÃO NAS SITUAÇÕES DE VIOLÊNCIA RACIAL E DE GÊNERO

A violência racial e de gênero é muito mais do que um efeito dos conflitos políticos inerentes às relações entre diferentes. Se por um lado é verdade que em toda relação pautada pelo desejo sempre há um ímpeto de dominação sobre algo ou alguém, nos conflitos raciais e de gênero não se trata apenas de dominar o diferente. Os desejos diversos daqueles dos dominantes (heterossexuais masculinos, normais e brancos) devem doravante ser aniquilados. Afinal, eles não satisfazem a condição de servir de objeto dominado. Em alguma medida, falar em nome de outra raça ou estar identificado a outro gênero é corromper a lógica de produção de saberes e poderes dominados.

Do viés dos dominadores, o problema não diz respeito à cor da pele, à constituição biológica dos sujeitos ou às preferências sexuais de quem quer que seja. Os homens brancos heterossexuais não fazem objeção às mulheres, aos negros, amarelos, mestiços, homossexuais, transexuais, desde que estes possam servir àqueles. Todavia, se os sujeitos diferentes constituem identidades rivais, se eles contestam a condição de objetos de satisfação das identidades dominantes, ou se começam a reclamar voz, poder, participação nos meios de produção de riqueza, então eles representam riscos à manutenção do estado de direito que favorece o poder das identidades dominantes. Eis por que, tão logo os sujeitos dominados começam a ocupar lugares políticos, tão logo começam a reclamar reconhecimento como sujeitos desejantes, eles se tornam alvo de estratégias aniquilatórias produzidas pelos dominantes. De modo muito semelhante aos estados de direito ameaçados que decretam estado de sítio, os representantes dos desejos dominantes suspendem as representações antropológicas com as quais antes promoviam a inclusão social dos sujeitos dominados (mesmo que se tratasse de uma inclusão exploratória). Ou, ainda, os sujeitos dominantes destituem os sujeitos até ali dominados das poucas prerrogativas de que dispunham, como se, doravante, perdessem o discreto lugar cidadão que ocupavam. Eles agora se tornam seres excluídos do estado de direito. Pior do que isso, em nome da defesa do estado de direito, cada sujeito dominante pode exercer sobre os dominados uma espécie de soberania aniquiladora. Qual *homo sacer*, os sujeitos dominados que pleiteiam uma identidade social são reduzidos à condição de vida nua, à condição de animais destituídos de qualquer cidadania, o que justifica – para os sujeitos dominantes – a suposta legitimidade de ações discriminatórias, de rechaço e, inclusive, de violência física implementadas contra os sujeitos diversos.

Como descendentes de diferentes povos mesclados sob a batuta de variadas formas de regime escravocrata, nós brasileiros estamos relativamente acostumados à presença de diferentes sujeitos, advindos de diversas culturas e etnias em nossas famílias ou grupos familiares. Ou, como é mais frequente, nós todos nos sentimos aceitos e acolhidos em grupos sociais dos quais não fazemos parte, mas que nos toleram em troca de favores que possamos lhes prestar. Aparentemente, vivemos uma bela integração racial, como se negros e brancos se frequentassem e se respeitassem como iguais. Porém, tão logo surja uma reivindicação (por exemplo, em favor da melhoria das condições de trabalho, aumento salarial, investimento em formação, participação em lucros etc.), tão logo nos organizamos para participar de uma agremiação, associação ou atividade, perdemos o lugar antropológico do qual antes participávamos. Para os sujeitos dominantes, na quase totalidade homens brancos heterossexuais, quando começamos a reivindicar direitos, nós nos tornamos subversivos, invasores, perturbadores da ordem pública e, inclusive, mal-agradecidos, como se a convivência íntima na casa do "senhor" fosse motivo suficiente para que nossas necessidades fossem atendidas. Participar de uma organização política contrária ao estado da arte torna-se uma traição ao caráter "cristocêntrico da colonização portuguesa, em particular, ou hispânica, em geral", para usarmos aqui a letra e a polêmica análise de Gilberto Freyre

PSICOSE E SOFRIMENTO

sobre a formação brasileira (1981, p. 228)[4]. E se nós – descendentes e herdeiros de uma cultura escravocrata – insistimos em falar não apenas em nome próprio, mas também e principalmente em nome de uma organização política, tornam-nos inimigos, como se estivéssemos traindo a acolhida que antes merecemos. Nesse momento, então, a "cordialidade cristocêntrica" é trocada pelo chicote, pelo chicote social da segregação, da segregação urbanística (que nos deixa alijados dos lugares geograficamente mais apropriados para a habitação), sanitária, educacional, cultural e, sobretudo, econômica. No Brasil, a população de afrodescendentes ultrapassa os 7%. São 14 milhões de pessoas, das quais metade vive abaixo da linha de pobreza[5]. Esta metade mais pobre integra o conjunto dos 10% dos brasileiros mais pobres, os quais dividem entre si não mais que 1% da riqueza nacional, em contrapartida dos 10% mais ricos, que desfrutam de quase 50% das riquezas[6]. Uma das economias mais expressivas do nosso tempo com uma das piores distribuições de renda da história da humanidade.

A violência de gênero não é menos cruel que a violência racial. Aquela vitima, sobretudo, as mulheres de todas as classes sociais ou de todos os grupos étnicos quando se ocupam de representar e fazer valer os desejos que, como seres políticos que são, dirigem aos semelhantes, não importa de qual gênero. Enquanto permanecem resignadas à condição de progenitoras, nutrizes, profissionais do lar, trabalhadoras de menor custo e maior eficiência, em todos os casos objeto da sedução masculina e heterossexual, as mulheres não representam ameaça à dominância e controle social exercido como desejo masculino. São todas merecedoras de um tipo de atenção e cuidado que, entretanto, as nivela aos objetos manufaturados, aos animais domésticos ou de caça e, em muitos casos, aos escravos. Quando, contudo, elas se rebelam contra essa posição política a que foram sujeitas, passam a representar uma ameaça de primeira ordem à hegemonia masculina que, por sua vez, reage decretando verdadeiro regime de exceção. O totalitarismo masculino exercido tanto no ambiente doméstico da convivência familiar quanto nos cenários políticos das corporações não quer partilhar com as mulheres os representantes do poder, sejam eles prerrogativas legais, posições de comando, valores financeiros, práticas culturais como a exclusividade na exigência da tolerância à infidelidade ou no exercício da poligamia. Motivo por que, ao menor sinal de migração de poder, em face da mais ínfima indicação de que os representantes do poder agora estão sob o controle das mulheres, os homens identificados ao gênero da dominância desencadeiam as mais diversas formas de reação persecutória, como se a representatividade feminina devesse ser aniquilada. Na intimidade dos lares, as irmãs, as mães, as esposas e as avós são verbal e fisicamente agredidas, como se não tivessem direito à opinião, à liderança e ao descanso, como se não pudessem reclamar horizontalidade no modo de administrar a intimidade. No campo laboral a produtividade feminina não pode estar atrelada à representatividade política: as virtudes e êxitos laborais das mulheres são rapidamente transformados em características masculinas, como se o critério para reconhecer a competência de uma mulher fosse sua capacidade para se fazer homem. Conforme dizia o pai de uma colega professora que à época fora desclassificada em um concurso público sendo ela a única candidata mulher: "Minha filha, para teres lugar acadêmico é preciso lutar; seja homem!" No campo social, as reivindicações femininas relativas à responsabilidade e ao cuidado com o próprio corpo (que envolvem desde temas como o aborto até as políticas de contracepção), as reivindicações relativas à representatividade diante das corporações econômicas e instâncias políticas são todas elas submetidas às formulações morais masculinas, de sorte que uma mulher, verdadeiramente, precisa aprender a pensar segundo os valores masculinos. O pior – e mais comum, lamentavelmente – é que as mulheres são perseguidas, humilhadas, violentadas e, não raramente, assassinadas em nome de uma economia sexual que só reconhece ao homem a prerrogativa de buscar a satisfação. O

PSICOSE E SOFRIMENTO

desejo de poder que uma mulher possa manifestar ou é alienado em um sistema de valores misóginos ou é aniquilado por intermédio de um ataque ao corpo, cujos atos restam assim marginalizados, como se caracterizassem um *homo sacer*, uma vida nua sem direito ao direito.

Algo parecido pode-se dizer dos sujeitos cujas práticas de cuidado e de busca de prazer divergem das condutas de alienação na lógica do consumo em torno do sexo-rei – que são as únicas permitidas pelo outro dominador masculino, branco e heterossexual. Enquanto servem de espetáculo ou modo de entretenimento ao outro dominador, as práticas homoafetivas e as identidades transexuais não representam nenhuma ameaça. Porém, quando começam a reivindicar reconhecimento legal, a fim de poder desfrutar de proteções e prerrogativas reconhecidas apenas às identidades heterossexuais (como o casamento, por exemplo, ou o direito à paternidade e maternidade, subvenções sociais, entre outras), os discursos e práticas homo/trans são vítimas de todo tipo de resistência. O problema não parece estar nos ritos ou práticas sexuais como tais, e sim nas formas societárias que esses ritos e essas práticas podem gerar; formas essas que, à diferença das formas heterossexuais, não estão em princípio sujeitas ao poder dominante e à lógica do consumo como única forma de satisfação. Ainda que não seja falso que o outro dominante consiga, com relativa facilidade, incorporar os ritos e práticas homo/ trans ao repertório de condutas consumíveis e vendáveis, por outro lado, quando se constituem como sociedades autônomas, aqueles ritos e práticas ameaçam a hegemonia econômica e política do outro branco, masculino e heterossexual. Os sujeitos homoafetivos e trans não corroboram a estratégia de dominação segundo a qual as condutas sociais devem ser uniformizadas, não corroboram as políticas de sujeição do corpo feminino ao poder masculino, não corroboram as políticas de sujeição do imaginário infanto-juvenil aos modelos sociais sobre os quais o outro dominador tem hegemonia. Por isso, como já diagnosticava Foucault em *Vigiar e punir* (1975), os movimentos pró-homoafetividade representam verdadeiras ameaças ao capitalismo, o que explica o incentivo tácito que os meios de comunicação, as religiões e as pedagogias apoiadas pelo capitalismo emprestam às práticas homofóbicas, apareçam elas nas piadas compartilhadas no cotidiano, nos programas de entretenimento ou nos estádios desportivos, apareçam elas nos grupos radicais que, nos bairros e nas escolas, perseguem e matam pessoas identificadas às causas homoafetivas.

Em todos esses casos, a violência gera um quadro de sofrimento ético, tendo em vista que o ataque às representações políticas e aos valores antropológicos construídos pelas etnias e gêneros diversificantes ocasiona o risco, quando não a efetividade da aniquilação do corpo de cada qual. Mulheres, negros, mestiços, homoeróticos e transexuais são todos reduzidos à condição de pessoas, senão matáveis e desprezíveis, ao menos inferiores e indesejáveis, para quem não se pode reconhecer nem cidadania (política) nem humanidade (antropológica) que lhes valesse lugar social horizontal. Ainda que consigam refugiar-se em pequenos grupos estabelecidos, em sua maioria na periferia dos espaços oficiais, como são os quilombolas, as comunidades *gays*, os grupos de mulheres nos programas de saúde pública ou nas comunidades religiosas, permanecendo aí escondidas e defendidas da violência sistemática promovida pelos dispositivos de poder do outro dominador, as vítimas da violência racial e de gênero não logram expressar, de modo livre e espontâneo, a céu aberto, o conjunto de práticas e de ideais que compõem suas identidades e seus desejos políticos. Vivem divididas, já que, ao mesmo tempo que anseiam pela realização de suas próprias escolhas, precisam se antecipar às ameaças e aos ataques que sofrem. De onde resulta que, mormente, permaneçam inibidas, à espera de grandes manifestações ou acontecimentos para dar a conhecer a todos aquilo no que acreditam. Ou, então, apostam na ajuda solidária oferecida por organizações alternativas (como as que caracterizam os programas substitutivos de saúde pública vinculadas ao SUS em nosso país, ou como as organizações não governamentais de defesa dos direitos humanos e de apoio à livre expressão), junto às quais podem compartilhar o drama que vivem em decorrência da violência que sofrem, ou desfrutar de uma mínima cidadania inclusiva. O trabalho dos clínicos gestálticos é, sobretudo, poder colaborar para o fortalecimento e desenvolvimento dessas organizações, nas quais inclusive podem exercer o trabalho de acolhimento ao discurso que os sujeitos produzem em torno desta vulnerabilidade ética que os constitui e atende pelo nome de violência racial e de gênero. Saber escutar o medo, a indignação e a revolta é tão importante quanto ajudar os sujeitos a elaborar e compartilhar entre si os valores que dão a cada qual e ao grupo a que pertencem uma identidade antropológica. Saber disponibilizar informações formuladas nas legislações e nas políticas públicas de defesa dos direitos humanos (que ajudem os sujeitos a se proteger) é também tão importante quanto dimensionar com esses mesmos sujeitos as possibilidades de realização dos seus desejos políticos, o que sempre envolve um cálculo dos riscos no enfrentamento ao outro dominador.

b. SOFRIMENTO E AJUSTAMENTO DE INCLUSÃO NAS SITUAÇÕES DE SURTO PSICÓTICO
Se a crise reativa é a falência social de um ajustamento de evitação, o surto psicótico é a falência social de um ajustamento de busca, este último configurando as ações de um sujeito para encontrar, no meio social, os recursos que lhe permitam, senão responder, ao menos defender-se das demandas por excitamento quando esses excitamentos não vêm ou se apresentam em excesso. Por não se ocupar do horizonte de expectativas aberto (ou demandado) pelo meio social ou, simplesmente, por não desejá-lo (tal como se esperaria), o sujeito das formações psicóticas desempenha condutas "estranhas" à cultura dominante. Ou, então, faz uso dos recursos oferecidos pelo meio social sem neles se alienar. Afinal, o sujeito das formações psicóticas não pode

abrir mão da regência sobre suas próprias ações, as quais sempre visam fazer da realidade uma espécie de blindagem, ou, ainda, uma espécie de suplência ao fundo de excitamentos ou ao horizonte de desejos demandados pelos interlocutores. Por conta disso, tal sujeito é frequentemente tachado de inconveniente e, por extensão, excluído dos espaços sociais onde podia dispor e desfrutar das representações sociais às quais estava identificado e a partir das quais produzia suas defesas psicóticas contra as demandas por excitamento. É nessa circunstância que se produz o surto.

O surto não é mais que a impossibilidade social de o sujeito desempenhar as formações psicóticas com que ele próprio ajustava-se às demandas por excitamento em condições em que os excitamentos ou não comparecem, ou comparecem em excesso. E, como as demandas por excitamento não cessam, ao sujeito das formações psicóticas não resta alternativa senão radicalizá-las, que podem chegar às vias da violência contra si e contra os semelhantes, o que, por sua vez, implica também uma radicalização da exclusão praticada pelo meio social.

Essa radicalização da exclusão social aos sujeitos das formações psicóticas tem, para esses sujeitos, consequências muito sérias. Por um lado, eles veem suas angústias aumentarem, uma vez que lhes foram interditadas as representações sociais com que, além de participar de uma humanidade que lhes valesse identidade social, produziam defesas contra as demandas para as quais não tinham resposta. Por outro, suas angústias passam a ser tratadas pelas múltiplas formas de poder instituídas na sociedade como uma ameaça à ordem e à paz social. O sujeito das formações psicóticas é então interditado, impedido de exercer seus direitos civis e submetido a um regime carcerário "branco", que é a internação psiquiátrica. Talvez aqui encontremos o lado mais sombrio do sofrimento que acomete os sujeitos das formações psicóticas. Trata-se de um sofrimento ético, porquanto tais sujeitos já não podem dispor do corpo (de atos) mediante o qual podiam fazer uso da realidade para produzir ajustamentos de busca de respostas às demandas por aquilo que, para eles, costuma não se apresentar e é o fundo de excitamentos e o horizonte de desejos. Privados da liberdade para ir e vir, da prerrogativa de falar em nome próprio ou da possibilidade de eleger preferências, esses sujeitos são reduzidos a corpos desnudados, despidos das características antropológicas que lhes facultavam pertencer a uma família, a uma comunidade, a um estado de direito.

A exclusão social do sujeito dos ajustamentos de busca acontece de várias formas, especialmente por juízos de atribuição, que fazem dele um "louco", um "desajustado", um "sem juízo", entre vários outros rótulos. O sujeito das formações psicóticas passa a ser estigmatizado não apenas por representações sociais desqualificadoras, mas também pelo próprio saber psicológico e psiquiátrico. O psicodiagnóstico, quando utilizado mais além dos estritos limites da comunicação entre os agentes de saúde, torna os sujeitos atendidos sujeitos a um saber e a um tipo de curatela com os quais ele não pode interagir. O psicodiagnóstico, ademais, torna os sujeitos atendidos seres indesejáveis aos olhos de sua comunidade de referência. No caso dos sujeitos dos ajustamentos de busca, o quadro evolui para um estado de extrema angústia, que se deixa perceber na radicalização das formações psicóticas, que passam a acontecer cada vez mais isoladas das formas de interação social; aquilo que antes era angústia agora se transforma em aflição, verdadeiro estado de sofrimento ético. Na fronteira de contato, testemunhamos uma espécie de desistência quanto às possibilidades que o meio social poderia oferecer. Os buscadores se fecham eles próprios em suas alucinações, delírios e identificações, agora descolados das relações sociais, e passam a sofrer todo tipo de discriminação.

A pior delas, certamente, é a que os obriga à internação psiquiátrica. Afastados de seu meio social, os buscadores perdem as poucas referências de realidade com as quais enfrentavam aquilo que para eles em algum momento torna-se muito angustiante, isto é, a ausência ou a desarticulação do fundo de excitamentos. Sem seus objetos cotidianos, sem os espaços habituais e a intimidade das pessoas próximas, os buscadores não podem produzir suplências para tal fundo. Ao contrário, são submetidos a um regime institucional que os priva de singularidade e autonomia, pois já não podem ter objetos pessoais, tampouco decidir sobre sua própria rotina (conforme Goofmann, 1961). Não há mais como operar ajustamentos de busca, já que é preciso antes lutar para readquirir a liberdade de criar, quando não para defender a vida. É o que ouvimos frequentemente de nossos consulentes e, sobretudo, dos usuários do programa substitutivo Caps que têm histórico de internação. Enquanto estiveram internados, mesmo em clínicas "altamente qualificadas", com setor de psicologia instalado, os buscadores conviviam cotidianamente com a violência do confinamento e da administração de drogas que interditam a criatividade da função de ato em cada qual. A recusa à participação do tratamento geralmente é encarada como uma "resistência" que deve ser domada; e não são poucas as denúncias de maus-tratos sofridos por pacientes em hospitais e clínicas psiquiátricos. Vide o livro, escrito em forma de dossiê, intitulado *A instituição sinistra – Mortes violentas em hospitais psiquiátricos no Brasil* (Silva, 2001). Organizado por Marcus Vinícius de Oliveira da Silva, ex-presidente do Conselho Federal de Psicologia (CRP), o livro reúne sete estudos sobre casos hediondos de mortes ocorridas em instituições psiquiátricas nos estados brasileiros do Rio Grande do Sul, Goiás, Rio de Janeiro, Minas Gerais, São Paulo e Bahia. Nas palavras do autor (2001, p. 8), o "que mais impressiona, quando tomamos conhecimento de cada um desses crimes da paz, é o caráter naturalizado e banal assumido por estes 'eventos' na dinâmica das instituições nas quais eles ocorrem". Pior ainda, continua ele, é "o caráter conspiratório e farsante que cerca, de modo geral, a apuração das responsabilidades nesses casos". Afinal, "o silenciamento, a cumplicidade e a impunidade constituem uma espécie de marca registrada. Ninguém viu, ninguém ouviu, ninguém sabe de coisa alguma. Aconteceu e pronto! A única urgência é fechar a ocorrência e encerrar o caso". Ora, o horror vivido dentro dos hospitais psiquiátricos retorna às vezes como um efeito anatomo-fisiológico (afinal, a violência física deixa marcas visíveis e, às vezes, permanentes), outras ainda como rejeição social crônica, na medida em que, depois da internação, os buscadores têm muitas dificuldades para se reintegrar à cadeia produtiva.

E mesmo nos Caps, o despreparo da equipe para operar o manejo dos usuários que chegam aflitos, em estado de sofrimento ético (o que significa dizer, vitimados pelos efeitos da internação psiquiátrica e pela rejeição social), hiperboliza o quadro de desajuste social. Ante a angústia de quem não consegue encontrar suporte social para continuar a buscar a si mesmo, os profissionais muitas vezes recorrem a práticas censuradas por inúmeras portarias do Ministério da Saúde e efetivamente expungidas pelos princípios que orientam as práticas de produção de saúde em um Caps (Brasil, 2010a). Em vez do acolhimento ao sujeito a partir dos resquícios de interação social que demonstra, seguido da identificação dos elementos estressores (demandas), da avaliação de riscos e mobilização da comunidade, tomam-se medidas de contenção, aciona-se a polícia e, nos casos de lesão corporal, em lugar de encaminhar o usuário a um hospital geral, fazem-no retornar a um hospital psiquiátrico. Parte da responsabilidade por essa situação é dos gestores de saúde nos municípios, que não investem na qualificação dos profissionais e, por vezes, mantêm o serviço sem a presença de psicólogos. Mas qual deveria ser, então, a intervenção?

Nos surtos psicóticos, a melhor intervenção é aquela que procura amarrar a produção de busca às possibilidades oferecidas pelo ambiente social, de sorte a resgatar as identidades antropológicas mínimas às quais o sujeito (agora em surto) está identificado. Isso significa, em primeiro lugar, localizar quais são os valores, pensamentos ou instituições a que o sujeito em surto ainda recorre (nomes, lugares, ameaças, proteções etc.) e permitiriam a construção de um mínimo e imediato laço social. A ideia é que possamos nos introduzir como alguém que ofereça proteção ao sujeito surtado, ou seja, alguém que não demande nada dele, o que se traduz, às vezes, em atitudes muito simples como: não ficar no campo visual do surtado, não fitá-lo fixamente, não dirigir palavras diretamente a ele, mas a um personagem com seu nome (por exemplo, dizer ao João que "'O João' agora está entre amigos"). De modo geral, é recomendável não tocar no sujeito em surto, a menos que o descontrole comportamental ofereça algum risco para sua integridade em decorrência do local físico em que se encontra ou porque carregue consigo algum armamento. A agressividade, frequentemente, está relacionada a uma tentativa de se desembaraçar das exigências que lhe estejam sendo feitas, principalmente exigências afetivas (do tipo, "Não podes reagir assim comigo, o que as pessoas vão pensar a nosso respeito, precisas entender que..."). Da mesma forma, caso haja espaço seguro, é recomendável permitir que a pessoa caminhe, busque no meio ambiente os dados de realidade dos quais necessita para se reorganizar. Todas essas ações, em verdade, buscam restabelecer o ajustamento de busca que fracassou, por exemplo, um delírio ou uma identificação positiva ou negativa. É como se pudéssemos restituir a autonomia criadora dos sujeitos para enfrentar as demandas (por inteligência social e por excitamento). Lembro-me de uma ocasião em que fui chamado à casa de uma família cuja filha havia se transformado em minha consulente há alguns meses, depois de longo histórico de internações por causa de uma suposta esquizofrenia. Tratava-se de uma jovem afásica, de quem era muito difícil eu ouvir algum tipo de expressão linguística integrada ao contexto social vivido. O pedaço de vidro na mão da jovem não era mais ameaçador que o celular com o qual a mãe dizia estar chamando a Polícia Militar. Os gritos desesperados da consulente não eram páreo para a atitude de confrontação ostentada pela mãe. "Esta menina se transformou em um bicho, doutor. Ela não fala mais coisa com coisa, aliás, ela nem fala". E, para surpresa da mãe e da empregada que assistia a tudo, pedi à mãe que se calasse, que se mantivesse em silêncio. Por um instante, tive de ser incisivo, obrigando a mãe a sentar-se no sofá ao meu lado. A jovem então começou a caminhar de um lado a outro na sala de estar. Olhava fixamente para a mãe, como se dela tivesse raiva. E quando finalmente largou o pedaço de vidro a empregada doméstica que permanecia assistindo à cena propôs à jovem que também se sentasse. Ofereceu-lhe uma cadeira e, como se eu tivesse percebido a recusa de minha consulente, disse à empregada que não insistisse. Deveríamos deixá-la caminhando, procurando alguma coisa que não sabíamos o que pudesse ser. Era como se eu autorizasse em minha consulente uma alucinação motora. Uma busca de um comportamento com o qual se sentia integrada ou defendida da situação que estivesse vivendo. Ficamos os três, eu, a mãe e a empregada, em silêncio, assistindo ao percurso de ida e vinda da consulente pela sala. Foi quando se dirigiu à cozinha, voltando com uma bandeja cheia de frutas. Veio em minha direção e estendeu a bandeja. Por aquele gesto, compreendi que ela autorizava minha presença. Mais do que isso, compreendi que aquelas frutas eram a forma possível de ela se comunicar comigo. Até que se dirigiu a seu quarto, deitou-se e dormiu. Voltei à sala para conversar com a mãe. A essa altura ela já havia compreendido a singeleza dos expedientes comunicativos da filha, muito diferentes das exigências ostensivas que ela própria, na condição de mãe, produzia: começavam como cobranças e terminavam como agressão. Esse trabalho estendeu-se por vários meses, com visitas domiciliares cotidianas, que foram se tornando mais esparsas, conforme a família compreendia a função das demandas no desencadeamento das alucinações. Ao final de quatro meses, mesmo sem se falar entre si, mãe e filha cozinhavam juntas.

Dessa maneira, em nosso entendimento, nas situações de surto, os profissionais, familiares ou demais envolvidos deveriam poder agir como um (AT acompanhamento terapêutico). Como vimos no Capítulo 7, o AT é um agente político que procura assegurar, ao sujeito das formações psicóticas e ao meio social, condições para que ambos possam se comunicar, a fim de assegurar, para o sujeito das formações psicóticas, inclusão social e, para o meio social, ampliação diversificante. Trata-se de alguém a quem interessa, no caso dos ajustamentos de busca, identificar as demandas que estariam a exigir esses ajustamentos, avaliar o êxito das respostas psicóticas ante as respectivas demandas e, sobretudo, trabalhar para a educação do meio social a respeito da natureza e possibilidades de inclusão dos buscadores. No caso do surto, a função de um AT é restabelecer a função de ato que, então, está perdida. A intervenção consiste em um trabalho de inclusão do ajustamento falido (desqualificado socialmente). É de fundamental importância salientar que o que se trata de incluir é o ajustamento falido, o qual não coincide com nossa expectativa social a respeito do que seria melhor ao nosso consulente. Muitas estratégias de inclusão (como oficinas terapêuticas, ou programas de reinserção social no campo do trabalho) são antes modos de alienação dos consulentes nos interesses do Estado e da comunidade. Inclui-se uma personalidade, mas exclui-se uma função de ato (um ajustamento). Por isso, não podemos confundir a assistência ao aflito com a aplicação de um programa de metas (seja ele definido pela comunidade, pelo Estado, por nossa categoria profissional ou por nossa abordagem). Mesmo ante as reações violentas, os profissionais devem saber identificar que elemento encarna a organização paranoica que o usuário está tentando elaborar. E o manejo consiste em simbolizar, para o usuário, que ele está em segurança. Para tanto, é fundamental que o psicólogo possa acompanhar o histórico das produções buscadoras do usuário, o que significa dizer que tal histórico é tão ou mais importante que as metas de integração social estipuladas pelo programa.

c. O SOFRIMENTO E O AJUSTAMENTO DE INCLUSÃO NAS SITUAÇÕES DE CÁRCERE

De todas as formas de sofrimento, a vivida nas situações de cárcere é sem dúvida a mais desumana, a que mais violenta e dire-

PSICOSE E SOFRIMENTO

tamente aniquila as representações sociais que constituem a humanidade dos sujeitos. No Brasil, conforme atestam os relatórios do Conselho Nacional de Justiça (CNJ) e do Conselho Nacional do Ministério Público relativos à situação dos presídios no ano de 2010, as cadeias continuam superlotadas e em condições impensáveis para qualquer projeto de reinserção social (Jornal do Federal, 2011, p. 10).

Em virtude de um mutirão realizado pela Justiça brasileira nos últimos anos tendo em vista o objetivo de acelerar a análise dos processos penais parados à espera de julgamento, veio à tona a situação alarmante de milhares de presidiários, alguns deles com penas já vencidas – houve um caso em que a demora para a soltura tardou 14 anos –, outros cuja privação de liberdade provisória se estende por anos, sem julgamento ou denúncia do Ministério Público. A alimentação insalubre, a ausência de camas, a escuridão, os maus-tratos, os prédios em condições deploráveis, com banheiros imundos e celas superlotadas, a falta de funcionários e o descuido no manejo e armazenamento dos processos ainda são uma realidade em parte significativa do sistema carcerário brasileiro, como constataram os pesquisadores. Essas são algumas entre as razões pelas quais, recentemente, em nosso país, foi promulgada a Lei nº 12.403/2011 (Brasil, 2011), que torna flexível, sob condições especiais, a forma como os sujeitos julgados por crimes leves (depredação de patrimônio público, envolvimento culposo em acidentes de trânsito, violência doméstica, porte ilegal de armamento, para citar alguns), com penas entre um e quatro anos, podem cumpri-las. Essa lei mudou 32 artigos do atual Código Penal Brasileiro, que data de 1941. Além da proibição da prisão preventiva para crimes com penas inferiores a quatro anos, como furtos simples e receptação, a lei estabelece que a prisão em flagrante não bastará para que uma pessoa seja mantida provisoriamente atrás das grades. Só ficará preso antes de ir a julgamento quem for considerado um risco à sociedade. Na prática, o cidadão terá mais direitos de defesa e a

Justiça, menos possibilidades de manter um suspeito na cadeia, determinando novos critérios nos procedimentos adotados durante a investigação policial e o processo de um crime. Essas mudanças, apesar de amenizar o risco de vermos aumentada a superlotação nas celas, não alcançam humanizar as condições prisionais da ampla maioria da população carcerária.

Além dos problemas estruturais, há de se mencionar a escassez nos serviços de promoção da cidadania, de capacitação profissional, de atenção à saúde mental e às enfermidades somáticas. Mesmo com o apoio de organizações não governamentais (ONGs), movimentos sociais de inspiração religiosa (especialmente a Pastoral Carcerária da Igreja Católica) e empresas privadas conveniadas, os diferentes serviços públicos de assistência humanitária aos presidiários não conseguem criar uma cultura positiva de ampliação das possibilidades de reinserção social aos condenados. Os serviços de psicologia, quando existentes, não dispõem de recursos humanos nem de tempo suficiente para a implantação de programas de reabilitação. Às vezes obrigados a realizar exames criminológicos (contestados pela própria categoria) ou a aplicar procedimentos disciplinares (exigidos pelos gestores), os profissionais psicólogos não se sentem respaldados em suas ambições políticas de ver ampliadas as possibilidades de interação dos sujeitos com o seu meio. Sentem-se impotentes diante do descaso das autoridades públicas em relação ao sofrimento humano vivido pelos presidiários, bem como incapazes de mobilizar junto dos familiares e da comunidade (pelo risco que tais atividades representariam ao próprio profissional) estratégias de luta em defesa dos direitos humanos das vítimas, estejam elas dentro ou fora do presídio.

Há ainda de se considerar que o ambiente prisional frequentemente serve de abrigo a organizações criminosas que, de dentro das celas, comandam ações envolvendo o narcotráfico, o contrabando de armamentos, assaltos, sequestros, além de outros crimes e delitos. Essas organizações – também denominadas de facções – constituem ameaça não apenas à sociedade civil, mas principalmente aos próprios presidiários. Elas atuam como se fossem um poder paralelo ao sistema prisional, administrando em regime de exceção as relações políticas dos presos entre si, a ponto de tornar matáveis a todos os corpos que não colaboram com as práticas criminosas. Os presidiários, muito especialmente, veem suas vidas reduzidas à condição de objetos à mercê dos interesses e necessidades dos mais fortes, como se o corpo de cada qual não pertencesse mais a si, mas àquele que se faz mais respeitável na lógica do desencadeamento de práticas de terror. O que, além do mais, torna perigosas quaisquer intervenções que os profissionais, incluindo os psicólogos, pudessem estabelecer em favor da dignificação de cada sujeito presidiário individualmente. Em certa medida, nem a sociedade (fora das celas) nem as organizações criminosas (dentro das celas) consideram a humanidade dos presidiários. A estes não resta outra perspectiva que não a luta desesperada pela sobrevivência imediata em face do terror.

Mais grave, todavia, é a situação dos Hospitais de Custódia e Tratamento Psiquiátrico (HCTPs) – comumente denominados de Manicômios Judiciais, porquanto até 1984 eram assim conhecidos[7]. Não obstante os inúmeros avanços logrados pelas diferentes instâncias que se ocupam, no Brasil, da atenção à saúde mental, tais instituições continuaram reproduzindo a lógica do horror presente nas cadeias em geral, com o agravante de que os sujeitos presos nos HCTPs não dispõem da mais elementar de todas as prerrogativas reconhecidas aos participantes do estado de direito, que é o direito de ser ouvidos falando em legítima defesa.

Na esteira dos movimentos internacionais, o movimento da luta antimanicomial brasileira, cujos trabalhos iniciais datam de 1987, foi essencial para a tomada de uma série de medidas sociopolíticas em defesa dos sujeitos da psicose. Amparado na Constituição Brasileira de 1988, que mesmo não integralmente regulamentada reconhece o direito à liberdade de expressão a todos os cidadãos, o movimento da luta antimanicomial brasileira desempenhou importante papel na construção e aprovação da Lei nº 10.216, que "dispõe sobre a proteção e os direitos das pessoas portadoras de transtornos mentais e redireciona o modelo assistencial em saúde mental" (Brasil, 2001). Eis então que se constituiu, em nosso país, uma base legal sólida para a construção de uma série de políticas públicas de humanização dos tratamentos e de inclusão psicossocial dos sujeitos da psicose. Baseadas nessas legislações, muitas iniciativas foram tomadas. Em substituição aos leitos nas alas de internação psiquiátrica dos hospitais gerais ou nos próprios hospitais psiquiátricos, no ano de 2003 foram criadas as Residências Terapêuticas. Nesse mesmo ano, para ajudar a desinstitucionalização das pessoas com longo tempo de internação em hospitais psiquiátricos, foi instituído o Programa Volta para Casa. Também foi criado, ato contínuo, o auxílio-reabilitação psicossocial, espécie de benefício financeiro recebido pelos usuários do SUS diagnosticados como doentes mentais. Vale destacar, em especial, a fundação dos Centros de Atenção Psicossocial (Caps), os quais constituem a mais importante estratégia pública de acolhimento às pessoas em sofrimento psíquico. Por meio de atividades diversas, que incluem desde o atendimento ambulatorial à realização de oficinas laborais, visitas domiciliares e acompanhamento terapêutico, os Caps procuram manter e fortalecer os laços sociais dos sujeitos das psicoses com seus familiares e a sociedade em geral (Brasil, 2005).

Essas iniciativas, entretanto, não conseguiram beneficiar os sujeitos da psicose condenados pela Justiça. Mesmo não podendo receber penas por sua participação em supostos delitos e crimes, uma vez que foram considerados pela Justiça brasileira sujeitos incapazes de compreender o caráter ilícito de sua ação, os psicóticos condenados são sujeitos a medidas ainda mais severas do que aquelas aplicadas aos imputáveis. Trata-se de "medidas de segurança", por meio das quais os sujeitos psicóticos condenados pela Justiça são obrigados a viver em Hospitais de Custódia e

Tratamento Psiquiátrico (HCTPs), privados de qualquer direito à autodefesa. Reza o artigo 26 da Lei nº 7.209, de julho de 1984, que "é isento de pena o agente que, por doença mental ou desenvolvimento mental incompleto ou retardado, era, ao tempo da ação ou da omissão, inteiramente incapaz de entender o caráter ilícito do fato ou de determinar-se de acordo com esse entendimento" (Brasil, 1984). Ainda assim, conforme esclarece Nery Filho e Peres (2002), havendo sido confirmada por laudo psiquiátrico a incapacidade de entendimento do infrator, o juiz determinará a aplicação de "medida de segurança", que consiste em internar o infrator em HCTPs, levando em conta não a culpabilidade, como no caso dos imputáveis, mas, sim, a periculosidade, já que ele pode voltar à prática de crime. O que significa, ainda de acordo com Nery Filho e Peres (2002), que no Brasil os psicóticos infratores são antes julgados por sua condição mental (e pela periculosidade que ela possa representar) do que pela gravidade da infração cometida. Pune-se o criminoso e não o crime, embora se trate de alguém que, em tese, não possa ser punido.

Mediante essa e outras medidas, o Estado brasileiro repete uma prática que, segundo Foucault (1979b, p. 85), vigia e pune não exatamente um histórico de delitos, antes, um futuro presuntivamente ameaçador, como se assim o Estado pudesse assegurar a conformidade à lei, de sorte a prevenir o que os sujeitos da psicose pudessem fazer. O comportamento e todas as formas de expressão dos psicóticos condenados, doravante, passam a ser vistos como modalidades de uma violência iminente que, ao mesmo tempo que não pode ser punida, não pode ser tolerada, razão pela qual deve ser prevenida. Daí advém a necessária suspensão dos direitos civis, incluindo o direito de defesa aos psicóticos condenados. Pela crença na periculosidade dos atos futuros destes sujeitos, eles devem ser sujeitos à internação compulsória em HCTPs. Lá, eles deverão permanecer por tempo indeterminado, até onde a avaliação psiquiátrica considerar necessário, o que pode significar, nalguns casos, a prisão perpétua.

Conforme o parágrafo 1º do artigo 97 do Código Penal, "a internação, ou tratamento ambulatorial, será por tempo indeterminado, perdurando enquanto não for averiguada, mediante perícia médica, a cessação de periculosidade. O prazo mínimo deverá ser de 1 (um) a 3 (três) anos" (Brasil, 1984). Tal implica dizer que, dependendo do laudo psiquiátrico e da interpretação que ele merecer da parte do juiz, o psicótico infrator poderá permanecer sob medida de segurança indefinidamente, às vezes pela vida toda. Afinal, nada impede ao psiquiatra e ao juiz renovar a decisão, caso constatarem que, após o cumprimento do prazo mínimo, o psicótico infrator ainda representa ameaça à sociedade. Paradoxalmente, aos inimputáveis é aplicada uma medida de contenção que, em alguns casos, ultrapassa o limite máximo de pena aplicado aos imputáveis, que é de 30 anos; o que, ademais, significa uma violação do princípio constitucional segundo o qual "todos são iguais perante a lei" (Brasil, 1988, p. 15).

E eis novamente aqui o estado de exceção, do qual nos falava Agamben (1995a): mais radicalmente do que nos presídios, nos HCTPs os condenados são considerados sujeitos excluídos do estado de direito, seres inimputáveis sobre os quais, contudo, o Estado continua tendo o direito de confinar e, em algumas circunstâncias, de matar, dado que representariam perigo iminente ao próprio estado de direito. Aliás, é justamente a noção de periculosidade que justifica esse estado de exceção, as violações legais no manejo desses sujeitos, sobretudo a inconstitucionalidade do confinamento por mais de 30 anos. Por causa da periculosidade, o infrator psicótico é destituído de todas as suas características antropológicas e prerrogativas políticas. Resta-lhe vegetar nos muros de uma instituição que, assim, cumpre o duplo papel de hospital e prisão para um sujeito dividido entre a figura do louco e a do criminoso; e, ainda, permanecer sem direito à livre expressão, à defesa própria, bem como aos indultos e a outras medidas de redução da permanência[8]. Prova disso é que não há na Lei de Execução Penal (Lei nº 7.210/84) dispositivos que permitam a libe-

PSICOSE E SOFRIMENTO

ração do doente mental de forma progressiva, tal como costuma ocorrer nas penas privativas de liberdade (Marchewka, 2003). Como representantes do poder em estado de exceção, encontramos, por um lado, o médico especialista, nas palavras de Foucault (1975), "conselheiro da punição", a quem cabe pronunciar--se sobre a periculosidade do infrator. Por outro, o juiz de direito, o qual, amparado no laudo psiquiátrico, determina o cumprimento de medidas de segurança. E, ainda que não devamos ignorar, entre a psiquiatria e a Justiça, os mais complexos conflitos de competências e de saberes, médicos e magistrados são cúmplices de um mesmo ato totalitário, que é a redução do ser (antropológico) e do potencial (político) do psicótico infrator à condição de vida sem valor, voz sem palavra, palavra sem sentido, enfim, vida nua despida de toda e qualquer autonomia.

Ora, essa crença na existência de uma periculosidade intrínseca aos sujeitos da loucura e do crime interdita por inteiro qualquer tentativa de reintegração ou tratamento psicossocial daqueles. As diferentes representações sociais compartilhadas pelas pessoas – muitas delas reforçadas pelos meios de comunicação social – sedimentam a associação entre a periculosidade e a loucura, dificultando as iniciativas que procuram tratar o louco por meio de medidas inclusivas. E o que devemos poder contrapor a essa tese da periculosidade é que não existem dados concretos, ou significativamente relevantes que justifiquem esse preconceito contra a loucura. Noutras palavras, não há dados que comprovem que os loucos infratores ofereçam mais riscos à sociedade do que qualquer outro sujeito. "A potencialidade de prejudicar a outrem, e em particular de cometer crime, é da essência da pessoa humana, 'louca' ou 'sã'. Perigosos somos todos, em tese", lembra Jacobina (2004, p. 84). Poucos são aqueles que se ocupam dos fatores que, no caso da loucura, são preponderantes no desencadeamento de reações violentas, como, principalmente, o excesso de demandas afetivas e por participação em jogos de poder. Para os sujeitos psicóticos, como vimos na primeira parte desta obra, tais demandas são impossíveis de cumprir ou suportar – por motivos até hoje insondáveis ou inconclusivas. A exigência ostensiva para que esse sujeito compartilhe um afeto ou participe de um projeto afetivo, mais além das formações propriamente psicóticas – às quais denominamos de ajustamento de busca de suplência na realidade aos afetos e projetos afetivos –, gera a falência social dos ajustamentos de busca, a exclusão das tentativas criativas com as quais ele tenta fazer da realidade uma resposta possível às demandas por esse irreal de afeto. Denomina-se tal falência social dos ajustamentos de busca de surto psicótico, como vimos acima. E cumpre reconhecer que os episódios de violência envolvendo sujeitos psicóticos somente acontecem em situação de surto. De onde se segue que a sociedade não pode eximir-se da responsabilidade pela reação dos sujeitos psicóticos em surto. Nenhum sujeito surta sozinho. Sempre o faz por conta da necessidade de uma defesa desesperada ante a intransigência daqueles que não podem reconhecer a diferença ou singularidade dos sujeitos a quem não interessam ou não estão disponíveis o afeto e seus desdobramentos no campo do desejo.

O certo é o que os tratamentos (aos psicóticos infratores) baseados na crença de que tais sujeitos são perigosos (razão pela qual devem ser inibidos) em nada contribuíram para a reabilitação psicossocial deles. Muito pelo contrário, conforme atestam os relatórios das visitas realizadas aos HCPTs pela Comissão de Direitos Humanos da Câmara Federal (Brasil, 2000) e pelo Conselho Federal de Psicologia em parceria com a Ordem dos Advogados do Brasil (CFP/OAB, 2004), os psicóticos infratores internados são sujeitos a todo tipo de violação de direitos. Vale destacar o uso sistemático de medicações com propósitos punitivos, a existência de salas de espancamento, a precariedade na higiene e cuidados básicos, além da desesperança alimentada pela ameaça disciplinar da prisão perpétua.

Contra esse tipo de "tratamento" algumas alternativas foram criadas, como é o caso do Programa de Atenção Integral ao Paciente

Judiciário Portador de Sofrimento Mental (PAI-PJ), uma ação conjunta do Poder Judiciário, do Ministério Público e da rede de saúde pública em conformidade com os princípios reitores da reforma psiquiátrica brasileira. Há mais de dez anos em vigência na cidade de Belo Horizonte, consiste tal programa em uma série de atividades de acompanhamento ao louco infrator, que assim recebe autorização para viver integral ou parcialmente com cuidadores de referência (por exemplo, sua família). Uma equipe multiprofissional o acompanha tanto nas diferentes etapas do processo criminal quanto em sua participação nos diferentes projetos de reinserção social capitaneados pela assistência social e de saúde pública. A ideia desse projeto é oferecer suporte psicossocial ao louco infrator, para que este possa se responsabilizar e responder sobre seu ato delituoso, bem como encontrar alternativas pacíficas de socialização. Iniciativas dessa natureza, no entanto, sofrem muitas resistências tanto dos poderes públicos quanto da sociedade civil, especialmente. Ambos não são capazes de fazer uma leitura mais ampla sobre as diferentes variáveis que intervêm na constituição das respostas psicóticas e, sobretudo, na falência delas, como é o caso do surto. Nossa tarefa, como clínicos, é, antes de mais nada, participar dos diferentes fóruns de saúde mental e defensoria dos direitos humanos, perante os quais podemos conhecer, debater e apoiar as iniciativas que, como o PAI-PJ, tentam restituir a dignidade ética desses sujeitos despidos de direitos (políticos) e humanidade (antropológica). Não se trata de representar ou ser a voz dos presidiários e dos sujeitos psicóticos judicializados. Mas, antes, de assegurar espaços políticos em que eles possam se exprimir e formular seus pedidos à sociedade. Por isso é premente que os gestalt-terapeutas estejam engajados nos movimentos sociais em prol do reconhecimento da cidadania e do direito ao tratamento aos sujeitos das formações psicóticas. O presente livro, bem como todas as atividades que o subsidiaram (participação em equipes do Caps e em eventos em saúde mental, realização de projetos sociais de acolhimento aos sujeitos da psicose, clínica individual, seminários teóricos, cursos etc.), configura-se, antes de tudo, como um ato político voltado à sensibilização, educação e mobilização das pessoas em geral em prol do fortalecimento das políticas públicas de atenção aos sujeitos da psicose e em sofrimento.

Esse trabalho político, todavia, não dispensa a atenção aos próprios sujeitos, que devem ser os protagonistas de suas próprias reflexões. Ajudá-los a identificar, no seio da miséria ética a que foram reduzidos, com quais representações sociais remanescentes com que ainda podem operar é um trabalho clínico de fundamental importância que implica, entre outras coisas, o resgate do contato com familiares, amigos, dentro e fora das instituições totais em que se encontram. Trata-se de um trabalho hercúleo, perigoso inclusive, porque desafia, por um lado, os dispositivos disciplinares do estado de direito a quem não interessa refletir sobre as causas da criminalidade e, por outro, as práticas totalitárias dos estados de exceção caracterizados pelas facções criminosas que operam dentro e fora do estado de direito, o que inclui desde o interesse nefasto da indústria farmacológica e o assédio que exercem sobre a classe psiquiátrica até a indústria do tráfico ilegal e o regime escravo que impõem principalmente às populações carcerárias. Ainda assim, por mínima que seja a atenção dirigida a um sujeito em condição de privação de liberdade, que pode se dar por uma visita ou pelo oferecimento de uma escuta profissional, tais atividades podem representar o resgate mínimo da representação social mais abalada pela condição de sofrimento a que sujeitos presos, loucos ou não, estão submetidos, a saber, a esperança. Pois ela é o sentimento básico que pode alavancar, senão desejos políticos (como o desejo de se integrar a um novo círculo social que não o da criminalidade, o desejo de reivindicar direitos não atendidos), ao menos uma postura de abertura (que chamamos de ajustamento de inclusão) àquilo que possa ser oferecido por quem tem mais mobilidade social, no caso, os familiares, os amigos e os profissionais. A esperança não é aqui um desejo, mas uma representação social mínima, um pilar constitutivo da sociabilidade de cada qual, habilitando-o a reivindicar, do interlocutor, a atenção à humanidade que possa existir entre ambos. E, frequentemente, em especial no caso dos loucos infratores, os principais sujeitos dos quais nós deveríamos poder resgatar a esperança são os familiares, em quem ainda sobrevive a dignidade que, nos HCTPs, está interditada pelos laudos médicos.

Representar a esperança aos sujeitos em sofrimento ético, diretamente ou por meio dos familiares e das organizações sociais de defesa dos direitos das minorias, exige a atenção a dois aspectos fundamentais. Em primeiro lugar, é preciso compreender que jamais chegaremos aos sujeitos eles mesmos enquanto permanecermos representando os interesses do estado de direito, sobretudo os totalitários. Precisamos ter a coragem de nos despir das identificações e prerrogativas que nos tornam reprodutores das práticas de exclusão promovidas pelos regimes totalitários, o que significa que devemos poder suspender nossos juízos morais e nossa normatividade política. Somente assim poderemos assegurar uma horizontalidade mínima, embora recebida de modo desconfiado e arredio pelos sujeitos excluídos, mas suficiente para que possamos comunicar nossa gratuidade. Afinal, é ela o único horizonte capaz de autorizar o pedido de socorro, o pedido de inclusão de quem não tem nada a oferecer em troca. Em segundo lugar, é preciso compreender que não podemos nos incumbir de representar os sujeitos excluídos, pois isso implicaria uma alienação tão nefasta quanto aquela estabelecida pelos regimes totalitários. Nossa tarefa não deve ser a de "fazer por" ou convencer quem quer que seja segundo nossas convicções ou leituras acerca dos sujeitos em sofrimento ético. Trata-se antes de acolher o pedido de inclusão formulado pelos sujeitos em sofrimento, o que de princípio significa incluí-lo respeitando o protagonismo de quem o produz. Somente dessa forma nossa atitude pode favorecer que, no futuro, possivelmente, o pedido de socorro de outrora se transforme em um projeto político representativo do interesse de uma diversidade. Se é verdade que o sofrimento exige ajuda solidária, a melhor ajuda sempre é aquela que restitui ao sofredor o protagonismo, única forma de elevar a práxis à condição de identidade própria, antropológica.

Notas

INTRODUÇÃO

1. Doravante, ao nos referirmos aos Centros de Atenção Psicossocial, vamos empregar a sigla Caps. Trata-se de um programa do governo federal brasileiro em parceria com as prefeituras municipais que é fiscalizado pelas coordenadorias estaduais de saúde mental. Os Caps foram instituídos juntamente com os Núcleos de Assistência Psicossocial (Naps), mediante a Portaria/SNAS nº 224, de 29 de janeiro de 1992. São unidades de saúde localizadas nos municípios, muitas delas com abrangência regional, que oferecem atendimento comunitário gratuito e cuidados intermediários entre o regime ambulatorial e a internação hospitalar, em um ou mais turnos de quatro horas, por equipe multiprofissional. Têm como objetivos:

- Prestar atendimento clínico em regime de atenção diária, evitando as internações em hospitais psiquiátricos;
- Acolher e atender as pessoas com transtornos mentais graves e persistentes, procurando preservar e fortalecer os laços sociais do usuário em seu território;
- Promover a inserção social das pessoas com transtornos mentais por meio de ações intersetoriais;
- Regular a porta de entrada da rede de assistência em saúde mental na sua área de atuação;
- Dar suporte e atenção à saúde mental na rede básica;
- Organizar a rede de atenção às pessoas com transtornos mentais nos municípios;
- Articular estrategicamente a rede e a política de saúde mental em determinado território;
- Promover a reinserção social do indivíduo por meio do acesso ao trabalho, lazer, exercício dos direitos civis e fortalecimento dos laços familiares e comunitários.

Os diferentes serviços oferecidos não se restringem ao espaço físico da unidade, devendo incluir ações nas comunidades e famílias em que vivem os usuários, geralmente pessoas sujeitas a vulnerabilidades psicossociais graves. Esses serviços devem ser substitutivos e não complementares ao hospital psiquiátrico. Tal característica faz do Caps o núcleo de uma nova clínica, voltada à promoção da autonomia psicossocial dos sujeitos usuários, os quais são então considerados responsáveis e protagonistas de seus próprios tratamentos' (conforme Brasil, 2004).

2. *Avatar*, épico norte-americano de ficção científica, foi escrito e dirigido por James Cameron, estrelado por Sam Worthington, Zoë Saldaña, Michelle Rodriguez, Sigourney Weaver e Stephen Lang. O filme, produzido pela Lightstorm Entertainment e distribuído pela 20th Century Fox, tem seu enredo localizado no ano 2154 e é baseado em um conflito em Pandora, uma das luas de Polifemo, um dos três planetas gasosos fictícios que orbitam o sistema Alpha Centauri. Em Pandora, os colonizadores humanos e os Na'vi, nativos humanoides gigantes, têm um relacionamento difícil. Aos primeiros interessa explorar recursos naturais, o que põe em risco a continuação da existência da espécie nativa. O título do filme refere-se aos corpos Na'vi-humanos híbridos, criados por um grupo de cientistas humanos por intermédio de engenharia genética para interagir com os nativos de Pandora. Tais corpos têm sua fisiologia e atividade musculoesquelética comandada pelo sistema nervoso central dos cientistas que, a distância, instalam-se em centrais de transmissão de dados neurológicos, o que lhes faculta "viver" por algumas horas nos corpos Na'vi-humanos híbridos.

3. A metáfora está baseada na descrição do mito de Hércules fornecida por Bulfinch (1999, p. 182-3).

4. "Consulente" era o termo empregado por Freud (1913) para designar os sujeitos nas consultas preliminares, antes que tivessem vivido uma implicação subjetiva, a qual inauguraria uma neurose de transferência e, por conseguinte, o processo analítico, do qual aqueles sujeitos passariam a ser os analisandos. Todavia, porquanto Freud admitisse que, ao buscar um psicanalista, o sujeito já estaria em vínculo transferencial com o profissional, Carl Jung (1966, CW 16, § 431) não via razão para diferenciar o consulente do analisando, motivo por que usava o termo "consulente" em todas as circunstâncias do processo analítico. No domínio da psiquiatria fenomenológica e das abordagens psicoterapêuticas de orientação fenomenológico-existencial, conforme Emílio Romero (1997), os profissionais costumam usar o termo "consulente" para pôr em evidência o protagonismo do sujeito em processo clínico. Trata-se de designar certo estilo de relacionamento

PSICOSE E SOFRIMENTO

terapêutico em que "o consulente é cliente e coagente", sendo que a "responsabilidade da mudança reside no próprio coagente" (Romero, 1997, p. 16). Para nossos propósitos, utilizamos o termo "consulente" como equivalente de usuário – tal como este é empregado nas cartilhas de humanização do sistema SUS (Brasil, 2010a, 2010b). Trata-se daquele sujeito que vem ao nosso consultório fazer uma consulta sobre algo que se passa consigo na esperança de que possamos intervir em seu favor. O clínico gestáltico, à sua vez, não é aquele que responde, mas alguém que se deixa desviar pela "forma" implicada na consulta. Não se trata de uma prestação de serviço (sugestão) a um "cliente" ou de uma intervenção (de cuidado) em benefício de alguém que abre mão de sua autonomia para se tornar nosso "paciente". Ao se deixar desviar pela forma da consulta, o clínico gestáltico procura implicar o consulente em sua própria produção.

5. Todos os casos clínicos relatados nesta obra são fictícios. Entretanto, eles têm como base, cada qual, ao menos quatro casos reais, semelhantes em estrutura, o que nos permitiu mesclá-los, alternando protagonistas, gêneros, espaços e cronologias, a fim de que nenhum sujeito pudesse ser identificado na realidade.

6. Doravante, ao nos referirmos aos autores da obra *Gestalt-terapia*, a saber, Perls, Hefferline e Goodman, vamos empregar a sigla PHG.

7. Noutras duas obras apresentamos dois estudos aprofundados sobre a teoria do self de PHG. O primeiro deles (Müller-Granzotto e Müller-Granzotto, 2007), voltado à investigação da gênese fenomenológica da noção de self, de suas funções e processos temporais, foi publicado sob o título *Fenomenologia e Gestalt-terapia* e vertido ao espanhol dois anos depois, em 2009. Em breve publicaremos um segundo livro versando sobre as clínicas gestálticas concebidas à luz da teoria do self (Müller-Granzotto e Müller-Granzotto, no prelo). Neste estudo, procuramos comunicar a teoria do self, sua escrita ao mesmo tempo fenomenológica e pragmatista, às políticas de humanização do Sistema Único de Saúde (SUS) brasileiro, o que nos levou a desenvolver uma leitura ética, política e antropológica desta teoria.

8. Codados são ocorrências temporais intencionais – inexistentes do ponto de vista físico, mas copresentes do ponto de vista da nossa experiência de percepção da duração. Não se trata de representações da ordem da memória (presente), mas da vivência do *continuum* entre o passado, o presente e o futuro. Em suas *Lições sobre a fenomenologia da consciência interna do tempo*, Edmund Husserl (1893) pergunta-se: como é possível que eu com-

419

preenda em cada "agora" o instante passado e o instante futuro, sem com isso nivelá-los num só sentido, como se se tratasse de um fenômeno apenas presente? Husserl serve-se de um exemplo musical para esboçar a solução. Para que eu compreenda a progressão harmônica dos sons produzidos por um violino, é preciso que em cada "agora" eu não apenas apreenda o som emitido pelo instrumento, mas também me antecipe na direção do próximo som, neste instante ainda iminente; bem como possa dispor do som passado, que dura não como uma nota física, antes como um fundo diferencial, integralmente inatual. Este não é um eco que se acrescenta em retardo ao próprio som que o originou. Tampouco o som futuro é um prolongamento do som atual (ver Husserl, 1893, § 11 e 12). Ambos são a *copresença* de algo que permanece apenas "em intenção", como "um modo de visar" sem conteúdo – que portanto não pode ser confundido com uma representação da memória. A esta copresença intencional do passado e do futuro Husserl chama de ocorrência codada. De sorte que cada agora é não apenas o dado que o compõe (a nota atualmente executada), mas um campo de presença (*Zeitfeld*) que envolve um fundo (passado) e um horizonte (futuro) de codados. Ora, para PHG (1951), o que chamam de sistema self não é senão um campo de presença em que devemos poder distinguir, em torno da atualidade dada, a copresença de uma história perdida (e, nesse sentido, eminentemente habitual) e de um horizonte de expectativas, eminentemente vinculadas à solução de problemas atuais.

9. Em verdade, PHG não falam em *vulnerabilidade* e, sim, em *comprometimento*. Por um lado, este termo chama a atenção para o caráter político das relações sociais em que, pelo caráter totalitário de uma demanda, se estabelece a limitação na liberdade de criação de respostas. Mas, por outro, esta noção está bem próxima à noção de sintoma como "formação de compromisso", tal como nós a conhecemos a partir de Freud (1895). E para ressaltar a primeira acepção, bem como para estreitar nossa comunicação com as políticas de humanização do SUS brasileiro (Brasil, 2009), decidimos adotar a expressão sugerida por Ayers, precisamente: *vulnerabilidade*. De acordo com Ayers *et al.* (2003), trata-se de um conceito que procura substituir as categorias psicopatológias para descrever os sujeitos envolvidos em ajustamentos conflituosos. Tal conceito implica colocar no foco as possibilidades políticas, sociais e individuais expressas pelos indivíduos e pela coletividade nas suas relações com o mundo, nos diferentes contextos de vida. Desse modo, a consideração sobre as vulnerabilidades necessariamente remete os profissionais aos contextos singulares dos indivíduos e coletivos envolvidos (conforme Oliveira, 2008).

PSICOSE E SOFRIMENTO

10. "O Ministério da Saúde, através da Política Nacional de atenção básica [...] caracteriza este nível de atenção como um conjunto de ações de saúde, nos âmbitos individual e coletivo, que abrange a promoção e a proteção da saúde, a prevenção de agravos, o diagnóstico, o tratamento, a reabilitação e a manutenção da saúde – ações que devem ser desenvolvidas por meio do exercício de práticas gerenciais e sanitárias democráticas e participativas, sob forma de trabalho em equipe, e dirigidas a populações de territórios bem delimitados, pelas quais assume a responsabilidade sanitária, considerando a inamicidade existente nos lugares em que vivem essas populações" (Brasil, 2010b, p. 8).

PARTE I

1. Inspirados, por um lado, no debate estabelecido por Merleau-Ponty (1969) em torno da filosofia da intersubjetividade de Husserl (1930) e, por outro, no debate promovido por Lacan (1964) em torno da noção merleau--pontyana de "outrem" como outro da percepção (Merleau-Ponty, 1969). Com ela queremos salientar, conforme nossa leitura da teoria do self (PHG, 1951), que a função *id* (a qual reúne o fundo impessoal de formas assimiladas nos acontecimentos sociais passados como repertório de hábitos que retornariam, no acontecimento social atual, como fonte de excitamentos) não diz respeito a um tipo de interioridade mental, anímica, enfim, psíquica, que habitaria cada pessoa individualmente. Ao contrário, por não podermos retornar à origem das formas que geram excitamento, não podemos dizer se elas pertencem a nós ou a um terceiro. Melhor dizer que elas são impessoais, como se fosse algo outro que, à diferença do outro tal como nós o conhecemos na cultura (outro social), não está determinado. Razão pela qual o denominamos de "outrem". Nossa esperança com essa manobra semântica é poupar a Gestalt-terapia de uma leitura psicologista. Por outras palavras, queremos evitar que se leia, nas descrições da função *id*, alguma coisa como um interior. Segundo nosso entendimento, a função *id* é uma alteridade não determinada e é por isso que a denominaremos de "outrem". Logo, doravante, quando empregarmos os termos "função *id*", "fundo de formas", "fundo de hábitos", "fundo de excitamentos" e "outrem", estamos entendendo todos eles como sinônimos. São termos distintos, advindos de diferentes semânticas, mas destinados ao mesmo fenômeno, que é o advento do fundo (seja ele entendido como excitamento, pulsão, hábito ou, simplesmente, "outrem") na experiência de contato. Preferimos manter aqueles diferentes significantes, alternando seu uso sempre que possível, para assim possibilitar a interlocução crítica com as outras abordagens.

2. Falamos aqui de "outros" tendo em vista que vamos nos referir a diferentes usos do significante "outro". O primeiro deles refere-se ao emprego fenomenológico, pelo qual o outro (transcendental) é um eu transcendental falido (entendendo-se por eu transcendental a "compreensão" que supostamente experimentamos em nossa inserção no mundo da vida, segundo a qual nossas diferentes orientações temporais – passado, futuro e presente – constituem uma só unidade intencional). O outro transcendental, portanto, é uma experiência malograda de compreensão de nossa unidade temporal. Mas há um segundo emprego do significante "outro" que tem que ver com uma das vertentes do ensino de Lacan. De acordo com este emprego, os semelhantes, assim como os cerimoniais sociais e as instituições, representam um grande outro social, que mais não é senão o conjunto de relações linguísticas que constituem nossa sociabilidade. À diferença do outro transcendental da fenomenologia, o grande outro social é simbólico-imaginário (ou, se quisermos, estrutural). E, conforme já pudemos principiar a deslindar, a noção lacaniana de grande outro social tem na Gestalt-terapia um correspondente denominado de "função personalidade" (ou, simplesmente, outro social). Há por fim, como vimos, nossa proposta de reconhecer, na função *id* (que é o fundo de hábitos e sua presença na fronteira de contato como excitamento), um "outrem", o qual, não obstante seja temporal como o eu transcendental da fenomenologia, tem sua funcionalidade atrelada às demandas empíricas formuladas pelo outro social. Trata-se de uma dimensão ambígua, em parte transcendental (haja vista sua natureza temporal), em parte empírica (haja vista sua origem empírica), que, ademais, não está investida de significância, tratando-se antes de um conjunto de formas sem conteúdo e sem unidade (egológica). Não é um eu transcendental falido (como o outro transcendental da fenomenologia) nem uma totalidade determinada pelo outro social, mas uma totalidade sem síntese, qual *Gestalt*. Tal como veremos no decorrer deste texto, os diversos discursos (psiquiatria fenomenológica, psicanálise lacaniana e o nosso) procuram pensar a psicose como uma resposta social às dificuldades advindas da presença (em alguns casos) ou ausência (noutros casos) destas diferentes versões sobre o "outro".

3. Mais além das análises de Canguilhem (1943) sobre as transformações sofridas pela prática médica em decorrência da adesão às ciências naturais, Foucault procura mostrar – em uma série de entrevistas compiladas sob o título de *Ditos e escritos I* (1954), mas especialmente na obra *Nascimento da*

PSICOSE E SOFRIMENTO

clínica (1963) – a importância crítica desempenhada pela clínica médica. Para ele, há uma flagrante descontinuidade entre o conhecimento médico da Idade Clássica (séculos XVII e XVIII), que tinha como tônica a representação taxonômica e superficial da doença como ilustração de um saber dogmático, e a medicina clínica (praticada a partir do século XIX), cuja preocupação era localizar a doença no espaço corpóreo individual. Mas tal descontinuidade não se explica apenas em função de a medicina clínica haver se associado às diferentes disciplinas científicas. Ao contrapor os discursos científicos ao critério do êxito na terapêutica dos corpos tratados, a medicina clínica submeteu aqueles discursos a um tipo de crítica que tem antes um sentido ético do que epistêmico. A clínica, por conseguinte, mais do que um espaço de aplicação de um saber, é um espaço de crítica desses saberes.

4. Como vamos explicar exaustivamente no seguimento deste texto, os termos outro transcendental e grande outro são modos adversários – o primeiro estabelecido pela tradição psiquiátrica fenomenológica e o segundo pela tradição psicanalítica lacaniana – para se referir àquilo que estaria a exigir, dentre outras coisas, respostas psicóticas.

CAPÍTULO 1

1. De acordo com Romero (1997, p. 66-7), para Jaspers, "não se trata meramente de reconstituir um passado [...]. Trata-se de que a pessoa enxergue determinados cenários e alguns personagens que a influenciaram e, não raro, determinaram em grande medida traços básicos de seu caráter e de sua visão de mundo. O intuito é tentar compreender o que foi puramente vivido e sofrido, revivendo-o de certa maneira, mas já com um olhar segundo – o olhar reflexivo e analítico". A doença mental, por conseguinte, não deveria ser entendida como uma disfunção orgânica ou psíquica prioritariamente, mas antes como "um vivenciar que adquire caráter mórbido quando surge como um processo que quebra a continuidade vital do sujeito, apresentando-se como incompreensível. É mórbido aquele vivenciar que emerge na vida do indivíduo, quebrando sua continuidade [...]" (Romero, 1997, p. 72).

2. Husserl traduz o termo *eidos* como "essência". Originalmente, tal termo era empregado na poesia homérica para designar "aquilo que se vê", "aparência", "forma", quase sempre do corpo. Com Heródoto e com os filósofos pré-socráticos, *eidos* ganhou um correlato: o termo *idea*. E, por meio deste, passou a designar algo mais abstrato, precisamente a "propriedade característica" (ou "essência" específica) de uma classe de coisas. Também entre os médicos, como Hipócrates, os termos *eidos/idea* mereceram uma aplicação

423

técnica, muitas vezes ligada à noção de poder (*dynamis*), e significando algo mais ou menos como "natureza constitutiva". Platão, por sua vez, considerou serem os *eide* realidades suprassensíveis que operam como causa do conhecimento e condição de todo o discurso. Aristóteles sujeita a teoria platônica do *eidos* a uma extensa análise crítica. A principal diferença entre a concepção platônica e a aristotélica dos *eide* é que, para a última, *eidos* não é (exceto nos casos do primeiro motor e/ou motores, ou do *nous* que vem de fora) um subsistente separado (*choriston*). Ao contrário, trata-se de um princípio das substâncias completas. É a causa formal das coisas, um correlato da matéria nos seres compostos e a essência inteligível (*ousia*) de um existente. De onde se depreendeu a tese de que conhecer uma coisa é conhecer-lhe o *eidos*, sua essência. Husserl, por sua vez, retomou de Brentano a leitura que este fez de Aristóteles, para dizer que as *eide* não são nem separadas nem imantes às coisas (mundanas e mentais). As *eide* são a própria virtualidade daquilo que é visado por nossos atos, independentemente da "existência" espacial (empírica ou intelectual) do que é visado. As *eide* (como forma ou essência) são orientações passadas e expectativas futuras que se impõem aos nossos atos quando estes tentam transcender sua própria posição no presente.

3. "Categorial" vem do substantivo feminino *kategoría* (plural: *kategoríai*), que remete à família do verbo *Kategoréo* (1ª pessoa do singular do presente do indicativo da voz ativa), cujo infinitivo é *Kategoreîn*. Conforme consulta ao pesquisador do Departamento de Filosofia da Universidade Federal de Santa Catarina (UFSC), Luis Felipe Bellintani Ribeiro, a etimologia é a seguinte: "prefixo ou prevérbio 'katá', que remete ao movimento de cima para baixo (como em católico, catarata, catarro etc.) + o étimo da palavra que significa 'praça pública', 'mercado', a famosa 'ágora' (em grego *agorá*). De fato, intuímos a experiência de, de dedo em riste, dizer na cara da coisa e em público aquilo que ela é. O sentido primário de *kategoría* é 'acusação' (jurídica), por oposição a *apología* (defesa). Filosoficamente *kategoría* é 'predicação', dizer algo de algo, atribuir um predicado a um sujeito".

4. A principal diferença ou questão entre Minkowski e Binswanger era determinar até que ponto a singularidade das produções psicóticas era psíquica (ou seja, subordinada à tese naturalista acerca da existência de sujeitos psicológicos) ou transcendental (a saber, relativa à inserção de um sujeito em uma comunidade intencional, à qual Binswanger denominava de eu transcendental). De todo modo, para ambos tratava-se de fazer a suplência de uma dimensão transcendental ausente ou fragmentada, por esse motivo considerada outro transcendental.

CAPÍTULO 2

1. Para saber mais sobre este caso ver Jean Allouch (2005).

2. Para "traduzir" isso nos termos da Gestalt-terapia, poderíamos dizer que, nos ajustamentos neuróticos, que são aqueles em que os dados na fronteira (aos quais podemos chamar de o grande outro gozador) operam com codados ou excitamentos (da ordem dos "objetos a") articulados na forma de situações inacabadas (os fantasmas, como diriam os psicanalistas), a função de ato (aqui correlativa ao sujeito da estrutura neurótica) perde seu poder criativo (ou metafórico) em favor de um hábito inibitório (lei paterna). A satisfação possível alcançada (sintoma) não é suficiente para dissipar a ansiedade (que a psicanálise chama de dívida) implicada pela presença da inibição reprimida (lei paterna) na fronteira (no laço social). De onde se segue que, tal como para a psicanálise lacaniana, para a Gestalt-terapia o ajustamento neurótico é aquele exercido por um intermediário que se sobrepõe (castração) à função de ato (ou sujeito da estrutura neurótica), qual seja tal intermediário, a inibição reprimida (ou função paterna). Diferentemente de outras formas de ler a psicanálise freudiana, tanto para Lacan quanto para a Gestalt-terapia, a gênese de uma estrutura ou de um ajustamento neurótico não remonta, pelo menos prioritariamente, a um fator econômico, da ordem dos conteúdos. Por outras palavras, tanto Lacan quanto a Gestalt-terapia não explicam a neurose como o efeito de um conflito entre pulsões (entendidas como representantes de um objeto de satisfação originário, ao qual procuram substituir ou repetir: respectivamente, pulsão de vida e pulsão de morte). Para Lacan e para a Gestalt-terapia, essa gênese remonta, sim, a um aspecto dinâmico, que é a função simbólica exercida pela lei paterna ou, na linguagem da Gestalt-terapia, a função inibitória desempenhada por um hábito inconsciente, seja ele motor ou linguageiro. A "tradução" terminológica que aqui propomos, evidentemente, é arbitrária. Nada a justifica senão nosso desejo de gerar discussão, muito embora reconheçamos que a perspectiva da "alíngua" assumida por Lacan na segunda clínica abra mais possibilidades de diálogo com a teoria do self da Gestalt-terapia, como veremos mais à frente. Ainda assim, como é o caso de aqui mostrarmos, nada nos autoriza a dizer – tampouco é nosso interesse – que haja equivalência entre a teoria do *self* e alguma metapsicologia psicanalítica.

CAPÍTULO 3

1. Mencionamos uma vez mais o caso fictício com o qual abrimos a presente obra. Ele diz respeito a um jovem de 19 anos, solteiro, filho único de uma

mãe (adoentada) com quem vivia na casa do avô materno, sem relação alguma com o pai que jamais quis vê-lo. Nós conhecemos o rapaz em pleno estado de surto, depois de ele haver tentado incendiar uma pilha de roupas na casa em que os familiares mantinham-no confinado (em decorrência da labilidade emocional, dos pensamentos e comportamentos sem sentido que desempenhava). Caminhava de um lado a outro carregando nos braços um computador portátil (*laptop*), o qual rodava uma cópia do filme *Avatar*. Nossa intervenção terapêutica no consulente em surto foi ajudá-lo a reconhecer, no enredo do filme, um expediente que talvez o ajudasse a enfrentar a angústia que não sabia explicar – e segundo a versão dos familiares poderia ter relação com um episódio vivido pelo consulente algumas semanas antes, em uma escola de artes marciais da qual fora expulso, haja vista os comportamentos estranhos que começara a apresentar, especialmente sua autoconclamação como "mestre", estando porém ainda no início de sua formação como praticante. Sugerimos a ele que, talvez, os diferentes nomes e títulos que atribuía a si mesmo ("Eu não sou João – seu nome civil –, mas José, Maria...") poderiam corresponder a "personalidades avatares", razão pela qual ninguém o reconhecia mais. O consulente imediatamente assumiu a estratégia que "sugerimos" e logo se estabilizou em uma identidade (delirante) avatar. Por algumas semanas, com a ajuda de indutores de sono e estabilizadores de humor receitados pela psiquiatra (quem, à sua vez, concordou com nossa intervenção e concluiu pela não necessidade dos antipsicóticos), nossa manobra clínica consistiu em escutar, nas formulações delirantes agora inspiradas no filme, de quais demandas o consulente se defendia, bem como com quais eventuais excitamentos mostrava-se capaz de operar, de sorte a promovermos, a partir destes, um retorno do consulente à identidade oficial (o nome João). E, para tanto, tivemos de fazer um trabalho diário com os familiares, para que eles pudessem: 1) entender a função provisória e necessária do delírio; 2) reconhecer e suspender as demandas que eles próprios dirigiam ao nosso consulente e que poderiam estar relacionadas aos comportamentos delirantes; 3) orientar o meio social em que estavam insertos no sentido de proteger o consulente de injunções que pudessem amplificar sua angústia; 4) autorizar um acompanhante terapêutico a quem caberia, em primeiro lugar, tomar lugar no delírio para, em segundo lugar, fazer paulatinamente o deslocamento em direção a um lugar social mais amplo.

2. Noutros trabalhos (2007; 2012, no prelo), em diversas passagens procuramos mostrar como a Gestalt-terapia, por meio da teoria do *self*, ocupa-se de estabelecer – segundo a experiência clínica – uma leitura ética da fenomenologia. Tal significa dizer que, em vez de descrever essências

em regime de transparência semântica, cabe à clínica gestáltica localizar, no aqui e agora da situação clínica, a ocorrência das essências como alteridade, forma impossível de explicar, na expectativa de que os consulentes possam fazer algo com elas. Nesses termos, a clínica gestáltica é uma ética: acolhida ao estranho que se manifesta na atualidade da situação como forma (sem sentido).

3. Muitos gestalt-terapeutas dedicaram-se a descrever esta "orientação primordial" na prática clínica gestáltica. Uma delas, exemplar por ressaltar o vínculo entre essa orientação e a noção gestáltica de campo, é a apresentada por Jean-Marie Delacroix (2006, p. 435).

4. Estamos propondo, portanto, um uso para a noção de "transcendental" que não tem equivalente específico na tradição fenomenológica, embora possamos reconhecer que, inspirado na hermenêutica da facticidade escrita por Heidegger (1927, vol. I), Merleau-Ponty (1945, p. 77) refere-se ao campo fenomenal como um domínio de ambiguidade entre o transcendental e o empírico.

5. Em nosso livro *Fenomenologia e Gestalt-terapia* (Müller-Granzotto e Müller-Granzotto, 2007), a partir da sugestão de Aquiles Von Zuben, tradutor da obra *Eu e tu* de Martin Buber (1923) ao português, fizemos um estudo sobre a correlação entre a indeterminação presente na noção buberiana de "palavra princípio eu-tu" e a noção de "outro-eu-mesmo" estabelecida por Merleau-Ponty em *A prosa do mundo* (1969). Conforme nossa argumentação, o outro não é um tu isolado do eu nem uma alteridade constituída à nossa semelhança. O outro é a impossibilidade de dizer até que ponto o que compartilhamos no laço social pertence à nossa identidade ou à identidade de nosso semelhante. E a experiência do contato, tal como vimos em nosso segundo capítulo, é justamente a experiência desse outro (ambíguo) na fronteira entre o passado e o futuro.

6. Como já vimos no capítulo anterior, PHG denominam de *id* (ou *isso* da situação) a presença das essências como alteridade, "outrem" radical, o que é uma maneira ética de se referir ao tempo, entendendo-se por ele o fundo de hábitos que dão orientação intencional (*awareness*) aos nossos atos durante a experiência clínica.

7. As duas características da função *id* aqui mencionadas deveriam ser condição suficiente para demonstrar aquela articulação que supúnhamos delimitar a singularidade da leitura gestáltica sobre o que se passaria em um campo relacional – e dispensaria a Gestalt-terapia de subscrever a tese fenomenológica segundo a qual, em uma dimensão egológica transcendental,

nós nos comunicamos; ou a tese psicanalítica de que, tanto no campo dos significantes quanto no campo do gozo, não nos relacionamos. Para nossa leitura da teoria do self, em situações de campo, por conta das demandas compartilhadas por nossos atos empíricos, nós contatamos uma dimensão transcendental, que é a ambiguidade dos hábitos manifestados junto àqueles atos. O que é o mesmo que dizer que, ao encontro transcendental (da fenomenologia), ou à solidão gozosa (da psicanálise), propomos a ambiguidade do contato. Nossos atos demandam dos outros atos, ou do outro empírico que os unifica como personalidade, uma participação em algo mais aquém ou mais além da situação atual, como se juntos pudéssemos repetir ou criar algo que não poderíamos de antemão saber, embora pudéssemos esperar. Essa presunção de que possa acontecer algo mais aquém ou mais além da atualidade da situação corresponde justamente à demanda empírica por algo transcendental; e a ocorrência de uma resposta indefinível, capaz de produzir efeitos (diferentes) em ambos os interlocutores, uma amostra do que possa ser o "outrem" transcendental. O que não significa dizer que, em algum momento, a ambiguidade do "outrem" não seja, para nós, uma vivência insuportável. Eis então a angústia. E as psicoses, segundo nossa maneira de ver, são formas – entre outras – de lidar com a angústia.

8. Em um feito inédito no mundo, cientistas da Universidade Federal do Rio de Janeiro (UFRJ) e de outras universidades brasileiras transformaram células do braço de um paciente com esquizofrenia em células-tronco e, depois, em neurônios. Com isso, abriram um caminho novo e promissor para estudar a esquizofrenia, doença que afeta 1% da população mundial e para a qual não há cura. Liderada por Stevens Rehen, do Instituto de Ciências Biomédicas da UFRJ, a pesquisa foi aceita para publicação pela revista *Cell Transplantation*, uma das mais respeitadas da área. O grupo conseguiu identificar alterações específicas da esquizofrenia nos neurônios e, em um passo ainda mais fundamental, corrigiu essas alterações, fazendo que os neurônios funcionassem normalmente. Segundo Rehen, essa é a primeira vez que se consegue modelar inteiramente uma doença em nível celular no Brasil. O estudo também é o primeiro no mundo a reverter em laboratório as características bioquímicas da esquizofrenia. Ademais, essa foi a segunda vez no mundo em que se identificaram marcas bioquímicas da esquizofrenia usando células-tronco humanas reprogramadas (iPS). Embora ainda seja necessário fazer outros estudos, os pesquisadores estão convencidos de que têm em mãos instrumentos para o desenvolvimento de um tratamento realmente eficaz contra a esquizofrenia. O grupo de Rehen, do Laboratório Nacional de Células-Tronco Embrionárias da UFRJ (LaNCE-UFRJ), é pioneiro no estudo de células-tronco embrionárias e

PSICOSE E SOFRIMENTO

células-tronco de pluripotência induzida (iPS) no Brasil. Atualmente, sete doenças cerebrais são estudadas por métodos de reprogramação de células (Parkinson, esclerose lateral amiotrófica, atrofia muscular espinal, disautonomia familiar, síndrome de Rett, síndrome do X frágil e esquizofrenia). Estima-se que no Brasil há mais de 1,9 milhão de pessoas com esquizofrenia, um número superior, por exemplo, ao de pacientes com mal de Alzheimer (estimados em 1 milhão), Aids (630 mil) e mal de Parkinson (200 mil). Fonte: <http://oglobo.globo.com/ciencia/mat/2011/08/29/cientistas--brasileiros-transformam-celulas-do-braco-em-neuronios-para-estudar--esquizofrenia-925239866.asp#ixzz1WWhHJJmM>. Leia mais sobre esse assunto em: <http://www.lance-ufrj.org/uploads/3/2/2/5/3225660/bruna_paulsen_resumo_dissertacao.pdf>.

9. Um excelente estudo sobre esses autores se pode encontrar em Tatossian e Giudicelli (1970).

10. Um estudo esclarecedor sobre a maneira como Jacques Lacan compreendeu, nos vários momentos da sua obra, a psicose nós podemos encontrar em Calligaris (1989).

11. Em nosso livro *Fenomenologia e Gestalt-terapia* (2007), especialmente nos Capítulos 7, 8 e 9, estabelecemos um estudo aprofundado sobre a gênese, a caracterização, a ética e o estilo de intervenção gestáltica nos ajustamentos neuróticos.

12. No Capítulo 7, discutimos sobre a peculiaridade da aplicação da noção de ajustamento criador às formações psicóticas, sobretudo tendo em vista que, em tais formações, não há fluxo de *awareness*, de sorte que os ajustamentos criadores próprios às formações psicóticas – e aos quais chamamos de ajustamentos de busca – não desencadeiam experiências de contato com *awareness*, antes experiências de contato sem *awareness*, sendo esta a razão pela qual, ademais, quando sujeitos a relações de campo em que são demandados a participar de um fluxo de *awareness*, não é impossível que esses sujeitos possam entrar em sofrimento.

13. Em sua obra, Robine (2004, p. 83) advoga em favor da tradução da expressão *creative adjustement* como "ajustamento criador", a fim de tornar claro que o termo ajustamento é menos um substantivo e mais uma ação.

CAPÍTULO 4

1. Vide obra autobiográfica de Temple Grandin e Margaret Scariano (1999) sobre o autismo de Asperger.

CAPÍTULO 5

1. É importante ressaltar aqui que é a demanda que exige uma "parte", a qual, por sua vez, no caso dos ajustamentos de preenchimento, não se doa. Essa parte compõe-se justamente dos excitamentos linguageiros. De todo modo, a demanda (por excitamento linguageiro) orienta ou inspira a resposta alucinatória, ou seja, se a alucinação é uma fixação em uma parte (da realidade), isso se deve a que a demanda exigia uma parte, ainda que se tratasse da exigência por uma parte inatual e indireta (um excitamento linguageiro).

2. Conforme o Portal da Saúde do Ministério da Saúde (http://portal.saude. gov.br/portal/saude/cidadao/visualizar_texto.cfm?idtxt=24355& janela), os Caps podem ser de tipo I, II, III, Álcool e Drogas (Caps AD) e infantojuvenil (Caps i). Os parâmetros populacionais para a implantação desses serviços são definidos da seguinte forma:

- Municípios até 20 mil habitantes – rede básica com ações de saúde mental.
- Municípios entre 20 e 70 mil habitantes – Caps I e rede básica com ações de saúde mental.
- Municípios com mais de 70 mil a 200 mil habitantes – Caps II, Caps AD e rede básica com ações de saúde mental.
- Municípios com mais de 200 mil habitantes – Caps II, Caps III, Caps AD, Caps i e rede básica com ações de saúde mental e capacitação do Samu.
- A composição da rede deve ser definida seguindo estes parâmetros mas também atendendo à realidade local.

CAPÍTULO 6

1. Raiden referia-se ao benefício por invalidez que percebia da Previdência Social, uma vez que a perícia médica o considerara doente mental (esquizofrênico).

2. O personagem Raiden (também conhecido como Rayden) figura na famosa série de jogos de luta criada por Ed Boon e John Tobias denominada "Mortal Kombat". Deus do trovão e protetor do reino da Terra, Raiden é conhecido por sua sabedoria e por seus poderes, os quais incluem a capacidade para teleportar-se, controlar raios e trovões. Por conta disso, ele é considerado o senhor da luz. Com frequência lidera as forças do bem contra o mal, tendo um papel essencial na história e nos jogos da série. Imortal, ele pensa em termos de eternidade, e não como um humano normal. (Fonte:

PSICOSE E SOFRIMENTO

<http://tvig.ig.com.br/games/mortal+kombat+++a+historia+de+raiden-
-8a4980262e545e72012ec4935d4e31ed.html>. Acesso em: 10 jul. 2011.)

3. A síndrome de Cotard, delírio de Cotard ou síndrome nihilista ou de
negação consiste em uma rara psicopatologia psiquiátrica na qual a pessoa
possui a crença delirante de que se encontra morta, não existe, está putre-
fata, ficou sem sangue ou sem os órgãos internos. Com menos frequência,
inclui delírios de imortalidade. O termo foi cunhado pelo neurologista
francês Jules Cotard (1840-1889) a partir de um caso clínico, embora muitos outros tenham sido relatados desde então. A síndrome tende a surgir
no contexto de uma doença neurológica ou de uma doença mental associada à depressão e à desrealização. Em termos neurológicos, pensa-se que
esta síndrome se relaciona à síndrome de Capgras e, assim, ambas resulta-
riam da desconexão entre áreas fusiformes e áreas ligadas ao sistema lím-
bico. Alguns tratamentos consistem, por exemplo, na administração de
antidepressivos tricíclicos e serotoninérgicos, associados à terapia eletro-
convulsiva. (Fonte: <http://redepsicologia.com/sindrome-de-cotard>.
Acesso em: 12 set. 2011.)

CAPÍTULO 7

1. Alain Badiou (1997, p. 96-8), em seu antológico estudo sobre Deleuze,
assim se refere ao seu grande inspirador: "Podemos dizer que, para
Deleuze, o Ser se declina univocamente como Uno, como vida inorgânica,
como imanência, como doação insensata de sentido, como virtual, como
duração pura, como relação, como afirmação do acaso e do eterno retorno. [...] Devemos partir da univocidade do ser e nela dispor o equívoco
como expressão, ou simulacro e não inversamente".

2. Estamira veio a falecer recentemente, no dia 28 de julho de 2011. O diretor Marcos Prado ajudou nos funerais.

3. Antes de avançarmos, cumpre retomar o modo como estamos a empregar os significantes "ética, política e antropologia". Pelo primeiro, designa-
mos a ação de acolhida ao estranho que se manifesta no comportamento e
no discurso dos semelhantes. Tal estranho tanto pode ser um hábito inibitório (como nos ajustamentos de evitação), hostil (como nos ajustamentos
antissociais), ou, inclusive, a ausência de hábitos (como nas psicoses).
Ética, portanto, não tem relação com o emprego aristotélico do termo,
segundo o qual o homem ético é aquele que leva em conta os costumes e
as leis de sua comunidade. Ética tem um sentido mais originário: morada
em que se acolhe o estranho. Já o significante "política" está associado, nos

MARCOS JOSÉ MÜLLER-GRANZOTTO E ROSANE LORENA MÜLLER-GRANZOTTO

termos da teoria do self, à ação estabelecida pelos sujeitos de ato no sentido de sintetizar, em uma unidade presuntiva e virtual a que chamamos de desejo, as representações sociais disponíveis e os hábitos (excitamentos) desencadeados pelas contingências sociais presentes (demandas por representação social e por excitamento). Em tal unidade presuntiva e virtual, buscamos estabilizar como horizonte de futuro o efeito que os hábitos possam desencadear ante as representações sociais às quais estávamos identificados. Política, por conseguinte, é para nós a maneira como tentamos incluir o semelhante e o estranho, ou a maneira pela qual somos por eles incluídos, em um todo presuntivo e virtual a que chamamos de desejo ou, simplesmente, poder. Fazer política é participar do poder, entendamos o poder como um desejo nosso ou de nosso semelhante. Já o significante "antropologia" tem seu uso orientado pela maneira crítica como lemos a antropologia de Jean-Paul Sartre (1942). Partindo da ideia de uma fonte insuperável e irredutível – que é a sua teoria da consciência –, Sartre advoga que a unidade dessa consciência sempre se produz na transcendência, como uma existência em situação, na práxis história. A antropologia para Sartre – entendida como o objeto primeiro do filosofar – é o estudo dessa práxis histórica. Trata-se de uma investigação do homem e do humano como a realização (sempre parcial) da unidade da consciência na transcendência. Segundo ele (Sartre, 1966, p. 95), "enquanto interrogação sobre a práxis, a filosofia é ao mesmo tempo interrogação sobre o homem, quer dizer sobre o sujeito totalizador da história. Pouco importa que esse sujeito seja ou não descentrado. O essencial não é o que se fez do homem, mas o *que ele faz do que fizeram dele*. O que se fez do homem são as estruturas, os conjuntos significantes que as ciências humanas estudam. O que o homem faz é a própria história, a superação real dessas estruturas numa práxis totalizadora. A filosofia situa-se na charneira. A práxis é, no seu movimento, uma totalização completa; mas nunca atinge senão totalizações parciais, que serão por sua vez superadas". Para nossos propósitos, aderimos à compreensão de que, na transcendência (entendida como atualidade da situação concreta e social), o homem se ocupa de superar as estruturas em que reflete a unidade de sua própria práxis histórica; e de que isso é o mesmo que fazer história. Aderimos à compreensão de que antropologia é o estudo dessa práxis histórica e da tentativa humana de superá-la. Mas, nem por isso, precisamos onerar a antropologia com a suposição de que, tal práxis, bem como as tentativas de compreendê-la e superá-la, estaria animada por uma fonte insuperável e irredutível, que é a consciência (como ação nadificadora, apelo de liberdade sempre em curso). Que haja tal fonte, ou que ela se imponha na práxis histórica como

PSICOSE E SOFRIMENTO

uma necessidade transcendental em busca de unificação, isto é para nós uma questão a discutir e não um princípio, como parece ser para Sartre. Eis em que sentido conjecturamos, como um eventual motivo (ausente, por exemplo, nos ajustamentos de busca) para as ações de superação das identidades historicamente constituídas, a copresença de uma alteridade radical, qual outrem (ou função *id*). Se é verdade que, na práxis histórica, nos ocupamos de operar sínteses a partir do passado em direção ao futuro, tais sínteses não parecem ser decorrência de uma exigência interna ou transcendental, mas um efeito da presença do estranho que se apresenta a nós segundo a demanda do semelhante. Preferimos pensar que a práxis histórica está motivada pela alteridade, antes que por uma suposta unidade que nos antecederia.

4. Os neologismos "evitação" e "evitativo" – extraídos da obra de PHG (1951, p. 235) – designam o ajustamento criador característico dos comportamentos denominados de neuróticos. A característica marcante desse modo de ajustamento, conforme PHG (1951), tem relação com uma inexplicável falta de autonomia no consulente para agir e dizer, como se sua função de ato (sua corporeidade agente e falante) estivesse alienada em favor de algo que não se deixasse reconhecer na realidade social. Ou, então, tudo se passa como se a função de ato (no consulente, mas não exclusivamente) perdesse o posto de articuladora do contato em proveito de outro agente, desconhecido, que sem razão aparente adviria como uma espécie de ação de evitação orientada por um hábito inibitório. Mesmo que os dados ou demandas presentes à sessão, as quais envolveriam a própria escuta do clínico, continuassem a abrir, para ambos, possibilidades de enfrentamento do mal-estar que estivesse a afligir o consulente, algo emergiria para este como interrupção presente. O processo de contato entre o que pudesse surgir como um excitamento advindo do passado e o que pudesse surgir como uma possibilidade futura de satisfação permaneceria inexplicavelmente interditado. Conforme a descrição fornecida por PHG (1951, p. 235--6), neurose é: "a evitação do excitamento espontâneo e a limitação das excitações. É a persistência das atitudes sensoriais e motoras, quando a situação não as justifica ou de fato quando não existe em absoluto nenhuma situação-contato, por exemplo, uma postura incorreta que é mantida durante o sono. Esses hábitos intervêm na autorregulação fisiológica e causam dor, exaustão, suscetibilidade e doença. Nenhuma descarga total, nenhuma satisfação final: perturbado por necessidades insatisfeitas e mantendo de forma inconsciente um domínio inflexível de si próprio, o neurótico não pode se tornar absorto em seus interesses expansivos, nem levá-los a cabo com êxito, mas sua própria personalidade se agiganta na *awareness*:

MARCOS JOSÉ MÜLLER-GRANZOTTO E ROSANE LORENA MÜLLER-GRANZOTTO

desconcertado, alternadamente ressentido e culpado, fútil e inferior, impudente e acanhado, etc."

5. A conexão entre os ajustamentos evitativos e as demandas específicas dirigidas ao clínico é uma inovação que propomos com o objetivo de aprofundar o entendimento sobre o modo como se estabelece o diagnóstico nas relações de campo, a saber, com base no modo como o clínico sente-se convocado a ocupar um lugar no discurso e na postura desempenhados pelo consulente no aqui-agora da experiência de contato. Para maiores informações, sugerimos nosso livro *Fenomenologia e Gestalt-terapia* (2007, em especial os Capítulos 7, 8 e 9).

6. Vale registrar os esclarecedores trabalhos publicados nessas obras, como é o caso dos artigos de Ibrahim (1991) e Neto (1997).

7. A instituição a que nos referimos é o Instituto Müller-Granzotto de Psicologia Clínica Gestáltica (www.mullergranzotto.com.br).

8. A gestalt-terapeuta Tamara Emerim Guerra, colaboradora do Instituto Müller-Granzotto de Psicologia Clínica Gestáltica, é a idealizadora e coordenadora do projeto SCiFi – Sessões livres de ficção científica, que reúne, semanalmente, um grupo de consulentes e profissionais do Instituto Müller-Granzotto com o objetivo de estabelecer um espaço de convivência em torno do interesse comum pela ficção científica.

PARTE II

CAPÍTULO 8

1. No artigo intitulado "Privilégio e astúcia da fala segundo Merleau-Ponty" (Müller-Granzotto, 2002), apresentamos um estudo sobre o uso das noções de *fala falada* e *fala falante* em Merleau-Ponty.

2. Conforme já mencionamos na nota 3 do Capítulo 7, cumpre esclarecer que o significante "antropologia" tem seu uso orientado pela maneira crítica como lemos a antropologia de Jean-Paul Sartre (1942).

3. Vide excelente estudo de Roberto Machado sobre a arqueologia de Foucault (Machado, 1981).

4. Em seu estudo intitulado *"Qu'est-ce qu'un Dispositif"*, Deleuze (1986) procura demonstrar que não seria justificado inferir da noção foucaultiana de "dispositivo" uma teoria do poder, uma vez que não se encontra em parte alguma da obra de Foucault o apelo a uma "vontade de verdade" universal e constante.

5. "Vejo o meu trabalho sem dúvida próximo daquele de Foucault. Nas minhas duas últimas pesquisas sobre o "estado de exceção" e sobre a "teologia econômica", procurei aplicar o mesmo método genealógico e paradigmático que praticava Foucault. Por outro lado, Foucault trabalhou em tantos campos, mas os dois que deixou de fora são, exatamente, o direito e a teologia, e me pareceu natural dedicar minhas duas últimas pesquisas precisamente nesta direção" (Agamben, 2004, p. 2).

CAPÍTULO 9

1. A posição cínica a que nos referimos tem relação com Diógenes de Sínope, o qual era "filho do banqueiro Iquésios, radicado em Sínope. Diclés revela que Diógenes viveu no exílio porque seu pai, a quem fora confiado o dinheiro do Estado, adulterou a moeda corrente. Entretanto, Eubulides, em seu livro sobre Diógenes, afirma que o próprio Diógenes agiu dessa maneira e foi forçado a deixar a terra natal com seu pai. Diógenes, aliás, em sua obra *Pôrdalos,* confessa a adulteração da moeda. Dizem alguns autores que, tendo sido nomeado superintendente, deixou-se persuadir pelos operários e foi a Delfos ou ao oráculo Délio na pátria de Apolo perguntar se deveria fazer aquilo a que desejavam induzi-lo. O deus deu--lhe permissão para alterar as instituições políticas, porém ele não entendeu e adulterou a moeda. Descoberto, segundo alguns autores foi exilado, e segundo outros deixou a cidade espontaneamente" (Diógenes Laêrtios, trad. 1977, § 20). Em terra estrangeira (Atenas), Diógenes defendia, "em relação às leis, [...], não é possível a existência de um Estado sem elas". Ademais, Diógenes "afirma que sem uma cidade a própria civilização não tem utilidade alguma; a cidade é uma comunidade civilizada e organizada; sem a cidade as leis não têm utilidade; logo, a lei é a civilização". Por isso, "Diógenes ridicularizava a nobreza de nascimento, a fama e similares, chamando-as de ornamento ostentatório do vício" (Diógenes Laêrtios, trad. 1977, § 72). Porém, "Diógenes nada via de estranho em roubar qualquer coisa de um templo ou em comer a carne de qualquer animal, nem via qualquer impiedade em comer a carne humana, como faziam sabidamente alguns povos estrangeiros. De acordo com a reta razão ele dizia que todos os elementos estão contidos em todas as coisas e impregnam todas as coisas; sendo assim, no pão há carne e nas verduras há pão; e todos os

outros corpos, por meio de certos condutos e partículas invisíveis, também encontram o seu caminho para todas as substâncias e se unem a elas sob a forma de vapor [...]" (Diógenes Laêrtios, trad. 1977, § 73). Ainda conforme Diógenes Laêrtios (trad. 1977, § 71), Diógenes "de fato, adulterou a moeda corrente porque atribuía importância menor às prescrições das leis que às da natureza, e afirmava que sua maneira de viver era a de Heraclés, que preferia a liberdade a tudo mais". De onde se infere a ideia fundamental do cinismo grego, segundo o qual importa viver de modo civilizado na cidade, obedecendo às leis, mas tolerando as múltiplas formas de compreendê-las, o que inclui a contradição e as idiossincrasias. Só não se pode tolerar a intolerância, a qual deve sempre ser denunciada por um dito tolerante, que não elimina a possibilidade da reconsideração, como é o caso dos ditos pantomímicos, sarcásticos, os quais constituem a *parresia* ou dito verdadeiro.

2. A vida de Diógenes causava curiosidade entre os atenienses. Além de viver em um tonel, vestia apenas uma túnica, lambia água das poças e sempre respondia "Procuro o homem" a todos que lhe perguntavam o porquê de perambular pelas ruas de Atenas em plena luz do sol com uma lanterna nas mãos. Na verdade, esse estilo de vida era uma resposta contra as comodidades e atividades intelectuais. Diógenes era contra qualquer forma de erudição e expressava-se por atitudes e escolhas concretas. Uma história famosa sobre sua vida ilustra sua maneira satírica de responder às perguntas sobre sua personalidade: certo dia, enquanto tomava um banho de sol, Alexandre disse-lhe de forma inesperada: "Pede-me o que quiseres". Então Diógenes pediu que Alexandre saísse de sua frente, pois estava tapando o sol.

3. Em certa ocasião esse filósofo masturbava-se em plena praça do mercado e dizia: "Seria bom se, esfregando também o estômago, a fome passasse" (Diógenes Laêrtios, trad. 1977, § 46 e § 69).

4. "Certa vez Alexandre o encontrou e exclamou: 'Sou Alexandre, o grande rei'; 'E eu', disse ele, 'sou Diógenes, o cão'. Perguntaram-lhe o que havia feito para ser chamado de cão, e a resposta foi: 'balanço a cauda alegremente para quem me dá qualquer coisa, ladro para os que recusam e mordo os patifes'." (Diógenes Laêrtios, trad. 1977, § 60).

5. Do grego *parrhêsia*, encontrada originariamente na literatura de Eurípedes, *parresia* significa "coragem de dizer a verdade", "falar livremente", "dizer tudo". Segundo Plutarco, trata-se de uma virtude contrária à bajulação. É uma práxis originalmente política, segundo a qual, em um

PSICOSE E SOFRIMENTO

regime monárquico, alguém, o parresista, diz a verdade para o príncipe mesmo que isto lhe custe a cabeça. Posteriormente, o termo recebeu uma conotação moral, designando a virtude do príncipe para dizer a verdade. Trata-se de coragem racional de escutar as opiniões diversas, inclusive aquelas que o príncipe normalmente não gostaria de ouvir, a fim de se prevenir contra a bajulação. Mais tarde, Foucault se ocupa do termo para com ele designar as relações morais de "cuidado de si". Nas palavras do filósofo francês, trata-se da "livre coragem mediante a qual um se relaciona consigo mesmo no ato de dizer a verdade; ou seja, a ética de dizer a verdade num ato livre e perigoso" (Foucault *apud* Ortega, 1999 p. 108).

6. Para maior aprofundamento nesse tema, sugerimos o artigo de Müller-Granzotto, M. J. (2010b).

CAPÍTULO 10

1. Esse é o argumento central de nossa obra *Fenomenologia e Gestalt-terapia* (2007). Nela defendemos que a passagem da fenomenologia para a clínica na Gestalt-terapia consistiu em um abandono do interesse especulativo pelas essências em favor de um interesse por isso que faz desviar, precisamente, o outrem. Ora, o interesse por outrem é, para nós, uma ética (no sentido de abertura e não no sentido de observância da lei). E o desvio em direção às manifestações de outrem, conforme nosso entendimento, uma clínica (no sentido de Lucrécio, a saber, *clinamen*). Daqui decorre que a clínica gestáltica – como uma ética – é um desvio do olhar em direção às manifestações de outrem.

2. A colaboradora do Instituto Müller-Granzotto de Psicologia Clínica Gestáltica Ângela Maria Hoepfner (2009) tem prestado relevantes contribuições no sentido de fazer comunicar as políticas de humanização do SUS e as tecnologias de intervenção em ajustamentos de inclusão, conforme a orientação ética, política e antropológica adotada por nossa instituição.

3. Conforme Lichtenberg (1990, p. xii), "estoy convencido de que no estamos circunscriptos a la psicoterapia cuando aplicamos los conocimientos de la psicología relativos a opresión [...] uno puede tratar de deshacer el nudo de la opresión y hacer posible un cambio de orientación en los opresores en el campo de la acción social y también en las relaciones entre familiares y amigos. Cuando entendemos ambas dinâmicas, la social y la psicológica, podemos entrar a las relaciones en formas potencialmente transformadoras".

MARCOS JOSÉ MÜLLER-GRANZOTTO E ROSANE LORENA MÜLLER-GRANZOTTO

4. Para Freyre (1981, p. 228-9), o "caráter sociolinguisticamente cristocêntrico da colonização portuguesa, em particular, ou hispânica, em geral, do Brasil terá assegurado à sociedade e à cultura brasileira, desde dias pré-nacionais, um sentido de *continuum* cultural diferente dos etnocêntricos. Terá predisposto essa sociedade e essa cultura a uma consciência sociocultural livre de ressentimentos contra colonizadores que aqui tivessem se definido como construtores de um sistema etnicamente fechado, com a etnicidade, em vez da religiosidade, na base dessa construção [...]. Favorável a esse como que anarquismo construtivo, que caracterizou a formação sociocultural brasileira, foi não haver essa formação se realizado nem estatal em teocraticamente [...] Suponho ter sido o autor de *Casa grande & senzala* o primeiro intérprete do processo de formação brasileira a atribuir a essa instituição [casa-grande e senzala brasileiras] o mais importante e mais criativo papel nesse processo. Nem reis de Portugal nem bispos nem abades de mosteiros nem jesuítas, os principais construtores da sociedade brasileira desde dias pré-nacionais foram sim os senhores de casas-grandes de engenhos, de fazendas e de estâncias e os escravos – vários desses escravos, alforriados pelos senhores, como se fossem antecessores da princesa Isabel [...] – das senzalas. Eles, senhores completados por esses escravos, e os compadres, os afilhados, os protegidos – as protegidas, talvez, mais do que os protegidos – desses senhores: compadres, afilhados, amantes, filhos naturais das amantes, como extensão da família patriarcal. Ou das famílias patriarcais residentes nas casas-grandes, sem que se deixe de recordar terem constituído parte como que mítica e mística, os santos prediletos de cada família e os mortos por vezes sepultados nas próprias capelas das casas-grandes, à sombra desses santos também quase pessoas de casa".

5. No ano de 1991, o Índice de Desenvolvimento Humano Municipal (IDH-M) dos negros do Brasil era 0,608, o que equivalia ao IDH de um país com desenvolvimento humano médio. Esse valor, no começo da década de 1990, colocaria o Brasil negro entre a 101ª e a 102ª posição do *ranking* internacional (entre a Coreia do Norte e a Mongólia). Em 2000, o IDH-M dos negros do Brasil passou para 0,703. Apesar dessa evolução positiva, a população afro-brasileira seguia com um IDH de um país de nível de desenvolvimento humano médio, índice que colocaria os negros brasileiros, nesse mesmo ano, entre a 104ª e a 105ª posição (entre El Salvador e Moldávia). Para piorar a situação, a proporção de negros abaixo da linha de pobreza no total da população negra no Brasil vem mantendo uma tendência em torno de 50% desde 1995. No caso da população branca, o percentual de pessoas abaixo da linha de pobreza gira em torno de 25%. Disponível em: <http://www.pnud.org.br/atlas/>. Acesso em: 22 de junho de 2011.

PSICOSE E SOFRIMENTO

6. Estima-se que, no Brasil, os 10% mais ricos da população – cerca de 18 milhões de pessoas – têm em mãos 45,8% da riqueza nacional. Na outra ponta, os 10% mais pobres sobrevivem dividindo entre si 1% da renda nacional. De onde se segue que, atualmente, o Brasil é o 10º mais desigual em uma lista com 126 países e territórios, segundo o índice de Gini. Esse indicador de desigualdade de renda varia de 0 a 1, sendo 0 atribuído em uma situação na qual toda a população possuísse uma renda equivalente, e 1 se apenas uma pessoa detivesse toda a riqueza do país. No relatório, o índice do Brasil é 0,580, menor que o da Colômbia (0,586, nona no *ranking* dos piores) e pouco maior que os da África do Sul e do Paraguai (0,578, empatadas na 11ª colocação, como aponta o relatório de 2006 do Programa das Nações Unidas para o Desenvolvimento [Pnud, 2003]). Disponível em: <http://www.pnud.org.br>. Acesso em: 22 de junho de 2011.

7. "O primeiro manicômio judiciário no Brasil foi inaugurado no Rio de Janeiro em 1921 atendendo à demanda social por uma 'prisão de caráter especial'" (Carrara, 1998). Atualmente, existem 19 instituições como essa em funcionamento no país, abrigando cerca de 4 mil pessoas (Brasil, 2002).

8. A colaboradora do Instituto Müller-Granzotto de Psicologia Clínica Gestáltica Marcele Emerim (2011) realiza pesquisa no Programa de Pós-Graduação em Psicologia da UFSC versando sobre o tema *O testemunho (im)possível do louco infrator: condições de acolhimento e de emergência*. Agradecemos a ela a assessoria que nos prestou na pesquisa sobre a condição dos psicóticos infratores nos HCTPs.

Referências bibliográficas*

"A Casa", Equipe de acompanhantes terapêuticos do hospital--dia (org.). 1991. *A rua como espaço clínico: acompanhamento terapêutico*. São Paulo: Escuta.

_____. Equipe de acompanhantes terapêuticos do hospital-dia (org.). 1997. *Crise e cidade: acompanhamento terapêutico*. São Paulo: Educ.

Agamben, Giorgio. 1995a. *Homo sacer: o poder soberano e a vida nua I*. Belo Horizonte: UFMG, 2004.

_____. 1995b. Le cinéma de Guy Debord (1995). *Image et mémoire*. Hoëbeke, 1998.

_____. 2004. Da teologia política à teologia econômica. Entrevista com Giorgio Agamben concedida a Gianluca Sacco. *Rivista online, Scuola superiore ell'economia e delle finanze*, anno I, n. 6/7, Giugno-Luglio, 2004. Tradução portuguesa de Selvino José Assmann.

_____. 2008. *Signatura rerum. Sur la méthode*. Trad. Joël Gayraud. Paris: Librairie philosophique J. Vrin.

Allouch, Jean. 2005. *Paranoia: Marguerite ou a Aimée de Lacan*. São Paulo: Companhia das Letras.

Araújo, F. 2005. Do amigo qualificado à política da amizade. *Estilos da Clínica – Revista sobre infância com problemas. Dossiê – Acompanhamento terapêutico*, vol. 10, n. 19, p. 84-105, jun. 2005.

Arendt, Hannah. 1958. *A condição humana*. Rio de Janeiro: Forense Universitária, 2001.

_____. 1963. *Eichmann em Jerusalém – Um relato sobre a banalidade do mal*. São Paulo: Companhia das Letras, 1999.

_____. 1973. *Compreender: formação, exílio, totalitarismo* (ensaios). São Paulo: Companhia das Letras, 2008.

_____. 1975. *O que é a política?* Rio de Janeiro: Bertrand Brasil, 1998.

---

* Na presente obra, optou-se por um sistema de citação de fontes que privilegia o nome do(s) autor(es), a data da primeira edição e a paginação da obra consultada no decorrer do texto, sendo que aqui, nas Referências bibliográficas, estando as fontes completas. Essa forma de citar procura reforçar o estilo genético de apresentação das ideias, o qual sempre parte do uso originário dos conceitos, para então mapear seus desdobramentos ulteriores. Dessa feita, a citação da data da primeira publicação facilita uma leitura historiográfica que desejamos.

ARISTÓTELES, tradução de 1985. *A política.*Trad. Mário da Gama Cury. Brasília: Editora da Unb.

AYRES, J. R. C. M *et al.* 2003. O conceito de vulnerabilidade e as práticas de saúde: novas perspectivas e desafios. In: CZERESNIA, D.; FREITAS, C. M. (orgs.). *Promoção da saúde: conceitos, reflexões, tendências.* Rio de Janeiro: Fiocruz. p. 117-40.

BADIOU, Alain. 1997. *Deleuze: o clamor do ser.* Rio de Janeiro: Zahar.

BAEYER, W. Von. 1955. Der Begriff der Begegnung in de Psychiatrie. *Nervenarzt,* n. 26, p. 369-76.

BARRETO, Kléber. 1997. Acompanhamento terapêutico: uma clínica do cotidiano. *Insight Psicoterapia,* vol. 7, n. 73, p. 22-4.

_____. 2006. *Ética e técnica no acompanhamento terapêutico: andanças de D.Quixote e Sancho Pança.* São Paulo: Unimarco.

BASAGLIA, Franco. 1985. *Instituição negada: relato de um hospital psiquiátrico.* Rio de Janeiro: Graal.

BATAILLE, Georges. 1987. *O erotismo.* Porto Alegre: L&PM.

_____. 1992. *A experiência interior.* São Paulo: Ática.

_____. 1975. *A noção de despesa. A parte maldita.* Rio de Janeiro: Imago.

BAZHUNI, Natasha Frias Nahim. 2010. Acompanhamento terapêutico como dispositivo psicanalítico de tratamento das psicoses na saúde mental. Dissertação (Mestrado). Universidade de São Paulo, São Paulo, 2010.

BELLOC; CABRAL; MITMANN; PELLICCIOLI. 1998. *Cadernos de AT: uma clínica itinerante.* Porto Alegre: Grupo de Acompanhamento Terapêutico Circulação, 1998.

BENETTI, Antônio. 2005. Do discurso do analista ao nó borromeano: contra a metáfora delirante. *Opção Lacaniana Online,* p. 1-17, maio 2005.

BENJAMIN, Walter. 1971. *Oeuvres I. Mithe et Violence.* Paris: Denoi.

BENNINGTON, Geoffrey. 2002. Desconstrução e ética. In: DUQUE--ESTRADA, Paulo Cesar (org.). *Desconstrução e ética: ecos de Jacques Derrida.* Rio de Janeiro, São Paulo: PUC/Loyola.

BERG, J. H. Van den. 1955. *The phenomenological approach to psychiatry.* Springsfield: CC Thomas. Versão em português: *O paciente psiquiátrico – Esboço de uma psicopatologia fenomenológica.* São Paulo: PSY II, 1999.

BINSWANGER, L. 1922. Über Phänomenologie. In: BINSWANGER, L. *Ausgewählte Vorträge und Aufsätze.* [T. I. Zur phänomenologischen Anthropologie.] Berne: Francke, 1947.

_____. 1957. *Schizophrenie.* Pfullingen: Neske.

_____. 1971. *Introduction a l'analyse existentielle.* Trad. francesa R. Lewinter. Paris: Gallimard.

BLANCHOT, Maurice. 1971. *L'Entretien infini.* Paris: Gallimard.

PSICOSE E SOFRIMENTO

_____. 1987. O olhar de Orfeu. In: BLANCHOT, Maurice. *O espaço literário.* Rio de Janeiro: Rocco.

BLANKENBURG, W. 1978. Grundlagenprobleme der Psychopathologie. *Nervenarzt*, n. 49, p. 140-6.

BORJA, Guillermo. 1987. *La locura lo cura – Manifiesto psicoterapeutico.* Prólogo de Cláudio Naranjo. Santiago: Cuatro Vientos.

BRASIL. 1984. Lei nº 7.209, de 11 de julho de 1984. Altera dispositivos do Decreto-Lei nº 2.848, de 7 de dezembro de 1940 – Código Penal, e dá outras providências. *Diário Oficial da União*, Brasília, DF. Disponível em: <http://www.planalto.gov.br/CCIVIL/leis/1980-1988/L7209.htm>. Acesso em: 22 de junho de 2011.

_____. 1988. *Constituição da República Federativa do Brasil.* Brasília, DF: Senado Federal, 2004.

_____. 2000. Câmara dos Deputados. Comissão de Direitos Humanos. *Relatório da I Caravana Nacional de Direitos Humanos*: uma amostra da realidade manicomial brasileira. Brasília: Câmara dos Deputados, 2000.

_____. 2001. Lei nº 10.216, de 6 de abril de 2001. Dispõe sobre a proteção e os direitos das pessoas portadoras de transtornos mentais e redireciona o modelo assistencial em saúde mental. *Diário Oficial da União*, Brasília, DF, p. 2, 9 abr. 2001. Disponível em: <http://www.saude.sc.gov.br/geral/planos/programas_e_projetos/saude_mental/lei_10216.htm>. Acesso em: 22 de junho de 2011.

_____. 2002. Ministério da Saúde/Ministério da Justiça. *Seminário Nacional para Reorientação dos Hospitais de Custódia e Tratamento Psiquiátrico*: Relatório Final. Brasília, DF, 2002.

_____. 2004. Ministério da Saúde/Secretaria de Atenção à Saúde Mental/ Departamento de Ações Programáticas Estratégicas. *Saúde Mental no SUS: os Centros de Atenção Psicossocial.* Brasília, DF.

_____. 2005. Ministério da Saúde. Secretaria de Atenção à Saúde. Dape. Coordenação Geral de Saúde Mental. *Reforma psiquiátrica e política de saúde mental no Brasil.* Documento apresentado à Conferência Regional de Reforma dos Serviços de Saúde Mental: 15 anos depois de Caracas. Opas. Brasília: Ministério da Saúde, 2005.

_____. 2009. Ministério da Saúde. Secretaria de Atenção à Saúde. *Política Nacional de Humanização da Atenção e Gestão do SUS. Clínica ampliada e compartilhada*/Ministério da Saúde, Secretaria de Atenção à Saúde, Política Nacional de Humanização da Atenção e Gestão do SUS. Brasília, DF: Ministério da Saúde. 64 p.: il. color. (Série B. Textos Básicos de Saúde).

_____. 2010a. Ministério da Saúde. Secretaria de Atenção à Saúde. Núcleo Técnico da Política Nacional de Humanização. *Acolhimento nas práticas de produção de saúde*/Ministério da Saúde, Secretaria de Atenção à Saúde, Núcleo Técnico da Política Nacional de Humanização. 2. ed. 5. reimp. Brasília: Editora do Ministério da Saúde.

_____. 2010b. Ministério da Saúde. Secretaria de Atenção à Saúde. *Política Nacional de Humanização. Atenção Básica*/Ministério da Saúde, Secretaria de Atenção à Saúde, Política Nacional de Humanização. Brasília: Ministério da Saúde, 256 p.: il. (Série B. Textos Básicos de Saúde) (Cadernos Humaniza SUS; v. 2).

_____. 2011. Lei nº 12.403/2011, de 4 de maio de 2011. Altera dispositivos do Decreto-Lei nº 3.689, de 3 de outubro de 1941 – Código de Processo Penal, relativos à prisão processual, fiança, liberdade provisória, demais medidas cautelares, e dá outras providências. *Diário Oficial da União*, Brasília, DF, 5 de maio de 2011. Disponível em: <http://www.planalto.gov.br/ccivil_03/_ato2011-2014/2011/lei/l12403.htm>. Acesso em: 22 de junho de 2011.

BRENTANO, Franz. 1874. *Psychologie du point de vue empirique*. Trad. Maurice de Gandillac. Revisão Jean-François Courtine. Paris: Vrin, 2008.

BUARQUE, Sérgio. 2007. Verbete Gestaltês. In: ORGLER, Scheila; D'ACRI, Gladys *et al.* (orgs.). *Gestaltês*. Dicionário de Gestalt-terapia. São Paulo: Summus.

BUBER, Martin. 1923. *Eu e tu*. 2 ed. Trad. Newton Aquiles Von Zuben. São Paulo: Cortez e Morais, 1979.

BULFINCH, Thomas. 1998. *O livro de ouro da mitologia*. Histórias de deuses e heróis. Trad. David Jardim Júnior, 1999.

CABAS, Antônio Godino. 1988. *A função do falo na loucura*. Trad. Cláudia Berliner. Campinas: Papirus.

CALLIGARIS, Contardo. 1989. *Introdução a uma clínica diferencial das psicoses*. Porto Alegre: Artes Médicas.

CANGUILHEM. 1943. *O normal e o patológico*. Rio de Janeiro: Forense Universitária, 1995.

CARRARA, Sérgio. 1998. *Crime e loucura*: o aparecimento do manicômio judiciário na passagem do século. Rio de Janeiro/ São Paulo: EdUERJ/Edusp.

CARVALHO, Nerícia Regina de. 2006. *Primeiras crises psicóticas: identificação de pródromos a partir de pacientes e familiares*. 133 f. Dissertação (Mestrado em Psicologia). Universidade de Brasília, Brasília, 2006.

CARVALHO, Sandra Silveira. 2004. *Acompanhamento terapêutico: que clínica é essa*. São Paulo, Annablume.

CAUCHICK, Ana Paula. 2001. *Sorrisos inocentes e gargalhadas horripilantes*: intervenções no acompanhamento terapêutico. São Paulo: Annablume.

CFP/OAB. 2004. Conselho Federal de Psicologia & Ordem dos Advogados do Brasil. *Relatório de Inspeção Nacional de Unidades Psiquiátricas em prol dos Direitos Humanos*: uma amostra das unidades psiquiátricas brasileiras. Brasília: CFP/OAB.

CHAMOND, J. 2002. Fond de l'expérience et structure temporelle dans la schizophrénie. *Synapse*, n. 185.

COSTA, Jurandir Freire. 1995. O sujeito em Foucault: estética da existência ou experimento moral. *Revista Tempo Social* – Revista de Sociologia da USP, v. 1-2, nº 7, São Paulo, p. 121-38, out. 1995.

COOPER, David. 1976. *Psiquiatria e antipsiquiatria*. São Paulo: Perspectiva, 1989.

DAVIDSON, Donald. 1982. Paradoxes of Irrationality. In: WOLHEIM, Richard; HOPKINS, James (eds.). *Philosophical Essays on Freud*. Cambridge: Cambridge University Press, p. 289-305.

_____. 1991. *Inquiries into Truth & Interpretation*. Oxford: Oxford University Press.

DEBORD, Guy. 1967. *A sociedade do espetáculo*. Rio de Janeiro: Contraponto, 1997.

DELACROIX, Jean-Marie. 2006. *La Troisième histoire*. Patient--psychothérapeute: fonds e formes du processus relaciotionel. Saint--Jean-de-Braye. Dangles. (Coleção "Psycho Nova")

DELEUZE, Gilles. 1986. Qu'est-ce qu'un Dispositif. In: DELEUZE, GILLES. *Foucault*. Paris: Minuit. Versão em português: *Foucault*. São Paulo: Brasiliense, 1988.

_____. 1997. *Crítica e clínica*. São Paulo: Editora 34.

DERRIDA, Jacques. 1967. *A voz e o fenômeno*. Trad. Lucy Magalhães. Rio de Janeiro: Zahar, 1994.

_____. 2004. *Papel-máquina*. São Paulo: Estação Liberdade.

DIÓGENES LAÊRTIOS, tradução de 1977. *Vidas e doutrinas dos filósofos ilustres*. Trad. Mário da Gama Kury. 2. ed. Brasília: Unb.

DSM-IV. 1994. *Manual Diagnóstico e Estatístico de Doenças Mentais – Quarta Edição*. Publicado pela Associação Psiquiátrica Americana (APA) em Washington em 1994. Versão em português: São Paulo: Artmed.

DUSEN, Wilson Van. 1972. *La profundidad natural en el hombre*. 7. ed. Trad. Alejandro Celis e Francisco Huneeus. Santiago: Cuatro Vientos, 2003.

EMERIM, Marcele de Freitas. 2011. *O testemunho (im)possível do louco infrator: condições de acolhimento e de emergência*. Projeto de Mestrado Qualificado. *Orientadora:* Profª Drª Mériti de Souza. Programa de Pós--Graduação em Psicologia. Universidade Federal de Santa Catarina.

ESTILOS DE CLÍNICA. 2005. *Revista sobre infância com problemas. Dossiê – Acompanhamento terapêutico*, vol. 10, n. 19, jun. 2005.

FORRESTER, Viviane. 1997. *O horror econômico*. Trad. Álvaro Lorencini. 3. ed. São Paulo: Unesp.

FOUCAULT, Michel. 1953. *Doença mental e psicologia*. Trad. Lílian Rose Shaldres. Rio de Janeiro: Tempo Brasileiro, 1975.

_____. 1954. Introdução (*In Binswanger*). In: FOUCAULT, Michel. *Dits et écrits*, I (1954-1969). Paris: Gallimard, 1994.Versão em português: *Ditos e escritos I*. Problematização do sujeito: psicologia, psiquiatria e psicanálise. Organização e seleção de textos: Manuel Barros da Motta. Trad. Vera Lucia Avellar Ribeiro. 1999.

_____.1963. *O nascimento da clínica*. Trad. Antônio Ramos Rosa. Rio de Janeiro: Forense Universitária, 1998.

_____. 1966. *Les Mots et les choses*: une archéologie des sciences humaines. Paris: Gallimard, 1966. Versão em português: *As palavras e as coisas*. Trad. Salma Michael. São Paulo: Martins Fontes, 1992.

_____.1975. *Surveiller et Punir*. Naissance de la prison. Paris: Gallimard. Versão em português: *Vigiar e punir*: história da violência nas prisões. 27. ed. Trad. Raquel Ramalhete. Petrópolis: Vozes, 1987.

_____. 1975-1976. *Il Faut Défendre la société*. *Cours au collège de France (1975-1976)*. Paris: Gallimard, Seuil, 1997. Versão em português: *Em defesa da sociedade*. Trad. Remo Mannarino Filho. São Paulo: Martins Fontes, 1999.

_____. 1976. *Histoire de la sexualité* (*Volonté de savoir*, t. I). Paris: Gallimard. 1976. Versão em português: *A vontade de saber (História da sexualidade*, t. I). Trad. Maria Thereza da Costa Albuquerque e J. A. Guilhon Albuquerque. 12. ed. Rio de Janeiro: Graal, 1988.

_____. 1977-8. Securité, territoire, population. *Dits et écrits*, III (1954-1988). Paris: Gallimard, 1994.

_____. 1978-9. Naissance de la biopolitique. *Dits et écrits*, III (1954-1988). Paris: Gallimard, 1994.

_____. 1979a. *Microfísica do poder*. Trad. Roberto Machado. São Paulo: Graal, 2008.

_____. 1979b. *A verdade e as formas jurídicas* – conferências de Michel Foucault na PUC-RJ. Rio de Janeiro: Nau.

_____. 1980. Politique et éthique: une interview (entrevista a M. Jay, L. Löwenthal, P. Rabinow, R. Rorty e C. Taylor). In: *Dits et écrits*, IV (1980--1988). Paris: Gallimard, 1994, p. 584-90.

_____. 1981. Une Esthétique de l'existence (entrevista a A. Fontana). In: FOUCAULT, Michel. *Dits et écrits*, IV (1980-1988). Paris: Gallimard, 1994, p. 730-5.

_____. 1981-2. *A hermenêutica do sujeito*. São Paulo: Martins Fontes, 2004.

_____. 1982. *Dits et écrits*, IV (1980-1988). Paris: Gallimard, 1994.

PSICOSE E SOFRIMENTO

_____. 1984a. *L'Usage des plaisirs* (*Histoire de la sexualité*, t. II). Paris: Gallimard. (Coleção *Tel*, edição de bolso). Versão em português: *O uso dos prazeres* (*História da sexualidade*, t. II). Trad. Maria Thereza da Costa Albuquerque e J. A. Guilhon Albuquerque. 12. ed. Rio de Janeiro: Graal.

_____. 1984b. *Le Souci de soi* (*Histoire de la sexualité*, t. III). Paris: Gallimard. (Coleção *Tel*, edição de bolso). Versão em português: *O cuidado de si* (*História da sexualidade*, t. III). Trad. Maria Thereza da Costa Albuquerque e J. A. Guilhon Albuquerque. 12. ed. Rio de Janeiro: Graal, 1985.

FREUD, Sigmund. 1976. Edição standard brasileira das obras psicológicas completas de Sigmund Freud. Estabelecida por James Strachey e Anna Freud. Trad. José Otávio de Aguiar Abreu. São Paulo: Imago.

_____. 1895. Projeto de uma psicologia científica. In: FREUD, Sigmund. *Op. cit.*, vol. I, 1976.

_____. 1911. Notas psicanalíticas sobre um relato autobiográfico de um caso de paranoia. In: _____. *Op. cit.*, vol. XII, 1976.

_____. 1913. Sobre o início do tratamento (Novas recomendações sobre a técnica da psicanálise I). In: FREUD, Sigmund. *Op. cit.*, vol. XII, 1976.

_____. 1920. Mais além do princípio do prazer. In: FREUD, Sigmund. *Op. cit.*, vol. XV, 1976.

_____. 1923. Neurose e psicose. In: FREUD, Sigmund. *Op. cit.*, vol. XIX, 1976.

_____. 1924. A perda da realidade na neurose e na psicose. In: FREUD, Sigmund. *Op. cit.*, vol. XIX, 1976.

FREYRE, Gilberto. 1981. *Insurgências e ressurgências atuais.* Cruzamentos de sins e nãos num mundo em transição. Rio de Janeiro: Globo.

GEBSATTEL, Von. V. E. 1968. *Imago Hominis. Beiträge zu einir personalen Anthropologie.* Salzbourg: Otto Müller.

GLATZEL, J. 1973. *Endogene depression.* Stuggart: Thieme.

GOFFMAN, Erving. 1961. *Manicômios, prisões e conventos.* 7. ed. São Paulo: Perspectiva, 2005.

GOODMAN, Paul. 1951. *The empire city.* Indianápolis/Nova York: Julian Press.

_____. 2011. *The Paul Goodman Reader* by Sally Goodman. Introdução Taylor Stoehr. Oakland: PM Press.

GRANDIN, Temple; SCARIANO, Margaret M. 1998. *Uma menina estranha –* Autobiografia de uma autista. Trad. Sérgio Flaksman. São Paulo: Companhia das Letras, 1999.

GUIMARÃES, Maria Clara; HORA, Ana Paula M. da; MOREIRA, Allana. 2007. Atenção domiciliar: uma tecnologia de cuidado em saúde mental. In: SILVA, Marcus Vinícius de Oliveira. *A clínica psicossocial das psicoses.* Salvador: UFBA.

HÄFNER, H. 1961. *Psychopathen Daseinsanalytische Untersuschungen zur Struktur und Velaufsgestalt von Psychopathien.* Introdução L. Binswanger. Berlim: Springer.

HEIDEGGER, Martin. 1927. *Ser e tempo.* Trad. Márcia Cavalcanti. Petrópolis: Vozes, 1989, 2 volumes.

_____. 1929. *Qu'est-ce la Métaphisique?* Versão em português: *Que é metafísica?* Trad. Ernildo Stein. São Paulo: Abril Cultural, 1973. (Coleção Os Pensadores)

HERMANN, M. C. 2008. *Acompanhamento terapêutico e psicose:* um articulador do real, simbólico e imaginário. Tese (Doutorado). Universidade de São Paulo, São Paulo.

HOEPFNER, Ângela Maria. 2009. A clínica do sofrimento ético-político como uma proposta de intervenção na clínica ampliada e compartilhada. In: BRASIL. 2009. Ministério da Saúde. Secretaria de Atenção à Saúde. Política Nacional de Humanização. Brasília: Ministério da Saúde, 256 p.: il. (Série B. Textos Básicos de Saúde) (Cadernos Humaniza SUS, v. 2).

HUSSERL, Edmund. 1893. *Lições para uma fenomenologia da consciência interna do tempo.* Trad. Pedro M. S. Alves. Lisboa: Imprensa Nacional – Casa da Moeda, [s.d.].

_____. 1900-1a. *Logische Unterschungen – Erster Band, Prolegomena zur reinen Logik.* Husserliana, Band XVIII, Martinus Nijhoff Publishers, The Hague, 1975. Versão em português: *Investigações lógicas.* Primeiro volume – Prolegômenos à lógica pura. Trad. Diogo Ferrer. Aprovada pelos Arquivos Husserl de Lovaina. Lisboa: Centro de Filosofia da Universidade de Lisboa, 2008.

_____. 1913. *Ideias relativas a uma fenomenologia pura e a uma filosofia fenomenológica.* Prefácio C. A. Moura. Trad. Márcio Suzuki. São Paulo: Ideias e Letras, 2006. (Coleção Subjetividade Contemporânea)

_____. 1922. Europa: crise e renovação – A crise da humanidade europeia e a filosofia. De acordo com os textos de Husserliana VI e XXVII editados por Walter Biemel e Thomas Nenom/Hans Rainer Sepp. Trad. Pedro M. S. Alves, Carlos Aurélio Morujão. Aprovada pelos Arquivos Husserl de Lovaina, 2008 [Título original *Fünf Aufsätze über Vorträge 1922-1937.* Husserliana Band XXVIII, Dordrecht, 1989].

_____. 1924. *Formal and transcendental logic.* Trad. Dorian Cairns. The Hague: Martinus Nijhoff, 1969.

_____. 1930. *Meditações cartesianas:* introdução à fenomenologia. Trad. Maria Gorete Lopes e Souza. Porto: Rés.

IBRAHIM, César. 1991. Do louco à loucura: O percurso do auxiliar psiquiátrico no Rio de Janeiro. In: "A CASA", Equipe de acompanhantes terapêuticos do hospital-dia (org.). *A rua como espaço clínico*: acompanhamento terapêutico. São Paulo: Escuta, p. 43-9.

JACOBINA, Paulo Vasconcelos. Direito penal da loucura: medida de segurança e reforma psiquiátrica. *Revista de Direito Sanitário*, v. 5, n. 1, mar. 2004. Disponível em: <http://bases.bireme.br/cgibin/wxislind. exe/iah/online/?IsisScript=iah/iah.xis&src=google&baseLILACS&lan g=p&nextAction=lnk&exprSearch=418643&indexSearch=ID>. Acesso em: 21 de julho de 2011.

JASPERS, Karl. 1913. *Algemeine psychopathologie*. 7. ed. Berlim: Springer. 1953. Trad. francesa: *Psychopathologie générale*. Trad. Alfred Kastler e J. Mendousse. Paris: Alcan, 1933. Versão em português: *Psicopatologia geral*. Trad. Dr. Samuel Penna Reis. Rio de Janeiro/São Paulo: Livraria Atheneu, 1979 (dois volumes).

JONES, Maxwell. 1953. *The Therapeutic Community: a new treatment method in psychiatry*. Nova York: Basic Books.

JORNAL DO FEDERAL. 2011. Publicação do Conselho Federal de Psicologia, ano XXII, abril de 2011.

JUNG, Carl Gustav. 1966. The Practice of Psychotherapy. In: _____. *Collected Works of C. G. Jung*. For Sir Robert Read, Michael Fordham, Gerhard Adler e William McGuire. Trad. R. F. C. Hull. Nova York: Princeton University Press. 1953-76. (Bollingen Series XX)

KANNER, Léo. 1943. Autistic disturbances of affective contact. *Nervous children*, n. 2, p. 217-50.

KANT, Immanuel. 1785. *Fundamentação da metafísica dos costumes*. Trad. Paulo Quintela. Lisboa: Edições 70, 1995.

KISHER, K. P. 1960. *Der Erlebniswandel des Schizophrenen*. Ein psycchopathologischer Beitrag zur Psychonomie schizophrener Grundsituationen. Berlim: Springer.

LACAN, Jacques. 1932. *Da psicose paranoica e suas relações com a personalidade*. Trad. A. Menezes, M. A. C. Jorge e P. M. da Silveira. Rio de Janeiro: Forense Universitária, 1987.

_____. 1955-6. *O seminário*. Livro 3: As psicoses. Texto estabelecido por Jacques-Alain Miller. Trad. M. D. Magno. 2. ed. Rio de Janeiro: Zahar, 1998.

_____. 1957-8. *O seminário*. Livro 5: As formações do inconsciente. Trad. Vera Ribeiro. Rio de Janeiro: Zahar, 1999.

_____. 1958. De uma questão preliminar a todo tratamento possível da psicose. In: _____. *Escritos*. Rio de Janeiro: Zahar, 1998.

_____. 1959-60. *O seminário*. Livro 7: A ética da psicanálise. Versão de M. D. Magno. 2. ed., Rio de Janeiro: Zahar, 1986.

MARCOS JOSÉ MÜLLER-GRANZOTTO E ROSANE LORENA MÜLLER-GRANZOTTO

_____. 1964. *O seminário.* Livro 11: Os quatro conceitos fundamentais da psicanálise. Texto estabelecido por Jacques-Alain Miller. Trad. M. D. Magno. 2. ed. Rio de Janeiro: Zahar, 1998.

_____. 1966. *Écrits.* Paris: Seuil. Trad. *Escritos.* Rio de Janeiro: Zahar, 1996.

_____. 1969-70. *O seminário.* Livro 17: O avesso da psicanálise. Texto estabelecido por Ari Roitman. Rio de Janeiro: Zahar, 1992.

_____. 1972. *O seminário.* Livro 20: Mais, ainda. Texto estabelecido por Jacques-Alain Miller. Trad. M. D. Magno. 2. ed. Rio de Janeiro: Zahar, 1985.

_____. 1974. *Televisão.* Rio de Janeiro: Zahar, 1993.

_____. 1975. "R.S.I." *Ornicar? Revue du Champ Freudien,* n. 3, p. 17-66, Paris, 1981.

_____. 1976-7. Le sinthome. *Ornicar? Revue du Champ Freudien,* n. 6, p. 3-20; n. 7, p. 3-18; n. 8, p. 6-10; n. 9, p. 32-40; n. 10, p. 5-12; n. 11, p. 2-9, Paris.

LAING, R. D.; COOPER, D. G. 1976. *Razão e violência: uma década da filosofia de Sartre.* Trad. Aurea Brito Weissenberg. Petrópolis: Vozes.

LANTERI-LAURA, G. 1957. *La Psychiatrie phénoménologique.* Paris: PUF.

LAPLANCHE, Jean. 1991. *Hölderlin e a questão do pai.* Trad. C. Marques, Rio de Janeiro: Zahar. (Coleção Transmissão da Psicanálise)

LAURENT, Eric. 1992. Estabilizaciones en las psicosis. Trad. I. Ago, A. Torres, S. M. Garcia e M. Bassols. Buenos Aires: Manantial.

LEITE, Márcio Peter S. 2000. Subsídios para o estudo da segunda clínica de Lacan. *Agente. Revista de psicanálise,* vol. VII, n. 13, p. 30-5, nov. 2000.

LEITE, Maria Aparecida. 2003. *O des-curso cínico: a poética de Glauco Mattoso.* Tese de Doutorado em Teoria Literária. Orientador Marcos José Müller-Granzotto. Programa de Pós-Graduação em Literatura. Florianópolis, UFSC. 213p.

LÉVINAS, Emmanuel. 1967. *Descobrindo a existência com Husserl e Heidegger.* Lisboa: Instituto Piaget.

_____. 1978. "Martin Buber, Gabriel Marcel et la Philosophie". *Revue Internacionale de Philosophie,* v. 126, n. 4, p. 492-511.

_____. 2000. *Totalidade e infinito.* Trad. José Pinto Ribeiro. Lisboa: Edições 70.

LICHTENBERG, Phillip. 1990. *Psicología de la opresión.* Guía para terapeutas y activistas. Trad. Maria Elena Soto e Francisco Huneeus. Santiago: Cuatro Vientos, 2008.

MACHADO, Roberto. 1981. *Ciência e saber.* Rio de Janeiro: Graal.

_____. 2006. *Foucault, a ciência e o saber.* 3. ed. revista e ampliada. Rio de Janeiro: Zahar.

MACHADO DE ASSIS, Joaquim Maria. 1881-2. *O alienista*. In:_____. *Obras completas*. Rio de Janeiro: Jorge Aguillar, 1962.

MALDINEY, Henry. 1976. Psychose et presence. *Revue de Métaphysique et Morale*, n. 81, p. 513-65.

_____. 1990. *Le Contact*. Bruxelas: De Boeck-Wesmael.

MARCHEWKA, Tânia Maria Nava. 2003. As contradições das medidas de segurança no contexto do Direito Penal e da Reforma Psiquiátrica no Brasil. *Revista de Direito Upis*, Brasília, v. 1, n. 1, jan. 2003. Disponível em: <http://www.upis.br/revistadireito/rev_dir_vol1.pdf >. Acesso em: 19 de julho de 2011.

MARX, Karl. 1867. *Le capital* – livro 1. Paris: PUF, 2000. Disponível em: <http://www.marxists.org/portugues/marx/1867/ocapital-v1/index.htm>.

MELMAN, Charles. 2004. *A neurose obsessiva*. Trad. Inesita Machado. Editor: José Nazar. Rio de Janeiro: Companhia de Freud.

MERLEAU-PONTY, Maurice. 1945. *Phénoménologie de la perception*. Paris: Gallimard. Tradução utilizada: *Fenomenologia da percepção*. Trad. C. A. R. de Moura. São Paulo: Martins Fontes, 1994.

_____. 1947. *Humanisme et terreur*. Paris: Gallimard.

_____. 1955. *Les aventures de la dialectique*. Paris: Gallimard.

_____. 1960. *Signes*. Paris: Gallimard. Tradução utilizada: *Signos*. Trad. Maria Ermantina Galvão Gomes Pereira. São Paulo: Martins Fontes, 1991.

_____. 1962. Candidature au Collège de France – Un inédit de Merleau--Ponty. *Revue de métaphysique et de morale*, n. 67, p. 401-9.

_____. 1964a. *Le visible et l'invisible*. Paris: Gallimard. Versão em português: *O visível e o invisível*. Trad. J. A. Gianotti. São Paulo: Perspectiva, 1992.

_____. 1964b. *L'oeil et l'esprit*. Paris: Gallimard. Versão em português: *O olho e o espírito*. Trad. Paulo Neves e Maria Ermantina Galvão Gomes Pereira. São Paulo: Cosac Naify, 2004.

_____. 1969. *La prose du monde*. Paris: Gallimard.

MILLER, Jacques-Alain (1994-5). *Silet – Os paradoxos da pulsão, de Freud a Lacan*. Trad. Celso Rennó Lima: texto estabelecido por Angelina Harari e Jésus Santiago. Rio de Janeiro: Zahar, 2005.

_____. 1998. *Los signos del goce* – Los cursos psicoanalíticos de Jacques--Alain Miller. Buenos Aires: Paidós.

_____. 2001. *De la naturaleza de los semblantes*. Buenos Aires: Paidós.

MINKOWSKI, Eugène. 1927. *La schizophrénie. Psychopathologie des schizoïdes et des schizophrènes*. Nova edição revista e ampliada. Paris: Desclée de Brouwer, 1953.

_____. 1933. *Les temps vecú. Études phénoménologiques e psychopatologiques*. Neuchâtel: Delachaux et Niestlé, 1968.

MÜLLER-GRANZOTTO, Marcos José. 2002. Privilégio e astúcia da fala segundo Merleau-Ponty. *Revista Portuguesa de Filosofia*, v. 58, fascículo 1, p. 117-37, jan.-mar. 2002.

_____. 2008. Merleau-Ponty e Lacan: a respeito do estranho. *Adverbum* (*Campinas. Online*), v. 3, p. 3-17, 2008. Disponível em: <http://www.psicanaliseefilosofia.com.br/adverbum/sumarioadverbum04.html>.

_____. 2009. Gênese das funções e dos modos de ajustamento no universo infantil à luz da teoria do *self.* In: XII Encontro da Abordagem e IX Congresso Nacional de Gestalt-Terapia, Vitória - ES. Gestalt Terapia na contemporaneidade, 2009.

_____. 2010a. Clínica de los ajustes psicóticos. Una propuesta a partir de la terapia gestáltica. *Revista de Terapia Gestalt de la Associación Española de Terapia Gestalt*, n. 30, p. 92-7, enero 2010.

_____. 2010b. Outrem em Husserl e em Merleau-Ponty. In: BATTISTI, César Augusto. *Às voltas com a questão da subjetividade.* Toledo/Ijuí: Unioeste/Unijuí, 2010.

MÜLLER-GRANZOTTO, M. J.; MÜLLER-GRANZOTTO, R. L. 2007. *Fenomenologia e Gestalt-terapia.* São Paulo: Summus.

_____. 2008. Clínica dos ajustamentos psicóticos: uma proposta a partir da Gestalt-terapia. *IGT NA REDE*, v. 5, p. 8-34.

_____. 2009a. *Fenomenologia y Terapia Gestalt.* Santiago de Chile: Cuatro Vientos.

_____. 2009b. Temporalité dans le champ clinique: phénoménologie du *self.* *Les Cahiers de Gestalt-thérapie*, v. 1, p. 39-82, 2009.

_____. no prelo. Clínicas gestálticas – O sentido ético, político e antropológico da teoria do *self.* São Paulo: Summus.

MÜLLER-GRANZOTTO, Rosane Lorena. 2010. La clínica gestáltica de la aflicción y los ajustes ético-políticos. *Revista de Terapia Gestalt de la Associación Española de Terapia Gestalt*, n. 30, p. 98-105, enero 2010.

NERY FILHO, Antônio; PERES, Maria Fernanda Tourinho. 2002. A doença mental no direito penal brasileiro: inimputabilidade, irresponsabilidade, periculosidade e medida de segurança. *História, Ciências, Saúde*, Manguinhos, Rio de Janeiro, v. 9, n. 2, mai./ago. Disponível em: <http://direitoeprocessopenal.blogspot.com/ >. Acesso em: 19 de julho de 2011.

NETO, L. B. 1997. Contribuições para uma topografia do acompanhamento terapêutico. In: "A CASA", Equipe de acompanhantes terapêuticos do hospital-dia (org.). *Crise e cidade – Acompanhamento terapêutico.* São Paulo: Educ.

OLIVEIRA, G. N. 2008. O projeto terapêutico singular. In: GUERREIRO, A. P.; CAMPOS, G. W. S. (orgs.). *Manual de práticas de atenção básica à saúde ampliada e compartilhada.* São Paulo: Aderaldo e Rothschild (Hucitec), v. 1, 2008, p. 283-97.

ORTEGA, Francisco. 1999. *Amizade e estética da existência em Foucault.* Rio de Janeiro: Graal.

PALLOMBINI, Analice de Lima. 2007. *Vertigens de uma psicanálise a céu aberto: a cidade – Contribuições do acompanhamento à clínica da reforma psiquiátrica.* Tese (Doutorado). Departamento de Saúde Coletiva, Universidade Federal do Rio de Janeiro, Rio de Janeiro.

PERLS, Frederick 1942. *Ego, fome e agressão.* Trad. Georges Boris. São Paulo: Summus, 2002.

_____. 1969. *Escarafunchando Fritz dentro e fora da lata de lixo.* Trad. George Schlesinger. São Paulo: Summus, 1979.

[PHG] PERLS, Frederick; HEFFERLINE, Ralph; GOODMAN, Paul. 1951. *Gestalt Therapy:* excitement and growth in the human personality. Second Printing. Nova York: Delta Book, 1965. Versão brasileira: *Gestalt--terapia.* Trad. Fernando Rosa Ribeiro. São Paulo: Summus, 1997.

PERLS, Laura. 1991. *Viviendo en los limites.* Trad. Carol Sykes. Valência: Promolibro, 1994.

PITIÁ, Ana Celeste de Araújo; SANTOS, Manuel Antônio dos. 2005. *Acompanhamento terapêutico: a construção de uma estratégia clínica.* São Paulo: Vetor.

PNUD. Programa das Nações Unidas para o Desenvolvimento. Brasil. *Atlas do desenvolvimento humano no Brasil.* 2003. Disponível em: <http://www.pnud.org.br/atlas/>. Acesso em: 22 de junho de 2011.

POLITZER, Georges. 1912. *Critique des fondements de la psychologie.* Paris: Rieder, 1967.

PSYCHÉ, 2006. Edição especial sobre acompanhamento terapêutico. São Paulo, Unimarco, vol. 10, n.18.

PULSIONAL, 2001. Revista de Psicanálise. São Paulo, v. 14, n. 150, outubro.

QUINET, Antônio. 2006. *Psicose e laço social – Esquizofrenia, paranoia e melancolia.* Rio de Janeiro: Zahar.

RIVIÈRE, Angel. 1995. O desenvolvimento e a educação da criança autista. In: COLL, César; PALACIOS, Jésus; MARCHESI, Álvaro. *Desenvolvimento psicológico e avaliação: necessidades educativas especiais e aprendizagem.* Porto Alegre: Artes Médicas, p. 272-91.

ROBINE, Jean-Marie. 2004. *S'Apparaittre à l'Occasion d'un autre?* Etudes pour la psychothérapie. Boudeaux: L'exprimerie, 2004.

ROCHLITZ, Rainer. 1989. Esthétique de l'existence. In: ROCHLITZ, Rainer. *Michel Foucault – Philosophe.* Paris: Seuil, p. 288-300.

ROMERO, Emílio. 1997. *O inquilino do imaginário*. Formas de alienação e psicopatologia. 2. ed. São Paulo: Lemos.

RORTY, Richard. 1989. *Contingency, Irony, and Solidarity*. Cambridge: Cambridge University Press.

ROSEN, J. N. 1978. *Psiquiatría psicoanalítica directa*. Madri: Biblioteca Nueva.

SAFATLE, Vladimir. 2007. *Lacan*. São Paulo: Publifolha, 2007. (Coleção Folha Explica)

SARTRE, Jean-Paul. 1942. *O ser e o nada*. Trad. Paulo Perdigão. Petrópolis: Vozes. 1997.

_____. 1943. *Entre quatro paredes*. São Paulo: Abril Cultural e Industrial, 1985.

_____. 1948. *Qu'est-ce la Litératture?* Paris: Gallimard. Versão em português: *Que é a literatura?* São Paulo: Bom livro, 1989.

_____. 1966. J-Paul Sartre répond. *L'Arc*, n. 30.

SCHMITT, Carl. 1931. *O conceito de político*. Petrópolis: Vozes, 1992.

SCHREBER, Daniel Paulo. 1903. *Memórias de um doente dos nervos*. Trad. M. Carone. 3. ed. São Paulo: Paz e Terra, 2006.

SILVA, Marcus Vinícius de Oliveira (org.). 2007. *A clínica psicossocial das psicoses*. Salvador: UFBA, 2007.

_____. 2001. *A instituição sinistra – Mortes violentas em hospitais psiquiátricos no Brasil*. Brasília: Publicações do Conselho Federal de Psicologia.

SLOTERDIJK, Peter. 1989. *Crítica de la razón cínica*. Madri: Taurus, vols. I e II.

SOLLER, Colette. 1977. O sujeito e o Outro I e II. In: FELDSTEIN, Richard; FINK, Bruce; JAANUS, Maire (orgs.). *Para ler o Seminário 11*. Trad. Dulce Duque Estrada. Rio de Janeiro: Zahar.

STEIN, Ernildo. 2001. *Compreensão e finitude: estrutura e movimento da interrogação heideggeriana*. Porto Alegre: EDIPUCRS, 2001.

STEVENS, Alexandre. 2000. Por uma clínica mais além do pai. A renovação da clínica de Lacan. *Agente*. Revista de psicanálise, vol. VII, n. 13, p. 30-5, nov. 2000.

STRAUS, E. 1960. Psychologie der menschlichern Welt. *Gesammelte Schriften*. Berlim: Springer, 1960.

TATOSSIAN, Arthur. 1979. *A fenomenología das psicoses*. Trad. Célio Freire. Revisão Virgínia Moreira. São Paulo: Escuta, 2006.

TATOSSIAN, Arthur; GIUDICELLI S. 1970. De la Phénoménologie de Jaspers au "retour à Husserl": L'anthropologie compréhensive de J. Zutt et C. Kullenkampf. *Confrontations Psychiatriques*, n. 11, p. 127-61.

TAYLOR, Charles. 1989. Foucault, la liberté, la vérité. In: _____. *Michel Foucault* – Lectures critiques. Bruxelas: Éditions Universitaires, p. 85-121.

TELLENBACH, H. 1960. Gestalten der Melancholie. *Jahrb. F. Psychol. Pscychothera*, n. 7, p. 9-26.

WATZLAWICK, P.; BEAVIN, J. H.; JACKSON D. D. 1967. *Pragmática da comunicação humana*. São Paulo: Cultrix.

ZIZEK, Slavoj. 1992. *Eles não sabem o que fazem – O sublime objeto da ideologia*. Rio de Janeiro: Zahar.

ZUTT, J. 1963. Auf dem Weg zu einer anthropologischen Psychiatrie. *Gesammelte Ausätzse*. Berlim: Springer.

www.gruposummus.com.br

IMPRESSO NA
sumago gráfica editorial ltda
rua itauna, 789   vila maria
02111-031   são paulo   sp
tel e fax 11 **2955 5636**
sumago@sumago.com.br

GRÁFICA